국어교육의 탐구

저자 소개(논문 게재 순)

박갑수 서울대학교 국어교육과 명예교수
민현식 서울대학교 국어교육과 교수
오현아 강원대학교 국어교육과 교수
남민우 한국교육과정평가원 연구위원
유인순 강원대학교 국어교육과 교수
서준섭 강원대학교 국어교육과 교수
최창헌 한라대학교 교양교직과정부 강사
유주애 강원대학교 국어교육전공
이윤주 강원대학교 국어교육전공
황은미 강원대학교 국어교육전공
김풍기 강원대학교 국어교육과 교수
이민희 강원대학교 국어교육과 교수
황미경 영월 상동고등학교 교사
홍정원 화천 사내중학교 교사
김정숙 양평 평생교육센터 양동 도서관 다문화 어머니 학교 강사
윤현이 원주여자고등학교 교사

국어교육의 탐구

초판 인쇄 2012년 3월 16일
초판 발행 2012년 3월 28일

저 자 유인순 외
펴낸이 이대현
편 집 권분옥·이소희·박선주
디자인 이홍주

펴낸곳 도서출판 역락
주 소 서울 서초구 반포4동 577-25 문창빌딩 2층
전 화 02-3409-2058, 2060
팩 스 02-3409-2059
등 록 1999년 4월 19일 제303-2002-000014호
이메일 youkrack@hanmail.net

값 32,000원
ISBN 978-89-5556-987-2 93710

* 파본은 교환해 드립니다.

국어교육의 탐구

유인순 외

역락

머리말

이 책은 지난 30여 년 동안 대학 강단에서 쌓아 오신 왕문용 선생님의 학문적 업적을 기리고, 강원대학교 사범대학 국어교육과에 재직하면서 학과 교수들, 학생들과 함께 나누었던 아름다운 기억들을 오래 기억하기 위해 동학과 여러 제자들이 함께 뜻을 모아 펴내는 것이다.

왕문용 선생님은 국어교육학과 국어학을 두루 전공한 학자로서 한국 중등국어 교육의 수준을 한 단계 끌어올리는데 중심적인 역할을 담당해 오신 큰 어른이시다. 또한 선생님께서는 해방 후 1970년대까지 중등학교 국어교육의 초석을 놓은 이응백 교수의 제자로서, 국어교육학 학문 세대로 볼 때는 바로 국어교육학계의 제1세대인 이응백 교수의 다음 세대에 속한다.

1980년대 이후 현재에 이르는 여러 번의 교육과정 개편 작업과 교과서의 개선, 국어 교육학의 이론적 탐구, 국어 교육학 관련 교재 편찬 등 한국의 중등 국어교육 전반에서 이 세대가 기울인 학문적인 노력과 역할, 그리고 그 다양한 결실들이 국어교육 현장, 대학, 학계 등에 끼친 강력한 영향력과 그 학문적 기여 사실을 모르는 사람은 아마 없을 것이다. 왕문용 선생님과 그 세대들이 이룩한 국어 교육 전반의 이론과 실제를 아우르는 지속적인 학문적 활동과 그 성과들을 빼 놓고서는 학문으로서의 오늘날의 국어교육학을 말하기 어렵다.

이제는 선배 연구자들이 닦아놓은 터전 위에 서서 국어교육의 미래가 더욱 희망차고 행복할 수 있도록 후학들이 더욱 분발하고 정진해야 할 때이다. 본 저서는 그러한 후학들의 결심과 실천을 모아놓은 편린의 다름 아니다. '국어교육의 탐구'라는 책 제목도 바로 선생님의 공적과 학문적 성과를 높이 기리는 한편, 후학들의 분발을 다짐하기 위한 목적에서 만들어진 것이다.

외유내강하고 온화한 성품에 세상이 시끄러워도 다른 일에 한 눈 팔지 않고 오직 전공 학문 활동과 교육 사업에만 열정을 쏟아온, 고결한 옛 선비와 같으신 왕문용 선생님. 평생 학생을 가르치고 연구하는 일 외에 다른 일은 한 번도 하신 적이 없는 선생님. 이런 선생님이 우리 곁에 계셨기에 우리는 참으로 행복하고, 또 자랑스럽기까지 하다.

바쁜 중에도 옥고를 보내준 학내외 여러 선생님들께, 특히 서울대학교의 박갑수, 민현식 교수님과 한국교육과정평가원의 남민우 박사님께 감사드린다. 아울러 책이 나오기까지, 이 기념 논총 발간을 기획하고 원고 청탁을 위해 수고를 아끼지 않은 강원대 국어교육과 김풍기 교수님과 오현아 교수님, 그리고 편집과 출판의 실무를 담당했던 이민희 교수님과 국어교육과 조교 김승원 선생님 등 여러 사람의 수고도 빼놓을 수 없다. 어려운 출판 상황에서도 흔쾌히 출판을 허락해 주신 역락 출판사의 이대현 사장님과 촉박한 일정에도 불구하고 책을 예쁘게 편집해 주신 박선주 편집자님께도 깊은 감사를 드리는 바이다.

2012년 3월
저자 일동

차례

제1부 **국어학**

한·중 동물 관련 욕설 문화 ················· 박갑수 11

국어 정책과 어문 규범의 개선 방향 ················· 민현식 33

띄어쓰기 개념의 재정립에 대한 고찰 ················· 오현아 99
— 음독에서 묵독으로의 개인적·사회적 이행 과정을 중심으로

초·중·고 학생들의 문법 능력과 문법 교육 ················· 남민우 117
— 국어과 학업성취도 평가 결과를 바탕으로

제2부 **현대문학**

김유정 문학의 독서 지평 확대를 위하여 ················· 유인순 133

강원도 현대시, 과거와 현재 ················· 서준섭 159
— 강원 지역 시의 계보 이해를 위한 노트

교과서에 수록된 이청준 문학의 양상 ················· 최창헌 181

중학교 『국어』와 『생활 국어』의 연계 지도를 위한 방안 연구 ··· 유주애 207
— 2007년 개정 중학교 1학년 검정 교과서를 중심으로

협동학습을 통한 문학 지도 방안 연구 ················· 이윤주 241
— 중학교 1학년 국어 교과서 수록 소설 작품을 중심으로

김승옥 소설에 나타난 1960년대식 윤리적 주체의 성장과정 ······· 황은미 281
— 라캉의 정신분석 이론을 중심으로

제3부 고전문학

전복과 광기의 매혹적인 글쓰기, 시마(詩魔) ·········· 김풍기 309

「이생규장전(李生窺墻傳)」 다시 읽기 ················· 이민희 325

문학교과서 수록 판소리계 소설에 나타난 언어유희의 양상과
교육적 활용 방안 연구 ······················· 황미경 345

고전소설 교육 소고(小考) ······················ 홍정원 375

여성결혼이민자 대상 한국어교육을 위한
초등국어 저학년 교과서 활용 방안 연구 ············· 김정숙 401

춘향복식을 중심으로 읽어본 「춘향전」 ·············· 윤현이 431

제1부 국어학

한·중 동물 관련 욕설 문화*

박갑수

1. 서언

법 없이도 살 흥부도 욕을 했다. 그것도 아내에게. 그리고 춘향전의 춘향은 욕 대장이라 해도 좋다. 욕도 해야 할 경우에는 해야 한다. 욕은 반드시 금기해야 할 나쁜 말만이 아니다. 그러기에 문학작품에는 욕이 적잖이 쓰인다.

욕설은 대체로 남을 모욕하거나 저주하는 부정적 언어 표현이다. 이는 인격적으로 손상을 받거나, 어떤 욕구가 좌절되었을 때 폭발하게 되는 좌절 공격(frustration aggression)의 한 형태로, 언어적 공격행동이라 할 수 있는 것이다.

사람은 만물의 영장으로, 다른 동물과 달리 인격을 지니고 있고, 인류 도

---

* 이 논문은 한국언어문화교육학회 제6차 국제학술회의(2012년 2월 16일, 캄보디아 앙코르대학)에서 발표한 글을 보완한 것임.

덕을 지녔다. 따라서 비천한 동물과 달리 인격적으로 올바른 처신을 하고, 윤리도덕을 지켜야 한다. 그렇게 하지 않을 때 비난을 받고, 모욕을 당하게 된다. 욕은 사람들이 바람직하지 않은 행동(행실)을 하거나, 바람직하지 않은 태도를 취할 때, 그리고 바람직하지 않은 성상(性狀)을 보일 때 퍼부어지게 된다. 욕설의 표현 형태는 다양하게 나타난다. 이는 보는 시각에 따라 차이를 보이나, 표현 형식의 내용(對象)으로 볼 때 20개 내외의 유형을 보이는데, 그 대표적인 것은 10개 내외라 할 수 있다. 그것은 다음과 같다.

①성관련 욕설, ②정신과 육체 관련 욕설, ③사회적 신분 관련 욕설, ④행실 관련 욕설, ⑤질병과 죽음 관련 욕설, ⑥사람의 외모 관련 욕설, ⑦종족 계승 관련 욕설, ⑧배설과 배설물 관련 욕설, ⑨형벌 관련 욕설, ⑩동물 관련 욕설

여기서는 이러한 대표적인 욕설 가운데 동물과 관련된 욕설을 중심으로 한·중 욕설 문화를 살펴보기로 한다.

동물 관련 욕설은 상대방이 인격적, 도덕적으로 하자가 있을 때 비천한 동물에 빗대어 매도하는 것이다. "사람 같지 않다", "짐승이다"를 비롯하여 개·돼지 등으로 매도하는 것이 그것이다. 이러한 욕설은 유교국가에서 더욱 강도 높게 나타난다.

한국과 중국은 전통적으로 유교문화(儒敎文化)를 배경으로 한 나라다. 따라서 윤리·도덕이나 가치관도 비슷하다. 그렇다면 이와 같이 유사한 문화와 가치관을 지닌 두 나라의 욕설 문화는 과연 어떤 경향을 지닐는지 주목된다. 이에 한·중 동물 관련 욕설문화를 중심으로 이를 살펴보기로 한다.

2. 욕설의 성격과 구조

욕설이란 사전에 의하면 "남의 인격을 무시하는 모욕적인 말. =욕, 욕언"(국립 국어연구원, 1999)이라 되어 있다. 중국에서는 우리 욕설에 해당한 것을 주매(呪罵), 또는 욕매(辱罵)라 하고, 영어에서는 abusive[foul, bad, ill] language, a swear(word); curse라 한다. 따라서 욕설의 의미는 "모욕적인 말", 또는 "저주의 말"이라 할 수 있다.

욕을 하게 되는 원인은 기본적으로 충족되지 않는 근본적 욕구 내지 인격적 욕구의 좌절일는지 모른다. 그러나 현실적으로 욕을 유인하는 것은 사람이나 사물이다. 앞에서 언급한 바와 같이 주로 바람직하지 않은 사람의 행동(행실)이거나 태도 및 성상(性狀)과 같은 것이라 하겠다. 이러한 욕설의 대표적인 것은 望月嵩(1967)이 제시한 다섯 가지 유형에 한 가지를 더한 다음과 같은 것이라 할 수 있을 것이다.

① 뜨거운 욕설-여과되지 않은 감정이 엉긴 매도
② 차가운 욕설-심리적 거리를 두고 보고하는 것 같은 매도
③ 구제하는 욕설-상대방을 교정하려는 심정의 매도
④ 포기하는 욕설-어쩔 수 없다고 포기하는 입장의 욕설
⑤ 비뚤어진 욕설-직접적 욕설이 아닌 간접화법의 욕설
⑥ 사랑하는 욕설-친애하는 입장의 긍정적 욕설

여기 보이는 바와 같이 욕설은 반드시 부정적인 것만 있는 것이 아니다. 긍정적인 것도 있다. 이러한 욕설의 상대는 자기 자신, 면매(面罵)의 대상 내지 화제의 인물, 현장에 없는 사람, 대립집단 등이 될 수 있다. 이렇게 욕설은 남에게만 하는 것이 아니고, 자기에게도 자책 내지 자조적으로 하는 것이다.

욕설의 성격(性格)은 여러 가지를 들 수 있으나, 다음과 같은 것을 들 수

있다(星野命, 1978).

첫째, 동적 언어표현이요, 동적 언어활동이다. 욕설은 퍼부어지는 것이다. 김열규(1997)는 "욕은 발언되는 것이 아니라 폭발된다"고 하고 있다. 따라서 욕설은 생생한 표현인 경우가 많다.

둘째, 대우표현의 한 형식이다. 이는 화자가 청자 및 화제에 등장하는 인물을 생각하며 발언하는 말이다. 다만 이는 높임법과 같이 긍정적인 대우표현이 아니라, 부정적인 대우표현이다.

셋째, 욕설은 공개적인 장소에서 말이나, 문자로 표현되는 것을 기피한다. 이는 일반적으로 품위가 없고, 바람직한 표현이 못 되는 것으로 보아 교육적으로 사용하기를 꺼린다.

넷째, 욕설은 일반 문장과 달리 정서성(情緒性)·평가적 태도가 강하다. 이는 상대방이나 청중에게 어떤 종류의 감정과 반응을 일으킨다.

다섯째, 욕설은 위기의 안전판 구실을 한다. 사람들은 욕구가 좌절되거나 화가 날 때 흔히 난폭한 행동을 하거나, 사물을 파괴하는 행동을 한다. 금기어(禁忌語)인 욕설은 이러한 난폭한 파괴 행동을 비교적 해가 없는 언어 행동으로 바꾼 것이다. 따라서 욕설은 파괴의 안전판, 위기의 안전판 구실을 한다고 할 수 있다(Hayakawa, 1964).

여섯째, 욕설은 비애·탄식·거절·반발·노여움·적의·조롱·폭력 등의 부정적 감정·반응을 야기하기 쉽다. 이는 상대방의 의표를 찔러 아연·방심·고소(苦笑)·웃음·공감·기쁨을 야기하기도 한다.

그러면 이러한 욕설의 구조(構造)는 어떠한가? 우선 욕설이 단어(單語)인가, 아니면 문장(文章)인가부터가 문제다. 흔히는 사전의 표제어에도 "매어(罵語)"라는 분류가 보이듯, 욕설을 단어로 본다. 그러나 단어만은 아니다. 통사적 구조로 되는 경우가 많다. "바보"나, "뒈져라"는 하나의 단어로 욕설이 되나, 전자는 "바보다", 후자는 "너는 뒈져라"라고 서술어가 생략되었거나, 주어 내현문(內顯文)이라 할 수 있는 통사구조로 되어 있는 것이다. 따라서 욕설은 단어, 또는 통사구조로 이루어진다고 보는 것이 좋을 것이다.

그러면 본질적으로 이러한 구조로 되어 있는 욕설의 성립 요소는 무엇인가? 星野命(1978)는 다음과 같은 다섯 가지를 들고 있다.

①어휘 ②문체의 형식·문법 ③억양 악센트 리듬 ④화자의 신분 역할에 미치는 사회적 제약 ⑤발화에 수반되는 화자의 표현(어기 어세 눈매 손짓 몸짓) 등

이들 욕설의 성립 요소에 대해 다음에 간단히 살펴보기로 한다.

첫째, 문화에 따라 특정 어휘가 욕설의 구성 요소가 된다. 구미의 종교상의 권위를 바탕으로 한 저주의 말이나, 한국이나 중국에서 많이 쓰이는 성관계 어휘가 이러한 것이다.

어휘상의 또 하나의 특징은 조어상(造語上) 특정한 접두어나 접미어를 이용해 매어(罵語)가 많이 만들어진다는 것이다. 한국어의 경우 "개, 돼지, 소/쇠(牛)" 같은 접두어, "놈, 년, 새끼, 자식" 같은 접미어가 붙어 매어가 만들어진다. 중국어의 경우는 "臭, 潑, 賊, 鳥, 騷, 死"와 같은 접두어와 "頭, 鬼, 棍, 徒, 佬, 蛋, 貨"와 같은 접미어가 붙어 매어(罵語)를 이루는 것이 그것이다.

둘째, 문체(文體) 및 문법이 욕설의 구성 요소가 된다. 욕설은 말이 생략되어 문체가 변화함으로 이루어지는 경우가 많다. 근친상간(近親相姦)의 욕 "너는 너의 어미와 씨할 놈이다> 네미 씨할 놈> 네미 씨할> 씨할> 씨"가 이런 예이다. 지나치게 정중한 표현을 하여도 상대방을 조롱하는 느낌이나 불쾌감을 줄 수 있다. 연하자(年下者)에게 "어련하시겠습니까?"라 하는 예는 이러한 것이다. 문법적인 요소의 대표적인 것은 높임법에 벗어나는 표현을 하는 것이다.

셋째, 억양, 악센트, 음장(音長), 또는 타이밍을 바꿈에 의해서도 보통의 표현이 욕설이 될 수 있다. "잘~ 한다"고 "잘"을 길게 발음함으로 비꼬는 것이 이런 것이다. 이는 음운문체론(音韻文體論)에 속할 요소이기도 하다.

넷째, 화자의 신분 제약에 미치는 사회적 제약을 깨뜨릴 때 그것이 욕이 된다. 이러한 현상은 평등사회 아닌, 서열사회에서 특히 심하다. 높임법이나, 호칭을 의도적으로 비적격의 것을 쓰는 것이 이런 것이다. 여성 화자가 남성어(男性語)를 쓰는 것도 사회적 제약을 깨뜨리는 것으로 욕이 될 수 있다.

다섯째, 발화에 수반하는 말투나 발음을 거칠거나 세게 하면 욕이 된다. 또한 비속한 비언어행동을 하거나, 비언어행동을 거칠고 고압적인 태도로 할 때에도 상대방에게 욕이 될 수 있다.

따라서 욕설에 대한 올바른 이해를 위해서는 이러한 욕설의 성립 요소를 잘 파악하는 것이 필요하다.

3. 동물 관련 욕설의 비교

동물과 관련된 욕설은 매도의 대상을 동물에 빗대어 간접적으로 상대방을 욕하는 것이다. 사람이 사람인 까닭은 사람이 만물의 영장이며, 인륜도덕(人倫道德)을 지녔기 때문이다. 따라서 사람이 사람답지 않거나 윤리와 도덕에 벗어난 행동을 하게 되면 비난을 받게 되고, 모욕의 대상이 된다. 동물과 관련된 욕설은 상대방을 이러한 사람으로 범주화하여 인격적으로 상처를 입히고 창피를 주자는 것이다. 한국의 욕설 "짐승", "사람이 아니다"나, 중국의 "畜生", "不是人"이 이의 대표적인 예이다. 그리고 이를 좀 더 구체화한 것이 사람을 동물에 비유하거나 동물과 비교하는 것이다. 이러한 욕설은 참으로 많다. "개, 돼지" 등 이들 동물은 흔히 비천함, 저지능, 비도덕적 행실 등을 비유적으로 나타냄으로 사람을 매도하는 것으로, 이러한 욕설은 세계 도처에서 두루 쓰이는 것이다. 이들 동물과 관련된 욕설은 또 사람의 외모 등에 따라 별명으로 쓰여 당사자들을 욕되게 하기도 한다.

욕설에 거론되는 주요 동물로는 "개, 거북, 곰, 구렁이, 늑대, 닭, 돼지, 사자, 소, 여우, 이리, 쥐, 토끼, 호랑이" 같은 것이 있다. 다음에 이들 동물과 관련된 욕설에 대해 구체적으로 살펴보기로 한다.

3.1. 개(狗)

"개"는 일찍이 가축이 된, 충직한 동물이다. 그러나 개는 인간에 비해 비천한 동물이고, 성관계가 문란하며, 행실이 질적으로 낮고, 아무데서나 배변을 함으로 천시된다. 개 관련 욕설은 이러한 개의 부정적 면을 들어 사람을 매도하는 것이다. "개"는 또한 접두사처럼 쓰여 변변치 않은 것을 나타내거나 비하하는 말로 많이 쓰인다. 이로 말미암아 개 관련 욕설은 어느 다른 동물 관련 욕설보다 많아, 양적으로 동물 관련 욕설 가운데 수위를 차지한다. 한국의 개 관련 욕설을 유형화해 보면 대체로 다음과 같다.

> 1) 비천한 동물 : 개, 개새끼, 암캐, 수캐, 똥개, 개돼지만도 못한 놈, 개망신, 개뿔도 모르는 놈, 개헤엄
> 2) 문란한 성관계 : 개 같은 놈, 개딸년이다, 개 쌍년, 개자식, 개잡년, 암내 맡은 수캐, 암캐, 개보지 같다, 개 씨 같은 년, 개를 붙어서 나온 놈, 개씨으로 나온 놈
> 3) 저질적 행실 : 개 같은 놈, 개고기, 개놈, 개떡 같은 놈, 개똥같은 놈, 개망나니다, 개 망종, 개백장, 개불상놈, 개 쌍놈, 개새끼, 개자식, 개좆같은 놈, 개코망신, 미친개, 개만도 못한 놈, 개씨으로 나온 놈
> 4) 저지능 : 개 대가리
> 5) 하찮은 대상 : 개 값, 개고기, 개 눈깔, 개떡, 개똥, 개뼈다귀, 개소리, 개수작, 개싸움, 개 좆, 개죽음, 개지랄, 개차반, 개 코, 개헤엄, 개똥같은 놈,
> 6) 분별없는 배설 : 개똥, 개똥상놈, 개가 똥 마다 하랴, 개하고 똥 다투랴, 꼴에 수캐라고 가랑이 들고 오줌 누나?

중국에도 개 관련 욕설이 가장 많다. 이들도 한국의 개 관련 욕설과 같이 유형화해 보면 다음과 같이 된다.

1) 비천한 동물 : 狗, 狗子, 公狗, 母狗, 老狗, 野狗(들개), 死狗(돼지다 만 놈)
2) 문란한 성관계 : 狗婦, 狗娘, 狗婆娘(개 같은 년), 狗攮的, 狗淫婦(개잡년), 狗丈夫(개쌍놈), 狗雜种(개잡놈), 騷母狗, 騷公狗(음탕한 년/놈), 狗崽子, 狗養的, 狗娘養的, 狗操的, 狗日的, 狗入的, 狗生的, 狗下的, 狗鷄巴蛋(개새끼, 개자식), 狗男女(개 같은 남녀)
3) 저질적 행실 : 走狗, 狗腿子, 狗爪子, 哈巴狗(아첨하는 놈), 瘋狗(미친 개), 狗爛(닳아빠진 년), 狗才, 狗奴才(교활한 놈), 惡狗(흉악한 개), 狗料(나쁜 놈), 狗友(쓸데없는 친구), 狗彘(개돼지), 癩皮狗(뻔뻔스러운 개), 狗咬呂洞賓(시건방지다), 猪狗不如(개돼지보다 못한), 狗咬叫花子(권세에 빌붙다)
4) 저지능 : 狗蹦子, 狗蛋(바보, 개새끼), 狗頭, 狗頭狗腦(돌대가리, 멍청한 놈), 狗咬呂洞賓(사람 분별하는 눈이 없다)
5) 하찮은 존재 : 狗眼(개눈), 狗屎堆(하찮은 것), 狗屠(개백장), 狗屎(시시한 놈), 狗才, 狗奴才, 狗東西(변변찮은 놈, 무능한 놈), 狗把式(말뿐인 무능한 놈), 賤狗(개자식)
6) 분별없는 배설 : 狗屁, 放狗屁(제기랄 것, 개소리), 狗屎(시시한 놈), 狗吃屎, 狗改不了吃屎(개는 똥 먹는 버릇을 못 고친다)

한·중의 개 관련 욕설은 대체로 비슷한 경향을 보인다. 위의 유형에 따른 분포에 보이는 바와 같이 저질적 행실과 성 관계 욕설이 많은 편이다. 특히 한국의 욕설의 경우는 저 지능 관계 욕설이 보이지 않는데, 중국의 경우는 이것이 많아 큰 차이를 보인다. 문란한 성관계 욕설도 중국의 경우 다양하게 쓰여 차이가 난다. 일본의 욕설을 보면 한·중 욕설과 다르다. 일본에서의 개 "inu(犬)"는 사람이 사람 같지 않아 욕을 할 때와, 진짜가 아닌 사이비의 부정적 의미를 나타낼 때 및 하찮은 것·헛된 것을 나타낼 때 쓰인다. "이누사무라이(犬侍), 이누지쿠쇼우(犬畜生); 이누타데(犬蓼), 이누잔쇼우(犬山椒), 이누지니(犬死に)"가 그 예다. 이 밖의 부정적 요소에는 거의 쓰이지 않는다. 따라서 개로 난잡한 성 관계를 타매하지도 않고, 한국이나 중국에서처럼 "개가 똥을 먹는다(狗吃屎)"고 하는 것이 욕이 되지 않는다. 그리고 여기서 좀 더 언급할 것은 성 관계 욕설이다. 성 관계 욕설은 동물에 빗대어 많이 행해진다. 한국의 경우에는 이것이 주로 개에 빗대어 행해지는데, 중국의 경우에는 개 이외의 거북, 토끼, 나귀 등 여러 동물에 빗대어서도 많이 쓰여 큰 차이를 보인다. 성관계 욕설은 더럽고 추한 것이라는 인식과, 그것이 고상한 인간이 할 짓이 아닌, 동물적 행실이라 하는 것이 우선 욕설의 대상이 된다. 그리고 나아가 도덕적 윤리적으로 용납되지 않는 부도덕하고 비윤리적인 성 행위를 타매하는 것이다.

3.2. 돼지(猪)

돼지는 본래 멧돼지를 길들인 것이다. 이는 "개돼지만도 못하다"고 할 정도로 천시되는 대표적 동물이다. 한국에서는 돼지가 "비천하다, 욕심이 많다, 불결하다, 많이 먹는다, 뚱뚱하다"와 같은 부정적 이미지를 지니고 있어 욕설로 많이 쓰인다. 한국의 돼지 관련 욕설에는 다음과 같은 것이 있다.

> 돼지, 멧돼지, 백돼지, 돼지 같은 놈, 돼지 멱따는 소리, 돼지 같이 처먹기만 하는 놈, 욕심꾸러기 돼지, 더러운 돼지새끼, 돼지 오줌통을 몰아 놓은 이 같다. 돼지 왼 발톱, 개돼지만도 못한 놈, 돼지우리 같다.

중국에서는 돼지가 우둔한 동물이고, 개와 같이 분별없이 교미하는 불륜성을 지니며, 탐욕적으로 음식을 먹는 더러운 동물이라 본다. 따라서 사람을 돼지에 비유한 욕설은 돼지의 이러한 속성을 바탕으로 매도하는 것이다. 이러한 돼지 관련 욕설은 사람을 우매하다고 욕하는 것이 가장 많고, "비천하다", "더럽다"는 것이 그 다음으로 주를 이룬다. 다만 여기서 주의할 것은 한국의 "돼지우리"나 일본의 "부다고야(豚小屋)"는 더러운 곳의 대명사가 되어 있으나, 중국의 "猪圈"은 반드시 그렇지마는 않은 것으로 본다. 중국에서는 돼지도 개의 경우와 같이 "바보, 얼간이, 멍청이"와 같이 사람을 우둔하다고 범주화하여 매도하는데 쓰인다. 한국 욕설에는 이러한 것이 보이지 않는다. "猪操的(돼지새끼), 猪娘(돼지 같은 년)"은 불륜성을 매도하는 욕설이다. 한국에는 돼지로 불륜성을 매도하는 욕설도 보이지 않는다. 이들은 중국 욕설의 특성이다. 중국 욕설의 예는 다음과 같다.

> 猪, 死猪, 猪狗(개돼지), 猪狗不如(개돼지만도 못한), 猡, 猪猡, 猪頭三, 猪腦子, 蠢猪(바보, 얼간이), 臟猪(더러운 놈), 猪圈, 猪朋, 猪欄, 猪舍, 猪窩(누추한 곳) 猪操的(돼지새끼), 猪娘(돼지 같은 년), 懶猪(게으름뱅이)

3.3. 소(牛)

소는 일반적으로 근면 성실한 동물로 받아들여진다. 그러나 소는 이와 달리 "미련하다, 고집이 세다, 느리다"와 같이 매도의 대상이 되기도 한다. 따라서 소는 이러한 사람을 욕하는 데 쓰이는데, 가장 대표적인 것은 고집이 세다는 것이다. 소걸음(牛步)에 보이듯 소는 느리고 게으른 면도 있다. 그래서 소는 게으르다고 욕할 때도 쓰인다. 한국 욕설에는 소와 관련된 욕설이 많지 않다.

> 쇠가죽, 쇠고집, 미련한 쇠새끼, 황소고집, 게으르기는 쇠새끼다, 소만도 못하다, 쇠눈깔, 오뉴월 쇠불알 늘어지듯.

중국에서도 소는 완고하고 집착성이 강하다는 부정적 이미지를 지닌다. 따라서 이런 부정적 이미지를 활용한 욕설이 많다. "牛脾气"는 완고함을, "犯牛勁, 犯牛脖子"는 고집부리는 것을 나타내는 대표적인 욕설이다. 소가 중국의 욕설에는 한국 욕설에 비해 많이 쓰인다. 그리고 중국의 욕설에는 "멍청이, 허풍을 떤다"고 매도할 때 소에 비유하는 것을 볼 수 있는데, 한국 욕설에는 이러한 것이 보이지 않는다. 중국에서 소로 "멍청이"를 비유하는 욕설은 "고집퉁이"라고 매도하는 욕설처럼 다양하다.

> 犟牛, 牛頸, 牛精, 牛脖子, 牛心, 牛性, 牛脾气(고집불통, 쇠고집)
> 憨牛, 呆牛, 笨牛, 傻牛, 呆頭憨腦的笨牛(멍청이), 不如牛馬(마소만도 못한)
> 牛蛋(엉터리다), 牛盜(말을 하지 않고 가만히 있는 사람), 牛識字(글자를 모르는 사람), 吹牛皮(허풍쟁이), 牛气(건방지다), 牛皮臉, 牛鼻子老道(철면피), 牛頭馬面(사악한 인간)

3.4. 말(馬)

우리 민족은 말을 신성시하여 개고기는 먹으면서, 말고기는 먹지 않았다. 따라서 말은 한국 욕설에는 별로 쓰이지 않는다. 한국에서는 얼굴이 긴 것을 "말상"이라 하고, 여자의 말상을 기피하는 경향이 있어 이것이 욕설에 쓰인다. 동물의 불륜성이 항상 문제가 되나, 말은 "말도 사촌까지 상피한다"고 다소 의외의 속담을 보여 준다. 마신(馬腎)은 그 크기가 대단해 욕에 쓰이는 것을 볼 수 있다.

> 말상, 말자, 말코(코의 구멍이 크고 벌름벌름하는 사람), 말보지라더니, 말뼈(성질이 거세고 뻣뻣한 사람), 말 뼈다귀, 말자진가 보다, 말씨하는 건 안방 마님도 엿본다, 허랑 말코 같은 새끼

중국 욕설에는 말로 "뚜쟁이, 아첨꾼, 남의 앞잡이" 등 한국과는 다른 범주화의 욕설을 많이 보인다. 좁고 기다란 얼굴을 말상이라 하는 것은 중국이나 일본도 마찬가지다. 중국에서는 이를 "驢臉"이라고도 한다.

馬泊六(뚜쟁이, 여관의 호객꾼), 馬大哈(모자란 사람), 馬牛(마소처럼 고생하는 것), 馬屁精, 馬屁鬼(아첨꾼), 馬仔(앞잡이), 馬面, 牛頭馬面(사악한 인간), 馬瞎子(문맹)

3.5. 당나귀(驢)

당나귀는 말과 같은 종으로, 나귀는 당나귀의 준말이다. 당나귀는 말과 비슷하게 생겼으나 말보다 작으면서 힘이 세고, 인내심이 강하다. 또한 이는 "당나귀 귀 빼고 좆 빼면 남는 것이 없다"고 할 정도로 귀와 신이 크다. 한국의 욕설에서는 당나귀가 고집이 세고, 귀와 음경이 크다고 할 때 쓰인다.

당나귀, 당나귀고집, 당나귀 새낀가 보다 술 때 아는 걸 보니, 당나귀 귀 치레, 당나귀 ㅈ 치레, 당나귀 귀 빼고 좆 빼면 남는 것이 없다.

나귀는 어미 새끼 사이에도 분별없이 교미를 하는 동물적 불륜성 때문에 중국에서는 축생(畜生)으로서 멸시된다. 사람을 나귀에 비유하는 경우에는 거북(龜子)이나 토끼(兔子) 정도는 아니라 할지라도, 개(狗子) 정도의 모욕은 하는 것으로 본다(藤江, 1971). 중국 욕설에는 나귀가 고집이 세다는 것 외에 "멍청이, 바보"라고 욕할 때 많이 쓰인다.

驢, 叫驢 (인륜을 분간 못하는 사람), 死驢, 笨驢, 老驢, 驢駒子, 驢下的, 野驢子(멍청이, 바보), 驢脾气(당나귀 고집), 蠢驢(미련한 자식), 野驢(사나운 놈)
村驢(촌놈), 禿驢(민대가리, 중놈), 驢心肝(엉큼한 사람)
驢臉(말상), 驢糞子, 驢糞蛋子(빛좋은 개살구), 驢肝肺(역겨운 것, 쓸모없는 것)

"驢下的, 驢養的"는 바보라는 말 이상의 모멸의 의미를 지닌다. 이는 "나귀의 새끼"가 본래의 의미이기 때문이다. "禿驢"는 나귀가 말과 달리 앞머리에 긴 털이 없기 때문에 비유적으로 쓰인 것이며, 얼굴이 긴 말상은 앞에서 언급한 바와 같이 "馬面" 아닌, "驢臉"이라고도 한다. "驢糞子, 驢糞蛋子"가 빛 좋은 개살구의 의미를 가지는 것은 나귀의 똥이 겉은 빛이 나지만 내용물이 똥이기 때문이다.

3.6. 이리·늑대(豺狼)

늑대와 이리는 갯과의 동물로, 늑대는 잡식성, 이리는 육식성이며, 이리가 좀 큰 편이다. 이들은 다 같이 성질이 사납고 탐욕스러워 사람이나 가축을 해치기도 한다. "이리 앞의 양"이란 속담이 무서워 어쩔 줄 몰라 쩔쩔매는 것을 뜻할 정도다. 따라서 늑대나 이리는 사납고 탐욕스러운 사람이나, 인면수심(人面獸心)의 비도덕적인 인간을 매도할 때 쓰인다. 이들이 욕설로 쓰이는 예는 다음과 같다.

이리, 이리 같은 놈, 이리 앞의 양, 양의 탈을 쓴 이리/늑대, 늑대, 늑대 같은 놈

중국에서의 "狼"은 늑대와 이리를 다 같이 이른다. 따라서 이들은 욕설에서 분명히 구별하여 쓰이고 있지 않다. 특별히 구별해야 할 경우에는 늑대를 변색랑(變色狼), 단이랑(短耳狼), 황랑(黃狼)이라 한다. 중국에서 "狼"은 "탐욕스런 사람, 난봉꾼, 잔인무도한 사람, 인면수심의 인간" 등을 모욕하는 말로 쓰인다.

狼, 色狼(난봉꾼), 狼日的(개잡놈), 餓狼, 中山狼, 野心狼, 狼虎 (탐욕스러운 사람), 白眼狼(은혜를 모르는 놈), 狼崽子(배은망덕한 놈), 大尾巴狼, 狼胎, 狼心狗肺的人(잔인무도한 사람), 狼子野心, 豺狼成性 (흉악하다), 狼吃的(뒈져라), 披着羊皮的狼(양의 탈을 쓴 늑대), 人面獸心的狼 (인면수심의 늑대)

3.7. 여우(狐, 狐狸)

여우는 간교하고, 흔히 둔갑하여 여인이 된다고 생각하는 동물이다. 따라서 여우는 간교하다고 욕할 때 많이 쓰인다. 그리고 이리나 늑대가 인면수심(人面獸心)의 남성을 욕할 때 흔히 쓰이는 데 대해, 여우는 여인을 욕할 때 많이 쓰인다.

여우, 여우같은 년, 여우처럼 핼금핼금 돌아본다, 여우가 둔갑한 년, 불여우, 구미호

중국에서는 상고에 음부(淫婦)가 여우로 변했다고 생각한다. 그래서 간교하다는 것 외에 음탕한 여자라는 매어로 많이 쓰인다.

狐, 狐狸(둔갑한 여우), 狐狸崽子(여우같은 놈), 女狐(교활한 년), 老狐狸, 狐狸尾巴(교활한 놈), 患狐臭人(암내 나는 사람), 狐假虎威
狐狸精, 騷狐狸, 花面狐(음탕한 여자), 狐朋狗友, 狐友狗党, 狐群狗党(악우, 불량배)

3.8. 호랑이(老虎)와 사자(獅子)

호랑이는 백수(百獸)의 왕으로 한반도에도 많이 살고 있던 사납고 무서운 동물이다. 지난날에는 호환(虎患)도 많았다. 따라서 호랑이는 흉악한 인간을 욕할 때 쓴다. 한국의 욕설에서는 죽으라고 저주할 때 흔히 호랑이가 쓰인다. 이와는 달리 사자(獅子)는 서역(西域)의 동물로 한국에는 없었기 때문에 욕으로 쓰이는 것을 거의 볼 수 없다.

호랑이나 물어가라, 호랑이 밥이나 돼라, 호랑이가 개 물어간 이만 하다, 종이호랑이, 저걸 호랑이도 안 물어가나?

중국의 경우는 호랑이가 포악하고 잔인한 사람이라고 매도할 때 주로 쓰인다. 이 밖에 탐욕스러운 사람을 욕할 때 쓰인다.

중국에서는 사자도 욕으로 쓰인다. 사자는 그 울음소리가 큰 것, 들창코인 것이 욕의 대상이 된다. "河東獅吼"는 송대(宋代)의 표독하고 질투가 심했던 하동(河東)의 가기(歌妓) 유씨(柳氏)에 연유한 성구다. "사자후(獅子吼)"는 소식(蘇軾)이 질투가 심한 아내가 외치는 소리를 비유한 이래 그런 뜻으로 쓰이고 있다. 이들 예로는 다음과 같은 것이 보인다.

1) 母老虎(포악한 여자), 虎狼(잔혹하고 욕심 많은 사람), 虎而冠(매우 잔인한 사람), 笑面虎(엉큼한 사람), 虎翼吏(잔인한 관리), 狼吞虎咽(탐욕적인 놈), 紙老虎(종이호랑이), 豆腐老虎(물렁팥죽 같은 놈), 生虎子(세파에 닳지 않은 놈)
2) 河東獅吼, 獅子吼(악처의 암팡지게 발악하는 소리), 獅子鼻(儿)(들창코)

3.9. 곰(熊)

곰은 호랑이와 함께 대표적 맹수라 한다. 그러나 한·중 양국이 다 맹수로서의 곰이 욕으로 쓰이는 것은 보이지 않는다. 오히려 "미련한 것, 뚱뚱한 것"을 욕하는 말로 흔히 쓰인다. 중국에서는 이들 외에 바보, 미련퉁이를 욕하는 말로 많이 쓰인다. 그러나 이러한 곰과 관련된 욕설은 곰의 속성과는 직접적인 관계가 없고, 차자(借字)에 의한 전의(轉意)라 본다. 熊의 발음이 xiong으로 정액(精液)을 나타내는 골(骨)변에 무리 중(衆)자를 한 글자의 동북 지방 발음과 비슷해 "熊"이 이에 차자되어 의미가 바뀐 것이라는 것이다(藤江, 1971).

곰, 곰같이 미련하다. 곰처럼 뚱뚱하다, 미련 곰퉁이
熊蛋, 熊種, 熊包, 熊貨(바보, 미련퉁이), 熊人, 熊骨頭(졸장부, 옹졸한 사람)

3.10. 쥐(老鼠)

쥐는 예로부터 인간에게 해를 끼치는 동물이다. 따라서 쥐에 대한 인상은 대체로 좋지 않다. 미국의 mouse와 전혀 다르다. 한국에서는 쥐가 "작다, 소인배, 약다, 소란스럽다"고 욕할 때 쓰인다. 쥐는 고양이의 천적이기도 하다.

　　쥐방울만한 새끼, 쥐뿔같다, 쥐새끼 같은 놈, 쥐새끼들(소인배(小人輩)), 쥐구멍을 찾다, 쥐뿔도 모르는 놈, 쥐 잡듯 한다, 쥐포수(사소한 것을 얻으려고 애쓰는 사람), 쥐똥 같다(보잘 것 없다), 쥐 불알, 쥐좆같다(작다), 쥐새끼같이 소란스럽다, 고양이 앞의 쥐.

중국에서는 쥐를 老鼠, 또는 耗子라 한다. 耗子란 쥐가 곡식을 소모한다는 데 연유하는 명명이겠다. 욕설에서의 쥐는 작다든가, 소인배, 겁쟁이라고 욕하는 데 많이 쓰인다.

　　鼠子, 鼠輩(쥐새끼, 소인배), 鼠眼, 鼠目(견식이 좁음, 안식이 얕음), 鼠技(보잘것없는 재주), 鼠胆儿(겁쟁이), 鼠目寸光, 鼠肚鷄腸(도량이 좁은 사람), 鼠肝虫臂(하찮은 것), 蛇頭鼠眼(교활한 모양), 蠅頭鼠眼(간악한 남자의 용모)

3.11. 토끼(兎子)

토끼는 수렵의 대상으로 일찍부터 인간과 관계를 맺었다. 그런가 하면 달에는 약방아를 찧는 토끼의 이야기도 있다. 토끼는 한국의 욕설에 거의 쓰이지 않는다. 토순(兎脣)을 "째보"라고 욕하고, 사람의 벌건 눈을 "토끼눈"이라고 욕하는 정도다. 그런데 중국의 토끼(兎子)는 거북(龜子)과 더불어 대표적인 성적 매어(罵語)라 일러진다. 남색(男色), 남창(男娼)이라 욕하는 말이다. 토끼의 교미하는 모습이 연동(戀童), 곧 남창(男娼)이 남색(비역)을 파는 형상과 비슷하다. 따라서 토끼(兎子)는 남색을 상징하게 되었고, 욕할 때 상대방을 토자(兎子)라 하게 되면 이 비도덕적인 남창을 모멸하는 말이 되었다(藤江, 1971). 중국에는 남창의 일화가 많다. 한(漢)의 애제(哀帝)는 동현(董賢)이란 남자를 총애해 함께 낮잠을 잤다. 애제가 잠이 깨어 일어나려 하니 동현이 자기 소매 위에서 잠을 자고 있어 일어날 수가 없었다. 그래서 애제는 "귀여운 동현을 깨우는 것은 불쌍하다"며 옷소매를 끊고 일어났다 한다. 이에 "단수(斷袖)의 벽(癖)"은 남색을 즐기는 것을 가리키는 성구가 되었다 한다.

  兎, 兎子, 兎蛋, 兎崽子, 小兎崽子, 兎羔子(남색, 남창, 개자식), 兎頭兎腦(꼴 불견), 裝兎子(주저주저하는 놈)

3.12. 거북과 자라(龜鱉)

기린, 봉황, 거북, 용을 사령(四靈)이라 일러, 거북은 신령스러운 동물 가운데 하나로 친다. 그리하여 중국에서는 고대에 명구(名龜)를 얻으면 재보가 모이고, 집이 크게 부자가 된다고 하였다. 자라는 거북과 같은 파충류로 흔히 거북과 동류로 다루어진다. 한국에서는 이들이 큰 욕으로는 쓰이지 않는다. 몇 개의 예를 보면 거북은 느린 것, 자라는 작은 것을 욕할 때 쓰이는 것을 볼 수 있다. 그 예는 다음과 같다.

  거북이걸음, 자라목(짧은 목), 자라자지(움츠러든 음경), 자라탕(기호식품)

중국에서는 한국과는 달리 거북은 앞에서 언급한 바와 같이 대표적인 성 관련 욕설로 본다. 자라도 같은 종류라 같이 취급한다. 중국에서는 이들이 "오쟁이 진 녀석, 사생아" 등으로 매도할 때 쓰인다. 이러한 욕설로 쓰이게 된 것은 옛날부터 전해 오는 말에 거북은 수놈이 있으나 구실을 못해 암놈이 뱀과 교미하여 새끼를 낳는다고 하는 데 연유하는 것으로 알려진다. 그래서 거북은 "오쟁이 진 녀석"으로 욕하는 말로 쓰이게 된 것이라 한다. 또 하나의 설은 작은 거북이 큰 거북의 등을 타고 있는 것을 보고 근친상간(近親相姦)하는 것으로 오인해 이런 욕이 생긴 것이라 한다.

龜儿子, 龜子, 龜孫(子), 烏龜, 龜婆, 龜鴇(기생 어미), 龜公, 王八, 忘八, 王八蛋(오쟁이 진 녀석), 賊王八(악당, 도둑놈), 龜頭, 忘八(철면피, 바보)
鼈, 鼈蛋下的 (개자식, 개새끼)

거북과 자라는 속어로 "王八"라 하며, 동음어 "忘八"라고도 한다. 그리하여 "wangba(王八)"는 "忘八無恥"로 보고 오쟁이 진 녀석의 무치(無恥)를 효제충신 예의염치(孝悌忠信禮義廉恥)의 팔덕 가운데 망치(忘恥)의 무치(無恥)로 해석, 매어로 쓰이기도 하고, 일이삼사오륙칠팔(一二三四五六七八)의 wangba(忘八)로 보고 "바보"라 욕하는 데 사용하기도 한다.

3.13. 닭(鷄)

닭은 가금 가운데 대표적인 것이다. 한국의 경우 이 닭은 "고집이 세다, 석두(石頭)" 정도의 욕으로 쓰인다. 이에 대해 중국에서는 겁쟁이 및 성기와 관련된 욕설에까지 쓰인다. "野鷄"는 "무허가"의 의미도 지닌다.

닭살 돋는다, 닭싸움(시답잖은 싸움), 닭의 고집, 닭의 대가리, 암탉(女子)이 울면 집안이 망한다, 촌닭
鷄, 鷄子, 鷄巴(음경), 野鷄(갈보), 鷄巴蛋(개소리), 母鷄, 草鷄(쓸모 없는 사람, 겁쟁이), 鷄胆子(담이 적음), 鷄鳴狗盜(보잘것없는 기술), 野鷄店(무허가 여인숙), 野鷄大學(엉터리 대학, 무허가 대학)

3.14. 뱀(蛇)

뱀은 사람들이 싫어하는 동물이다. 이는 한·중·일이 다 마찬가지다. 한국에서는 "음흉하다, 흉악하다, 능글능글하다, 징그럽다"고 욕을 할 때 쓰인다. 이에 대해 중국에서는 악독하거나, 교활한 사람을 매도하는 데까지 쓰인다.

구렁이, 능구렁이 같은 놈(음흉한 놈), 꽃뱀, 구렁이 같이 징그러운 놈, 독사 같은 년, 뱀이 감아 갈 놈, 뱀 같이 찬 년, 용두사미
毒蛇, 蟒蛇, 美女蛇, 大蟒, 蛇蝎, 毒如蛇蝎(악독한 사람), 蛇豕(탐욕스러워 남을 해치는 사람), 蛇口蜂針(독살스러운 것), 蛇頭鼠眼(매우 교활한 모양), 龍頭蛇尾, 虎頭蛇尾

3.15. 벌레(毛虫)

한국에서는 모충이 징그럽거나 작은 것을 욕할 때 쓰인다. 이에 대해 중국에서는 "게으른 사람, 불쌍한 사람, 어리석은 사람, 더러운 사람, 하찮은 사람" 등을 욕할 때에 쓰인다. 중국에서는 chong(虫), 또는 chongzi(虫子)가 사람을 비유적으로 나타내기도 하기 때문이다.

굼벵이, 벌레, 벌레 같은 놈, 벌레 같이 징그러운 녀석, 버러지만도 못한 놈, 송충이, 쐐기 같다, 좀것(좀스러운 물건이나 사람), 좀 벌레, 좀도둑, 풀쐐기다(잘 쏘는 사람)
可憐虫(불쌍한 놈), 懶虫, 糊涂虫(게으름뱅이), 毛毛虫(굼뜬 놈), 笨虫(어리석은 놈), 跟屁虫(남의 뒤꽁무니를 따라다니는 놈), 蛆虫(더러운 놈), 昏虫(얼빠진 놈), 害人虫(사람을 해치는 놈), 虫臂鼠肝(아주 하찮은 것), 虫豸(버러지 같은 인간), 慈善虫子(위선자)

4. 결어

  욕설은 일반적으로 남을 모욕하거나 저주하는 말이다. 한·중 욕설은 다 같은 유교문화(儒敎文化)라는 배경을 지녀 유사한 면을 많이 지닌다.

  동물 관련 욕설은 매도의 대상이 동물 자체가 아니고, 사람의 행동·행실이거나 태도 및 성상이다. 욕설은 이를 동물에 빗대거나 비교하며 타매하는 것이다. 따라서 일차적인 타매의 대상은 한·중이 같다 하더라도, 이차적 대상인 비유의 유의(vehicle)가 달라 상당 부분 차이를 보인다. 이는 문화와 발상의 차이라 할 것이다. 이렇게 한·중 욕설문화(辱說文化)는 유사한 가운데 차이를 보인다는 것이 특징이라 하겠다.

  사람은 다른 동물과 달리 인륜도덕(人倫道德)을 지녔다. 따라서 사람이 윤리와 도덕에 벗어난 행동을 하게 되면 비난을 하고, 욕을 하게 된다. 동물과 관련된 욕설은 동물이 이러한 인륜 도덕을 지니지 않은 비천한 동물이기 때문에 이를 빌어 사람을 타매하는 것이다. 동물은 인간에 비해 비천한 존재요, 지능이 낮은 존재이며, 도덕적 행실을 기대할 수 없는 존재다. 따라서 이러한 속성을 지닌 인간을 이들 동물에 빗대어 매도하는 것이 동물 관련 욕설이다. 이러한 욕설은 세계 도처에서 두루 쓰인다.

  한·중 동물 관련 욕설문화에서 공통성을 지니는 것은 이러한 동물의 일반적 속성을 들어 매도하는 것이다. 따라서 한·중 동물 관련 욕설은 "비천하다, 비윤리적이다"라고 타매하는 욕설에 공통점이 많다. 그리고 차이를 보이는 것은 문화적인 특성에 따른 것이다. 가장 두드러진 차이를 보이는 것은 거북과 토끼 관련 욕설이다. 이들이 중국에서는 독특한 문화적 배경으로 인해 심한 성 관련 욕설로 쓰이는 것이다. 이 밖에 돼지, 닭도 성관련 욕설에 쓰이고 있다. 그리고 중국의 욕설에서 돼지, 소, 나귀, 곰 등을 지능이 낮은 대상으로 보고 "바보, 얼간이"와 같이 모자란 사람을 매도하는 욕으로 사용하고 있다. 한국의 욕설에는 이러한 것이 거의 보이지 않는다. 중국 욕설에는 한국 욕설과 달리 동물로 우매한 자를 욕하는 것이 많다는 것이 하나의 커다란 특징이다. 그리고 동물 관련 욕설 가운데 많은 것이 유연성을 상실하여 본래의 의미와는 상관없이 사용되는가 하면, 감탄사 등으로도 사용된다는 것은 한·중 동물 관련 욕설에 있어 상호 공통되는 또 하나의 일면이라 할 것이다.

‖ 참고문헌

김상윤, 「욕설의 특질에 관한 연구」, 『화법연구』 제4호, 한국화법학회, 2002.

김열규, 『욕- 그 카다르시스의 미학』, 사계절, 1997.

金炫兌, 「중국어 욕설 표현의 유형 및 특징 고찰」, 『中國學』 제28집, 중국학회, 2007.

박갑수, 『국어의 표현과 순화론』, 지학사, 1984.

박갑수, 『국어교육과 한국어교육의 성찰』, 서울대학교 출판부, 2005.

박갑수, 『한국과 중국의 욕설 문화』, 미발표, 2012.

박연배, 『中國 辱說 研究』, 동국대학교 교육대학원 석사학위 논문, 2001.

서인석, 「욕설고」, 『국어국문학』 제22호, 국어국문학회, 1960.

孫晉泰, 「朝鮮辱說考」, 『新生』 4권1호, 新生社, 1931.

신기상, 「우리말 辱說 研究」, 『국어교육』 제79·80호, 한국국어교육연구회, 1992.

윤석규, 『한·중 속어 비교 연구』, 대전대학교 교육대학원 석사논문, 2003.

이주행, 『한국어 사회방언과 지역방언의 이해』, 한국문화사, 2007.

赤祖父哲二, 『日中英 言語文化事典』, マクミランランゲ-ジハウス, 2000.

陳原 著/ 松岡榮志 編譯, 『中國のことばと社會』, 大修館書店, 1992.

筒井康隆, 「惡口雜言罵詈讒謗」, 『缺陷百科ア-ン』, 河出書房新社, 1970.

星野命, 「現代惡口論」, 『言語生活』 321, 筑摩書院, 1978.

堀內克明, 「罵倒語の比較文化」, 『言語生活』 321, 筑摩書院 1978.

藤江在史, 『ことばから見た中國』, 自治日報社 出版局, 1971.

Hayakawa, S.I., "Language in thought and action", *Brace and World*, second edition, New York : Harcourt, 1964.

국어 정책과 어문 규범의 개선 방향

민 현 식

1. 국어 생활의 과제

우리 민족은 단일 언어를 쓰는 단일 민족 국가로 이런 경우는 세계에서 매우 드물다. 물론 외국인 130만이 이주해 살고 있어 이제는 단일 민족국가 개념을 내세우는 것이 부적절할 수 있지만 단일 언어민족문화의 전통이 있었음을 무시할 수는 없다. 미국은 영어를 공용어(公用語)로 쓰지만 수십 여 민족이 살고 있고 이민 1세대 가정은 아직도 각 가정에서 각 민족의 모국어를 쓰는 경향이 높다고 한다. 중국은 56개 민족으로 이루어져 있고 중국어를 공용어로 쓰지만 자치구나 자치주에서는 민족어도 허용하고 있어 조선족 자치주에서는 우리말이 공용어로 쓰인다. 러시아 연방도 다양한 민족과 언어로 구성되어 있고 가까운 일본도 아이누 족과 같은 소수 민족이 살고 있어 단일 민족 국가는 아니다.

이들 수많은 나라들이 다중 언어 국가로서 다중 언어문화로 인한 민족간의 언어나 종교의 갈등을 다양하게 겪고 있음을 생각할 때 우리는 그런 민족 내부의 언어나 종교 갈등이 없음을 감사히 생각할 일이다. 오히려 단일 언어 민족이기에 강력한 민족 통합력(民族統合力)을 가지고 발전해 올 수 있었는데, 안보를 소홀히 하고 단합하지 못하여 외세의 침략과 식민 지배의 고통을 당하였음을 생각할 때 단일 언어 민족의 축복을 활용하지 못한 점을 반성할 일이다.

돌이켜보면 국어는 단일 언어의 축복을 받았지만 안정적으로 발전하여 오지는 못하였다. 오랫동안 한자를 이용한 차자법(借字法)에 의존하여 문자 생활을 하여 왔기에 언문 불일치의 불완전한 언어생활을 하여 온 것이다. 그 후 한글이 창제되면서 언문일치의 생활이 가능하여졌지만 한글을 천시하고 여전히 한문 문화만을 숭상하여 근대 시민 국가로의 발전이 더디었고 국치(國恥)까지 당하였다.

이때 비로소 언문 불일치한 생활이 근대화에 걸림돌이 됨을 알고 주시경(周時經) 선생은 국어 연구에 일생을 바쳤고 그분의 나라 사랑과 국어 사랑의 정신을 본받은 조선어학회의 학자들이 일제의 탄압 속에서도 어문 규범들을 완성하고 광복 후 드디어 국어사전을 만들어 자주적 민족 문화 발전의 기초를 놓았다. 이분들의 헌신이 아니었더라면 우리는 해방 후에도 여전히 우리말을 제대로 쓰지 못하고 혼란을 거듭하였을 것이다.

실제로 우리말과 글이 언문일치(言文一致)의 생활을 하게 된 것은 개화기 이래 겨우 백여 년에 불과하며 일제의 국어 말살 정책으로 신음하다 살아난 광복 후부터로 본다면 불과 60여 년에 불과하다. 그러나 실상 남북 분단으로 한민족의 국어 생활이 다시 이질화(異質化)의 길을 걷게 된 것을 생각한다면 국어는 아직도 제 구실과 능력을 제대로 발휘하지 못하고 있는 것이다. 따라서 우리는 남북한 국어의 하나 됨을 실현하고 나아가 국어의 특징과 아름다움을 잘 살려 발전시키며, 세계의 문자학자들이 칭찬하며 인류 지혜의 산물이라고 칭찬하는 한글의 우수성과 잘 조화시키고 활용하여 21

세기 문화 경쟁 시대를 헤쳐 나가야 할 것이다.

그러면 앞으로 우리 국어는 어떻게 발전해야 하고 국어정책은 이를 어떻게 지원해야 하는지 살펴보자.

첫째, 표준 한국어와 표준 한국어 문법을 확립하여야 한다. 우리는 교양인이 쓰는 현대 서울말을 표준어라고 하였지만 표준 한국어의 정체를 정확히 설명하고 있지 못하다. 이는 한국 전쟁 후 서울의 인구 구성이 변화하면서 서울말에는 남부 방언의 요소가 많이 끼어들어 ㅐ-ㅔ의 변별이 무너지고 있고 '쎄다, 찝어'처럼 어두 된소리가 증가하는 등 서울말의 변화가 두드러지다. 이 과정에서 순수 서울말의 정체가 불투명해졌고 서울이나 지방을 막론하고 표준어 교육이 제대로 이루어지고 있지 않다. 따라서 표준어가 제대로 확립되지 않아 학교의 규범 문법인 표준 문법도 정밀하게 완성하였다고 보기 어렵다. 나아가 외국인이 한국어를 학습할 때 추천할 통일된 체계의 문법서조차 제대로 없는 상황이다. 이미 1985년 학교문법에서 으 탈락, ㄹ 탈락으로 바뀐 '으 불규칙, ㄹ 불규칙'이나 2001년 학교문법에서 불규칙으로 보지 않기로 한 '거라 불규칙' 개념을 여전히 가르치고 있는 한국어학습서가 많은 실정이다.[1]

특히 남북 분단 상황에서 북한은 평양말을 '문화어'라 하여 표준으로 하고 남한은 서울말을 표준어로 하여 상당히 이질화한 상태라 다가오는 남북통일 시대에는 남북통일의 표준어 확립을 위해서도 한국어의 표준어의 확립은 대내외적으로 중요하다. 2011년 12월 17일의 김정일 급사는 다가올 북한 급변 사태를 상정할 때 통일 시대의 국어교육이나 어문정책이 얼마나 완벽히 갖추어 놓고 있는지 되돌아보게 한다.

둘째, 어문 규범의 준수를 기본 바탕으로 하여 국어능력 향상과 한국어의 발전을 도모하여야 한다. 국어능력의 기본은 국어생활의 기초인 어문 규

---

1) 학교문법의 변화에 대해서는 졸고(2002) 참고.

범을 익혀 그에 맞는 국어생활을 하는 것인데 오늘의 현실은 그렇지 못하다. 불과 50여 년 전만 하여도 규범 계몽이 안 되어 국민의 글쓰기는 맞춤법 등이 혼란스러웠는데 지금도 많은 국민들이 한글 맞춤법은 물론 외래어 표기와 로마자 표기를 규정대로 쓰지 않고 제멋대로 쓰고 있다. 이미 10여 년 전에 대졸 이상인 고학력자의 국어능력이 OECD 국가의 문식성(literacy) 측정에서 최하라는 사실이 드러났다(이희수 외 2001, 졸고 2008). 일반인들도 한자 이해 능력의 저하로 한자어 사용 능력이 떨어져 고급 어휘 구사 능력이 부실하고 비문투성이의 글이 범람한다. 청소년의 국어능력은 더욱 심각하여 인터넷 사용만 하다 보니 한글 글씨쓰기는 악필이 많고 국어생활은 욕설이 반이라는 평가이며, 국어능력이 하락하여 교사들은 작문지도에 어려움을 느낀다. 선진국 국민일수록 자국어 사용 의식이 강하고 표기 규범을 준수하고자 애쓰는 점을 생각할 때 국어교양을 높이려는 국민적 자각과 각오가 필요하다. 그리하여 국어능력이 국가경쟁력이라는 사실을 입증하고 계몽하는 노력이 요구된다.

셋째, 문체나 화법에서 표준 문체의 확립이 필요하다. 가령, 논문이나 공문서, 편지 쓰기와 같은 문서 작성에서 아직도 표준화되지 않은 글쓰기가 많다. 논문도 주석 달기와 참고문헌 작성법 등이 학문 분야마다 다르고 같은 학문 안에서도 달라 학문의 발전은 물론 국어 발전에도 걸림돌이 될 수 있다. 법률문, 판결문, 공문서에서 아직도 어려운 한자어를 쓰거나 구태의연한 장문(長文)의 문체를 써서 의미 해독에 어려움을 주는 것도 마찬가지다.

넷째, 국어 정보화에도 앞서야 한다. 앞으로는 컴퓨터에 잘 구현(俱現)되는 언어가 세계인에게 더욱 유용할 것이므로 국어와 컴퓨터를 관련지은 연구에서도 뒤지지 말아야 한다. 가령, 컴퓨터상에서 훌륭한 한글 문서 작성기를 만드는 일, 문서 작성기상에서 한글 맞춤법 검색기를 완벽하게 구현하는 일, 한중일 삼국 한자 표기를 모두 실현하는 일, 외국어와 국어의 상호 자동번역기를 만드는 일, 자동 통역 장치를 개발하는 일, 컴퓨터가 국어로 된

음성 언어를 인식하는 일, 전자 국어사전이나 전자 백과사전을 완벽하게 갖추는 일, 시각 및 청각 장애인을 위한 컴퓨터를 개발하고 보급하는 일, 고전 문헌을 전산 자료로 입력하고 검색하는 일 등은 이미 진행 중이거나 앞으로 하여야 할 일들이다.

다섯째, 세종의 자주, 애민, 실용의 훈민정음 창제 정신을 이어받아 국민의 국어생활에 편리하고 효율적이며 통일된 국어 정책을 수립하고 집행하여야 한다. 세종 시대에는 세계에 유례를 찾아 볼 수 없는 '집현전'(集賢殿)과 같은 어문 연구 기관이 있었고, 개화기에는 '국문연구소'를 만들어 어문 규정을 연구하고 만들었다. 정부 수립 후에도 문교부에 어문 정책 부서를 두었고 지금은 문화체육관광부에 '국립국어원'이 정책연구기관으로, '국어정책과'가 국어정책 행정 기구로, '국어심의회'(國語審議會)가 어문 정책 심의 기구로 있지만 어문 정책의 집행과 추진에서 사후약방문(死後藥方文) 격인 경우가 많아 적극적인 육성이 필요하다.

여섯째, 세계화 시대에는 외국어 내지 외래어의 범람을 막고 외국어는 즉각 번역 차용(飜譯借用)하도록 하여 국어의 고유어와 한자어를 적극 보호하여야 한다. 세계화 시대일수록 외래문화의 유입은 불가피하지만 외래 문물이 들어오면서 일어, 영어 등이 덩달아 들어와 국어의 자리를 차지하여 가는 것은 장기적으로 국어를 고사(枯死) 시키기 쉬우므로 우리는 외래 문물어를 즉각 번역하여 차용할 수 있도록 국가, 언론, 학교, 가정이 국어의 수호자가 되어야 한다. 더 나아가 외국어 작품, 논저, 신문 기사를 번역할 때는 한국어에도 깊은 이해를 가진 번역가나 전문기자들이 바르게 번역을 하도록 하여 오역(誤譯)과 악역(惡譯)으로 인하여 국어를 오염시키는 일도 막아야 한다. 따라서 외국의 언어문화를 전공하는 이들이야말로 우리의 국어문화에도 정통하도록 하며 한국어를 아름답게 구사하도록 훈련시킬 일이다.

일곱째, 문자정책에서는 한글 전용을 하더라도 한자 교육은 계속하여 전통적인 한자 문화의 지속적 보존 발전에도 힘을 기울여야 한다. 조상들이 한자로 생활하여 왔고 한문 문헌이 산적하여 있는 만큼 한자 문화의 부정과 단절은 우리의 조상과 전통에 대한 부정이고 궁극적으로 자기 부정에 이른다. 따라서 한자 문화를 계승할 전문가를 키우고 국민 누구나 기본 한자 2000여 자는 읽을 수 있도록 한자 교육을 강화해 한자어를 이해하고 학습하는 데 어려움이 없도록 하며 한자어의 조어력도 활용할 수 있어야 한다. 오늘날 한자 학습 부진으로 한자어 이해력도 떨어져 한자어를 통한 조어력은 더욱 쇠퇴하고 고유어의 조어력은 한계가 있어 주요 전문용어는 일본식 한자어나 영어가 무방비로 더욱 많이 들어오는 현상이 빚어지고 있다.

여덟째, 국어생활에 나타나는 비교양적 언어생활의 모습 즉 비논리성, 비합리성, 무교양성, 언어폭력성, 차별성, 선동성 등을 개선하는 국어생활문화의 혁신운동이 필요하다. 주요 목표로 합리적인 토론 문화를 정착시켜 대화와 타협의 민주정치를 실현하고 남북통일 시대에는 더욱 민족 단합을 이룩하기 위하여서라도 감정적 언사나 비속어를 추방하고 선동적 정치문화를 고쳐 고급스럽고 품위 있으며 교양인다운 언어생활을 하도록 교양 한국어 실천 운동을 대대적으로 펼쳐야 한다. 이러한 품위 있는 국어생활에서라야 아름다운 시, 소설, 희곡이나 노랫말이 살아 있고 위대한 문학과 문호(文豪)가 탄생하여 세계인에게 위대한 한국 문학과 예술을 알리게 될 것이다.

또한 관존민비, 남존여비(남녀차별), 직업차별 등이 반영된 국어생활의 폐습도 개선하는 실천도 요구되므로 지도층, 정치인, 관료의 권위적, 고압적 언어도 많이 개선되어야 한다. 21세기는 남녀평등의 문화가 더욱 발전할 것이므로 남존여비의 폐습이 아직도 생활과 언어 속에 남아 있는 우리는 성차별적(性差別的) 언어생활을 삼가고 남녀평등의 언어를 실천하여야 한다. 가령, '여자가 뭘 안다고, 여자가 속이 좁다, 여자는 원래 그래'처럼 여성을 차별하여 말하거나, 반대로 남자에게 '남자가 쩨쩨하게 그게 뭐야, 남자는 부엌에 가면 안 돼, 남자는 원래 그래'처럼 표현하는 것도 모두 성차별적 언행이므로 삼가야 한다. 이러한 남녀평등 사회의 실현도 결국은 언어에서부터 실현되어야 한다는 점에서 각성이 필요하다.

우리는 지금까지 국어를 발전하기 위한 여러 방안들을 살펴보았는데 이 것들은 국가가 할 일, 국어학자가 할 일, 언론 방송인이나 교사와 같은 전문 직업인이 할 일, 부모가 할 일, 국민 각자가 할 일 등으로 나뉜다. 이 중에 국어 규범에 관한 것으로는 대체로 첫째, 표준 한국어의 확립, 둘째, 표준 어문 규범의 확립, 셋째, 표준 문체의 확립과 같은 것이 해당된다. 이러한 국어 규범의 문제를 다루려면 국어 정책 기관이 우리나라에서 어떤 역할을 하여 왔는지 역사적으로 먼저 검토할 필요가 있다.

2. 국어 정책사에 나타난 국어 규범의 역할

우리나라에서는 국어 정책이 국가적으로 관장되어 온 전통이 어느 정도 있다. 삼국 통일 후 신라 경덕왕 때의 한자식 지명 개정 작업이라든가 고려 시대부터 사역원(司譯院)을 설치하여 역관(譯官)을 양성한 것도 중요한 중앙 정부의 국어 정책의 하나라고 볼 수 있다. 무엇보다도 조선시대에 집현전을 통한 세종대왕의 한글 창제가 언어 문제를 국가적으로 추진하여 온 전통을 보여 준다. 그러다가 한글이 천시되면서 중앙 정부의 국어 정책 기능이 쇠퇴하였지만 '규장각'(奎章閣)의 운서(韻書) 편찬 등에서처럼 어느 정도 정부의 관여가 있었다.

쇠퇴하였던 중앙 정부의 국어 정책 기능이 회복된 것은 너무 늦은 시기인 개화기 때에 '국문연구소'를 설치(1907)하면서부터이다. 그러나 시기적으로 이미 일제의 통제를 받는 통감부 시절인지라 정부의 자주권이 상실되었는데, 결국 국문연구소는 '국문연구의정안'을 만들고는 국가와 운명을 같이 하였다. 다행히 이 의정안에서 보이기 시작한 형태음소주의 정신은 1930년대에 '언문철자법', '한글맞춤법통일안'에서 부활하여 결실을 보게 되었다.

그러고 보면 조선 왕조 국망(國亡)의 한 원인으로 세종 이래 언어정책이 실종한 것도 들 수 있다. 언어정책 기구가 없음으로 말미암아 언어 문제가 무엇인지 모르고 있었거나 알더라도 방치하였으며 그 결과 체계적으로 서구 신문물을 수용하기 위한 도구인 언어를 정비하는 일에 소홀하여 자주 정부 수립을 통한 근대화의 추진에서 능동적 자세를 갖추지 못하는 결과를 가져 왔고 국망에 이른 것이라고도 볼 수 있기 때문이다.

이러한 증거로 우리는 조선시대의 문체(文體) 문제를 들 수 있으니 사대부층과 보수파를 중심으로 한 한문체 사용층과, 평민층 및 개화파를 중심으로 한 한글체 사용층은 문체 경쟁을 통하여 문체 갈등을 벌이고 있는 상황이었는데 그 갈등을 방치한 결과 지도층과 평민층의 단합도 이루지 못하였고 근대화를 수용할 도구로서의 언어 문체를 능동적으로 정비하지 못하였다. 오히려 일한 혼용체의 모방체인 '서유견문'(西遊見聞)의 문체와 같은 개화기식 국한 혼용체가 1890년대부터 1920년대까지 개화기 이래 40여 년을 지배하도록 방치하였다.

실종된 국어 정책은 다행히 주시경, 유길준 등 일부에서 어문정책에 대한 자각이 나타나는 정도이었고 통감부 시기에 비로소 국문연구소 설치로 변화를 보이나 이미 때는 늦었다. 그 후 일제하에서 민간 운동으로 이어져 조선어학회의 민간 주도적 어문 규범 운동이 국어와 국문을 우리나라의 근대화에 맞게 개조하는 데 이바지하였고 군정 시대나 정부 수립 후에도 어문 정책 기능은 국망의 치욕을 극복하고 새나라 건국을 위해 강조되어 오늘에 이른다.

이상과 같이 국어 정책사를 간략히 돌아볼 때 우리 민족의 발전에는 국어 정책이 국가 주도이었든지 아니면 민간 주도이었든지 간에 어느 경우이든 통일 신라기, 조선 건국 초, 조선 말, 일제 강점기, 해방 후 등과 같은 민족 변혁기에 민족 발전과 민족 통합에 긍정적 역할을 하여 왔다. 그런 점에서 장차 다가올 남북통일이라는 민족 대변혁기를 앞둔 오늘의 시점에서 국어 정책을 바르게 세우고 추진하는 일은 매우 중요하다고 하겠다.

3. 국어 정책 수립의 모형—프랑스식과 미국식의 조화

우리가 국어 정책을 구상할 때는 그 방향이 여러 가지로 나뉜다. 이스트면(Eastman 1983 : 28)은 다음의 유형을 제시한 바 있다.

① 언어 순화(language purification) : 언어의 순수성을 보존하고 오용 언어를 순화하는 정책
② 언어 부활(language revival) : 고어를 복구하거나 죽은 언어를 재생하는 정책
③ 언어 개혁(language reform) : 어휘나 철자법 개혁을 통해 언어 사용을 간결하게 하는 정책
④ 언어 표준화(language standardization) : 한 언어나 지역어를 국가의 공통어로 수용한다거나 하는 공용어 정책
⑤ 어휘 현대화(lexical modernization) : 기존 어휘부와 현대 과학 사회의 신어를 다루는 정책

우리의 경우 국어심의회의에서 한글, 한자, 국어정보화, 표기 규범, 국어 순화 등의 문제를 다루어 왔는데 이 중에 규범 관련 사항은 4대 표기법 관련 사항을 들 수 있다. 어문 규범은 언어 단위에 따른 규범으로 '단어 규범, 문장 규범, 담화 규범'의 3 유형을 나눌 수 있는데 그동안 단어 규범인 4대 표기법 규범만 언급하고 문장 규범인 문법에 관한 사항은 전무한 상태이며 담화 규범은 '화법'이란 표현으로 순화 분과 임무에 언급하는 정도이다.

전 세계 언어 정책 동향을 보면 프랑스처럼 정부가 언어 정책 기구를 설립하고 언어 문제에 깊숙이 개입하는 나라가 있는가 하면 미국처럼 민간 자율로 언어 문제를 해결하게 하는 나라가 있다. 우리나라는 프랑스처럼 정부가 관여하는 면이 강한데 이 방향이 꼭 옳은 것만은 아니다. 예컨대 미국의 경우 그런 정책 기구가 없어도 표준 영어의 개념이 존재하며 규범 논의가 없이 잘 유지되고 있어 시사하는 바가 많다. 즉 미국에서는 각종 지역 방언이나 사회 방언형에 대하여 사전, 문법서 등에서 그러한 방언형 정보를 주어 전 세계 누구나 영어를 배우는 사람이 그런 방언형을 피하고 자연스레 표준 영어를 유지할 수 있도록 하는 역할을 한다. 따라서 이들 사전류의 편집 출판자들은 그 나름대로 표준 영어의 기준을 구축하고 적용하고 있는 것이다(Biber et al. 1999 : 18).[2]

그런 점에서는 우리나라도 정부 기구 방식과 민간 자율 방식의 조화를 도모하여 정부의 국어 정책 기구는 큰 방향만 제시하고 장기적으로는 각종 사전 출판 시장과 같은 민간 차원에서 표준 한국어의 모든 어문 규범이 통일성을 띠고 통용되도록 하여야 할 것이다. 그러나 남북통일기를 바라볼 때는 당분간 프랑스의 국어 정책을 모형으로 삼지 않을 수 없다. 여기서 프랑스 정부의 국어 정책 모형과 정책 기구를 개관하여 본다.[3]

프랑스는 자국의 언어를 보호하기 위해 1994년 8월 4일자 법령에 의해 프랑스어 사용 관련법(La loi du 4 août 1994 relative à l'emploi de la langue française)을 통과시켰다. 혹자는 이 법이 영어에 대항하기 위한 프랑스 정부의 조치가 아니냐고 보기도 하지만 이 법률이 프랑스에서 처음으로 만들어

---

2) 이 부분의 원문을 그대로 인용한다. "There is no official government-sponsored academy that regulates usage for the English language, but there is still a widely recognized standard English : the dialectal variety that has been codified in dictionaries, grammars, and usage handbooks. This same variety has been adopted by most major publishers internationally, resulting in a very high degree of uniformity among published English texts around world."

3) 이하 프랑스의 언어 정책에 대해서는 숙명여대 불문과 조항덕 교수의 자료 제공과 도움에 힘입었다.

진 것은 아니다. 이미 1975년 12월 31일에 이와 유사한 법을 만들었으며 1994년에는 1975년의 법을 좀 더 엄격하게 적용하도록 강화한 것이라고 말할 수 있다.

3.1. 프랑스어 사용 관련법

1994년에 통과된 프랑스어 사용 관련법은 이 법을 제안한 당시 문화부 장관 자크 투봉(Jacques Toubon)의 이름을 빌어 투봉법이라고도 부른다. 이 법이 전혀 새로운 것은 아니며 프랑스 국내에서의 프랑스어 사용에 관하여 1975년에 바-로리올(Bas-Lauriol) 법이 채택된 바 있다. 이 법을 엄격하게 적용하여 프랑스 내에서의 프랑스어 사용을 더욱 강화한 것이다. 그런데 1975년의 바-로리올 법은 국회에서 의원들의 만장일치로 통과되었는데 반하여 1994년의 투봉법은 하원에서 격렬한 논쟁을 불러 일으켰다. 논쟁의 중심은 프랑스어의 수호와 외국어 어휘 사용에 대한 것이었다. 오늘날 프랑스에서 외국어 어휘의 사용이 현실적으로 인정되고 있으며 외국어 어휘를 사용함으로써 프랑스어가 더욱 풍부해질 것이라고 프랑스 사람들이 믿고 있기 때문이다. 이러한 분위기를 파악한 문화부는 일반 소개 부문에 다음과 같이 말하고 있다.

"Ce texte, en traduisant le principe constitutionnel selon lequel la langue de la République est le français, vise à doter la France d'une véritable législation linguistique, comme c'est le cas dans bien d'autres pays. La loi de 1994 n'a pas été inspirée par le souci de préserver la pureté du français en faisant la chasse aux mots étrangers : elle porte sur la présence du français et non sur son contenu. Elle marque la volonté de maintenir le français comme élément de cohésion sociale et moyen de communication internationale, dans une France qui se veut ouverte sur l'extérieur et partie prenante de la mondialisation des échanges." (프랑스의 언어는 프랑스어라고 하는 헌법의 원칙을 환기시켜 주

는 이 텍스트는 다른 나라에서와 마찬가지로 프랑스가 진정한 언어 정책을 갖고 있음을 밝혀 준다. 1994년 법은 외국어 단어를 배척하면서 프랑스어의 순수함을 간직하려는 노력에서 나온 것이 아니다. 이 법은 그 내용보다는 프랑스어의 존재에 중점을 둔다. 즉, 외부 세계에 열려 있고 범세계화에 참여하고자 하는 프랑스에서 프랑스어가 사회 응집력을 가져오는 요소가 되고 국제적으로 의사 소통의 수단이 되기를 바라는 의도를 나타낸 것이다.)

다시 말해 프랑스어 관련법은 프랑스인들이 일상생활이나 직업 세계라는 상황에서 프랑스어를 정당하게 사용할 수 있는 권리가 있고, 이를 프랑스인들에게 보장하는 데에 목표를 두고 있다는 것이다. 그리고 프랑스어는 교육, 직업, 교류, 공공 서비스 등에서 사용되는 언어이며 프랑스어권을 구성하는 여러 국가들을 연결해 주는 매개체가 된다는 것이다.

이 법의 적용을 위한 구체 사항을 간단히 소개하면 다음과 같다(전문 내용은 뒤 부록 참고).

① 소비자들에 대한 정보 : 1975년의 법을 그대로 취한 것으로 제품이나 서비스의 소개 또는 광고를 할 때에 프랑스어의 사용을 의무화한다. 특별한 유형의 제품으로 많은 대중이 알고 있는 외국어 명칭은 예외로 한다. 외국어로 번역하여 제품을 소개할 때에도 프랑스어로 소개된 내용이 명확히 제시되어야 한다.

② 직업 세계 : 국제적으로 큰 규모의 기업이나 수출을 하는 기업들은 다양한 외국어의 사용을 내포하는 언어적 책략을 만들어내야 한다. 내부 의사 전달을 위한 언어와 외국 상대와의 의사 전달을 위한 언어를 구별해야 한다. 외국어를 잘하지 못한다 해서 처벌을 받는 것은 아니지만 분쟁을 줄이고 직원들의 건강과 안전을 보호하기 위해 프랑스어 사용의 범위를 넓힌다.

③ 교육 : 공립이나 사립 공히 교육 기관에서 시험, 선발 고사, 논문 등을 쓸 때에는 프랑스어를 사용한다. 일부 특수학교나 지방어 또는 지방 문화를 교육하기 위해서는 예외를 인정한다. 특히 1995년 프랑스가 주도한 유럽

공동체 회의에서 공동체 국가는 다언어주의를 채택하여 교육 기관에서 적어도 두 개 이상의 외국어를 가르치도록 결정하였다.

④ 매체(미디어) : 프랑스어를 확산시키기 위해 미디어, 특히 텔레비전의 역할은 지대하다. 그렇기 때문에 라디오나 텔레비전의 광고나 방송에는 프랑스어나 프랑스어로 번역해서 사용해야 한다. 그러나 여기에서도 영화나 시청각 자료가 원본으로 되어 있는 것이나 외국어로 방송되도록 제작된 프로그램, 문화 행사나 외국어를 학습할 목적으로 제작된 자료는 예외로 인정된다. 이에 대해서는 고등 시청각 위원회에서 결정한다.

⑤ 시위, 학술회의, 모임 : 가장 논란의 대상이 된 사항으로 프랑스가 문화, 과학, 기술 분야에서 국제적으로 가장 많은 회의를 유치하는 국가 가운데 하나인데 많은 경우 영어로만 회의가 이루어져 왔던 것이다. 엄격하게 프랑스어의 사용을 적용할 경우 국제회의의 개최 횟수를 축소시킬 우려가 있다는 의견과 프랑스에서 개최되는 회의에서 프랑스어의 사용이 제한을 받는다는 것은 심하다는 의견 사이에 타협점을 찾아 해결하였다. 그것은 프랑스 내에서 개최되는 회의에서 프랑스어권 출신의 사람은 프랑스어로 발표하여야 하며, 프로그램에 프랑스어 설명이 병기되어야 한다는 것과 회의 후에 참가자에게 배포되는 자료에 적어도 프랑스어로 요약한 내용이 포함되어 있어야 한다는 것이다.

⑥ 공공 봉사(서비스) 분야의 특별한 의무 : 교육제도나 매체의 역할과 마찬가지로 공공 봉사 분야에 종사하는 사람들도 특별한 제한을 받는다. 이것은 그들의 역할이 사회적으로 큰 반향을 일으키기 때문이다. 그래서 이들을 도덕적인 사람들이라고 부른다. 도덕적인 사람들이 지켜야 할 사항을 프랑스어로 제시하여야 한다. 여기에는 단 하나의 예외가 인정되는데 프랑스 바깥에서 행해지는 공업이나 상업 활동에 관계되는 기관에 대해서이다. 프랑스 국내에서 출판되는 출판물의 경우에도 프랑스어로 된 요약 내용이 첨부되어 있어야 한다.

위의 내용에서 알 수 있듯이, 프랑스어 사용 관련법은 프랑스 국내에서 프랑스어의 사용이 의무적이라는 사항을 강조한 것이라고 말할 수 있다. 내용상으로 볼 때 이 법률은 다른 법률과 중복되는 경우도 있다. 예를 들어 소비자 보호법이나 노동법, 고등 시청각 위원회법 등의 내용과 중복되는 경우가 있는 것이다.

이 법의 적용에 대한 보고서를 정부는 매년 9월 15일 국회에 제출하도록 되어 있다. 즉, 법률 사항에 대해 보완해야 할 사항과 과학 분야의 잡지 발간, 국제회의에서의 동시통역, 어휘의 용법을 풍요롭게 하기, 정보 사회에서의 다언어주의의 확산 등과 같은 일련의 조치에 관한 의견을 제시하여야 한다. 그리고 이에 관한 사항은 프랑스어 총괄 위원회의 인터넷 둥지(홈페이지)에 게시하여 일반인들도 이에 대한 정보를 습득할 수 있도록 한다.

3.2. 아카데미 프랑세즈(Académie française)4)

1634년 리셜리외(Richelieu)에 의해 만들어진 아카데미 프랑세즈는 이전에 있던 문인협회를 공식화한 것으로 프랑스어의 보호를 위해 설립된 가장 오래된 기관이다. 이 기관의 설립 목적은 아카데미 프랑세즈의 위상과 규칙 제24조에 이렇게 적혀 있다 : "모든 노력을 기울여 프랑스어에 분명한 규칙을 제공하고 프랑스어를 통하여 순수하고 풍부한 표현을 할 수 있도록 하며 예술 및 과학 분야를 프랑스어로 다룰 수 있게 한다."

이 기관의 설립 당시만 해도 프랑스어는 라틴어에 비해 어휘도 부족하였고 프랑스어의 문법 규칙도 제대로 정해지지 않았으며 특히 철자가 결정되어 있지 않아 이러한 어려움을 해결해 줄 기구가 필요했던 것이다. 오늘날에는 프랑스어의 어휘가 풍부해지고 문법에 관한 사항도 대부분 확정되어

---

4) 아카데미 프랑세즈. http://www.academie-francaise.fr/role/index.html

있기 때문에 아카데미 프랑세즈의 역할이 많이 축소되어 있기는 하나 그
위상과 규칙은 기관의 설립 이후 변화된 것이 거의 없다. 회원들은 일주일
에 한 번씩 모임을 가져 프랑스어에 대한 논의를 하며 사전 편찬 작업을
진행시킨다. 아카데미 프랑세즈에서 편찬한 사전 제8판은 1935년에 출간되
었으며 그 후 제9판을 준비하여 1992년에는 제1권(A에서 단어 Enzyme까지),
2000년에는 제2권(단어 Éocène에서 Mappemonde까지)을 발행하여 지금도 계속
하고 있다. 기 출판된 제1권에는 16,500 개의 어휘가 수록되어 있는데 이
가운데 3분의 1 가량이 새로운 어휘들이며 기존의 사전에 수록되어 있으나
현재 사용되지 않는 일부 어휘는 탈락되었다.

전통을 고수하는 아카데미 프랑세즈가 그렇다고 편협하지는 않다. 프랑
스어권 국가에서 사용되고 있는 용어들도 수록하기로 결정하는가 하면, 복
잡한 프랑스어 철자 체계를 간편화하기 위한 노력을 기울이기도 하고
cottage, base-ball, barman, cow-boy, dancing, drugstore 등과 같은 영어 단
어를 수록하여 프랑스어 사전에서 영어 단어를 완전히 배제하기는 어렵다
는 현실주의적인 입장을 취하고 있는 것이다.

3.3. 프랑스어 고등 자문회(Conseil supérieur de la langue française)

프랑스어 고등 자문회는 프랑스 대통령과 정부에 의해 결정된 틀 안에서
프랑스어에 대한 관찰, 연구, 자문 및 평가를 하기 위해 만들어진 기구이다.
같은 기구가 프랑스어권인 캐나다 퀘벡주에 1977년에 세워졌고, 벨기에에
도 1985년에 세워졌으며 프랑스에서도 1989년에 세워졌다.[5] 프랑스어의
용법을 정리하고 어휘를 확장시키며 프랑스 내에서 뿐만 아니라 외국에 프

---

5) 프랑스어 고등 자문회 http://www.culture.gouv.fr/culture/dglf/politique-langue/cslf-accueil.html
   캐나다 퀘벡주 프랑스어 고등 자문회 http://www.cslf.gouv.qc.ca/
   벨기에 프랑스어 고등 자문회 http://www.lettresetlivre.cfwb.be/

랑스어의 보급, 확대시키는 노력을 기울이는 등 외국어에 관련한 정책을 수립한다. 총리와 교육부장관, 프랑스어권(Francophonie) 담당 장관 등에 의해 제안된 문제에 대해 의견을 제시하고 조치를 취하도록 권고하는 등 정책적인 활동도 한다.

프랑스어 고등 자문회는 임기 4년의 19 내지 25명의 위원들로 구성되며, 위원들은 프랑스어의 올바른 사용에 대한 지식과 연구 능력에 의해 선발된다. 총리가 회장이 되며 교육부 장관, 프랑스어 담당 장관, 아카데미 프랑세즈와 과학원 종신 사무총장, 용어와 신조어를 위한 위원회 회장은 당연직 위원이 된다.

3.4. 프랑스어 총괄 위원회(Délégation générale à la langue française)[6]

행정부처간의 용어 문제를 해결하기 위해 총리 직속으로 1966년 프랑스어 위원회가 만들어졌다. 프랑스어 총괄 위원회는 그 후속 기관으로 1989년 6월 2일자 법령에 의해 만들어진 것이다. 1996년 이후에는 문화부에 소속되어 모든 행정부서뿐만 아니라 공공 기관, 협회 등에 관련되는 언어 사항을 관찰, 협조, 격려, 종합하는 일을 담당한다. 특히 프랑스 국내와 유럽, 프랑스어권 국가들과의 협력을 강화하고 프랑스어의 사용을 부추기기 위해 외무부와 긴밀한 협조 관계를 유지한다.

프랑스어 총괄 위원회는 프랑스어 고등 자문회와의 협조로 프랑스어 사용 관련법의 적용 및 준수를 위한 세부 지침 사항을 마련하여 위반 시 이를 적발, 시정하게 한다. 구체적으로 프랑스어 사용 관련법을 적용하기 위한 처벌 조항을 1995년 3월에 마련하여 수많은 위반 사례를 적발하여 시정하도록 요구하였다. 위반 사례들은 상품 광고나 제품의 사용 설명서에 프랑

---

6) 프랑스어 총괄 위원회(DGLF) http://www.dglf.culture.gouv.fr/

스어 사용을 의무화한 조항을 어긴 것들이 대부분이었다.

또한 프랑스어의 올바른 용법을 위해 용어 관련 부처간 위원회(Commissions ministérielles de terminologie)에도 적극 참여한다. 이는 특히 경제, 과학, 기술 분야에서의 프랑스어 표현을 풍요롭게 하기 위한 노력으로 각 부처간 용어 위원회에서 논란의 대상이 되는 용어의 사용에 관한 정보를 인터넷 서비스를 통해 공지하고 있다. 이렇게 함으로써 일부 부처에서 사용되는 특수 전문 용어가 다른 부처에서도 그 내용을 알 수 있게 되며 그 용법이 일단 규정되면 일반인들도 관련 분야에서 해당 용어를 사용할 수 있게 된다. 또한 프랑스어의 미래를 위해서 신조어와 새로운 기술 용어를 만들어내는 일에 관여한다.

그리고 인터넷을 통하여 프랑스어의 존재와 국제 조직으로서 프랑스어권이 존재한다는 사실을 유포하는 역할을 담당한다. 프랑스 국내에서 개최되는 국제 학술회의에 동시통역이 이루어지도록 관리한다든가 유럽 공동체 국가들에서 다언어주의가 제대로 시행되도록 노력을 기울인다. 또한 프랑스어가 국제적으로 널리 쓰일 수 있도록 노력하는데 1995년 3월 18일부터 24일까지 열린 세계 프랑스어권 대회(Journée mondiale de la francophonie)에서는 "우리가 사랑하는 대로의 프랑스어(le français comme on l'aime)"라는 기치를 내걸고 대회를 성공적으로 치렀고, 대회의 성공에 힘입어 이 대회가 매년 개최되도록 결정했다. 올림픽과 같은 국제 모임에서도 프랑스어가 제대로 쓰이도록 노력하는데 특히 1996년 애틀랜타 올림픽 대회에서 프랑스어가 제 구실을 할 수 있도록 노력했으며 그 결과는 긍정적인 평가를 받았다.

이와 같이 프랑스어 총괄 위원회는 프랑스어의 보급을 위해 언어의 다원화라는 기치를 내걸고 관련 사업을 이끌어 나가고 있으며, 특히 유럽 연합 국가들이 2개의 외국어를 교육해야 한다는 주장을 내세우며 이를 확산시키기 위해 노력하고 있다.

이상과 같은 프랑스 정부의 언어 정책은 우리에게 구체적이며 다원적인 언어 정책의 수립을 추구하여야 할 것을 시사한다. 그것은 곧 국어 수호의 법적 기반 조성, 아카데미 프랑세즈나 프랑스어 고등 자문회와 같은 국어 원로 자문 기구의 활성화, 프랑스 총괄위원회와 같은 총리 직속 국어 정책 기구의 필요성을 보여 준다. 이는 우리나라에서도 현재의 국어심의회, 문화부 국어정책과, 국립국어원의 위상을 적절히 재정립하고 강화할 필요가 있음을 시사한다. 그러면 앞으로 21 세기에 직면한 국어 규범의 문제는 무엇인가를 살펴본다.

4. 국어 규범의 개념

국어 규범이라 하면 흔히 단어 표기를 위한 표기 4법(한글 맞춤법, 표준어 규정, 외래어 표기법, 국어의 로마자 표기법)을 가리킨다. 국어 규범의 개념을 넓혀 본다면 '문법'도 국어 규범으로 볼 수 있다.

그런데 4대 표기 규정들은 성문화한 표기법 규정이 있지만, 문법 규범은 한국인 토박이 화자에게 내재적, 추상적 규범으로 존재하는 것이라 그것을 지식으로 기술한 문법서들이 있는 정도일 뿐이고 그 책들도 단순히 국어 지식의 설명서에 불과하며 문장 작성법과 같은 언어 사용 규범을 목적으로 서술한 것은 아니라 문법 규범은 다소 성립하기 어려운 면이 있다. 그래서 그동안 어문 규범이라 하면 단어 차원에서 4대 표기 규정을 가리키는 것으로 보고 있고 대학의 강좌에서도 '국어 정서법'이란 강좌가 이러한 4 표기법 중심의 강의를 베풀고 있는 것이 대부분의 실정이다.

그런데 이 단어 차원의 4 표기법 규범도 더욱 보완하고 정비할 부분이 많이 있기는 하지만 규범이 단어 차원에만 갇혀 있는 것은 문제이다. 정작 단어들이 모여서 구성하는 문장의 규범에 대해서는 뚜렷한 규범서가 없어 국어 문장 교육에 애로가 많다. 오늘날 국민의 문장력이나 표현력에 문제가 많은 이유도 현행 문법 교과서는 작문이나 화법 교육과 연계되지 않아 실질적으로 국민의 문장과 담화 능력 향상에 기여하지 못하고 있기 때문이다.

따라서 어떤 형태로든 문장의 규범을 보여 주는 문법 규범이 국어 구조 지식의 설명서 수준을 넘어 '문법적 문장 작법 지침서'로서 존재하여야 한다. 그런 점에서 대학의 '국어 정서법'이라는 강좌도 쓰기 규범 즉 글말의 규범은 물론 말하기에서 나타나는 입말의 오용을 예방할 수 있는 입말의 규범까지 포함하도록 '국어 규범론'과 같은 명칭으로 바뀌어야 한다. 이는 국어 규범을 다음과 같이 글말과 입말이라는 국어 유형에 따른 규범을 모두 포함하는 것으로 인식하여야 한다는 뜻이 된다.

국어 유형에 따른 국어 규범의 개념
① 글말의 규범 : 글말에 나타나는 모든 규범 문제
② 입말의 규범 : 입말에 나타나는 모든 규범 문제

그동안의 국어 규범 연구는 주로 글말 규범에 집중되었고 입말과 글말의 차이에 따른 규범의 차이와 입말의 규범을 부각시킨 논의가 많지 않았다. 입말 규범 연구로 기억할 만한 것은 국립국어원이 조선일보와 공동 기획으로 만들었던 '표준 화법'(1992)에서 친족 호칭어나 지칭어와 같은 입말 규범을 다룬 것을 들 수 있다.[7] 규범은 좁은 개념과 넓은 개념으로 나누어 볼 수 있다.

규범의 개념
① 좁은 개념 : 단어 차원에서의 바른 표기(맞춤법, spelling) 문제만을 다룬

---

7) 시대 변화가 커서 호칭어, 지칭어도 변화가 크므로 최근 국립국어원에서 표준화법의 개정을 준비해 오고 있다.

다. 흔히 4 표기법이라는 것이다. 현재의 대중적 인식이 그러하다.

② 넓은 개념 : 바른 발음법(正音法), 바른 단어 사용법(正語法), 바른 문장 작성법(正文法), 바른 대화 능력(正話法), 바른 문체 구성 능력(正體法) 등을 모두 포함하는 개념이다. 언어 단위의 관점에서는 다음 ①-③에서처럼 단어-문장-담화 차원을 포괄하는 개념으로 정립하여야 한다. 아울러 이들 규범과 국어사용 능력이 어떻게 관련되는가를 관련지어 표시하여 본다.

언어 단위에 따른 규범의 개념

① 단어 규범(단어법) → 어휘력

ㄱ. 단어의 형식(표기) : 맞춤법 등 표기 규정에 맞아야 한다.=>표기 규범 → 표기력

    (발음) : 단어의 바른 발음을 말한다.=>발음 규범 → 발음력

ㄴ. 단어의 내용 : 바르고 정확한 단어를 사용하여야 한다.=>어휘 규범 → 어휘력

② 문장 규범(문장법) → 문장력

ㄱ. 문장의 형식 : 단어뿐만이 아니라 문장도 높임법, 主述 관계 호응, 문체 등이 국어 문법 원리에 맞아야 한다. => 문법 규범 → 문장 구조력(=문법력)

ㄴ. 문장의 내용 : 지식의 정확성과 문장의 논리성, 조리성, 표현의 수사성 등의 문제가 관계된다. => 표현 규범 → 문장 표현력

③ 담화 규범(담화법) → 담화력

ㄱ. 담화의 형식 : 담화의 발음(어조, 성량, 음색 등), 담화 태도, 담화량, 담화 구조의 형식 문제 → 담화 구조력

ㄴ. 담화의 내용 : 담화 표현의 적절성, 수사법, 설득력 등 내용의 질 문제 → 담화 표현력

이상에 따르면 국어 규범은 언어 유형별로는 글말 규범과 입말 규범으로 나뉘며 언어 단위별로는 단어 규범, 문장 규범, 담화 규범으로 구성되어 이들을 세분하면 여섯 가지 유형으로까지 나눌 수 있을 만큼 복잡한 것임을

알 수 있다. 규범 영역을 이렇게 6개 영역으로 정립하면 국립국어원에서 연구할 규범 영역의 과제도 더욱 분명히 드러난다고 하겠다.

아울러 우리는 규범 연구를 하려면 규범 언어와 비규범 언어를 구별할 근거가 되는 언어 자료들을 광범위하게 수집하고 말뭉치(corpus)를 구축하여 언어 자료의 실태를 먼저 조사하는 연구가 있어야만 한다. 이런 점에서는 국어 규범 연구란 역설적으로 규범 언어의 변이형(variants)들 즉 인종, 지역, 계층, 세대, 성별 등의 5대 요인에 따른 사회언어학적 변이형들로 대체로 비규범 언어형들의 연구가 선행되어야 하므로 국어 규범의 연구는 비규범 언어의 실상을 정확하게 파악하는 노력이 선행되어야 한다.

따라서 앞으로 국어 규범 연구는 기존 규정 몇 가지를 금과옥조로 유지하려는 보수적 태도가 아니라 언어의 다양한 실상을 연구하려는 사회언어학적 연구와 이들을 계량 분석하는 계량언어학적 연구가 활발히 공조하여야 한다. 1948년에 창립한 일본 국립국어연구소가 그동안 사회언어학적 연구와 계량언어학적 연구의 전통을 착실히 쌓아온 것은 귀감이 된다. 다음에 제시하는 것은 부분적으로 일본 국어연구소에서는 연구된 것들로 앞으로 국립국어원에서 규범 연구의 기초 연구로 추진할 만한 것이다.

규범 연구의 기초 연구
① 단어 차원 연구 : 국어의 기본 어휘 연구, 동의어·계층어·세대어(유아어·청소년어·노인어), 전문어·연상어 연구, 잡지 용어 변천 연구, 품사별 어휘 연구, 분류 어휘 연구, 외래어 실태 연구, 국어 발음 연구, 오용 표기 실태, 방언 어휘 연구 등
② 문장 차원 연구 : 문형 연구, 표현과 문법의 상관성 연구(표현문법), 문맥과 문장의 상관성, 문장과 문단 연구, 오용 문장 실태, 현대 문법 연구, 방언 문법 연구 등
③ 담화 차원 연구 : 국어생활 실태, 담화 언어의 실태, 담화 행동의 양상, 오용 담화 실태, 담화와 문화의 상관성 연구 등

언어 기초 자료를 구축하고 위와 같은 기초 연구들이 이루어지면 규범의 모형들이 수립되고 그것을 바탕으로 다양한 실용 사전의 개발이 가능할 것이며 이런 사전들은 규범적 가치를 부여받게 되어 규범 연구의 신뢰성이 높아질 것이다. 이를 도식화하면 다음과 같다.

언어 자료 구축 → 언어 실태 연구 → 규범 작성 → 규범 사전 개발

이제 우리는 이것을 다시 새롭게 거시적 정책 과제와 미시적 정책 과제로 나누어 보도록 한다.

5. 거시적 규범 정책 과제

대체로 우리는 국립국어원에서 다음의 정책 과제들을 연구하여야 할 것으로 본다.

5.1. 국어 기본법의 정비와 강화 : 세계화 시대의 국어 관련 법규의 정비

앞으로 영어가 거세게 지배하고 소수 민족어들이 소멸하는 언어 생태학적 위기 시대, 세계화라는 미명하에 영어의 확산이 거세게 이루어지는 언어 제국주의(linguistic imperialism) 시대를 맞아 한국어의 운명도 그리 낙관적이지는 않다. 더욱이 영어 공용어화를 공공연히 주장하는 지식인들, 영어 교육 강화와 영어 공용어화의 방법론을 구별하지 못하는 대중 집단이 존재하는 속에서 한국어의 앞날은 컴퓨터 등 자연과학 분야에서는 이미 영어와 한국

어의 잡탕말로 변한 영어 피진어의 하나로 변할 조짐이 보이고 있기에 이런 우려는 결코 과장이 아니다. 또한 앞으로 예상되는 문화 전쟁 시대란 곧 언어 전쟁 시대라고도 할 수 있다. 이런 현상은 우리나라에서 세계화, 조기 영어 교육의 열풍이 불면서 국어와 영어의 소리 없는 전투가 방송에서, 거리 간판에서,8) 학교 강단에서 현재 벌어지고 있는 것에서도 잘 알 수 있다.

원래 세계화는 외래문화를 수용하고 이해하고 재창조하는 것으로 끝나는 과정이 아니라 자기 문화를 세계에 알리는 것이 궁극적 목적이어야 한다. 그리하여 인류의 다양한 문화가 존중받고 공존하는 즉, 다원적 문화가 인정받는 다원적 세계주의(多元的 世界主義)가 되어야 한다. 그러나 오늘날 우리 주변에 유포된 세계화는 서구 문화의 일방적 수용에만 급급한 상황이라 우리나라는 상업주의와 패권 의식이 깔린 패권적 세계주의(覇權的 世界主義)의 각축장이 되어 가고 있다. 상식적으로 보아도 진정한 세계화란 전 세계 모든 나라의 다양한 언어문화를 존중하고 이해하는 방향과 우리의 문화를 다양한 전 세계 언어로 소개하고 널리 알리는 방향이 균형을 맞추며 활발할 때 상호적 세계화가 달성될 것이다. 그런 점에서 영어 학습에만 치중한 요즘의 추세는 분명 잘못된 방향이 아닐 수 없다.

특히 서구 열강들은 과거부터 역사적으로 후진국, 약소국들에 대해 문명화, 근대화 등을 빙자하여 식민지로 만들어 원주민 지도층과 자제를 자국에 유학시켜 서구인으로 만들고 나아가 원주민 언어와 문화를 파괴해 온 경험이 있어 화려하게 제시되는 영어 공용어론자들의 언어 수사에 현혹되어서는 안 된다. 그런데 영어 공용어론자들의 주장을 보면 영어의 세계 제패를 기정사실화하고 세계화를 영어 배우기로 간주하고 있다. 따라서 언어 제국주의 특히 영어 제국주의의 파괴적 위험성에 대해서는 외면한 채 서구화의 급행열차에 빨리 올라타라고 주장하고 있는 것은 지나친 비관주의의 산물

---

8) 이석주 외(2000)에서 이루어진 간판 실태 조사에 따르면 간판 상호의 약 56%가 외래어 간판임이 드러났다.

이 아닌가 한다.

이러한 언어 제국주의의 역사와 영어 제국주의의 흐름에 대해서는 이미 필립슨(Robert Phillipson, 1992), 페니쿠크(Alastair Pennycook, 1994) 같은 서구 학자들의 논저가 언어 제국주의의 역사와 문제점을 밝히고 있다. 일본의 경우는 1990년대 초부터 영어 제국주의의 위협을 눈치 채고 영어 제국주의에 대한 논의가 활발히 일어나고 있다. 현재는 일본 내에서도 영어 공용어화론에 대해 반대가 대부분인데 이들은 대체로 일본어의 국익을 지키고 일본어의 국제화를 추구하는 소위 일본 민족주의 관점에서 접근하고 있다.

오늘날 세계는 근대 이래 냉전 시대까지 지속된 정치, 경제적 제국주의 침략 시기를 벗어난 것으로 보이지만 강대국들은 정치, 경제적 침략을 문화 제국주의, 언어 제국주의 형태의 위장술을 통하여 추구하고 있다고 볼 때 대상 국가의 정신을 송두리째 앗아가게 되는 언어와 문화를 통한 침략에 대해서는 이 시대 지식인들이 파수꾼의 역할을 하며 깨어 있어야 할 것이다. 과거의 식민지 침략이 물질 침략 위주이었고 피식민지 주민의 정신을 침략하기까지는 오랜 시간이 걸렸다고 한다면 오늘의 문화 침략은 민족의 핵심 요소인 언어와 정신문화부터 공략하는 것이라 민족 파괴력이 가공할 만하므로 더욱 경계하여야 한다.

바로 이러한 상황에서 정부수립 후 처음 만든 국어 관련 법률인 '한글전용에 관한 법률'(법률 6호)이9) 폐지되고 국어 관련 법률과 규정을 통폐합하여10) 통합법으로 '국어 기본법'(2005)이 제정된 것은 긍정적 측면이 있다.

---

9) 법률 6호 : "대한민국의 공용문서는 한글로 쓴다. 다만 얼마 동안 필요한 때에는 한자를 병용할 수 있다."(1948. 10. 9)

10) 그동안 있었던 국어 관련 법률은 다음과 같다.
　　<문화 예술 진흥법>(제2장 국어의 발전 및 보급)(1995. 1. 5)
　　<문화 예술 진흥법 시행령>(제3장 국어의 발전 및 보급. 4장 국어심의회)(1996. 3. 30 개정)
　　<사무관리규정>제10조. 문서는 쉽고 간명하게 한글로 작성하되 특별한 사유가 있는 경우를 제외하고는 한글 맞춤법에 따라 가로로 쓴다.(1994. 7. 23 개정)
　　<옥외광고물등관리법>(1992. 12. 8 개정), <옥외광고물등관리법 시행령 : 제4장 표시 방법 제13조(광고물 등의 일반적 표시 방법)> ①광고물의 문자는 한글 맞춤법·국어의 로마자 표

‘국어 기본법’에 따라 그간 한국어교원능력검정시험 시행, 공공언어 사업 강화와 국어 책임관제 시행, 국어 규범 영향 평가 등을 수행하고 제1차 국어발전계획(2007~2011)에 이어 제2차 국어발전계획(2012~2016)을 추진하게 됨은 긍정적 영향을 끼친 것으로 볼 수 있다. 그러나 외국어 범람, 페이스북 및 트위터와 같은 SNS(Social Networking Service) 등 미디어의 변화에 따른 통신언어의 부정적 영향력은 국민의 국어능력이 실질적으로 향상되었다고 보기는 어렵게 만든다. 오히려 거시적으로 국어 기본법을 개정하여 국어 수호의 정신을 강화하고 국어 정책의 실천력을 보장하는 법률로 강화해야 할 것이다. 따라서 원론 선언 수준의 ‘국어 기본법’을 그대로 두고서 ‘불어 사용법’(1994)처럼 교육, 기업, 언론, 출판, 외교, 통신 등의 미세한 부분까지 실천 지침을 밝힌 ‘국어 애호법’ 또는 ‘국어 발전법’(가칭)을 구체화하여 강력한 법안으로 만들어 국내외적으로 선언, 공포할 필요가 있는데 그 내용은 다음과 같은 것이 들어갈 수 있다.

① 국어 사랑의 정신
② 국어 애호에 대한 국민의 의무
③ 관공서에서 나오는 공문서 표기의 의무 사항
④ 외래 학문 용어의 번역 의무
⑤ 외국 노동자 계약서의 두 언어(한국어와 노동자 모국어) 사용 의무
⑥ 문자, 영상물의 국어사용 의무화, 외래어 사용시 번역어 병기 의무화
⑦ 광고물의 국어사용 의무 사항
⑧ 기업 상호명, 상품명의 국어사용 의무 사항
⑨ 언론, 출판의 국어사용 관련 준수 사항
⑩ 기타

기법·외래어 표기법 등에 맞추어 한글로 표시함을 원칙으로 하되, 외국 문자로 표시할 경우에는 특별한 사유가 없는 한 한글과 병기하여야 한다.(개정 1993. 2. 24)
<교과용 도서에 관한 규정>(1995. 7. 20 개정)
<도로 표지 규칙>(건설부령 487호. 1991. 6. 10 제정)<호적법>(1995. 12. 6 개정)
<호적법 시행 규칙>(1995. 6. 5 개정)

이러한 법안은 전술한 프랑스의 '불어 사용법'(1994)을 참고한 것으로 중지를 모은다면 이보다 더 실천적 내용을 담은 우수한 법안이 나올 수 있을 것이다.

5.2. 국어 통일 규범 제정

21세기 규범 정책으로 두 번째이자 실질적으로 최우선 사업 과제는 남북 통일 시대를 대비한 통일 규범을 연구하고 준비하는 일이다. 그동안 남북 언어의 비교 연구는 상당히 이루어졌는데 정작 통일을 대비한 구체적인 남북 언어 통합 방안이나 남북 언어 규범 통일 방안을 준비하고 있지는 않다. 여기서 분명히 짚고 넘어갈 문제는 국어 규범이란 것이 협상으로 해결되느냐의 문제이다. 과거 1990년대 초에 국어의 로마자 표기법 협상이 파리에서 남북간에 진행되었지만 평행선을 긋고 끝난 경험이 있음을 생각할 때 국어 규범의 협상이란 원천적으로 탁상공론에 불과할 수 있기 때문이다.

또한 언어 현상이란 것이 대중의 선택과 동의에 따라야 하는 것으로 대중의 언어 선택은 대체로 경제적 동기가 좌우하는 것이라 대한민국 중심의 흡수 통일을 전제로 한다면 국어 규범의 협상은 무의미할 것이기 때문이다. 흡수 통일의 비용 부담이 크다는 견해도 있고 분단 비용에 비하면 통일 비용은 남북 한민족 번영을 위한 투자로 더 큰 축복이 된다는 주장도 있기에 어느 경우이든 급작스러운 통일은 혼란과 갈등이 우려되므로 혹시 남북 연합 체제로 지속하다가 한 세대쯤 뒤에 상호간에 국가 경제력이 대등해진 후에 자연스런 남북 통합을 한다면 그런 경우에는 국어 규범 협상이 어느 정도 예상될 수 있다. 그 어떤 경우이든 국립국어원은 남북 통합의 정치적 실험에 따라 예상되는 언어 통합과 규범 통합의 문제를 다각도로 연구하고 대비하여야 한다. 그러기 위해서는 그동안의 남북 언어와 규범 대비 연구를 정리하고 통합의 이상적인 모형과 전략을 제시할 수 있어야 하며, 그 어떤 정치 협상이라도 초월하여 남북 국어학자들이 언어학적 양심으로 통합 규범을 만들 수 있도록 준비하여야 할 것이다.

근본적으로 남북 맞춤법은 '한글 맞춤법 통일안'(1933)의 정신을 바탕으로 하고 있어 큰 문제가 없다는 대전제 하에 맞춤법, 띄어쓰기, 문장부호, 발음법, 사전 배치 자모 순서 등에서 대 타협을 이루어 정치 체제 통일에 앞서 규범 통일부터 추진하도록 끊임없이 설득하고 준비해야 할 것이다. 이러한 남북 언어 규범 통일 사업이야말로 국립국어원의 가장 절실한 존재 이유가 된다. 이를 위해 그동안 국립국어원은 표준국어대사전을 편찬하면서 남북 언어 대비의 기초 자료를 축적해 놓았고 '겨레말사전' 편찬사업을 지원해 왔다. 이제는 남북 통합 시 예상되는 다양한 혼돈 상황을 대비하여 사회언어학적 관점이나 정치 및 경제언어학적 관점에서의 구체적 연구를 진행하여야 한다.

남북 정치 체제의 통합 과정에서 경제, 사회의 모든 부문은 우세 문화로 흡수되게 마련이다. 동서독의 사례에서도 드러나듯 독일 통일은 초기에 재앙처럼 비쳐지기도 했지만 오늘날 통일 독일은 유럽 최강의 강국이 되어 독일 통일이 축복이었음을 보여 주고 있다. 따라서 우리도 자유민주주의 체제를 기본으로 하는 남북 통합을 위해서 방송, 신문, 교육 제도를 통한 표준어 교육을 더욱 강화하여야 한다. 덧붙여 북한의 우상화 독재라는 거짓 언어의 체계를 걷어 내고 자유민주주의 인권의 언어생활을 보장하는 여러 장치도 필요할 것이다.

또한 남북 어문 규범 계몽 교육에 상호 협조하여야 하는데 '남북 대역어' 사전도 준비하고 교과서 편찬 시는 남한식 국어 교과서 옆에 일정기간 임시로 북한식 전문 용어나 북한 방언을 표시하여야 할 것이다. 따라서 남북 대역어 사전이나 교과서 편찬자들에게 제공해야 할 교과별 전문 용어 대역 자료집이 필요하다. 이러한 필요는 귀순 지식인이 한자어조차 남한 한자어를 못 알아차리겠다고 지적한 데서 드러난다(정종남, 1999 ; 2000). 여기서 주의할 것은 북한 사전에 실려 있다고 해도 생활어가 아니라 사전에 등재된 지식어에 불과하므로 북한 사전에 나오느냐 여부는 무의미하다. 가령 '홍보'라는 단어는 북한 사전에 나오지만 뜻풀이도 다르고 북한의 생활어가 아니므로 북한 주민에게는 남한에서 쓰이는 '홍보'라는 단어의 의미나 실상을 알아차릴 수 없다. 이 점에서는 귀순자들의 언어 부적응 갈등 사례에 대한 인터뷰를 통한 장기 조사가 절대적으로 요구된다. 탈북 귀순 동포들이야말로 남북통일의 시금석이고 남북 통합의 선도자란 점에서 이들을 제보자로 하는 북한어 연구, 남북언어 통합방안을 다양하게 연구해야 한다.

5.3. 표기 규범의 지속적 정비

전술한 대로 표기 4법은 완벽히 만들고 미비점은 보완하여야 한다. 한글 맞춤법의 경우 현행 규정은 1997년 2월~12월까지 국립국어원의 어문 규범 연구소위원회에서 30회에 걸쳐 심도 있는 분석을 한 바 있었는데 그에 따르면 1988년 규범 체제인 한글 맞춤법, 표준어 규정은 규범의 내용이나 용어 사용, 문구, 용례 제시 등에서 많은 문제점을 드러내고 있어 국어심의회에까지 개정안이 상정된 바 있으나 또 개정하면 기존 맞춤법으로 인쇄된 전집 출판물 등이 사장된다는 출판협회 등의 반발과 1997년 12월 대통령 선거를 앞둔 정치적 상황과 맞물려 보류된 바 있다. 이에 대한 논의는 다음 6항의 미시(微視) 과제(課題)에서 자세히 다룬다.

5.4. 국어 교육 및 한국어 교육용 문법 규범의 표준화

현행 학교 문법은 1963년의 '학교문법통일안'의 출발을 시작으로 1985년의 국정 단일 문법 교과서 시대를 거쳐 오늘날 문법 교과서 검인정 시대를 맞고 있다. 그런데 이는 한국인 화자에 내재해 있는 국어 내재 문법의 국어 구조 지식을 불완전하게 기술한 것에 불과하며, 문법 교육은 국어사용 능력 향상에 별로 기여한 바 없다는 비판을 받고 있어 문법 교육은 위기와 동시에 변혁을 요구받고 있다.

그 어떤 상황이라도 국어 문법의 구조 기술에 대한 연구는 지속될 것이므로 학문 문법의 연구를 바탕으로 정제된 학교 문법 즉 교육용 표준 문법을 상세히 확립하여야 문법 교육도 발전할 수 있을 것이고 실용적인 문장 규범으로서의 문법 규범도 확립할 수 있을 것이다.

나아가 제2 언어로서의 한국어 문법 교육의 내용을 보면 한국어 학습서나 한국어교육용 문법서라고 나온 것들이 문법 번역 용어들도 교재마다 제각각이라(졸고, 2000 참고) 한국어 학습자들에게 혼란을 주고 있어 한국어 교육용 문법 내용의 표준화와 통일도 한국어세계화 사업에 발맞추어 국립국어원에서 주도하여야 할 것이다. 2005년에 '외국인을 위한 한국어문법 1,2'가 국립국어원에서 나와 있지만 한국어 문법교육에 실질적 도움이 되도록 구성되어야 할 것이다. 특히 문법 체계와 용어들을 각국 언어권별로 통일되도록 하는 일도 이루어져야 한다.

그런데 이러한 표준 문법의 심화 발전을 위하여서는 말뭉치 기반 문법 연구(corpus-based grammatical study) 체제를 갖추어야 한다. 말뭉치 기반 문법은 양질의 말뭉치 자료를 구축하고 그에 기반한 국어 자료의 실상을 파악하여 그에 근거한 국어 문법 기술을 행하는 것을 말한다. 현재 이의 모형으로는 롱맨출판사에서 나온 'Longman Grammar of Spoken and Written English'를 들 수 있다. 이 문법서는 롱맨에서 구축한 말뭉치를 기반으로 영어의 사용 빈도 실태를 각종 도표로 제시하고 그에 기반한 문법 기술을 하고 있는데 그들이 구축한 말뭉치는 네 유형의 자료를 구축하고 있어[11]

---

11) 이들의 말뭉치 자료의 유형은 다음과 같다.

	회화어(conv)	이야기어(fic)	뉴스(news)	학문어(acad)
[양 식]	입말	글말	글말	글말
	(＋입말체 대화 포함)			

앞으로 국립국어원도 이와 같은 방법론에 입각한 양질(良質)의 말뭉치를 구축하여 말뭉치 기반 문법 연구에서도 주도적 역할을 하여야 한다.

5.5. 규범 교육 부문

어문 정책을 문화부에서 관장하다 보니 교육부의 국어 규범 교육 영역과의 괴리가 생기기 쉬우므로 상호 유기적 협조가 필요하다. 단적으로 문화부의 부서인 국어정책과와 국립국어원의 연구 성과를 국민 공교육 차원에서 교육과정에 유기적으로 반영하고 관련 정부 부처끼리도 협조하는 유기적 장치가 필요하다. 그동안 교과서 개발 과정에서 규범에 밝은 교열 전문가가 교열하도록 국립국어원에서 적극적으로 참여하고 법률적 장치를 마련한 것은 고무적이다. 그러나 1천여 종이 넘는 국정, 검인정 교과서, 지도서들을 국립국어원이 모두 검정할 수는 없는 것이 현실이므로 실질적 검정 효과를 높이는 방안을 모색해야 할 것이다. 이를 위해서는 국립국어원에서 언론이나 출판 기구와 협의하여 교열 전문 훈련 프로그램을 개발할 필요가 있다.

5.6. 사전 개정 사업 지속

1999년까지 표준국어대사전을 편찬한 경험을 기반으로 최근 추진하고 있는 '개방형 한국어지식대사전' 편찬 사업이 최고의 사전 편찬 기술 위에 구현되도록 역량을 집중해야 한다. 이것이 세종의 한글 창제 정신을 계승하고 21세기 문화 전쟁 시대에 국어 문화를 선도하는 기본이 될 것이다.

외국어로서의 한국어 학습자를 위한 국어사전이 다양하게 나오지 못한

[목 적]	개인 대화	취미 독서	정보, 평가	정보, 논술, 설명체
[청 중]	개인	다중	다중	전문가
[언어권]	지역적	전 세계적	지역, 국가적	전 세계적

따라서 양질의 균질 말뭉치가 되려면 위 자료를 고르게 구축하여야 한다.

우리의 현실에서 더욱 정제된 한국어 사전이 학습자 요구별로 다양하게 나오는 토대를 마련하기 위해서라도 권위 있는 국어사전이 필요한 바 표준국어대사전의 보완 작업은 계속 추진되어야 한다. 더욱이 국어사전이 규범 효과를 발하고 있는 미국식 자율 언어 정책 방식은 장기적으로 우리도 표준국어사전의 규범화를 통하여 실행할 방향이므로 사전 편찬 및 그 연구는 국어 규범의 표준화를 실질적으로 국민에게 보여 줄 부문이라 하겠다.

특히 지속적 사전 개정 작업은 비용 절약을 위해 온라인상에서 전 국민을 상대로 국어사전 교정 제안을 받도록 하고 표제어와 내용 정보 수정 제안들에 대한 심의를 정례화하여야 한다. 또한 사전의 뜻풀이가 정확하여 규범 기술에 어려움이 없어야 한다. 그런데 우리의 사전들을 보면 단어 뜻풀이가 애매모호한 경우가 허다하다. 따라서 이런 모호함을 해결하고 정확한 뜻풀이를 제시하는 일도 국어 규범화 작업에서 선행해야 한다. 가령 '이전, 이후'의 뜻과 그 쓰임새를 보자.

'이상'과 '이하'는 수학에서 해당 숫자를 포함하는 개념으로 쓰기로 했으므로 일상생활에서도 그에 따라 쓰고 있다. 그런데 '이전, 이후'는 그렇지 못하다. 가령 '조선 시대 이전, 조선 시대 이후'라고 할 때에 조선 시대를 포함하는 개념인지 아닌지 언중의 의견이 다르다. 즉 '조선 시대 이전'은 조선 시대를 포함하는 개념으로 쓰는 사람이 있는가 하면 포함하지 않는 개념으로 쓰는 사람도 있어 혼란스럽다. '조선 시대 이후'라고 할 때도 조선을 포함하는 여부가 사람마다 의견이 다르고 심지어 국어학자들도 의견이 다르다. 만일 어떤 두 사람이 '20일 이전까지 잔금을 치른다'라는 약속을 계약서에 명기했을 때 한 사람은 19일까지로 알고 한 사람은 20일까지로 알아 해석이 다르다면 분쟁도 발생할 수 있는 내용이므로 단어 의미의 정확한 표준화도 중요하다. 현재는 'X 이전'이라 하면 X를 포함하지 않고 쓰는 경향이며, 'X 이후'라 하면 X를 포함하는 것으로 답하는 경우가 많아 '이전'과 '이후'라는 반대어가 그 의미 영역 해석은 '이상, 이하'처럼 일관된 규칙성을 보이지 않는다.

5.7. 외래 전문용어 번역 의무화

오늘날 우리 학문의 글쓰기가 외래어 범람, 서구식 글쓰기 방식으로 인해 학문적 독립이 어려운데 앞으로 국립국어원은 시중에 유입되는 각종 학문 용어를 즉각 번역할 수 있는 지원체제를 갖추어야 한다. 이는 외래어를 남용하고 외래어 번역에 게을러 학문의 주체적 발전을 막고 대외 종속을 심화하고 있는 우리나라의 학문 풍토에 대한 반성을 요구하는 것으로 해당 전공 학문 종사자들의 학문 행위와 글쓰기 행위에 대한 통렬한 반성을 전제로 하는 것이다. 이를 위한 구체적 실천으로 학문 전문용어의 번역을 의무화하고 이를 위해 국어 규범의 정비도 전술한 프랑스어 총괄위원회의 역할과 같은 것으로 강화하여야 한다.

학문 용어뿐만 아니라 일반 외래어들도 '워크아웃→기업 구조 개선; 글로벌리즘→세계주의(지구주의) ; 뉴미디어→신매체; 더빙→재녹음(재녹화) ; 덤핑→헐값(막팔기) ; 비주얼마케팅→진열 판매; 러닝메이트→동반 후보 ; 로열박스→귀빈석 ; 레임덕 현상→권력 누수 현상 ; 머니론더링→돈세탁 ; 바코드→막대표(줄표)' 등처럼 즉각 번역 차용어를 보급하고 습관화하면 된다. 이들 번역어가 처음에는 다소 어색할지라도 번역어로 만들어 씀으로써 원어와 국어의 대조 학습을 하는 것이 개인의 어휘력(語彙力) 확장은 물론 국어의 조어력(造語力) 확장에도 유익하다.

이러한 외래 용어의 번역을 활성화하려면 과학용어를 중심으로 전문용어의 실태를 조사해 온 과학기술원 산하 '전문용어 언어공학 연구센터'의 역할을 전문용어의 번역 연구 보급에 비중을 두는 방향으로 강화하여야 한다.

지금까지 우리는 규범 영역에서 살펴볼 거시 과제를 살펴보았는데 이제 위 영역별로 앞으로의 미시적 과제를 간단히 살펴본다.

6. 미시적 규범 정책 과제

주요 어문 규범을 중심으로 문제점과 개선점을 살펴보면 다음과 같다.[12)]

6.1. 발음 규범

현대 한국어 발음 규범을 위해서는 표준어 규정 제2부 표준 발음법이 있어 규범 교육에 도움이 되고 있다. 그러나 규정에는 다음 문제가 있다.

6.1.1. 규정의 보완

(1) 5항의 다만 2에서 "'예, 례' 이외의 ㅖ는 [ㅔ]로도 발음한다"라고 했는데 '례'도 '사례[사례/사레], 관례[괄례/괄레]'의 경우처럼 [ㅔ]로 발음하는 경우가 흔하게 있으므로 이 규정은 '례'를 빼고 "'예' 이외의 ㅖ는…"으로 했어야 한다.

(2) 5항 다만 4의 '강의의'의 발음을 [강 : 의의/강 : 이에]만 제시했는데 본문에 [강 : 이의/강 : 의에]도 더 추가해야 한다.

(3) 22항에는 '-어'를 [-어/-여]의 두 가지로 발음하는 경우에 '되어[되어/되여], 피어[피어/피여]'의 두 가지를 제시했는데 같은 구조의 '기어, 개어, 데어, 띠어, 틔어, 씌어'도 [-여]로 발음되는 것에 대해서는 어떻게 처리한다는 명시적 언급이 없다. 따라서 규정을 만들 때 용례항을 들 때는 다른 용례는 배제하는 절대 용례인지의 여부를 명확히 기술하여 불필요한 논란을 막아야 한다. 이 규정의 경우 자연스러운 ㅣ모음동화를 인위적으로 제한하여 문제가 될 수 있기 때문에 동일 유형어는 모두 적용하여야 할 것이다. 다행히 '표준국어대사전' 발간 시에는 '기어, 띠어, 틔어, 씌어'가 [-어/-여]

---

12) 이 부분은 졸저(1999)에서 부분적으로 밝힌 바 있다.

로 발음되는 것으로 처리했는데 '표준 발음법' 규정에서도 반영해야 한다.

6.1.2. 소리의 길이 문제

소리의 길이는 표준 발음법 규정에 명시되어 있으나 현실적으로 고유어에서나 한자어에서 장단 현상이 소멸되고 있어 그야말로 사문화한 규정이 되고 있다. 표준 발음법에서는 이 부분이 상당히 중요시되어 많은 비중을 차지하고 있다. 교육상으로는 소리의 길이에 따라 발음하여야 한다고 하지만 지켜지지도 않고 있고 장단 현상의 음운론적 규칙성도 없어 단어 형태마다 불규칙한 상황이라 개인의 경험칙에 의거한 실정이다. 학교 교사들부터 '소멸되어 가는 장단 현상을 가르칠 필요가 있느냐?', '국민의 언어 실생활에 맞지 않은 표준 발음법은 누구를 위한 발음법인가?'라며 반문한다. 그렇다고 완전히 폐지하기도 어려운 규정이다.

이러한 상황에서 규범 교육의 역할은 자명하다. 잘 지켜지지 않지만 발음 순화 차원에서 발음 교육을 일정하게 환기시켜 주는 역할을 학교의 발음 교육은 하여야 하며 국립국어원은 이에 대한 근거를 제시하여야 한다. 실로 언어의 처방주의(prescriptivism) 태도와 기술주의(descriptivism) 태도 속에서 보수(규범 언어)와 진보(현실 언어)의 양 축을 조화시키는 노력을 게을리 말아야 한다.

6.2. 한글 맞춤법

6.2.1. 어종에 따른 까다로움의 예

한글 맞춤법 12항의 해설 부분의 '-난/란'은 어종을 기준으로 만들어져 까다롭다. 가령 '-난, -란(欄)'의 표기가 '어린이난, 어머니난; 가십난, 스포츠난'처럼 고유어종이면 '-난'이고 '비고란, 문예란'처럼 한자어이면 '-란'

으로 하여 그러하다. '이탈리아 인, 프랑스 어'처럼 외래어가 붙은 경우 띄게 한 것도 표기의 시각적 일관성을 생각한다면 까다롭다.

'전셋집-전세방-셋방'의 경우는 88년 규정에서 '전셋집'은 한자어＋고유어의 구조라 ㅅ이 붙고 '전세방'은 한자어에 붙이지 않는 대원칙에 따라 붙이지 않으며 '셋방'은 예외인 여섯 한자어 목록이라 ㅅ이 붙는데 고유어, 한자어라는 어종에 따라 규정을 만들다 보니 이런 까다로움이 생긴다.

6.2.2. ㄹ 탈락 용언의 준말

한글 맞춤법 18항에서 준 대로 적는다고 하여 마치 원말은 안 되는 것처럼 하였다. 그래서 '멀지 않아＞ 머지않아'로 한다고 해설란에 나오고 '말다'도 다음 예를 들고 있다. 그런데 '멀지 않아'는 표준판 사전에서도 시간 개념어로는 인정하지 않아 수긍할 수 있으나 다음 예는 원말까지 부정할 필요는 없다.

① 가지 말아>가지 마 ② 가지 말아라>가지 마라

'가지 말아라'는 입말이나 글말에서도 잘 쓰이기에 무조건 '가지 마라'로만 쓰라고 함은 재고해야 한다. 둘 다 본말, 준말로 쓰일 수 있기 때문이다. ①은 해체, ②는 해라체이며 여기에 하라체인 '③가지 말라'도 추가할 수 있다.

6.2.3. '부수다'의 ㅜ 탈락 문제

'부수다'는 '-어지다'와 결합하면 '부수어지다 ＞ 부숴지다'로 해야 하는데 실제 사전들에는 '부서지다'로 실려 있다. 발음 편리 때문으로 보이지만 '부숴 ＞ 부서'만 ㅜ 탈락을 반영해야 할 적극적 이유는 보이지 않는다. '숴' 발음이 한국인이 발음하기에 아직 불가능한 단계는 아니기 때문이다.

6.2.4. 사이시옷

사이스 규정에도 불구하고 동일 환경의 표기 혼란이 있다. 가령, '머리말, 인사말; 존댓말, 혼잣말'은 음운 환경이 같아도 발음차 때문에 표기를 구별하는데 '머리말, 인사말'도 상당수 사람이 [머릳말, 인삳말]로 하는 경향 때문에 스을 적으려는 경향이 나타난다.

또한 사이스을 허용하다 보면 '수돗물, 전깃불, 출셋길, 나릿과, 절댓값, 최솟값, 등교길, 휴갓길, 자줏빛…'처럼 스을 적을 일이 너무 많아 '곳'과 같은 이상한 표기도 나타난다. 이들은 동음어도 없고 혼란 우려도 없으므로 스이 없어도 단어 인식에 어려움이 전혀 없다. 따라서 '냇가-내가'처럼 혼동 우려가 있는 경우를 제외하면 사이시옷을 전면적으로 없애는 방향도 고려하여 개선할 필요가 있다.

6.2.5. 용언 활용의 준말

준말 용언은 활용 시 모음 어미가 오는 경우[아래 (모)의 경우]를 불허하도록 되었다. 가령 '머무르다=머물다'에서 '머무르다'는 르 불규칙 활용어이고 '머물다'는 르탈락 용언이되 '머물다'의 활용은 모음 어미의 경우를 불허한다. '가지다-갖다'도 마찬가지다.

-다 (자)	가지다	갖다	머무르다	머물다
-고 (〃)	가지고	갖고	머무르고	머물고
-으면(모)	가지면	갖으면*	머무르면	머물면*
-으니(〃)	가지니	갖으니*	머무르니	머무니*
-어 (〃)	가지어=가져	갖어*	머물러	머물어*
-은 (〃)	가진	갖은*	머무른	머문*
-을 (〃)	가질	갖을*	머무를	머물*
-는 (자)	가지는	갖는	머무르는	머무는
-음 (모)	가짐	갖음*	머무름	머묾*

그러나 '갖다, 머물다'를 위 * 표의 경우처럼 모음 어미가 온 경우(소위 매개모음 '으'가 오는 경우도 포함)를 불허함은 너무 까다롭다. 가령, '잦다'는 '잦은, 잦으며'처럼 모든 활용형이 되는데 동일 음운 환경인 '갖다'는 '갖은, 갖으며'를 불허한다는 것이 합리적인지는 의심스럽다. 특히 '갖-, 머물-' 뒤에 오는 관형형 어미 중에 자음 시작 어미인 '-는'이 오면 허용하고 모음 시작 어미인 '-은, -을'이 오면 불허함은 같은 관형형인데 음운 요인으로 제한하여 번거롭다. 따라서 모음 어미 앞 활용 제약을 제거하고 쌍형을 허용하는 쪽으로 개선함이 좋을 것이다.

6.2.6. 용어 사용의 문제

한글 맞춤법 제32항에서 "단어의 끝 모음이 줄어지고 자음만 남은 것은 그 앞의 음절에 준대로 적는다"라고 했는데 여기서 "단어의"는 제시한 용례 중에 명사만을 가리키기에 적합할 뿐이라서 "단어나 어간의"로 고쳐 '가지고, 가지지'처럼 용언의 경우도 포함할 수 있게 해야 한다. 즉, "단어의 끝 모음이…"라고만 하면 규정에서 제시한 '가지고, 가지지'와 같은 용언 어간의 경우 단어의 끝 모음은 '-고, -지'의 'ㅗ'나 'ㅣ'가 되며 이들은 결코 줄어드는 경우가 없기 때문이다. '가지고, 가지지'에서 줄어드는 현상은 단어의 끝이 아니라 어간의 끝임을 분명히 해야 한다.

6.2.7. 띄어쓰기

배우고 익히기 쉽다는 한글 맞춤법에서 띄어쓰기야말로 한글 운용을 어렵게 만드는 부담스러운 존재가 아닐 수 없다. 구와 복합어의 구별이 난망한 언어학적 현실에서 복합어의 띄어쓰기 기준이 불확실한 것이 국어뿐만 아니라 영어에서도 마찬가지이기에 국어의 띄어쓰기 규정도 완벽할 수 없는 것이 현실이다. 까다로운 예로 교육부에서 고시한 '한글 맞춤법' 제5장 '띄어쓰기'를 보면 표제어 명사 '띄어쓰기'는 붙여 썼는데 동사 '띄어 쓰다'

는 띄어 써서 대중들은 이해하기 어려워한다. '띄어쓰기'를 복합명사로 보아 붙여 썼다면 '띄어 쓰다'도 복합동사로 처리하여 붙여 씀이 좋을 듯싶기 때문이다. '붙여쓰기, 붙여 쓰다'도 마찬가지이다.

제43항에서도 순서나 숫자를 쓴 경우는 붙여 쓸 수 있다고 했는데 순서나 숫자를 쓴 경우만 붙여 쓸 수 있도록 예외를 허용한 예외 조항들이 띄어쓰기의 혼란을 초래한다.

그러면 띄어쓰기는 필요한가? 우리는 과거에도 붙여쓰기 문화 속에서 살아왔고 중·일 문화권은 여전히 붙여쓰기 문화 속에서 살고 있으며 특히 일본은 고도의 독서, 출판문화를 누리고 있거니와 우리의 띄어쓰기의 혼란은 오히려 띄어쓰기 절대론에 따르다 보니 띄어쓰기 규정이 분석주의에 흘러 각종 세부 규정과 예외를 낳아 어려움을 주고 있으므로 가급적 편리한 띄어쓰기를 위해서는 붙여쓰기를 많이 허용하는 쪽으로 발전해야 한다. 전문용어의 경우 오히려 현행과 반대로 무조건 붙여 씀을 원칙으로 하고 필요에 따라 띄는 경우도 허용함이 좋을 것이다. 한글학회 <우리말 큰사전>이 이 방식을 택하였는데 아무 불편이 없다. 2000년 7차 교육과정 국어 교과서인 <고교 국어(상·하)>에서의 '기고 만장, 패가망신, 관혼 상제'처럼 사자성어의 띄어쓰기는 일관성이 없는 경우도 문제이다.

합성어인 전문용어의 띄어쓰기 표기는 다음과 같은 문제점이 있어 개선이 필요하다.[13] 띄어쓰기는 가장 편리한 한글을 어렵게 느끼게 하는 부분이다. '냇가, 강가 – 건물 가, 한강 가', '손끝 – 가지 끝'을 구별하고, '봄바람, 가을바람, 봄소식'은 붙이지만 '가을 소식'은 아직 합성어가 아니라 사전에도 오르지 않아 띄어 쓴다고 하는 사전의 실상을 수긍할 언중은 많지 않다. 현재 표준국어대사전에는 전문어 띄어쓰기에서 세 유형을 보여 언중이 혼란스러워 한다. 다음 (ㄱ)류는 전문어로 띄는 것이 원칙이나 붙여

---

13) 합성어 및 전문어 띄어쓰기 문제는 졸고(2011)에서 이미 문제 제기한 내용이다.

쓸 수 있어 표준국어대사전에는 ^ 표시가 붙어 있다.14)

(ㄱ)
경제^가치(經濟價値)『경제』 경제 활동에 따라 생겨나는, 재화의 가치.
경제^개발(經濟開發)『정치』 산업을 일으켜 국가 경제를 발전시키는 일.
경제^개발^오^개년^계획(經濟開發五個年計劃)『정치』 우리나라에서 국
민 경제를 계획적으로 발전시키기 위하여 5년 단위로 시행한 경제 계획.15)

그런데 다음 사례는 전문어 표시가 있는데도 ^ 표시가 없이 합성어로
된 유형이다. 사전 편찬 시 ^ 표시를 빠트린 실수로밖에 볼 수 없다.

(ㄴ)
경제-사상(經濟思想)「명사」『경제』 인류가 재화를 획득하고 사용함으로써
　　　　　생활을 유지하고 향상시키려는 사상.
경제-생활(經濟生活)「명사」『경제』 사람이 살아가는 데 필요한 재화나 용
　　　　　역을 생산·교환·분배·소비하는 모든 활동.

(ㄱ), (ㄴ)과 달리 전문어로 볼 수 있는데도 전문어 표시가 없는 단순 합
성어로 (ㄷ) 유형도 있다.

(ㄷ)
경제-관념(經濟觀念)「명사」 재화나 노력, 시간 따위를 유효하게 쓰려고 하
　　　　　는 생각.
경제-속도(經濟速度)「명사」 자동차, 항공기 따위의 탈것이 연료를 되도록 적
　　　　　게 소비하여 가장 많은 거리를 운행할 수 있는 속도. ≒경제속력.
경제-평화(經濟平和)「명사」 선진국과 개발도상국 간의 격차를 줄이고 자
　　　　　원을 공정하게 분배하는 등 국제 경제 질서를 실현함으로써 이
　　　　　루어지는 평화.

---

14) 이 부분은 졸고(2011)에서 밝힌 바 있다.
15) '경제 개발, 경제 개발 오개년 계획'은 경제 용어로 볼 수 있는데 표준국어대사전은 정치 전
　　문어로 처리하였다.

표준국어대사전에서 위와 같이 세 유형이 나타나므로 언중은 물론 전문가도 혼란스러워한다. 현 규정을 준수한다면 (ㄴ, ㄷ)을 (ㄱ)으로 통일하는 것부터라도 하여 언중의 불편을 해소해야 한다.

6.2.8. 어미 표기

규정에서 다루지는 않았지만 다음의 현행 어미 표기도 일관성이 없다. *표 형태가 불인정되고 있는 형태이다.

	이어적기(연철)	끊어적기(분철)
-려면	-려며는*	-려면은
-면	-며는*	-면은
-지만	-지마는	-지만은*
-련만	-련마는	-련만은*
-나만	-나마는	-나만은*

즉, 어미에 '-은/는'이 붙어 어미화한 융합형이 때에 따라 연철형, 분철형으로 일관성 없이 쓰인다. '-건대, -관데'도 구별이 어렵고 '-ㄹ게'도 구어에서 ㄹ 탈락형 '가께, 오께'가 잘 쓰이는 것을 본다면 '-ㄹ께'로 했던 과거의 선택이 긍정적인 점도 있다.

6.2.9. 파생부사 '-이/히' 규정

'-이/히' 규정은 "분명히 '이'로만 나면 '-이'로 적고, '히'로만 나면 '-히'로 적으며 '이'나 '히'로 나면 '-히'로 적는다"는 것이다. 그러나 발음이 분명히 '-이'로 나는 것, '-히'로 나는 것, '-이/히'로 헷갈리는 것의 세 경우를 '분명히' 구별하는 기준은 개인이나 지역 방언에 따라 차이가 있어 새 규정도 매우 애매한 규정이다. 가령, 어간이 똑같이 ㄱ음으로 끝난 다음 단어들조차 '-이, -히'의 양상은 개인과 지역에 따라 다르거니와 표준국어대사전이나 금성국어대사전에서는 다음 ①의 경우 '-이'로 적혀 있고 ②는 '-히'로 되어 있는데 이들은 사람에 따라 '-이/히'로 혼동되고 있어 새 규정에 따르면 '-히'로 적어야 한다.

> ① 그윽이, 깊숙이, 빽빽이, 수북이, 소복이, 자욱이, 시무룩이
> ② 가득히, 머쓱히, 똑똑히, 넉넉히, 솔직히, 톡톡히

6.2.10. 기타

57항의 '-(으)리만큼'과 관련한 설명에서 이것의 준꼴로 '-(으)ㄹ만큼'도 같이 제시하여야 한다. 이는 '-이니만큼'과 준꼴인 '-인만큼'이 이유를 나타내는 어미로 같은 것이듯 '-(으)리만큼'도 '싫증이 {나리만큼=날만큼} 잔소리를 들었다'의 예처럼 준꼴 '-ㄹ만큼'도 잘 쓰이기 때문이다. 물론 이 때의 '-ㄹ만큼'은 '먹을 만큼만 먹어라'에서 쓰인 정도의 의존명사 '-(으)ㄹ만큼'과 구별해야 한다.

6.3. 문장 부호

다른 어느 규정 부문보다도 전면적 개정을 요구하는 부분이라 최근 국립국어원이 개정안을 준비 중에 있다. 문장부호 규정은 한글 맞춤법의 부록에서 독립하고 상세화하여 장차 독립 편람을 제공하여야 한다.

6.3.1. 인용문의 마침표

현행 교과서들을 보면 직접 인용문이 다른 문장에 내포되어 있을 때에는 그 인용문 마지막에 마침표를 하고 있는데 시각적으로 어색하므로 그런 경우는 생략함을 원칙으로 한다는 규정이 필요하다.

예 : 그는 "나는 너를 믿는다."라고 말을 했다. → 그는 "나는 너를 믿는다"
　　　라고 말했다.

6.3.2. 소괄호 문장과 마침표

어떤 문장 뒤에 소괄호로 보충 설명을 할 때 마침표를 찍는지의 여부도
규정이 필요하다. 소괄호 문장이 바로 앞 문장과 긴밀하면 두 문장의 마침
표를 묶어 괄호 밖에 하나만 하고 덜 긴밀하면 따로따로 마침표를 하는 방
법도 가능한데 긴밀성의 구별이 주관적이고 모호하므로 두 문장의 마침표
를 묶어 괄호 밖에 하나만 하는 것으로 통일함이 좋다.

예 : 우리 사회의 무질서는 심각한 수준이다(그 구체적 실상은 뒤 3장에서
　　　다루겠다).

6.3.3. 쉼표

쉼표 없이도 열거 사항임을 쉽게 알 수 있거나, 또는 상위 문장 구조에서
의 쉼표의 사용과 중복을 피하기 위해 하위 문장 구조에서의 쉼표를 피할
필요가 있을 때에는 쉼표를 붙이지 않도록 하는 규정도 필요하다. 이는 쉼
표의 남용과 시각적으로 쉼표가 많아 지저분하고 복잡해 보이는 번잡스러
움을 막기 위함이다.

① 영수 철수가 같이 있어요. (단순 열거가 드러날 때)
② 규정을 보완 수정 제출할 것. (단순 열거가 드러날 때)
③ 미국, 한국 일본과 대북 공조 약속 (신문 표제어에서 쓰이는 예로 상위
　　구조의 주어 '미국'을 표시하기 위해 하위 구조의 '한국, 일본' 사이에
　　쉼표 사용하지 않음)

6.3.4. 따옴표와 소괄호

다음 예처럼 ' ' 사항에 대해 ( ) 정보가 덧붙을 때 ( )를 ' ' 안에 하거나

밖에 하거나 혼용하므로 통일하는 것도 필요하다. 우리는 외연 방식이 정보 경계가 분명하고 간결하다고 본다.

> 외연 방식 : '김길동'(金吉東) '김길동'(1920-1998)
> 내포 방식 : '김길동(金吉東)' '김길동(1920-1998)'

6.3.5. 기타 부호

단행본, 논문집과 같은 책과 작품명, 논문명의 이름을 구별 표시할 때는 < >와 「 」와 ' ', ≪ ≫ 및 『 』와 " "은 상호 통용할 수 있도록 함이 좋다.

> 예 : 시집 ≪진달래꽃≫에 나오는 <진달래꽃>이라는 작품을 읽었다.
> =시집 『진달래꽃』에 나오는 「진달래꽃」이라는 작품을 읽었다.
> =시집 "진달래꽃"에 나오는 '진달래꽃'이라는 작품을 읽었다.

6.3.6. 붙임표

부호명 중에 '붙임표'(‑)라는 용어는 음악의 붙임줄(⌒)과 혼동 우려가 있고 부호로 긴 줄 모양의 횡선, 곧 줄표(─)라는 것을 두고 있는 만큼 기억의 편리를 위해 '줄표'는 '긴줄표' 또는 '줄표'로, '붙임표'는 '짧은줄표'로 대비시켜 부르는 것도 좋을 것이다.

6.4. 표준어 규정

6.4.1. 총론

표준어 규정은 총론 규정에서 표준어를 교양 있는 사람들이 쓰는 말로 규정하여 방언 사용자는 비교양인으로 해석되게 오해를 주어 문제가 된 바 있다. 즉 한 시민단체가 총론 규정은 개인 행복 추구권에 위배된다고 위헌 소송을 제기하여 2010년 헌법재판소에서 심의한 결과 그 규정이 개인 행복 추구권에 위배된다고 볼 수 없다고 보호받았으나 9인 재판관 중 2인이 문제 있다는 의견을 제시한 만큼 정비가 필요하다.

6.4.2. 맞춤법 규정과 표준어 규정의 변별

표준어 규정에서 다룬 규정과 용례를 보면 맞춤법 규정과 차이점이 없는 경우가 많다. 즉, 두 규정의 어느 곳에 두어야 하는지가 애매한 규정이 뒤섞여 있어 맞춤법으로도 볼 사항과 표준어 어휘 문제로 볼 사항이 섞여 있어 규정의 변별적 독립성이 떨어진다.

6.4.3. 단수 표준어와 복수 표준어

1988년 규정에서는 단수, 복수 표준어라는 개념을 제시한 것이 특징이다. 단수 표준어는 ①비슷한 발음이나 형태에서 택한 것(17항 : 귀고리-귀엣고리* ; 봉숭아-봉승화*), ②동의어 중에서 압도적으로 널리 쓰이는 것(25항 : 고구마-참감자* ; 샛별-새벽별*)의 두 경우가 있다. 복수 표준어는 ①비슷한 발음의 두 형태가 같은 의미로 널리 쓰이는 것(18항 : 네-예 ; 소고기-쇠고기), 유사하되 어감의 차이가 있는 것(19항 : 거슴츠레-게슴츠레 ; 고까-꼬까), 한 가지 의미를 나타내는 형태 몇 가지가 널리 쓰이는 것(26항 : 가뭄-가물; 개수통-설거지통)의 세 가지를 제시했다.

그러나 같은 단수 표준어라 해도 17항과 25항의 소속 차이가 불분명한 예들이 있다. 17항은 제2장 발음 변화에 따른 표준어 규정에 속하고 25항은 제3장 어휘 선택의 변화에 따른 표준어 규정에 속한다는 차이가 있어 겉으로는 구별되는 듯이 보이지만 25항에는 제2장의 17항에 속할 발음 변화에 따른 예들에 해당하는 것들이 일부 들어 있다(광주리-광우리 ; 겸사겸사-겸지겸지 ; 부지깽이-부지팽이 ; 언뜻-펀뜻).

복수 표준어에서도 제2장 발음 변화의 예인 18항과 제3장 어휘 선택 변화의 예인 26항의 소속 차이가 불분명한 예가 있다. 26항의 '가뭄-가물 ;

가엾다-가엽다 ; 넝쿨-덩굴 ; 들락거리다-들랑거리다 ; -뜨리다--트리다 ; 서럽다-섧다; -세요--셔요' 등은 발음 변화의 예로 볼 수 있어 18항에 넣어도 될 것이기 때문이다.

이런 문제는 2장과 3장의 차이가 불분명하게 처리되는 데 기인한다. 3장 (20항~26항)을 어휘론적 차원으로 제한하기로 했으면 고어, 방언, 한자어라는 어휘론적 차원의 예들로만 철저히 제한했어야 하는데 3장의 용례들 중에는 발음 변화에 따른 예들이 상당수 포함되어 있어 혼란을 준다.

따라서 25, 26항의 용례들 중에 '광주리-광우리* ; 가뭄-가물'처럼 유사 형태이면서 발음 변화 차이로 인한 형태들은 17항, 18항으로 소속시키고 25, 26항에는 '고치다-낫우다* ; 손목시계-팔목시계* ; 가는 허리-잔 허리 ; 옥수수-강냉이'처럼 상이 어형들의 예를 중심으로 다루어야 할 것이다.

6.4.4. 복수 표준어 개념의 혼란

1990년에 사정 공표한 <표준어 모음>에는 중대한 문제가 있다. 우선 일러두기에 '발짓-발질'을 설명한 것을 보면 두 단어가 유사하지만 뜻이 다르다는 것으로 설명하였다. 그런데 관련 규정에는 복수 표준어 규정인 26항 어휘로 본다고 하였다.

26항은 복수 표준어 규정으로 '한 가지 의미를 나타내는 형태 몇 가지가 널리 쓰이며 표준어 규정에 맞으면 그 모두를 표준어로 삼는다'라고 밝히고 있어 분명히 '한 가지 의미를 나타내는…'이라는 표현은 완전동의어 관계를 설명하는 것으로 볼 수 있고 그런 것만을 복수 표준어로 하였음을 밝히고 있는 것으로 해석할 수 있는데 갑자기 뒤늦게 1990년에 공표한 <표준어 모음> 규정에 와서는 '서로 비슷하지만 다른 뜻'인 '발짓-발질'을 26항 범주에 포함시킴으로써 복수 표준어의 개념에 혼란을 야기하고 있다.

더욱이 <표준어 모음의 심의 경위와 해설> 주 2번에 보면 "복수 표준어와 단수 표준어라는 용어는 편의상 붙인 용어라는 점에 주의해야 한다. 즉,

복수 표준어라고 하여 그 의미가 완전히 동일한 단어들을 지칭하는 것이 아니며 단수 표준어라고 하여 해당 의미를 가지는 말로서 그 단어만을 인정한다는 것이 아니다."라고 하여 26항에서 밝힌 규정의 설명을 완전히 뒤집고 헷갈리게 하고 있다.

어휘를 사정하는 표준어 규정부터 '편의상 붙인 용어' 운운하여 과연 용어 사용을 편의상 해서 될 일인지 의심스럽다. 드디어 주 2번의 끝 부분에 가서는 '복수 표준어와 단수 표준어가 엄격히 구별되는 용어가 아닌 것이다'라고 복수 표준어와 단수 표준어라는 용어가 같은 뜻으로도 쓸 수 있다는 가능성을 열어 놓아 기이한 선언으로 치달았다.

복수 표준어와 단수 표준어라는 두 용어가 엄격히 구별되지도 않는다면 비슷한 말 내지는 동의어일 수 있다는 이야기인지 언중은 혼란스럽다. 규정 해설서가 이처럼 헷갈린다면 교사가 이것을 가르치고 학생이나 일반 대중이 이것을 이해하는 것을 기대할 수는 없다.

이처럼 '표준어 규정'(1988)과 다른 복수 표준어 개념을 적용한 '표준어 모음'(1990)에서는 완전동의어가 아닌 예들 즉 유사어들을 마구 복수 표준어로 제시하고 있으니 '활찐-활짝, 가려잡다-골라잡다, 소용없다-쓸데없다, 안개비-가랑비, 기장-길이, 늦장-늑장, 단걸음에-단숨에' 등처럼 문맥 분포에 따라 다소 의미가 다른 경우들까지 복수 표준어로 보고 있으며 특히 '도토리나무-떡갈나무, 두견새-소쩍새, 주꾸미-꼴뚜기'처럼 생물학적으로 별개인 사물까지 복수 표준어로 처리하고 있다.

그러면서도 표준어 규정(1988)의 복수 표준어 개념과 같은 유형도 포함하고 있으니 '검정콩-검은콩, 소낙비-소나기, 각시-새색시, 귓속말-귀엣말, 멧돼지-산돼지, 크낙새-골락새, 호랑나비-범나비, 시골말-사투리, 제비꽃-오랑캐꽃, 껌벅거리다-끔벅거리다, 평화스럽다-평화롭다' 등이 그것이다.

우리는 애초 26항 규정에서 밝힌 대로 복수 표준어는 개념적 의미가 완전동의어 관계인 것에 대해서만 정한 것으로 처리해야 한다고 본다. 26항과 같은 표준어 규정에서는 문체적 의미, 속성적 의미, 내포적 의미 등은 무시하고 개념적(사전적, 기본적) 의미 차원 정도에서만 대비하는 것이 타당하므로 완전동의어 개념을 설정할 수 있다. 실제로 26항에 나오는 예들은 대개 언중들이 완전동의어라고 보는 것들이다. 따라서 <표준어 모음>에서 이렇게 1988년 <표준어 규정>의 복수 표준어 개념을 뒤집은 태도는 폐기해야 한다.

또한 문화체육관광부는 국어심의회를 거쳐 2011년 8월 복수 표준어 39개를 추가 발표하였는데 '목물-등물 ; 냄새-내음'처럼 어형이 사뭇 다른 것은 인정의 타당성이 높으나 '두루뭉술-두리뭉실 ; 허섭스레기-허접쓰레기' 등의 경우는 자음이나 모음의 혼동 현상 차원이라 이런 경우까지 허용하면 표기법 교육을 할 필요성이 없어지고 오용을 추인해 주는 모습이 되어 앞으로 이렇게 복수 표준어를 계속 확대하는 것이 바람직한지 새로운 접근법이 필요하다.

> 추가 사례(2011.) '간질이다-간지럽히다 ; 목물-등물 ; 만날-맨날 ; 허섭스레기-허접쓰레기 ; 먹거리-먹을거리 ; 날개-나래 ; 냄새-내음 ; 두루뭉술하다-두리뭉실하다 ; 오순도순-오손도손 ; 자장면-짜장면' 등 39개

6.4.5. 표준어 사례 공시(公示)의 신중성

표준어 규정에서는 '소-, 쇠-'를 둘 다 허용하고 있다. 그런데 국립국어원에서 발행하는 '새국어소식'(1999. 8월호, 통권 13호)에서는 이것이 모두 다 그런 것이 아니라며 '쇠-'로만 할 것과 '소-'로만 할 것이 있다고 다음 예외 용례들을 제시하였다.

> 쇠- : 쇠똥구리(＝쇠똥벌레), 쇠똥굼벵이, 쇠발개발(소의 발, 개의 발이란 뜻으로 아주 더러운 발을 비유한 말), 쇠뼈다귀, 쇠뿔하늘가재, 쇠서저

> 냬(소 혀로 만든 저냬), 쇠족지짐이, 쇠파리…
> 소- : 소갈이, 소겨리, 소놀음굿, 소놀이굿, 소도둑(놈), 소띠, 소몰이(꾼), 소
> 　　　바리(꾼), 소싸움놀이, 소씨, 소우변(-牛邊)

'소고기, 소꼬리, 소똥, 소머리, 소뼈, 소털' 등은 '쇠-'도 허용하면서 위 예처럼 구별 필요성이 있는 것을 밝힌 것이다. '쇠-'만 인정하는 경우는 '소-'로 하는 것이 어색한 경우이고, '소-'만 인정한 경우는 '쇠-'로 하면 어색한 경우이다. 물론 '쇠똥'을 '소똥'도 허용한다면 '쇠똥구리'도 비록 그것이 상당히 생물학적 명칭으로 굳어진 듯하여도 '소똥구리'도 허용하자는 주장도 나올 수 있으나 관용을 중시한 것이다. 그런데 '소뼈'는 '쇠뼈'를 허용하면서 '쇠뼈다귀'는 '소뼈다귀'를 인정하지 않은 것은 재고할 필요가 있다.

6.4.6. 표준어 규정에 나오는 비표준어 문제

표준어 규정에 비속어가 들어가 있어 모순된다. 다음은 그런 비속어 예이다. 이들은 규정의 용례로 부적절하여 제거해야 한다.

> 시러베아들, 튀기, 상판대기, 까뭉개다, 짓고땡, 서방질-화냥질, 오사리잡놈, 오색잡놈, 털어먹다, 발모가지, 발목쟁이, 죽살이, 한통치다, 늙다리, 개다리소반, 뒤통수치다, 빙충이, 까까중/중대가리, 볼따구니/볼퉁이/볼때기

6.4.7. 방언의 표준어화

방언형을 표준어로 승격하는 데 인색하지 말아야 한다. 방언형 중에서 국어 어휘부를 풍성히 하는 것들은 많이 발굴하고 널리 알릴 필요가 있다. 가령 시어로 널리 쓰이는 '영글다' 같은 경우는 '여물다'가 맞다고 하지만 '곡식이 영글어가는 가을…' 할 때 '여물다'보다도 시적 정취가 있어 '여물다'의 비표준형이라고 폐기시킬 것이 아니라 '여물다-영글다'를 복수 표준어로 승격할 만하다.

6.4.8. 복수 표준어 용례의 재조정

'서럽다, 섦다'를 복수 표준어에 넣었으나 '섦다'는 그 활용형이 거의 안 쓰이는 것으로 판단되므로 20항의 '애달프다–애닯다*'와 같은 처리를 했으면 좋았을 것이다. '옥수수, 강냉이'도 23항의 방언 복수 표준어에 넣어 처리하는 것이 나을 것이다. '멀찌감치–멀찌가니–멀찍이'로 했으면 '일찌감치–일찌거니'에도 '일찍이'를 추가했어야 한다. '추어올리다–추어주다'는 인정했는데 가장 흔하게 쓰이는 '추켜올리다'는 비표준어로 하여 현실과 멀다. 또한 '치켜올리다, 치켜세우다'도 같이 다루었어야 한다.

6.4.9. '수/숫–'의 문제

'수–'의 옛말이 ㅎ 종성체언으로 '숳–'가 변한 '숫–'이었고 아직도 발음에는 '숫–'이 일반적이므로 이를 존중하는 쪽으로 규정이 다음과 같이 정비되어야 한다고 본다.

> ① 수컷을 이르는 접두사는 '숫–'을 기본형으로 한다.
>   숫나사, 숫놈, 숫사돈, 숫소, 숫은행나무, 숫양, 숫염소, 숫쥐
> ② 뒤에 오는 단어가 거센소리나 된소리가 나는 경우는 '수–'로 한다.
>   (ㄱ) 거센소리 : 수총각, 수캉아지, 수캐, 수탉, 수펄, 수평아리
>   (ㄴ) 된 소 리 : 수꿩, 수까마귀, 수뻐꾸기

이러한 처리는 12항에서 '윗–'을 기본으로 하고 거센소리, 된소리 앞에서는 '위–'를 쓰도록 한 것과 같은 태도다. '위'의 옛말 '우'도 중세에는 '숳'처럼 ㅎ 종성체언 '웋'이었으므로 같은 원리로 처리하는 것이 타당하다.

6.4.10. 한자음

'괴팍(乖愎)하다'는 변한 음 '팍'으로 했는데 '강퍅(剛愎)하다, 퍅(愎)하다'는 본음 '퍅'으로 유지하여 기억에 부담을 준다. '강퍅'은 자주 쓰이지 않고

'괴팍'은 자주 쓰여 차이를 두었다는 해설은 설득력이 없다.

6.4.11. 표준어와 의미

표준어 용례는 서울말과 방언형과의 대비 조사만 충실히 하면 되는 것으로 오해하기 쉬운데 실제는 대다수의 단어 뜻풀이가 애매모호하거나 현실과 달리 쓰이는 것이 많아 단어들의 표준 의미를 확립하고 어휘 교육에 반영하는 것이 더 기본적으로 이루어져야 한다. 가령, '매무새-매무시, 실랑이-승강이, 애끊다-애끓다-애타다, 홑몸-홀몸, 잇따르다-잇달다, 물매-뭇매-몰매, 불호령-볼호령, 일체-일절, 신문(訊問)-심문(審問), 주비(籌備)-준비(準備)…' 등을 보면 이들 각 단어가 무엇인가 다른 뜻이 있거나 용법이 있는 것인 양 구별해 놓았고 부분적으로는 일리가 있으며 법조계, 정치계 등의 특정 집단에서는 변별해 쓰기도 하지만 언중들의 사용과 이해 정도의 실상을 보면 변별되지 않고 쓰이거나 언중들이 이해하여 준수하기는 어려워 그럴 바에는 차라리 '매무새-매무시'나 '애끊다-애끓다' 같은 경우는 동의어 처리를 하는 것이 나을 것으로 보인다. 표준국어대사전의 다음 예가 그러한 예이다.

> ① 매무새 : 옷을 입은 맵시. = 옷매무새. ~가 곱다, ~가 단정하다.
> 　매무시 : 옷을 입을 때 매고 여미는 뒷단속. = 옷매무시. ~를 가다듬다.
> 　　cf. 맵시 : 아름답고 보기 좋은 모양새. ~가 나다.
> ② 애끊다 : 몹시 슬퍼서 창자가 끊어질 듯하다
> 　애끓다 : 몹시 답답하거나 안타까워 속이 끓는 듯하다 = 애타다

그 밖에 사전 뜻풀이에 쓰이는 용어나 설명 방식도 불균형한 것이 많아 표준어 연구는 사전학, 어휘 교육과 관련지어 더욱 발전하여야 한다.

6.5. 외래어 표기

6.5.1. [ʃ][ʒ]

프랑스어, 독일어와 같은 비영어계 외래어가 영어계 외래어와 공존할 때 어느 것을 기준으로 외래어를 정할 것인가의 문제도 정해야 한다. 가령, 프랑스어 rouge[ʀu : ʒ]는 우리가 정한 외래어 표기법의 프랑스어 외래어 규정 제2항에서 "어말과 자음 앞의 [ʃ][ʒ]는 '슈, 주'로 적는다"는 규정에 따라 '루주'로 해야 한다. 표준판 사전에도 이것이 등재되어 있다. 반면에 영어 rouge[ru : ʒ]는 영어 외래어 규정 제3항의 3)항 "어말 또는 자음 앞의 [ʒ]는 '지'로 적고 모음 앞의 [ʒ]는 'ㅈ'으로 적는다"는 규정에 따라 '루지'로 해야 한다. 그러나 언중의 관용 표기는 이도저도 아닌 '루즈'가 많아 괴리를 보인다.

6.5.2. 어두 폐쇄음 표기의 발음

외래어 표기법 규정에서는 외래어의 발음에 대해서는 언급이 없다. 가령 '버스, 갱, 배지, 서비스, 센터…' 등의 현실음은 경음인데 표기대로 평음으로 발음해야 하는지가 명세되지 않았는데 언급이 없음은 일단 표기된 평음대로 하라는 것으로 보아야 할 것이다. 그렇다면 초등 교육 단계에서부터 이들 외래어에 대해 평음 발음이 잘 되도록 지도해야 할 것이다. 나아가 외래어 표기법에도 필요한 경우에는 명확한 발음 규정이 덧붙어야 할 것이다.

6.5.3. 원칙 1항의 문제

현 규정 기본원칙의 1항에서 된소리자와 겹글자 모음들을 뺀 현용 24 자모(자음 14, 모음 10)만 쓴다고 규정한 것은 큰 의미가 없다. 된소리자를 쓰지 않는다는 것은 뒤 4항에 다시 언급되어 당연히 자음 14자만 쓰게 되므로 중복 규정의 성격을 띠기 때문이다. 또한 24자에 포함된 모음 외에 해당하는 겹글자 모음(ㅐ,ㅔ,ㅚ,ㅘ,ㅝ,ㅞ,ㅒ,ㅖ…) 등은 외래어 표기에서 너무나 잘 쓰이므로 24자 중에 모음 10자로 제한한 것은 비현실적 규정이다.

따라서 1항은 불필요하며 1항과 4항을 합하여 "현용 한글 자모(40자) 중 된소리 표기는 쓰지 않는 것을 원칙으로 한다"로 고쳐 국어 순화를 위해 된소리 표기만 억제함을 선언하면 될 것이다.

6.6. 로마자 표기

2000년 7월에 새 로마자표기법이 공표되었는데 일단은 철저한 준수가 관건이다. 우선, 성명 표기는 출생 신고 시부터 하도록 하는 방안이 강구되었으면 한다. 현재의 외교통상부 관할 여권 발급 시 쓰이는 인명 표기는 현행 로마자 표기법과 무관하게 쓰이고 있어 이에 대해 부처간 협조부터 해야 새 로마자 표기법이 정착될 것이다. 이를 위해 성명 로마자 표기법은 기존 성씨 가문별 통용안을 존중하여 혐오감을 주는 경우(Gang, Bang, No 등)를 제외하고 권장 표준안을 만들어야 한다.

6.7. 문장 규범

우리가 바른 언어생활을 단어 차원의 표기로만 좁혀 생각하고 국어 교육에서 국어 순화나 오용언어에 대한 예방 교육도 그런 단어 차원의 기술로만 그치고 문법 교육이 표류하다 보니 국민의 문장 능력은 만족스럽지 못한 상황이다. 이러한 인식은 때로는 교육과정의 내용 문제에서도 나타난다. 즉, 7차 교육과정의 국어생활 과목의 교과과정 내용에 '규범'을 익히는 생활을 강조하고 있는데 그 내용인즉 단어의 개념을 교과서에서 좁게 보는 데서도 나타난다.

국어에 비문(非文)이 많은 이유도 국어에 주어 생략이 많아 논리적 흐름을 잃는 수가 많고 문장 끊기와 연결에 미숙한 때문으로 본다. 또한 가주어(假主語)를 세우면서까지 주어를 세우는 영어와 주어 생략이 흔한 국어를 비교할 때 '국어는 비논리적이다'라고 주장하는 외국어학자들도 있지만 우리는 성분 실종과 성분 생략은 구별하여야 한다고 본다. 성분 생략을 즐기며 능란한 국어 작문을 할 수 있는 능력을 기르지 못한 채 성분 실종의 글쓰기만 하는 국어 작문 교육이 문제이지 국어가 비논리적이어서가 아니다.

이러한 문장의 오류는 이미 여러 유형의 오류 유형이 지적되고 있어 이에 대한 규범 문법적 계도가 필요하고 명확한 권위를 가지고 계도하려면 역시 정확하고도 상세한 규범 문법이 있어야 한다. 그러나 우리는 아직도 주변에서 전문가들끼리도 통일되지 않은 견해를 문법 범주에서 발견하게 된다. 가령, 다음의 예에서 어느 것이 맞는지 판단하여 보면 학자들도 두 의견이 나온다.

① 올림픽 축구 경기에서, 한국이 스페인에 3 대 1로 졌습니다.
② 올림픽 축구 경기에서, 한국이 스페인에게 3 대 1로 졌습니다.

스페인을 유정명사로 보느냐 무정명사로 보느냐의 문제가 있으므로 이런 예부터 명료한 문법 규범의 설명이 있어야 한다.

6.8. 담화 규범

전술한 대로 국립국어원에서는 그동안 학계가 화용론, 담화텍스트언어학, 인지언어학 분야에 활발한 관심을 가져 온 만큼 담화 연구에 대한 관심을 높이고 담화 영역에 대한 연구를 통하여 한국인의 담화 사용 실태와 담화 규범의 수립도 도모하여야 할 것이다.

가령, 속도, 고저, 강세, 음량, 음질 등의 준언어적 표현이나 표정, 눈길,

손짓, 몸짓, 장면의 시간과 공간 요인과 같은 비언어적 표현에 대해서도 학계에 용어와 개념의 혼란이 많으므로 이에 대한 한국인 특유의 언어 행동에 대해서도 체계적 연구가 요구된다.

아울러 담화 표현의 적절성, 수사법, 설득력 등 내용의 질 문제에 대해서도 연구가 필요하다. 가령, 표준화법(1992)에서의 비현실적이거나 부정확한 기술에 대해서도 재검토가 필요하다. 표준화법(1992)에서 누이의 남편은 '매부, 매형, 자형'으로 하며 여동생의 남편은 '매부, 서방'식으로 하라고 했으나 여동생의 남편은 '매제'도 잘 쓰이는데 표준화법(1992 : 38~9)에서는 사전들에도 나오는 '매제'에 대해서는 전혀 언급조차 하지 않아 추가할 필요가 있다.

7. 맺음말

지금까지 우리는 국어 규범의 문제를 살피면서 특별히 21세기 남북통일 시대에는 국어 규범의 역할이 더욱 중요할 것으로 내다보았다. 정책의 방향은 프랑스식 규범 정책과 미국식 자율 규범 정책의 조화가 필요하다고 보았고 규범의 개념에 대해서는 기존의 단어 범주에 국한된 사고의 틀에서 떠나 문장 규범과 담화 규범에 대하여서도 연구가 되어야 하며 그러한 방향에 대하여서도 국립국어원의 역할이 중대하다고 보았다. 문장 규범으로서의 '문법'에 대한 연구도 한국어교육에서는 미진한 상태임을 지적하였다. 특히 규범 연구가 제대로 이루어지기 위해서는 국립국어원이 말뭉치 자료의 구축과 말뭉치 기반 문법 연구도 선도하여야 한다고 하였다.

규범에 대한 거시적 정책의 방향으로는 영어제국주의 시대에 국어 수호를 위해 '국어 기본법' 외에 '불어 사용법' 수준으로 '국어 사용법' 또는

‘국어 애호법’ 같은 새로운 법률이 요구되며, 시급한 현안으로는 남북 통합 어문 규범을 준비하고 현행 규범의 지속적 정비, 학문 용어의 번역 의무화, 표준국어대사전의 지속적 수정 등이 요구된다고 하였다. 아울러 미시적 정책의 방향으로는 국어 어문 규범의 제반 문제점을 지적하였다.

바야흐로 우리는 21세기에 한국어를 기반으로 한민족과 한국 문화를 동아시아에서 번영시키고 한국어를 세계어로 발전시킴으로써 500여 년 전 세종이 꿈꾸었던 한글문화의 이상이 실현되기를 기대한다. 그러나 이 꿈은 오직 우리 모두가 매일 바른 언어생활을 향한 작은 습관과 노력을 실천하고 그것을 뒷받침할 안정된 국어 규범이 존재할 때에라야 가능하다고 믿는다.

〈부록〉 프랑스어 사용법(1994년 8월 4일)

제1조

헌법이 공화국의 언어로 선포한 불어는, 프랑스의 인격과 유산의 기본적 요소이다.

불어는 교육, 노동, 교역, 공공업무의 언어이다. 불어는 불어권 공동체를 구성하는 국가들 사이의 특권적인 연줄이다.

제2조

재화, 제품 또는 용역의 명칭, 제공, 소개, 사용법, 보증 기간과 조건의 記述 그리고 송장과 영수증에서 불어를 의무적으로 사용한다. 동일한 규정이 모든 문자, 口頭 또는 방송 광고에 적용된다. 이 조의 규정은, 대중에게 널리 알려진 외국어 명칭의 특산품에는 적용하지 않는다.

상표에 관한 법은, 1항 그리고 3항을 상표와 함께 등록된 언급과 傳言에 적용하는 데 장애가 되지 않는다.

제3조

공공 통로, 대중에게 개방된 장소 또는 대중교통 수단 내부의, 대중에게 정보를 전달하기 위한 모든 게시 또는 告知는 불어로 실시한다.

위 규정에 위배되게 작성된 게시문이, 제3의 이용자에 의해 공법상의 법인에게 속하는 재화에 부착되면, 그 법인은 이용자에게, 법인이 정한 기한 내에 이용자의 비용으로, 불법 게시문을 철거하라고 최고한다.

최고가 효과가 없으면, 계약 또는 허가 조항에 관계없이, 위반의 심각성을 고려하여 위반자에게 재화의 이용권을 박탈할 수 있다.

제4조

公法상의 법인 또는 공공업무를 수행하는 개인이 부착하는, 3조의 적용을 받는 게시 또는 告知文에 번역이 수반되는 경우에는, 적어도 두 개 이상의 언어로 번역한다.

2조와 3조에서 규정된 언급, 고지, 게시를 하나 또는 여러 개의 번역으로 보완하는 모든 경우에, 불어 원문은 외국어 번역만큼 읽고 듣기 쉽거나 이해 가능해야 한다.

국제운송 분야에서 이 조항의 규정을 위반할 수 있는 경우와 조건은, 국가참사원의 법령으로 명시한다.

제5조

공법상의 법인 또는 공공업무를 수행하는 개인이 당사자인 계약은, 그 대상과 형태를 막론하고, 불어로 작성한다. 이 계약은, 불어 어휘 다양화에 관한 규정이 정한 조건에서 승인된 동일 의미의 불어 표현 또는 용어가 있는 경우에는, 외국어 표현이나 용어를 사용할 수 없다.

이 규정은 산업적이고 상업적인 성격의 활동을 관리하는 공법상의 법인, 프랑스 은행 또는 예금공탁금고에 의해 체결되고, 전적으로 국토 밖에서 집행되는 계약에는 적용하지 않는다. 이 항목의 적용을 위하여, 일반 조세법 131조 4항의 조건부로 발행된 공채, 그리고 1996년 7월 2일자 재무 활동의 현대화 법(96-597호) 4조가 의미하는 투자 용역의 제공에 관련되고 그 집행이 외국 사법권의 관할인 계약은, 전적으로 프랑스 밖에서 집행된다고 간주한다.

하나 또는 여러 명의 외국 공동계약자와 체결하고, 이 조항의 적용을 받는 계약은, 불어 판 외에, 동등하게 유효한 하나 또는 여러 개의 외국어 판을 포함할 수 있다.

1항에 위배되게 외국어로 작성된 계약 조항은, 계약 당사자에게 불리하게 작용할 수 없다.

제6조

프랑스 국적의 개인 또는 법인이 프랑스에서 주최하는 행사, 학회, 회의의 모든 참가자는 불어를 사용할 권리가 있다.

행사 이전과 도중에 참가자에게 배포되는 프로그램 관련 자료는 불어로 작성하고, 하나 또는 여러 개의 외국어로 번역할 수 있다.

행사, 학회, 회의가 참가자에게 예비 자료 또는 업무 자료를 배포하거나, 회의록 또는 보고서를 출판할 필요가 있는 경우에, 외국어로 작성된 문건에는 불어 요약을 첨부한다.

이 규정은 외국인만 관계되는 행사, 학회, 회의 그리고 프랑스 무역의 진흥 행사에는 적용하지 않는다.

공법상의 법인 또는 공공업무를 담당하는 *私法*상의 법인이, 이 조의 적용을 받는 행사를 주관하는 경우에는, 번역 부서를 배치한다.

제7조

공법상의 법인, 공공업무를 수행하는 *私人* 또는 공적 지원금을 받는 사인이 발행하고 프랑스에서 배포되는 출판물, 잡지, 발표문이 외국어로 작성된 경우에는, 불어 요약을 첨부한다.

제8조

노동법 L. 121-1조의 마지막 세 개의 항목을 아래와 같은 네 개의 항목으로 대체한다.

"문서로 기록되는 노동 계약은 불어로 작성한다."

"계약의 대상인 직무가, 불어 해당어가 없는 외국어 용어에 의해서 지칭될 수밖에 없는 경우에는, 노동 계약서는 외국어 용어를 불어로 설명한다."

"임금노동자가 외국인이고 계약이 문서로 기록되는 경우에는, 그의 요구가 있으면 계약서를 그의 언어로 번역한다. 원문과 번역문은 법정에서 동등하게 유효하다. 이 두 가지 문서가 불일치하는 경우에는, 외국인 임금노동자의 언어로 작성된 문서만이 그에 대하여 불리하게 제시될 수 있다."

"고용주는, 이 조에 위배되게 체결된 노동 계약의 조항에 의거하여 임금노동자에게 불이익을 줄 수 없다."

제9조

Ⅰ.

노동법 L. 122-35조를 아래 항목에 의해 보완한다.

"내규는 불어로 작성하고, 하나 또는 여러 개의 외국어 번역을 첨부할 수 있다."

II.

노동법 L. 122-39조 다음에 아래와 같은 L. 122-39-1조를 삽입한다.

"L. 122-39-1조. 임금노동자의 의무 또는 그가 노동의 실행을 위하여 알 필요가 있는 규정을 포함하는 모든 문서는 불어로 작성되고 하나 또는 여러 개의 외국어 번역을 첨부할 수 있다."

"이 규정은 외국으로부터 접수하거나 외국인 대상의 문서에는 적용하지 않는다."

III.

노동법 L. 122-37조의 1항과 3항에서 "L. 122-34조와 L. 122-35조"는 "L. 122-34조, L. 122-35조, L. 122-39-1조"로 대체된다.

IV.

노동법 L. 132-2조 다음에 L. 132-2-1조를 삽입한다.

"L. 132-2-1조. 단체 노동협약 그리고 기업 또는 기관의 협정은 불어로 작성한다. 외국어로 작성된 모든 규정은 임금노동자에게 불리하게 작용할 수 없다."

제10조
노동법 L. 311-4조의 3항은 다음과 같다

"3. 외국어로 작성한 문서"

"제공된 직무 또는 노동이, 불어 해당어가 없는 외국어 용어에 의해서 지칭될 수밖에 없는 경우에는, 2항의 의미에 대해 오류를 유발하지 않도록 불어 문서는 그 용어를 상세하게 설명한다."

"2항과 3항이 규정한 금지는, 제공자나 고용주의 국적을 막론하고 또 직무를 위한 조건 중의 하나가 완벽한 외국어 지식인 경우에도, 프랑스 국토에서 집행되는 용역에 적용된다. 제공자나 고용주가 프랑스 사람인 경우에는 프랑스 국토 밖에서 집행되는 용역에도 동일한 금지를 적용한다. 그렇지만 프랑스에서 전부 또는 부분적으로 외국어로 제작되는 출판물의 대표는, 그 언어로 작성된 구인 광고를 접수할 수 있다."

제11조

  I.

공사립 교육기관에서 교육, 시험, 선발대회 그리고 학위논문의 언어는 불어이다. 단, 지방 또는 외국 언어와 문화를 교육할 필요성이 인정되는 경우, 그리고 외국인 객원 또는 초빙 교수가 교육하는 경우는 예외로 한다.

외국인 학교 또는 외국 국적의 학생을 위한 특수학교 그리고 국제적 성격의 교육을 실시하는 기관은 이런 의무가 없다.

  II.

1989년 7월 10일자 교육 방침 법(89-486호) 1조 2항 다음에 아래와 같은 항목을 삽입한다.

"불어의 숙달과 다른 언어 두 개에 대한 지식 습득이 교육의 기본 목적에 속한다."

제12조

통신의 자유에 관한 1986년 9월 30일자 법(86-1067호) 2장 1절 앞에, 아래와 같은 20-1조를 삽입한다.

"20-1조. 라디오 또는 텔레비전의 방송과 광고 전체에서, 그 전파 또는 배급 방식을 막론하고, 불어를 의무적으로 사용한다. 단, 원어판 영화와 방송 작품은 예외로 한다."

"위 항목은, 이 법 28조 2 乙이 적용되는 경우를 제외하고는, 그 원문이 전부 또는 부분적으로 외국어로 작성된 음악 작품에는 적용되지 않는다."

"1항이 정한 의무는, 전적으로 외국어로 전파되거나 언어 학습이 목적인 프로그램과 그 속에 포함된 광고 그리고 문화적 의식의 중계방송에는 부과되지 않는다."

"1항의 적용을 받는 방송 또는 광고에 외국어 번역이 첨부되는 경우에는, 불어판은 외국어판만큼 읽고 듣기 쉽거나 이해 가능해야 된다."

제13조

위에서 인용된 1986년 9월 30일자 법(86-1067호)을 아래와 같이 개정한다.

24조 II의 6항 다음에 아래와 같은 항목을 삽입한다.

"불어의 존중과 불어권의 선양"

Ⅱ.

28조 4 다음에 아래와 같은 4 乙이 삽입된다.

"4 乙. 불어의 존중과 불어권의 선양을 보장하는 규정"

Ⅲ.

33조 2 다음에 아래와 같은 2 乙이 삽입된다.

"2 乙. 불어의 존중과 불어권의 선양을 보장하는 규정."

제14조

Ⅰ.

외국어 표현이나 용어로 구성된 상표의 사용은, 불어 어휘 다양화 관련 규정이 정한 조건에서 승인된 동일 의미의 불어 표현 또는 용어가 있는 경우에는, 공법상의 법인에게 금지된다.

이 금지는, 공공 업무를 담당하는 사법상의 법인이 이 임무를 수행하는 경우에도 적용된다.

Ⅱ.

이 조항의 규정은, 이 법을 시행하기 전에 처음으로 사용된 상표에는 적용하지 않는다.

제15조

공공단체와 기관이 지급하는 모든 성격의 지원금 수혜자는, 이 법의 규정을 준수한다.

이 규정을 준수하지 않는 수혜자에게, 위반을 지적한 후에, 지원금 전체 또는 일부를 회수할 수 있다.

제16조

형사소송법 규정에 따라 활동하는 사법경찰 외에, 소비자 보호법 L. 215-1조 1,

3, 4에 열거된 공무원은 이 법 2조의 시행을 위해 채택된 규정에 대한 위반을 적발할 권한이 있다.

이를 위하여 공무원은, 同法 L. 213-4조 1항에 열거된 장소와 차량 내부 그리고 L. 216-1조에서 언급된 활동이 이루어지는 장소 안으로 낮에 들어갈 수 있다. 단, 주거용으로도 사용되는 장소는 예외로 한다.

그는 임무 수행에 필요한 서류의 열람을 요구하고, 그것을 복사하며, 임무 수행에 적합한 정보와 해명을 현장에서 아니면 소환에 의하여 수집하고 청취할 수 있다. 또한 그는 국가참사원의 법령으로 정한 조건에서 문제시된 재화 또는 제품 한 점을 先取할 수 있다.

제17조

16조 1항에서 언급된 공무원의 임무 수행을 직접 또는 간접적으로 방해하거나, 임무 수행에 필요한 모든 수단을 제공하지 않는 사람은 형법 433-5조 2항에 정해진 처벌을 받는다.

제18조

이 법의 시행을 위해 채택된 규정에 대한 위반은 조서에 기록되고, 이 조서는 반증이 나타날 때까지 유효하다. 조서는 종결 후 5일 안에 공화국 검사에게 송부되고, 그렇지 않으면 무효이다. 또한 그 사본 한 부를 같은 기간 내에 당사자에게 전달한다.

제19조

형사소송법 2-13조 다음에, 아래와 같은 2-14조를 삽입한다. "2-14. 불어의 수호를 정관에 천명하고, 국가참사원의 법령으로 정한 조건에서 인가된 모든 정규 협회는, 1994년 8월 4일자 불어 사용법(94-665호) 2, 3, 4, 6, 7, 10조의 시행을 위해 채택된 규정에 대한 위반에 관련된 소송에서, 손해보상 청구권을 행사할 수 있다."

제20조

이 법은 공공 영역의 법이다.

이 법은 시행 이후에 체결된 계약에 적용한다.

제21조

이 법의 규정은 프랑스의 지방어에 관한 법률과 법규를 침해하지 않고, 지방어 사용에 반하지 않는다. 제22조. 매년 정부는 이 법의 시행 그리고 국제 기구 내부에서 불어의 위상에 관한 국제 조약 또는 협정의 적용에 대한 보고서를 9월 15일 이전에 국회에 제출한다.

제23조

이 법 2조는 그 규정에 대한 위반을 정의하는 국가참사원의 법령이 공포된 날부터 시행하고, 아무리 늦어도 이 법의 공포 후 12개월이 경과한 날부터 시행한다.

3, 4조는 2조 시행 후 6개월이 경과한 날부터 시행한다. 제24조. 불어 사용에 관한 1975년 12월 31일자 법(75-1349호)은 폐기한다. 단 그 법 1-3조는 이 법 2조의 시행과 함께, 그 법 6조는 이 법 3조 시행일에 폐기된다.

이 법은 국법으로서 집행한다.

‖ 참고문헌

국립국어연구원·조선일보, 『우리말의 예절』, 조선일보사, 1992.

국어학회, 『세계의 언어정책』, 태학사, 1993.

김민수, 『국어정책론』, 고려대 출판부/탑출판사, 1974.

김영명, 『나는 고발한다 : 김영명 교수의 영어 사대주의 뛰어넘기』, 한겨레신문사, 2000.

김영명, 「한글 사회과학의 모색」, 『한글사랑』 13호(2000년 봄호), 한글사, 2000.

김영명, 「세계화와 언어 문제, 동아시아의 세계화와 언어제국주의」, 한림대학교 아시아 문화연구소 제 20회 국제학술연구발표회 발표논문(2000. 11. 10, 세종문화회관).

남영신, 「세계화 위해 민족 버리자고?」, 『조선일보』, 1998년 7월 7일자 13면.

민현식, 『국어 정서법 연구』, 태학사, 1999.

민현식, 『국어교육을 위한 응용국어학연구』, 서울대 출판부, 2000.

민현식, 「제2 언어로서의 한국어 문법 교육의 현황과 과제」, 『새국어생활』 10-2(2000 여름호), 국립국어연구원, 2000.

민현식, 「공용어론과 언어정책」, 『이중언어학회지』 17, 이중언어학회, 2000.

민현식, 「'부사성'의 문법적 의미」, 『한국어의미학』 10, 한국어의미학회, 2002.

민현식, 「한글 맞춤법 교육의 체계화 방안 : 문법 교육과 맞춤법 교육의 관계 정립을 위한 試論」, 『국어교육 연구』 21, 서울대 국어교육연구소, 2008.

민현식, 「國語敎育 政策 改善을 통한 漢字語 敎育 強化 方案」, 『어문연구』 144집, 한국어문교육연구회, 2009.

민현식, 「국립국어원 스무돌의 성과와 발전방안」, 『새국어생활』 21-1호, 국립국어원, 2011.

박병수, 「영어의 열풍」, 『한글사랑』 13호(2000년 봄호), 한글사, 2000.

백경숙, 「영어 공용어화론에 대한 사회언어학적 소고」, 『사회언어학』 8권 1호, 한국사회언어학회, 2000.

백봉자, 「외국어로서의 한국어 문법」, 『동방학지』 71·72 합본, 연세대 국학연구원, 1991.

백봉자, 『외국어로서의 한국어 문법 사전』, 연세대 출판부, 1999.

복거일, 『국제어 시대의 민족어』, 문학과 지성사, 1998.

복거일, 「소위 민족주의자들이여! 당신네 자식이 선택하게 하라」, 『신동아』 3월호, 동아일보사, 2000.

안정효, 「영어에 미친 나라」, 『한글사랑』 13호(2000년 봄호), 한글사, 2000.

이병혁, 「세계화와 남북한 언어 문제, 동아시아의 세계화와 언어제국주의」, 한림대학교 아시아문화연구 소 20회 국제학술연구발표회 발표논문(2000. 11. 10, 세종문화회관), 2000.

이상억, 「역대 문법 교과서에 반영된 음변화 및 통사 현상의 분포 조사」, 『관악어문연구』 제21집, 서울대 국어국문학과, 1997.

이상억, 「외국인용 한국어 교재에 포함된 문법 사항의 비교 평가」, 『한국어교육』 9-2, 국제한국어교육 학회, 1998.

이석주·이주행·이주행·민현식, 『옥외광고물 외래어 간판 실태 조사 연구』, 문화부 국어정책과 연구보고 서, 2000.

이연숙, 「일본의 영어공용어화론, 동아시아의 세계화와 언어제국주의」, 한림대학교 아시아문화연구소 20회 국제학술연구발표회 발표논문(2000. 11. 10, 세종문화회관), 2000.

이재진, 「언어정책 이대로 좋은가」, 『한글사랑』 13호(2000년 봄호), 한글사, 2000.

이혜란 외 역, 『2개 언어상용과 그 이론』, 한국문화사, 1995.[Josiane F. Hamers & Michel H. A. Blanc, Bilinguality and Bilingualism, Cambridge University Press, 1987.]

이희수 외, 『한국 성인의 문해 실태 및 OECD 국제 비교 조사 연구』, 한국교육개발원, 2001.

정시호, 「영어 찬미자들에게 엄중 경고함」, 『신동아』 4월호, 동아일보사, 2000.

정종남, 『남북한 한자어 어떻게 다른가』, 을지서적, 1999.

정종남, 『북한 주민이 알아야 할 남한 어휘 3300개』, 종로서적, 2000.

LG 경제 연구원, 『밀레니엄 리포트』, 도서출판 새로운 제안, 2000.

國立國語研究所, 『白書, 廣報紙等における外來語の實態』, 國立國語研究所, 2000.

津田幸男, 『英語支配の構造：日本人と異文化コミュニケーション』, 日本：第三書館, 1990.

津田幸男, 英語支配への異論, 日本：第三書館, 1993.

三浦信孝·糟谷啓介, 『言語帝國主義とは何か』, 日本：藤原書店, 2000.

豊田國夫, 『民族と言語の問題：言語政策の課題とその考察』, 東京：錦正社, 1964.

豊田國夫, 『言語政策の研究』, 東京：錦正社, 1968.

Biber, Douglas, Stig Johanson, Geoffrey Leech, Susan Conrad & Edward Finegan, *Longman grammar of spoken and written English*, Longman, 1999.

Calvet, Louis-Jean, *Linguistique et colonialisme : petit traité de glottophogie*, Paris : Payot, 1974.

Eastman, Carol M., *Language planning an introduction*, Chandler & Sharp Publishing, Inc,

1983.

Fishman, Joshua A., *Language loyalty in the United States*, Mouton, 1966.

Fishman, Joshua A.(ed.), *Readings in the sociology of language*, Mouton : also Humanities Press, 1968.

Kachru, B. B., *World Englishes 2000 : Resources for research and teaching*. In L. E. Smith & M. L. Forman(eds.), *World Englishes 2000*, Honolulu, Hawai'i : University of Hawai'i Press, 1997.

Mühlhäusler, P, *Linguistic ecology : Language change and linguistic imperialism in the Pacific region*, London : Routledge, 2000.

Pennycook, A., *The Cultural politics of English as an international language*, London : Longman, 1994.

Pennycook, A., *English and the discourses of colonialism*, New York : Routledge, 1998.

Phillipson, R., *Linguistic imperialism*, Oxford : Oxford University Press, 1992.

Phillipson, R., The Globalization of English, 동아시아의 세계화와 언어제국주의, 한림대학교 아시아문 화연구소 20회 국제학술연구발표회 발표논문(2000. 11. 10, 세종문화회관), 2000.

Smith, L. E., *English as an international language*, In L. E. Smith(Ed.). Readings in English as an international language, Oxford : Pergamon Press, 1983.

Stewart, William A., A *Sociolinguistic typology for describing multilingualism*, In Fishman ed.(1968), 1968.

Tollefson, James W., *Planning language, planning inequality : language policy in the community*, Longman, 1991.

UNESCO, *The use of vernacular languages in education : The report of the UNESCO meeting of specialists*, Paris, In Fishman ed.(1968), 1951.

띄어쓰기 개념의 재정립에 대한 고찰
― 음독에서 묵독으로의 개인적 · 사회적 이행 과정을 중심으로 ―

오 현 아

1. 문제 제기

국어의 띄어쓰기는 일상의 언어생활에서 부딪히게 되는 가장 실제적인 문제이면서도 어려운 부분이다. 그 중에서도 의존 명사나 보조 용언의 띄어쓰기는 이들 의존 형식에 대한 뚜렷한 문법 인식이 있지 않고서는 제대로 띄어쓰기 어렵다는 점에서 그 심각성이 더하다. 이와 관련한 규정이 <한글 맞춤법>에서 다루어지고 있으나, 현행 맞춤법의 띄어쓰기 규정은 10개 조항 가운데 대부분의 항목이 띄어쓰기의 대원칙을 확인하는 정도에 불과하고, 띄어쓰기 기준 또한 단어라는 기준 이외에 음절 및 전문 용어라는 이질적인 기준도 적용되어 혼란이 더욱 가중된다는 박정규(2006 : 83)와 같은 주장들이 제기되고 있어 문제적이다.

이러한 상황에서 우리는 학생들의 띄어쓰기 오류에 대해 어떠한 입장을 가져야 할 것인가? 이는 비단 교실 현장에만 국한되지 않는다. 일반인보다

훨씬 전문적인 국어 지식을 가지고 정확하고 올바른 국어사용을 중시하는
방송 기자들의 원고에서도 이러한 띄어쓰기 문제는 발생[1]한다. 그렇다면
우리는 이러한 띄어쓰기 오류에 대해 어떠한 관점과 입장을 가지고 접근해
야 할 것인가? 본고의 문제의식은 이러한 물음에서부터 시작된다. 단순히
현행 맞춤법 규정에 근거해 오류로 다루고 이의 교정에 힘써야 할 것인가?
오히려 물음은 바뀌어야할지도 모른다. 왜 우리들은 의존 명사나 보조 용언
과 같은 특정 부분에서 띄어쓰기 문제를 겪게 되는 것인가? 이러한 띄어쓰
기 문제는 당대의 문제이기만 한 것인가? 그리고 띄어쓰기는 왜 필요한 것
인가?

　이러한 물음을 좇아가는 과정을 통해 본고에서는 띄어쓰기 개념의 사적
인 발생 과정을 살펴볼 필요성이 있으며, 이는 필연적으로 띄어쓰기 개념이
독자의 가독성(readability)을 높이는 상당히 실용적인 성격의 문제이므로 읽
기 상황과 떨어져서 논의되어서는 안 된다는 기본적인 입장을 세우게 되었
다. 그리고 이를 바탕으로 전통적인 읽기 방식인 음독에서 근대적인 읽기
방식인 묵독으로 넘어오는 과정 속에서 띄어쓰기의 개념이 주요한 역할을
했으며, 이것이 결국은 개인의 읽기 발달 과정과 상당히 유사하다는 관점을
세우게 되었다. 따라서 본고에서는 음독에서 묵독으로의 개인적·사회적
이행 과정과 더불어 띄어쓰기 개념의 개인적·역사적 발전 과정을 살펴봄
으로써 띄어쓰기 문제에 좀 더 폭넓은 시야를 갖고 접근하는 과정을 통해

------

1) KBS 9시 뉴스 보도문의 경우에도 띄어쓰기 부분에서 다음과 같은 유형의 띄어쓰기 오류가
　반복적으로 나타나고 있어 그 양상을 짐작해 볼 수 있다.(2006년 KBS 국어자문단 사업 보고
　서, 4~22면에서 발췌)
　(1) 어미 '-ㄹ수록'(다가올 수록 → 다가올수록)
　(2) 접사 '여'(5만 여 건 → 5만여 건)
　(3) 조사 '-ㄴ커녕'(지나 가긴 커녕 → 지나가기는커녕)
　(4) 의존명사/ 단위명사(다를텐데요 → 다를 텐데요, 한푼 두푼 / 한달→ 한 푼 두 푼 / 한 달)
　(5) 이같은(이같은 → 이 같은)
　(6) 어미/ 의존명사의 혼동(마련될 지도 → 마련될지도)
　(7) 조사/ 의존명사의 혼동(보름 밖에 안된 / 느낄 수 밖에 없는→ 보름밖에 안 된 / 느낄 수밖
　에 없는)

띠어쓰기 개념을 재정립하고자 하는 것을 목적으로 한다.

2. 음독에서 묵독으로의 이행

읽기의 역사는 간단히 말해서 음독에서 묵독으로 이행되어 온 역사라고 말할 수 있다. 먼저 근대 이전의 읽기 실현 양상을 떠올려 본다고 할 때 우리는 서당이라는 공간에서 소리 내어 글을 읽는 풍경을 쉽게 떠올릴 수 있다. 이때의 문자는 한문이며, 전혀 띠어쓰기가 이루어지지 않은 고문을 소리 내어 읽고 해석하는 과정을 통해 학습이 이루어지고, 행여나 학동이 한문의 의미에 맞게 제대로 끊어 읽지 못하고 해석을 엉뚱하게 할라치면 김홍도의 '서당' 작품에서처럼 훈장에게 혼이 나 우는 풍경으로 이어지기도 한다.

그러나 1920년대 말에 이르게 되면 학교라는 공간, 특히나 도서관이라는 공간에서 음독을 하던 관행은 더 이상 찾아보기 어렵게 되었고, 이를 통해 묵독의 방법과 규율이 근대 제도에 의해 정착되었음을 이기훈(2001 : 21~22)에서 확인해 볼 수 있다.

그리고 박영민(2003 : 60)에서는 이러한 음독에서 묵독으로의 이행이 개인적인 독서의 역사에서도 동일하게 발견된다는 점에 주목해야 하며, 개인적인 독서의 발달이 음독으로부터 시작하여 묵독으로 이행될 때 비로소 텍스트에 대한 해석의 문제가 부각되기 시작한다고 언급하였다. 여기서 '텍스트에 대한 해석의 문제'는 개인 독자의 대상 텍스트에 대한 적극적인 해석 과정을 전제로 하는 것이며, 이는 음독을 통해 집단적으로 공유되고 해석되어 온 집단의 독서와는 질적으로 전혀 다른 양상을 의미하는 것이다. 그리고 이러한 묵독으로의 이행이 가능했던 문화적 환경과 언어적 환경은 무엇이며, 어떠한 의미를 지니는가에 대해 생각해 볼 필요가 있다. 박영민(2003 : 64)에서는 문화적 환경에 대해서 인쇄술의 발달을 들어 설명하고 있으나, 언어적 환경에는 주목하지 않았다. 그러나 인쇄술의 발달과 더불어 독자의 가독성을 높이는 언어적 환경으로서의 띄어쓰기의 문제가 전제되지 않을 수 없다. 따라서 본고에서는 이 장에서 읽기의 사회적·개인적 발달 과정을 통해 음독에서 묵독으로의 이행 과정에서 띄어쓰기가 얼마나 중요한 역할을 했는지를 돌아보고자 한다.

2.1. 읽기의 사회적 발전 과정

필사 문화와 초기 인쇄 문화에서 뭔가를 읽는다는 것은, 대개 한 사람이 집단 속에서 다른 사람들에게 읽어서 들려주는 사회적 활동을 의미했다. 개인이 책을 소유하고 혼자 묵독하는 오늘날과 같은 독서 방식은 근대 초기 대다수 사람들에게 익숙한 일이 아니었다. 따라서 근대 초기 높은 문맹률과 공존한 것은 구술 문화와 공동체적 독서였다(천정환, 2003 : 110~111). 그리고 이러한 단적인 양상을 살펴볼 수 있는 것이 전기수(傳奇叟)와 구연의 존재이다.

천정환(2003 : 112~115)에서는 신문종람소의 종람(縱覽)과 시중(市中)의 소설 구연 형태의 전통사회의 음독과 공동체적 독서가 근대에 이르러 다양한 계몽 운동에 의해 더욱 성행했음을 지적하면서 도식적으로 공동체적 독서와 음독을 전근대 사회의 독서 형태로 간주하고, 개인적 독서와 묵독을 근대 이후의 독서 형태로 보는 것은 곤란하다는 입장을 밝히고 있으나, 음독에서 묵독으로의 이행 과정이 전근대 사회에서 근대 사회로 넘어가는 하나의 흐름임은 분명하다. 또한 갑오개혁 이전까지 붙여 쓰기의 형태를 취한 한문 중심의 읽기는 음독의 형태를 띠는 것이 일반적이었으나, 갑오개혁 이후 한글을 사용하면서부터 묵독과 관련해 띄어쓰기 문제가 서서히 드러나기 시작하는 계기가 되었다고 할 수 있다.

2.2. 읽기의 개인적 발달 과정

개인의 언어 발달을 살펴보면, 문자를 습득한 후 처음에는 소리 내어 읽는 과정을 거쳐 자연스레 혼자 소리 내지 않고 읽는 묵독의 단계로 접어들게 된다. 여기서 음독은 텍스트의 표층적 의미에 집중하게 되는 반면에, 묵독은 자신의 경험이나 지식과 관련지으면서 좀 더 심층적인 의미에 집중하게 된다. 따라서 발음이나 어조 등 신경 써야 할 요소가 많은 음독과 묵독 사이에 텍스트 이해의 정도와 수준 차가 발생한다고 볼 수 있으며, 학령기에 들어서 음독을 하는 경우는 묵독에 비해 훨씬 적어지기 마련이다.

이성은(005 : 281)에서는 초등 단계의 읽기 능력 평가에서 낭독 능력 평가를 함께 다루고 있는데, 여기에서 낭독 능력 평가의 목적은 낭독의 정확성, 읽은 내용의 기본적 이해, 읽기 속도와 같은 요인들을 측정해 단어 인식과 발음에 어려움을 겪는 아동들을 세밀하게 가려내어 체계적인 교육을 하는 데 그 주된 목적으로 두고 있다.

3. 띄어쓰기 개념의 도입과 발달

그렇다면 우리나라에 띄어쓰기 개념이 처음으로 도입된 것은 언제, 어떤 문헌을 통해 드러나는가? 그리고 이 문헌에서의 양상은 개인의 띄어쓰기 능력의 발달 양상과 유사한 것은 아닌가? 이러한 의문에 답하기 위해서는 우선 띄어쓰기의 범주부터 규정해 볼 필요가 있다. 민현식(1995 : 2)에서는 띄어쓰기 변천사를 다룬 리의도(1983)에서 띄어쓰기의 범주를 점찍기, 토달기, 사이띄기의 세 경우로 보아 조상들이 점찍기, 토달이를 한 것까지도 띄어쓰기 방법으로 넓게 보는 관점에 대해 점찍기나 토달기를 띄어쓰기의 선구적 방식으로, 사이띄기는 현대적 의미로 구분하고 있다. 본고에서는 현대적 띄어쓰기의 형태로 볼 수 있는 사이띄기만을 띄어쓰기의 범주로 한정해 논의를 진행하고자 한다.

현대적 의미의 사이띄기는 개화기 때 <독립신문>의 창간호(1896. 4. 7)에서 시작되었는데, 어절이나 구 단위로 띄어 쓰고 있다. 본고에서는 개화기 교과서 중 띄어쓰기가 본격적으로 나타나는 『초등소학(初等小學)』(1906. 12)[2] 권1과 권2[3])을 대상으로 띄어쓰기가 도입된 양상을 살피면서 현대의 띄어쓰기 양상과 비교해 보고자 한다.

3.1. 역사적 관점에서의 띄어쓰기 개념의 도입

최초의 국정 교과서인 학부 편찬 『국민소학독본(國民小學讀本)』(1895. 8) 이후로 『소학독본(小學讀本)』(1895. 9)(학부편) 『신정심상소학(新訂尋常小學)』(1897. 2)은 국한문혼용체로 붙여쓰기의 형태를 보이고 있는 반면에, 『초등소학(初等小學)』에서는 띄어쓰기 양상이 본격화되고 있는데, 그 양상을 살펴보면 다음과 같다.

---

2) 『초등소학』은 1906년 12월 20일(광무십년시월), 대한 국민교육회에서 발간되었으며, 저자는 김상만, 고유상, 주한영이다. 최초의 민간단체에서 편찬한 교과서로 8권으로 된 보통학교용 교재이다. 표기는 주로 순 한글이며, 언뜻 보기에도 고유어가 많이 등장하고, 언문일치체에 보다 가깝다. 뿐만 아니라, 단원 구성도 보다 체계적이다. 2권부터 '복습'이라는 학습 단위를 신설하고, 1권과 2권 등 저학년 단계의 교재에서는 상단에 별도의 난을 만들어 그 단원에서 학습할 신출 한자를 뽑아 학습에 유의하도록 2단 구성을 시도하는 등, 단원의 체계성을 높였으며, 당시의 학제, 즉 보통학교 4년을 고려하여 1년에 두 권씩 4년에 총 8권의 교재를 학습할 수 있도록 학제와 학년을 고려하여 편찬하는 등, 여러 가지 면에서 국어 교과서의 모범이 될 만하다.(윤여탁 외, 2006 : 216)

3) 『초등소학(初等小學)』은 초급과정인 1~4권까지는 분석적 띄어쓰기를 하고 모점은 쉼표로, 고리점은 마침표로 썼는데, 5~6권은 붙여쓰기에 어절 단위로 모점을 찍고, 고리점을 마침표로 찍었으며, 고급단계인 7~8권은 붙여쓰기에 모점 없이 마침표만 고리점을 찍는 형태를 보이고 있는데(민현식1995 : 5), 아세아문화사 영인본에서 3~4권이 누락되어 있어, 1~2권만을 대상으로 하였다.

3.1.1. 조사의 띄어쓰기

거북 두 <u>마리 가</u>、 긔여 가오。 (권1 : 14ㄴ)
<u>고양이 가</u>、 곱으리고、 거러 가오。 (권1 : 15ㄱ)
<u>기럭이 가</u>、 갈대 밧 에、 <u>셧기 도</u> ㅎ고、 <u>날기 도</u> ㅎ오。 (권1 : 16ㄴ)
<u>대궐 에</u>、 <u>단쳥 을</u> 곱게、 ㅎ얏소。 (권1 : 18ㄴ)
ㅁ <u>로논</u>、 먹으며、 쏘、 말도ㅎ오。 (권 2 : 18ㄴ)

위의 예문들에서 조사는 일관되게 선행 체언과 띄어 쓰고 있음을 확인할 수 있다. 그리고 조사가 이중으로 겹쳐 나타나는 곳에서는 선행 체언과는 띄어 쓰고, 조사끼리 붙여 쓰고 있다.

3.1.2. 어간과 어미의 띄어쓰기

국화 두 송이 가、 곱게、 <u>피엿소</u>。 (권 1 : 16ㄱ)
버들 나무 아래 에셔、 발 <u>씻 논</u> 사람 이、 (권 1 : 25ㄴ)
불쏫 은、 <u>붉 고</u>。 연긔 논、 <u>푸르오</u>。 (권 1 : 26ㄱ)
강 에논、 배가、 <u>쩟스니</u>、 (권 1 : 27ㄴ)
솔나무 에、 <u>올나 가랴고</u>、 사다리 롤、 <u>셰웟소</u>。 (권 1 : 29ㄱ)
ㅂ 은、 동편、 하날 에셔、 <u>돗아 오느이다</u>。 (권 2 : 1ㄴ)
차례 로、 <u>날아 가더니</u>。 (권 2 : 3ㄱ)
<u>그러 면</u>、 너 의 논、 물건을、 혜 일줄 <u>아논구나</u>。 (권 2 : 9ㄴ)
이 두아해 가、 나히 논、 <u>어리나</u> (권 2 : 12ㄱ)

<u>쥬판 은</u>、 <u>공부 ㅎ논더</u>、 <u>긴요 ㅎ오</u>。 (권 1 : 26ㄴ)
화포 소래 가、 <u>탕탕 ㅎ고</u>、 구룸 속 이、 <u>훤 ㅎ니</u>、 사람들 이、 <u>구경 ㅎ오</u>。
(권 1 : 36ㄴ)
我 의 <u>사랑 ㅎ논</u> 족하들아、 (권 2 : 22ㄴ)
먼져、 쏩으랴고、 <u>다름박질ㅎ오</u>。 (권 2 : 29ㄱ)

어간과 어미의 경우에는 대부분 붙여 쓰기의 형태를 보이고 있는데, 'N+하다' 구성의 경우 띄어쓰기와 붙여쓰기가 혼재해서 나타나는 양상을 보인다.

3.1.3. 의존 명사의 띄어쓰기

대가 무셩 ᄒ니, 구경 <u>홀만</u> ᄒ오。 (권 1 : 18ㄱ)
우산 은, 비 올 ᄢᅢ, <u>쓰는 것이오</u>。 (권 1 : 30ㄴ)
폭포가, 절벽 에셔, 쏫쳐 나려 오니, 참, 구경 <u>홀만</u> ᄒ오。 (권 1 : 35ㄴ)
톄조 <u>ᄒ는것이니</u>。 (권 2 : 4ㄴ)
지혜 룰, 넓힐 <u>ᄲᅳᆫ</u> 아니라。 (권 2 : 5ㄱ)
학교 에, <u>가는것이</u>, 올소이다。 (권 2 : 7ㄱ)
그러 면, 너 의 는, 물건을, <u>헤 일쥴</u> 아는구나。 (권 2 : 9ㄴ)
졔가, <u>이길쥴만</u> 알고, (권 2 : 16ㄴ)
듯지 아니 ᄒ고, <u>다른데</u> 로, 갓더니。 (권 2 : 26ㄴ)

의존 명사는 대부분 선행하는 수식구에 붙여 쓰는 형태가 일반적이었는데, '것'의 경우 예외적으로 띄어쓰기의 양상이 하나 나타나고 있다. 조사까지 띄어 쓸 정도로 띄어쓰기에 대한 형태상의 문법 인식이 발달한 것으로 보이는데, 의존 명사의 경우 붙여 쓰기의 형태가 일반적인 것으로 보아 당시 의존 명사에 대한 문법적 인식이 발달하지 않았던 것으로 보인다.

3.1.4. 관형사의 띄어쓰기

국화 <u>두 송이</u> 가, 곱게, 피엿소。 (권 1 : 16ㄱ)
말 <u>한필</u> 은, 돌아 보고, (권 1 : 20ㄱ)
양 <u>두 마리</u> 는, 셧고。 돗 한 마리 는, 쮜여 가오。 (권 1 : 29ㄴ)
<u>열 마리</u> 가, 언덕 에, 잇습ᄂ이다。 (권 1 : 31ㄴ)
여긔, <u>셕냥</u> 이, 잇소。 (권 1 : 33ㄴ)
다른 기력이 <u>한 마리</u> 가, 이것 을, 보고, (권 2 : 3ㄴ)
이 <u>두아해</u> 가, 나히 는, 어리나 (권 2 : 12ㄱ)

쌍 구멍 에, <u>그 집</u> 을, (권 2 : 8ㄱ)

수 관형사는 띄어쓰기와 붙여 쓰기의 비중이 비슷하게 나타나고 있었는데, 유일한 사례였던 지시 관형사 '그'의 경우 띄어쓰기의 양상을 보인다.

3.1.5. 본용언과 보조 용언의 띄어쓰기

기럭이 가、 갈대 밧 에、 셧기도 ㅎ고, 날기 도 ㅎ오。 ((권 1 : 16ㄴ)
검생 을、 <u>잡으려ㅎㄴ이다</u>。 (권 2 : 26ㄴ)
지금、 학교 에 <u>갈야고 ㅎㄴ이다</u>。 (권 2 : 3ㄱ)
두쥴 로、 <u>벌어 션</u> 사람들 은、 (권 2 : 4ㄴ)

대부분의 본용언과 보조 용언은 띄어쓰기를 하지만, 붙여 쓰기 한 경우가 있었다.

3.1.6. 합성 명사의 띄어쓰기

참새 눈 <u>쓸압</u> 나무 에셔、 (권 2 : 1ㄴ)
<u>그릇속</u> 에、 쌔져셔、 나오지、 못ㅎㄴ지라。 (권 2 : 12ㄴ)

단어 중심의 분석적인 띄어쓰기 의식이 강한데도, 현대의 합성 명사가 동일하게 붙여 쓰기의 형태로 나온다.

3.1.7. 어절의 띄어쓰기

ㅁ 로는、 먹으며、 쏘、 <u>말도ㅎ오</u>。 (권 2 : 18ㄴ)

어절 역시 띄어쓰기의 형태를 취하고 있었는데, 예외적으로 어절을 붙여 쓴 경우가 있었다.

3.1.8. 접사 '-들'의 띄어쓰기

두쥴 로、 벌어 션 <u>사람들</u> 은、 (권 2 : 4ㄴ)
<u>일들</u> 을 ㅎ오。 (권 2 : 8ㄴ)

접사인 '-들'은 선행 명사에 붙여 쓰기 형태로 제시되고 있다.

지금까지 『초등소학(初等小學)』에서의 띄어쓰기 양상을 살펴보면, 단어 중심으로 명확하게 띄어쓰기가 이루어져, 현대의 띄어쓰기와는 달리 조사도 띄어쓰기가 이루어지고 있음을 확인할 수 있다. 어간과 어미의 경우에는 대부분 붙여 쓰기의 형태를 취하고 있는데, 'N+하다' 구성의 경우 띄어쓰기를 주로 하되, 붙여 쓰기가 혼재되는 양상을 보였다. 의존 명사는 선행하는 구에 붙여 쓰기 형태를 취한 것이 많고, 관형사는 비슷한 비중으로 붙여 쓰기와 띄어쓰기가 공존하고 있어 상대적으로 의존 명사와 관형사에 대한 문법 인식이 그다지 발달하지 않았음을 짐작할 수 있다. 다음으로 본용언과 보조용언, 합성 명사, 접사 '-들'의 띄어쓰기는 현대의 띄어쓰기와 비슷한 양상을 보였다. 그리고 예외적으로 어절을 붙여 쓴 경우가 하나 있었는데, 이는 당시 개화기 신소설이나 다른 교과서들에서 단어 중심의 분석적 띄어쓰기 양상이 거의 보이지 않아 일어난 과도기적인 형태로 보인다.

3.2. 개인적 관점에서의 띄어쓰기 능력의 발달

이 절에서는 다시 현대로 돌아와 요즘 대학생들의 글쓰기에서 띄어쓰기의 양상이 어떤지 한 번 살펴보도록 하자.

우리 주위를 둘러보면 장애인들이 참많다. 대중매체를 통해서도 볼수있듯이 장애인들은 힘겨운 고통을 겪으며 살아가고있다. 사회에서도 잘받아주지 않고, 사람들의 시선을 피하려고 외부 출입을 잘하지도 않는다. 이처럼 장애인들에 대한 편견은 심각하다.

사회에서는 아직도 장애인에대한 차별이 심각하다. 장애인이라는 이유하나로 취업도 안되고, 가고싶은 학교도 못간다. 한사례를 들어보면, 신문을 통해서 보게되었는데 하체마비인 학생이 대학교에 입학원서를 넣었는데 학교측에서는 장애인을 받을 만한 시설이 가추어져있지않다고, 학생의 입학을 거부했던 사례가 있었다. 몇 년전부터 장애인에대한 편견을 없애기위해 여러광고매체를통해 공익광고를 하기도했지만 아직까지도 장애인에대한 편견은 사라지지 않고있다.

　장애인도 일반인들과 같이 인생을 누릴 권리가 있다. 장애인에대한 편견만 없앤다면 장애인도 인생을 즐길수있을것이다. 우리들 한명한명 나부터 먼저 편견을 버린다면 장애인들도 인생을 즐기면서 살수있지 않을까?

−20060311 S대 1학년 학생의 글

위의 글은 '현실과 사회'라는 주제로 대학교 1학년 학생이 대학 국어 시간에 작성한 글이다. 글 자체의 유기적인 연결이나 완결성은 논외로 하고 이 학생이 인식하고 있는 띄어쓰기 개념과 그 양상을 살펴보면, 의존 명사나 그 선행어류를 구로 묶고, 보조 용언과 본용언도 구로 묶어 모두 붙여 쓰는 방식을 보이고 있다.

구체적으로 살펴보면, 부사와 용언의 붙여쓰기('참많다', '잘받아주지'), 관형사와 체언의 붙여쓰기('한사례를', 한명한명), 의존명사의 붙여쓰기('볼수있듯이', '학교측에서는'), 본용언과 보조 용언의 붙여쓰기('살아가고있다', '안되고', '보게 되었는데') 등의 양상을 보이고 있다.

3.3. 띄어쓰기 개념의 재정립

이러한 학습자의 글쓰기에서 나타나는 띄어쓰기 오류 문제에 대해 우리는 어떻게 접근해야 할 것인가? 의미 없는 오류로 파악하고 띄어쓰기 규정에 기대어 빨간 펜으로 잔뜩 교정 부호를 단 피드백을 주어야 하는 것일까?

3.3.1. 띄어쓰기 오류에 대한 관점의 전환

우선은 이 학습자가 왜 이러한 오류를 범했을지 그 원인에 대해 생각해 볼 필요가 있다. 언뜻 보기에 이 학습자는 무분별하게 단어들의 띄어쓰기를 무시하고 있는 것 같지만, 언급한 유형처럼 '의미' 중심으로 서로 묶일 수 있는 구 단위의 띄어쓰기 양상을 보이고 있다. 즉, 의미 중심으로 단어들을 묶어 인식하고 있지만, 아직 수식어와 피수식어, 의존 명사, 본용언과 보조 용언과 같은 '문법적 의미'를 가진 단어들에 대해서는 뚜렷하게 인식을 못 하고 있는 상태라고 할 수 있다. 따라서 이러한 '문법적 의미'를 가진 단어들의 기능과 의미에 대해 뚜렷하게 인식하고 이를 자신의 글쓰기 상황에서 띄어쓰기에 활용할 수 있는 태도 형성이 중요하다. 그러나 띄어쓰기는 어느 정도 수준에서 이루어져야 합리적인 것인가? 이를 위해서는 다시 띄어쓰기의 개념과 효용성 문제로 돌아오게 된다.

3.3.2. 띄어쓰기 개념의 재정립

띄어쓰기의 출현은 음독에서 묵독으로의 전환 과정에서 등장하여 정교화된 것으로 근대 이전의 음독 중심의 읽기 전통을 가졌던 개화기 시대에는 형태 중심의 접근이 우세했던 것으로 보인다. 그러나 근대 이후 묵독이 보편화된 지금의 학습자들은 기본적으로 문장에 대해 의미 중심으로 접근하는 경향이 우세한 듯하다. 따라서 앞의 사례와 같이 의미 중심의 읽기에 익숙한 학생들의 문법 인식에서 상대적으로 인식의 정도가 약한 의존 명사나 보조 용언과 관련한 띄어쓰기 오류가 빈도 높게 발생하는 것으로 보인다. 그렇다면 우리는 띄어쓰기에 대해 어떤 개념을 가지고 접근해야 할 것인가?

민현식(1995 : 18)에서는 띄어쓰기의 유형을 (1)분석식 띄어쓰기, (2)어절형 띄어쓰기, (3)구형 띄어쓰기, (4)절형 띄어쓰기의 4가지로 제시하면서, 현 88년 띄어쓰기 규정은 의존 명사나 보조 용언 띄어쓰기를 원칙으로 하여 어절형 방식을 기본으로 하였으되 보조 용언만은 붙여 쓰기도 허용하여 어절형과 구형의 절충형의 형태를 띠고 있음을 지적하였다.

그러나 국어에서 구, 절, 문장의 개념이 서로 긴밀히 관련되어 있는데 반해, 어절의 개념은 '대개 띄어쓰기의 단위와 일치한다'는 진술 그 이상의 의미를 획득하고 있지 않다. 따라서 의존 명사나 보조 용언의 띄어쓰기를 원칙으로 하는 어절형 방식을 기본 원칙으로 채택하지 않고, 의존 명사나 그 선행어류를 구로 묶고, 보조 용언과 본용언도 구로 묶어 모두 붙여 쓰는 방식으로 구 단위를 붙여 쓰는 구형 띄어쓰기를 띄어쓰기의 기본 원칙으로 제안하고자 한다. 이를 기본 원칙으로 채택할 경우, 의존 명사가 문법화 되어 동일한 형태가 변해 다른 문법적 기능을 하는 경우4)에 띄어쓰기가 달라지는 복잡함을 해결할 수 있을 것으로 기대된다.

4. 제언

본고에서는 일상 언어생활에서 띄어쓰기와 관련한 혼란이 많이 일어나는 양상에 주목하여 띄어쓰기가 읽기 상황을 전제로 도입된 실용적인 개념이라는 사실에 착안하여 읽기의 개인적·사회적 발달 과정을 살펴보고, 역사적 관점과 개인적 관점에서의 띄어쓰기 개념의 도입과 발달에 주목하여 띄어쓰기 개념을 재정립하고자 하는 데 그 목표를 두었다.

규범을 중시하는 입장에서 바라본다면 기존의 어절형 방식의 기본 원칙에서 벗어나 구형 띄어쓰기를 띄어쓰기의 기본 원칙으로 하자는 본고의 주장은 무모해 보일 수 있다. 그러나 띄어쓰기 규범의 확립 과정에서 현재의 어절형 띄어쓰기가 <46년 통일안>과 <64년 교정 편람>에서 나타난 전통에 기대고 있는 것처럼 구형 띄어쓰기 역시 <독립신문>과 33년 통일안의

---

4) 민현식(1999 : 94~97)에서는 이러한 의존 명사의 유형을 다음과 같이 제시한 바 있다.
　　(1) 의존명사－조사 유형 : 대로, 밖
　　(2) 의존명사－접미사－조사 유형 : 들
　　(3) 의존명사－어미 유형 : 터, 것, 지, 바, 데, 망정
　　(4) 의존명사－조사－어미 유형 : 뿐, 만큼
　　(5) 의존명사－조사－보조사 유형 : 만
　이들은 동일한 형태가 그 문법적 기능과 의미에 따라 띄어쓰기가 달라져야 하므로 실제 글쓰기 상황에서 학습자들이 곤란을 겪는 경우가 많다.

전통에 기대고 있어 본고의 주장이 띄어쓰기의 역사적 맥락을 전혀 도외시하고 있는 것은 아니다.

이러한 본고의 입장은 문법화 과정에 있어 문법적 인식이 어려운 의존 명사나 보조 용언에서 발생할 수 있는 띄어쓰기 혼란을 해소할 수 있다는 장점을 지닌다. 그리고 이는 더 나아가 규범을 중시하는 정확성 관점에서 벗어나 언어 사용자 중심의 효과성 관점을 택한 규범 기술이 될 수 있다. 이러한 작은 시도가 국어 어문 규범을 바라보는 새로운 관점이 될 수 있기를 기대해 본다.

‖ 참고문헌

대상자료

한국학문헌연구소 편, 한국개화기교과서총서4, 아세아문화사, 1977.

참고논저

김상태, 「음운적 단어 설정에 대한 연구―띄어쓰기 오류 분석을 통하여」, 『한국어학』 32, 한국어학회, 2006, 31~52면.

김홍석, 「현행 정서법에 어긋난 몇 가지 사항에 대하여」, 『새국어교육』 72, 한국국어교 육학회, 2006, 233~248면.

류준형, 「작문 분석을 통한 <띄어쓰기>의 오용에 관한 고찰」, 『새국어교육』 27, 한국 국 어교육학회, 1978, 73~85면.

민현식, 「국어 띄어쓰기법 개선에 관한 연구」, 『한국학연구』 4, 숙명여자대학교, 1995, 1~52면.

민현식, 『국어 문법 연구』, 역락, 1999.

박승기, 「음독과 묵독이 읽기 능력에 미치는 영향에 관한 비교 연구」, 『새국어교육』 13, 한국국어교육학회, 1969, 14~36면.

박영민, 「독서의 발달과 음독에서 묵독으로의 이행」, 『국어교육』 111, 한국어교육학 회, 2003, 59~86면.

박정규, 「국어 띄어쓰기 규정의 재검토」, 『시학과언어학』 6, 시학과 언어학회, 2003, 231~258면.

박정규, 「국어 띄어쓰기 규정의 개선안 연구」, 『어문연구』 34-4, 한국어문교육연구회, 2006, 83~107면.

박종갑, 「주시경의 ≪국어문법≫연구(3)―우권점으로 표시된 띄어쓰기를 중심으로」, 『국 어학』 25, 국어학회, 1995, 267~292면.

서종학, 「띄어쓰기의 역사와 규정」, 『인문연구』 18-1, 영남대 인문과학연구소, 1996, 1 ~16면.

신지연, 「<소년>의 문체 연구」, 『민족문화연구』 42, 고려대학교 민족문화연구소, 2005, 177~213면.

양명희, 「띄어쓰기의 원리와 현실」, 『관악어문연구』 25, 서울대 국어국문학과, 2000, 183~199면.

왕문용, 「읽기 지도의 개선 방안-음독과 묵독 문제」, 『국어교육』 38, 한국어교육학회, 1981, 185~196면.

유은경·이원희 역, 마에다 아이, 『일본 근대 독자의 성립』, 이룸, 1973.

윤여탁 외, 『국어교육 100년사 I』, 서울대학교출판부, 2006.

이강옥, 「이중언어 현상으로 본 18·19세기 야담의 구연·기록·번역」, 『고전문학연구』 32, 한국고전문학회, 2007, 333~372면.

이기훈, 「독서의 근대, 근대의 독서-1920년대의 책읽기」, 『역사문제연구』 7, 역사비평사, 2001, 11~71면.

이동석, 「뉴스 자막 언어의 오류 실태 연구」, 『어문논집』 54, 민족어문학회, 2006, 5~41면.

이성은, 『아동을 위한 총체적 언어교육』, 이화여자대학교출판부, 2005.

이숙의, 「용언의 구성과 띄어쓰기 방안에 대하여」, 『인문학연구』 34-3, 충남대 인문과학연구소, 2007, 423~444면.

이용주, 「언어단위에 대하여」, 『국어교육』 69, 한국어교육학회, 1990, 1~13면.

이인선·이광오, 「과제 수행에 따른 음독의 효과」, 『논문집』, 한국심리학회, 2006, 558~559면.

이종삼 역, 『읽는다는 것의 역사』, 로제 샤르티에·굴리엘모 카발로 편(1997, 2001), *Histoire de la Lecture dans le Monde Occidental*, 한국출판마케팅연구소, 2006.

임동훈, 「띄어쓰기의 현황과 과제」, 『관악어문연구』27, 서울대 국어국문학과, 2002, 439~454면.

정명진 역, 『독서의 역사』, 알베르토 망구엘(1996), *A History of Reading*, 세종서적, 2000.

조문제, 「띄어쓰기의 실태에 따른 지도방안의 연구」, 『국어교육』 27, 한국어교육학회, 1976, 273~296면.

조영희, 「올바른 띄어쓰기 방안-<한글 띄어쓰기 사전>편찬의 변」, 『새국어교육』 66, 한국국어교육학회, 2003, 237~249면.

주세형, 「학교문법 다시 쓰기-언어 단위 문제를 중심으로」, 『국어교육학연구』 20, 국어 교육학회, 2004, 461~498면.

천정환, 『근대의 책 읽기-독자의 탄생과 한국 근대문학』, 2003, 푸른역사.

최태영, 「19세기말 국어의 띄어쓰기-독립신문을 중심으로」, 『국어국문학』 121, 국어국문학회, 1998, 1~23면.

최호철, 「남북 띄어쓰기 규범의 통일에 대하여」, 『한국어학』 25, 한국어학회, 2004, 343~364면.

호광수, 「상해판 <독립신문> 국문시의 문체와 표기법의 양상」, 『한국언어문학』 56, 한국언어문학회, 2006, 25~46면.

황경수, 「효과적인 띠어쓰기에 대하여」, 『새국어교육』 75, 한국국어교육학회, 2007, 439~464면.

초 · 중 · 고 학생들의 문법 능력과 문법 교육
― 국어과 학업성취도 평가 결과를 바탕으로 ―

남민우

1. 서론

이 글에서는 국가수준 국어과 학업성취도 평가(이하 국어과 학업성취도 평가) 중 초 · 중 · 고 문법 영역 평가틀과 평가 결과를 분석함으로써, 우리나라 학생들의 문법 능력을 파악하고 문법 교육의 개선 방안을 제안하고자 한다. 대상 기간은 2007~2009년으로 한정한다.[1] 2010년부터는 고등학교 평가 대상 학년이 고1에서 고2로 변경되는 등 변화가 있었기 때문이고, 2007년 전은 현재 시점에서 볼 때 시의성을 다소 상실한 정보들이라고 볼 수 있기

---

[1] 국가수준 학업성취도 평가는 국가수준 교육과정의 정착 정도와 학생들의 학업성취도 현황을 파악함으로써 학교의 책무성을 강화하고 교육과정과 교수학습, 교육정책 개선을 위한 기초 자료 수집을 목적으로 1998년 이후 매년 시행되어 온 대단위 조사 연구이다(김명숙 외, 2001). 특히 2003년 개발된 척도 점수 체계(scale score system)와 연도 간 검사 동등화(test equating)를 통해 연도 간 평가 결과를 비교 분석함으로써 국가수준의 학업성취도 추이를 파악하고 있다 (박정 외, 2006). 단, 2008년부터는 표집 평가에서 전수 평가로 전환하였고, 2009년 결과 보고 서부터 전수 결과를 제시하고 있다.

때문이다. 해당 기간의 평가는 제7차 국어과 교육과정 국어지식 영역(이하, 문법 영역)의 성취기준을 근거로 하고 있으며, 초등학교 6학년, 중학교 3학년, 고등학교 1학년을 대상으로 표집 평가 방식으로 시행되었다.

교육 평가의 기본적 기능(황정규 외, 1991)에 비추어 볼 때, 문법 영역 평가는 문법 교육과정의 내용 선정과 조직 방법, 교수·학습 방법의 개선을 위한 자료를 제공한다. 평가 결과는 학생들의 능력에 대한 정보를 제공할 뿐만 아니라, 문법 교육 연구자·교사의 교수·학습적 실천이 지니는 장단점에 대한 정보를 제공한다. 따라서 평가 결과는 학생들뿐만 아니라 문법 교육 연구자·교사 모두 문법 영역 교수·학습의 개선을 위한 실천에 활용할 필요가 있다.

이와 같은 관점에서 2007년~2009년간 문법 영역 평가틀과 평가 결과를 검토함으로써 우리나라 학생들의 문법 능력의 현황을 파악하고 문법 교육이 어떤 점에서 개선되어야 하는지 살펴보고자 한다.

2. 문법 영역 평가틀

평가틀(assessment framework)이란 평가의 성격과 목적, 평가 내용의 선정과 조직, 평가 도구의 유형 선정과 개발 방법, 평가 결과의 보고 방법 등을 규정한 평가 계획서에 해당한다(Bachman, L.F. & Palmer, A.S., 1996 : 85~93). 해당 기간 동안의 문법 영역 평가틀은 국어과 학업성취도 평가의 일부이기 때문에, 문법 교육의 구체적인 평가 내용 항목을 제외하고는 대체로 국어과 학업성취도 평가틀을 공유한다.2) 국어과 학업성취도 평가는 [평가 대영역

---

2) 이재기 외, 『2004년 국가수준 학업성취도 평가 연구—국어』, 한국교육과정평가원 RRE 2005-
   1-2, 2005 ; 남민우 외, 『2009년 국가수준 학업성취도 평가 연구—국어』, 한국교육과정평가원

―중영역―성취기준―평가기준]의 틀을 지니고 있다. 평가 대영역은 '듣기, 읽기 쓰기, 문법, 문학'이며, 중영역은 대영역을 좀 더 상세화한 것이다. 성취기준은 교육과정에서 학생들이 반드시 성취하길 기대하며 설정한 지식과 기능을 진술한 준거이며 평가기준은 성취기준에 포함되어 있는 지식과 기능에 대한 이해와 수행의 수준을 상/중/하로 구분한 준거이다.

문법 영역 평가틀은 평가 대영역 중 하나로서 문법 영역 평가가 어떠한 목표와 성격을 지니는지 진술한 부분과 이러한 평가 목표와 성격에 부합하는 평가 도구를 개발하기 위한 준거로 기능하는 성취기준 목록 부분으로 구성되어 있다. 먼저, 문법 영역의 평가 목표와 성격을 진술한 부분은 다음과 같다.

---

(4) 국어지식

제7차 국어과 교육과정에서는 단편적인 문법 지식보다는 개념, 원리, 규칙의 발견 과정 및 문법 지식 활용을 강조하고 있다. 이는 국어지식 영역의 평가가 어떠해야 하는지에 대해 우리에게 시사하는 바가 크다. 언어 및 국어지식에 관련된 교육 내용들을 학교 현장에서 다룰 때 유의해야 할 점은, 그것을 언어 사용의 실제와 분리해서 가르치거나 평가해서는 안 된다는 점이다. 언어 영역에서 체계화하고 있는 지식은 이론적인 수준에서만 존재하는 규범적인 것이 아니라, 현실 생활의 언어 사용에서 일반화된 것들이기 때문이다.

그러므로 국어지식 영역을 평가할 때에는 국어지식을 구체적인 국어사용의 상황 속에서 적절하게 적용할 수 있는지, 또는 반대로 구체적인 국어사용의 상황으로부터 탐구의 과정을 통해 국어지식의 원리를 추출해 낼 수 있는지를 평가하는 데 초점을 두어야 할 것이다. 이는 국어지식의 평가가 단지 학습자의 능력이 어떠한가를 평가하는 데 그치는 것이 아니라, 국어지식의 습득을 통해 보다 효과적인 언어생활을 영위하는 데 도움을 주어야 하기 때문이다.

위에 제시된 바처럼 문법 영역은 '국어지식을 구체적인 국어사용 상황 속에서 적절하게 적용할 수 있는 능력이 있는지, 구체적인 국어사용 상황에서 국어지식의 원리를 추론해 낼 수 있는지' 등을 주요한 평가 목표로 설정하고 있다. 이를 위해 평가 도구들은 국어사용의 실제 상황을 구현하면서 그 속에서 국어지식을 활용 또는 추론해 낼 수 있는 능력이 있는지 측정할 수 있는 특성을 지니고 있어야 한다고 강조하고 있다. 이러한 규정은 실제로 개발, 사용된 평가 도구(문항들)의 특성이 어떠해야 하는지 시사하는 바, 평가 도구의 적절성을 검토할 때 기본적인 기준으로 삼을 수 있다.

구체적인 평가 도구 개발의 근거가 되는 성취기준들은 학교급별로 모두 6개씩 설정되어 있는데 [표 1]과 같다(남민우 외, 2010 : 14~31).

[표 1] 2007년~2009년간 문법 영역 성취기준

구분	성취기준
초6	25. (문장) 문장 성분의 기능을 이해한다.
	26. (문장) 시제를 바르게 사용할 수 있다.
	27. (어휘) 고유어, 한자어, 외래어, 외국어의 개념을 이해한다. [서답형]
	28. (의미) 낱말과 낱말 사이의 유의 관계, 반의 관계, 하의 관계를 이해한다.
	29. (담화) 문장과 문장 사이의 연결 관계를 이해한다.
	30. (국어 규범과 적용) 표준 발음법에 맞게 발음할 수 있다. [서답형]
중3	25. (본질) 언어의 사회성, 역사성을 이해한다. [서답형]
	26. (음운) 국어의 음운 변동 규칙을 이해한다.
	27. (낱말) 품사의 분류 기준과 각 품사의 특성을 이해한다.
	28. (낱말) 국어의 조어법을 이해한다. [서답형]
	29. (어휘) 은어, 전문어, 속어, 비어, 유행어의 개념을 이해한다.
	30. (의미) 동음이의어와 다의어의 개념을 이해한다.
고1	25. (국어의 본질) 국어의 역사를 개략적으로 이해한다.
	26. (문장) 문법 요소들의 기능(문장 성분, 시제, 서법, 경어법 등)을 이해한다.
	27. (문장) 문장의 구조를 파악할 수 있다.

고1	28. (담화) 담화 장면에 따라 표현 방식을 달리할 수 있다. [서답형]
	29. (어휘) 중의적인 표현을 이해한다.
	30. (국어 규범과 적용) 문법에 맞게 국어를 사용할 수 있다. [서답형]

[표 1]에 제시된 바와 같이, 문법 영역 성취기준들은 제7차 국어과 교육과정 국어지식 영역의 내용 체계를 근간으로 하여 중영역을 설정하고, 각 중영역별로 1~2개의 성취기준을 선정하고 있다. 초등학교 6학년과 고등학교 1학년에서는 '문장' 단위에서 2개, 중학교 3학년에서는 '낱말' 단위에서 2개의 성취기준이 선정되어 있고, 다른 중영역 단위에서는 모두 1개의 성취기준을 선정하고 있다.

3. 문법 영역 평가 결과

2007~2009년 문법 영역 평가 결과를 제시하면 [표 2]~[표 4]와 같다.[3] 평가 결과는 전체 학생별 정답률과 성취수준별 정답률, 평가 도구로서의 문항이 지니는 양적 양호도 지수 중 하나인 변별도 등으로 나누어 제시되어 있다. 국가수준 학업성취도 평가(박정 외, 2006 ; 김성숙 외, 2010)에서 '우수학력'은 국어과 교육과정상 해당 학년(평가 범위)의 국어교육 내용 중 대부분(80% 이상)을 성취한 수준을 의미하며, '보통학력'은 상당 부분(40% 이상)을 성취한 수준, '기초학력'은 기본적인 부분만(20% 이상)을 성취한 수준을 의미한다. '기초학력 미달'은 20% 미만의 성취를 보인 수준을 의미한다.

먼저, 초등학교 6학년 평가 결과를 살펴보자.

---

3) 여기에서 제시하는 자료는 2007년~2009년간 국어과 학업성취도 평가 결과 보고서(한국교육과정평가원)를 바탕으로 재구성한 것임. 보고서 목록은 참고문헌에 제시되어 있음.

[표 2] 2007년-2009년간 문법 영역 평가 결과_초6

연도별 결과 \ 성취기준		25	26	27	28	29	30
2007	전체정답률	59.52	42.84	59.24	77.35	68.63	58.99
	우수학력	90.15	68.86	83.73	97.20	94.33	81.05
	보통학력	62.92	39.20	59.84	83.11	74.37	60.31
	기초학력	26.87	25.25	37.46	52.85	37.59	38.40
	기초미달	10.36	16.58	17.62	21.76	14.68	18.25
	문항번호	21	8	4	12	26	8
	문항형태			서답형			서답형
	변별도	0.53	0.35	0.50	0.50	0.53	0.55
2008	전체정답률	78.78	93.19	54.14	86.29	90.71	61.33
	우수학력	92.33	98.74	71.82	98.31	98.72	78.40
	보통학력	80.59	96.06	52.75	91.17	94.51	63.19
	기초학력	62.25	84.99	37.01	66.48	78.78	39.56
	기초미달	30.09	49.24	18.39	28.72	33.74	14.13
	문항번호	26	9	5	10	19	7
	문항형태			서답형			서답형
	변별도	0.37	0.35	0.41	0.47	0.43	0.58
2009	전체정답률	72.62	·	58.94	95.46	91.51	·
	우수학력	93.12	·	71.47	99.73	99.38	·
	보통학력	73.19	·	56.61	98.19	96.02	·
	기초학력	37.40	·	44.64	86.72	72.91	·
	기초미달	15.20	·	20.55	42.86	23.89	·
	문항번호	11	·	4	7	20	·
	문항형태		·	서답형			·
	변별도	0.52		0.38	0.42	0.48	

* 2009년에는 전체 검사의 문항 수가 축소되면서 문법 영역에서 2개가 출제되지 않았음

[표 2]에 제시된 바와 같이, 초등학교 6학년 학생들의 전체 정답률은 2007년에는 42.84%~77.84%에 분포하였고, 2008년에는 54.14%~90.71%, 2009년에는 58.94%~95.64%에 분포하였다. 변별도는 2007년에는 0.35~

0.55에 분포하였고, 2008년에는 0.35~0.58, 2009년에는 0.38~0.52에 분포하였다. 변별도로 볼 때, 문법 문항을 해결할 수 있는 능력(이하, '문법 능력'4)으로 약칭)은 초등학생들의 국어 능력의 수준을 구분하는 데 있어서 매우 중요한 요인으로 작용함을 알 수 있다. 성취수준별 정답률을 살펴보면, 우수학력 학생들의 정답률은 2007년에 68.86%~97.20%에 분포하는 등 대체로 높은 수준의 정답률을 보인 반면 기초학력 학생들은 2008년을 제외하고 대체로 40% 미만의 낮은 정답률을 보였다. 이처럼 초등학교 6학년에서 우수학력 학생들과 기초학력 이하 학생들 간의 문법 능력 격차가 상당함을 알 수 있다.

3개년간의 평가 결과에서 전체 집단 기준 가장 낮은 정답률을 보인 문항은 2007년의 선다형 8번[성취기준 26. (문장) 시제를 바르게 사용할 수 있다.]이었고, 지속적으로 가장 낮은 정답율을 보인 문항은 서답형으로 측정한 '성취기준 27. (어휘) 고유어, 한자어, 외래어, 외국어의 개념을 이해한다.'였다.

이러한 결과로 볼 때, 초등학교 문법 교육 내용 중 어종(語種)에 따른 어휘의 분류 능력에 대한 교육이 강화될 필요가 있다. 초등학교 학생들에게서 어휘의 양이 늘어간다는 사실은 엄밀한 평가가 아니더라도 확인 가능하다. 그러나 증가되는 어휘의 양에 대해 체계적인 관점에서 분류하여 어휘력을 향상하는 데에는 한계를 보인다 하겠다. 자신의 어휘를 고유어와 한자어, 외래어 등으로 나눌 수 있는 능력은 우리말을 아끼고 가꾸려는 태도의 인지적 기반이 된다는 점에서 그 교육적 중요성을 소홀히 할 수 없다. 그런데 3개년간의 문법 영역 평가 결과에 비추어 볼 때, 초등학생들은 어종에 따라 자신의 어휘들을 분류하는 데 능숙하지 못함을 보여 준다. 이에 대한 교육적 강화가 필요할 것이다.

이어서 중학교 문법 영역 평가 결과를 살펴보자.

---

4) 엄밀한 의미에서의 '문법 능력'에 대한 정의는 서울대 국어교육연구소(1999), 『국어교육학사전』, 「언어능력」 항목 참고.

[표 3] 2007~2009년간 문법 영역 평가 결과_중3

성취기준 / 연도별 결과		25	26	27	28	29	30
2007	전체정답률	47.62	46.14	57.37	15.74	82.40	80.95
	우수학력	90.39	79.85	84.24	47.02	95.42	95.00
	보통학력	62.71	54.66	61.70	17.46	88.27	87.30
	기초학력	18.82	27.78	47.01	3.97	75.92	74.22
	기초미달	3.01	11.12	22.02	0.89	43.11	36.73
	문항번호	8	17	10	7	5	23
	문항형태	서답형			서답형		
	변별도	0.68	0.42	0.33	0.57	0.32	0.36
2008	전체정답률	41.29	67.28	40.26	25.20	86.11	75.66
	우수학력	84.01	94.81	76.65	62.24	95.46	98.87
	보통학력	48.65	77.58	40.56	26.32	91.08	87.34
	기초학력	12.42	43.23	23.07	6.55	80.23	53.92
	기초미달	2.41	23.64	17.06	1.18	41.97	19.11
	문항번호	10	18	10	7	7	28
	문항형태	서답형			서답형		
	변별도	0.69	0.49	0.38	0.63	0.31	0.55
2009	전체정답률	42.57	41.10	84.26	29.36	74.00	73.07
	우수학력	85.25	76.16	98.91	58.29	95.91	98.81
	보통학력	48.82	41.01	92.96	30.61	80.94	85.61
	기초학력	10.10	23.08	68.50	12.95	54.55	42.39
	기초미달	0.65	15.53	23.24	2.24	26.70	13.42
	문항번호	10	18	7	7	5	28
	문항형태	서답형			서답형		
	변별도	0.66	0.37	0.48	0.61	0.44	0.60

　[표 3]에 제시된 바와 같이, 중학교 3학년 학생들의 전체 정답률은 2007년에는 15.74%~82.40%에 분포하였고, 2008년에는 25.20%~86.11%, 2009년에는 29.36%~84.26%에 분포하였다. 변별도는 2007년에는 0.32~0.68

에 분포하였고, 2008년에는 0.31~0.69, 2009년에는 0.37~0.66에 분포하였다. 초등학교 평가 결과에서와 같이 중학생들의 국어 능력의 수준을 구분하는 데 있어서도 문법 능력이 매우 중요한 요인으로 작용함을 알 수 있다. 성취수준별 정답률을 살펴보면, 우수학력 학생들의 정답률은 2007년에 47.02%~95.42%에 분포하는 등 대체로 높은 수준의 정답률을 보인 반면 기초학력 학생들은 성취기준 29[(어휘) 은어, 전문어, 속어, 비어, 유행어의 개념을 이해한다.]와 성취기준 30[(의미) 동음이의어와 다의어의 개념을 이해한다.]를 제외(단, 2007년의 27번 성취기준, 2008년의 26번 성취기준, 2009년의 27번 성취기준에 대해서는 예외)하고, 다른 성취기준들에서는 대체로 30% 미만의 낮은 정답률을 보였다. 더욱이 기초학력 미달 학생들은 성취기준 25번, 성취기준 26번, 성취기준 28번에 대해서는 대체로 10% 미만의 극히 낮은 정답률을 보였다. 이처럼 중학교 3학년에서도 초등학교 6학년에서처럼 우수학력 학생들과 기초학력 이하 학생들 간의 문법 능력 격차가 상당할 뿐만 아니라, 기초학력 미달 학생들에게서는 다수의 성취기준에 대해 극히 낮은 성취도를 보인다는 문제적 현상을 발견할 수 있다.

3개년간의 평가 결과에서 전체 집단 기준 가장 낮은 정답률을 보인 문항은 2008년의 서답형 7번[성취기준 28. (낱말) 국어의 조어법을 이해한다.]이었고, 해당 성취기준에 대해 지속적으로 가장 낮은 정답률을 보였다.

이러한 결과로 볼 때, 중학교 문법 교육은 성취기준 29번과 30번에 대해서만 일정한 긍정적 결과를 보이고 있을 뿐, 다른 성취기준들에 대해서는 시급한 보완이 필요함을 알 수 있다. 특히 성취기준 28번[(낱말) 국어의 조어법을 이해한다.]에 대한 교육이 가장 강화되어야 할 것이다. 아울러 기초학력 이하 학생들의 문법 능력에 대한 보정 교육이 전반적으로 체계화되어 강화될 필요가 있다. 기초학력 미달 학생들의 정답률이 10% 미만의 극히 낮은 정답률을 보인다는 것은 문법 교육이 현장에서 제대로 이루어지고 있지 않음을 보이는 증거이며, 문법 능력이 국어 능력의 수준 결정에 중요한 요인

으로 작용한다는 점이 초등학교나 중학교에서 공히 확인된다는 점을 고려
하면, 중학교에서의 문법 교육 강화는 매우 중대하게 접근되어야만 한다.
이어서 고등학교 문법 영역 평가 결과를 살펴보자.

[표 4] 2007년-2009년간 문법 영역 평가 결과_고1

연도별 결과 \ 성취기준		25	26	27	28	29	30
2007	전체정답률	44.33	70.29	31.32	47.45	62.09	37.32
	우수학력	80.40	94.10	59.51	81.28	92.20	67.22
	보통학력	53.35	82.46	32.50	57.17	75.49	43.31
	기초학력	21.32	51.26	19.76	25.98	37.87	20.95
	기초미달	11.59	21.55	14.56	5.83	17.38	6.02
	문항번호	10	19	30	6	8	8
	문항형태				서답형		서답형
	변별도	0.47	0.46	0.32	0.63	0.49	0.65
2008	전체정답률	45.95	54.83	26.63	70.63	71.05	48.64
	우수학력	77.14	88.95	34.89	89.69	96.06	75.77
	보통학력	47.31	59.70	26.41	77.35	79.89	50.14
	기초학력	23.99	26.06	22.18	51.79	43.17	30.20
	기초미달	16.50	13.40	15.90	13.30	21.30	13.30
	문항번호	10	15	20	6	5	5
	문항형태				서답형		서답형
	변별도	0.42	0.51	0.14	0.57	0.49	0.63
2009	전체정답률	57.60	57.83	25.64	92.22	54.76	65.42
	우수학력	98.90	76.20	98.80	85.20	95.90	58.30
	보통학력	93.00	41.00	85.60	48.80	80.90	30.60
	기초학력	68.50	23.10	42.40	10.10	54.60	13.00
	기초미달	23.20	15.50	13.40	0.70	26.70	2.20
	문항번호	10	12	20	6	5	5
	문항형태				서답형		서답형
	변별도	0.51	0.48	0.27	0.61	0.48	0.64

[표 4]에 제시된 바와 같이, 고등학교 1학년 학생들의 전체 정답률은 2007년에는 31.32%~70.29%에 분포하였고, 2008년에는 26.63%~71.05%, 2009년에는 25.64%~92.22%에 분포하였다. 변별도는 2007년에는 0.32~0.65에 분포하였고, 2008년에는 0.14~0.63, 2009년에는 0.27~0.64에 분포하였다. 초등학교와 중학교 평가 결과와 달리, 2008년과 2009년 성취기준 27번의 문항 변별도가 극히 낮게 나타난 점을 제외하고는, 초·중에서와 같이 고등학생들의 국어 능력의 수준을 구분하는 데 있어서 문법 능력이 매우 중요한 요인으로 작용함을 알 수 있다. 성취수준별 정답률을 살펴보면, 우수학력 학생들의 정답률은 2007년에 59.51%~94.10%에 분포하는 등 대체로 높은 수준의 정답률을 보인 반면 기초학력 학생들은 성취기준 25번(2009년), 성취기준 26번(2007년), 성취기준 28번(2008년), 성취기준 29번(2009년) 등에 대해 각각 1회만 50% 이상의 정답률을 보였을 뿐, 대체로 40% 미만의 낮은 정답률을 보였다. 더욱이 기초학력 미달 학생들은 모든 성취기준에 대해 30% 미만의 극히 낮은 정답률을 매번 보였다. 이는 초·중보다도 기초학력 이하의 학생들의 문법 능력이 낮아지는 경향성을 보임을 의미한다. 그 원인을 생각해 보면, 고등학교로 갈수록 문법 교육 내용의 수준과 범위가 높아지고 넓어짐에 비해 현장에서의 문법 교육이 효율적으로 이루어질 기회가 적거나 실행되지 않고 있음을 지적할 수 있다.

3개년간의 평가 결과에서 전체 집단 기준 가장 낮은 정답률을 보인 문항은 2009년의 선다형 20번[성취기준 27. (문장) 문장의 구조를 파악할 수 있다.]이었고, 해당 성취기준에 대해 지속적으로 가장 낮은 정답률을 보였다.

이러한 결과로 볼 때, 고등학교 문법 교육은 모든 성취기준에 대해 기대 이하의 성취도를 보이고 있다는 부정적인 결과를 확인할 수 있는 바, 고등학교에서의 문법 교육 강화 방안을 시급히 마련할 필요가 있다. 전체 집단 기준으로 6개의 성취기준에 대해 매년 1~2개의 성취기준에 대해서만 70% 이상의 정답률을 보였을 뿐 다른 성취기준에 대해서는 30%~70%의 정답률 분포가 나타났다는 점에서도 고등학교 문법 교육이 성공적이지 못함을 알 수 있기 때문이다.

4. 결론

지금까지 이 글에서는 2007년~2009년간 국어과 학업성취도 평가의 문법 영역 평가틀과 평가 결과를 검토함으로써 우리나라 초·중·고 학생들의 문법 능력의 실상을 살펴보았다. 이를 바탕으로, 이하에서는 문법 교육의 개선점을 간략히 제안하고자 한다.

우선, 학교급별 문법 교육에서 학생들의 성취도가 높은 내용 요소와 그렇지 못한 요소에 대한 파악이 이루어질 필요가 있고, 이에 따라 학교급별 문법 교육의 중점을 달리 해야 한다. 평가 결과에서도 나타났듯이 학교급별 문법 교육 내용에 대한 학생들의 성취도가 모든 면에서 높은 것도 아니며, 모든 면에서 낮은 것도 아니다. 특히 초등학교에서는 어휘의 분류 체계, 중학교에서는 국어의 조어법, 고등학교에서는 문장 구조의 분석 방법에 대한 이해가 부족함이 나타났다. 이는 각 학교급에서 어떤 점을 중점적으로 강조할 필요가 있는지 시사한다. 평면적 나열적 문법 교육을 실천하기보다는 학생들의 성취도를 고려하여 중점 영역을 설정하고 그에 따라 학교급별 문법 교육을 설계하고 실천하는 것이 바람직하다고 판단된다.

둘째, 학교급이 상승함에 따라 학생들 간의 문법 능력의 격차가 심화되고 있음을 유의할 필요가 있다. 우수학력 학생들은 학교급이 상승하여도 즉 문법 교육의 내용이 심화, 확대되어도 학습에 큰 어려움을 보이지 않고 있다. 이에 비해 '기초학력 이하'의 학생들은 문법 교육 내용이 심화, 확대되면 성취도가 더욱 낮아지는 경향을 보인다. 따라서 기초학력 이하 학생들의 문법 능력이 어떤 이유로 부정적 결과를 보이는지 그 원인을 파악하는 심층적 연구가 요구된다. 이를 바탕으로 우수학력 학생들과 기초학력 이하 학생들 간의 문법 능력의 격차를 해소할 수 있는 방안을 규명해야 할 것이다.

셋째, '기초학력 미달' 학생들의 문법 능력을 제고할 수 있는 방안에 대한 연구가 체계화될 필요가 있다. 이는 문법 능력이 국어능력의 기초인지 여부를 검증할 수 있는 연구란 점에서도 그 중요성은 심대하다. 세부적으로는, 기초학력 미달 학생들이 어떤 이유로 문법 능력이 부족한지, 문법 내용에 대한 학습 과정에서 어떤 어려움을 겪는지, 문법이 다소 따분한 학습 활동을 유도하는 경향은 없는지, 문법 내용의 학습 동기를 강화할 수 있는 방안은 없는지 등에 대한 진단과 처방(diagnosis and prescription)을 담은 연구를 수행할 필요가 있다. 이러한 주제를 문법 교육 분야에서 심도 깊게 다루지 않는다는 점은 깊은 반성을 요한다.

끝으로, 문법 영역 문항들의 변별도를 주목할 필요가 있다. 국가수준 학업성취도 평가에서 문법 영역 문항들의 변별도 지수가 매우 높다는 점은 문법 능력이 국어 능력의 수준을 좌우하는 중요한 요인으로 작용하고 있음을 시사한다. 이러한 점들은 국어교육 전반에서도 유의할 점인 바, 국어교육 전반에서도 문법 교육의 효율성을 높일 수 있는 방안 탐색에 적극적인 관심과 시도가 이루어져야 할 것이다.

‖ 참고문헌

김명숙 외, 『국가수준 학업성취도 평가체제 구축방안 연구』, 한국교육과정평가원 CRE 2001-2, 2001.

김성숙 외, 『2009년 국가수준 학업성취도 평가 전수분석 결과－초등학교 6학년』, 한국교육 과정평가원 연구보고 RRE 2010-7-2, 2010.

남민우 외, 『2007년 국가수준 학업성취도 평가 연구－국어』, 한국교육과정평가원 RRE 2008-5-1, 2008.

남민우 외, 『2008년 국가수준 학업성취도 평가 연구－국어』, 한국교육과정평가원 RRE 2009-9-1, 2009.

남민우 외, 『2009년 국가수준 학업성취도 평가 연구－국어』, 한국교육과정평가원 RRE 2010-6-2, 2010.

박정 외, 『국가수준 학업성취도 평가-기술보고서』, 한국교육과정평가원 RRO 2006-4, 2006.

성태제, 『현대교육평가』, 학지사, 2005, 319~321면.

이재기 외, 『2004년 국가수준 학업성취도 평가 연구－국어』, 한국교육과정평가원 RRE 2005-1-2, 2005.

황정규 외, 『교육과정과 교육평가』, 교육과학사, 1991.

Bachman, L.F. & Palmer, A.S., *Language Testing in Practice*, Oxford U.P., 1996.

제 2 부 현대문학

김유정 문학의 독서 지평 확대를 위하여*

유인순

1. 이런저런 이야기

소주는 한국의 술꾼들이 사랑하는 술이다. 소주의 또 다른 이름은 '아락' 또는 '아라기'이다. 개성지방 사람들, 또 경상도나 전라도 지방 사람들이 소주를 그렇게 부른다. 그런데 이 '아락'이란 명칭은 페르시아에 기원을 두고 있다. '아락 Arag'은 본래 페르시아 사람들이 증제법(蒸製法)에 의해 만든 술이다. 이 증제법은 명나라 초 중국을 거쳐 고려시대 한반도로 전해져 왔다.

2011년 1월 중순, 시리아의 국립박물관을 찾았을 때 눈을 끈 것은 나전칠기였다. 그 화려하고도 정교하며 어마어마한 규모의 나전칠기 앞에서 놀람과 감탄을 연발하지 않을 수 없었다. 더 놀라운 사실은 나전칠기의 원산지가 중동지역이라는 것, 중동지역의 나전칠기가 실크로드를 따라서 한반

---

* 본고는 2011년 9월 17일 춘천 김유정문학촌에서 춘천시립도서관이 주최하고 (사)김유정기념사업회가 주관한 「2011 실레마을 책축제 문학포럼—김유정을 어떻게 읽을 것인가」에서 발표했던 원고를 수정한 것임.

도로 들어왔다는 사실이었다.

경주 불국사 석굴암의 궁륭식(돔 식) 천정은 또 어떠한가. 1956년, 불국사 경내에서 십자가상과 마리아상 등이 발굴되었다. 당시 불국사 관계자들은 이들 발굴물 앞에서 당혹스러운 입장이었다. 이들의 발굴 사실은 공표되지 않았다. 그러나 소문은 퍼지게 마련이고, 이 소식을 접한 숭실대 박물관에 서 불국사 측에 이들 자료를 요구, 수령해갔다. 그리고 이후 이들 자료를 대상으로 한 연구 성과물- 학위논문이 나오기 시작했다.

석굴암은 신라 경덕왕10년(751년)에 창건되고 혜공왕 10년(774년)에 완공 되었다. 한편 중국에 '경교(景敎-Nestorianism)'가 들어온 것은 635(태종 9)년 의 일이었다. 여기서 말하는 '경교'는 콘스탄티노플의 주교 네스토리우스가 주창한 그리스도교 일파에 대한 중국식 명칭이다. 불국사에서 발견된 십자 가와 마리아상 등은 중국에 있던 경교 선교사들이 신라로 가지고 온 것으 로 추정된다. 뿐만 아니라 이들 경교 선교사들이 갖고 있던 서구의 돔 건축 양식에 대한 건축술이 이 석굴암의 돔(궁륭식) 천정으로 이어졌을 것으로 추 정한다.

현전하는 가장 오래된 궁륭식(돔) 양식은 이탈리아에 있는 '판테옹', 시멘 트 구조물인 돔은 직경 43m에 이르는 거대한 건축물이다. 터키 이스탄불에 역시 시멘트 구조물로 직경 33m의 돔들을 연결시킨 '성 소피아 성당'이 있 다. 이들의 돔은 모두 시멘트를 건축자재로 사용하고 있다. 그런데 경주 석 굴암의 돔은 석재를 자료로 사용하고 있다. 시멘트로부터 석재로의 변화를 중재하고 있는 것이 시리아의 '세인트 시모네 성당'의 돔 양식 천정으로 보 고 있다.

시리아의 알레포에서 50분 거리에 있는 '세인트 시모네 성당', 성당건물 의 돔 양식은 석재를 자료로 사용하고 있고 돔 천정의 직경은 10m로 축소 되어 있다. 그리고 석굴암의 돔은 직경 9m로 역시 석재를 자재로 사용했다. 다시 정리하면 석굴암은 세계 유일의 '인조 석굴'로 그 천정은 '돔 건축 양식'으로 되어 있다. 석굴암의 돔 양식은 서구로부터 실크로드를 통해 들어온 것으로 추정한다. 석굴암의 돔 양식은 한국 사찰 건물 가운데 유일하다.

우리는 소주와 나전칠기와 석굴암의 궁륭식(돔) 천정 양식을 외부로부터 수신 받았다고 하여 기죽지 않는다. 의복문화 가운데 남성들이 입는 마고자, 음식문화 가운데 우리가 좋아하는 짜장면, 잡채 모두 외부로부터 들어왔지만 지금은 완전히 한국화 되어 있는 것들이다.

인간 삶을 이끌어가는 모든 문화와 문명은 그 자체로서 왕성한 생명력을 지닌다. 우리는 우리 본래의 고유문화와 문명에 외부로부터 전해 받은 것들을 가미하고 여기에 독창성을 더하여 더욱 풍요로운 문화와 문명을 만들어가고 있다.

문학 문화 또한 그러하다. 서로가 서로에게 영향을 주고받으면서 문학 문화는 더 풍성해진다. 여기에서 말하는 영향관계는 수직적 수평적 모든 관계를 포함한다.

한 작품에 대한 정밀독은 물론 중요하다. 동시에 한 작가, 한 작품에 대한 영향관계(발신자와 수신자)를 추적해 보는 것은 매우 흥미로운 일이다. 이와 같은 과정이야 말로 한 작품에서 비롯된 다양한 작가, 다양한 작품으로 독서의 지평을 확대시킬 수 있는 까닭이다.

2. 김유정의 지인들 : 작가론적 접근

김유정의 일생은 그 자체가 극적이다. 춘천지방 토호의 집안에서 태어나서 형님의 방탕과 재산관리 소홀로 10대 후반에 가난의 나락으로 떨어졌다.

그가 처음 사랑한 여성은 당시 조선의 명창 박녹주로 4년(또는 5년) 연상의, 남편이 있는 여자였다. 그녀는 1926년경부터 콜럼비아, 빅타, 오케, 폴

리돌, 시에론, 다이헤이 음반 등에 수많은 명곡을 남긴1) 당대 최고의 명창
이었다. 박녹주는 17세에 원산 사람 남백우의 첩실이 되었고2) 1928년 김
유정을 만날 당시에는 남백우를 두고도 조선극장 지배인 신씨와 정분이 나
있는 상황이었다. 그런데 신씨는 바람둥이라 박녹주가 1929년 남원 부천리
에 사는 명창 김정문 선생에게 소리공부를 하러간 동안 다른 여자를 집안
에 끌어들여 놓았다가 그 현장을 박녹주에게 들키고 만다. 박녹주는 신씨에
게 당한 배신감과 또 가정내 일로 갈등을 겪다가 같은 해 3월 15일 자살미
수 소동을 벌인다.

　여기에 대한 박녹주의 기억들 사이에는 약간의 오차가 보인다. <녹주 나
너를 사랑한다>에서는 약을 먹고 일주일 만에 깨어났을 때에 머리맡에 '원
산서 올라오신 어머니와 의사, 그 옆엔 유정'3)이 있었다고 하고, <여보 도
련님 날 데려가 주>에서는 병실에 남백우와 신씨 그리고 김유정이 동석해
있었고 원산 남씨가 "세 동서가 함께 모였군"하며 껄껄대어서 박녹주가 얼
굴을 붉혔노라고 회상한다. 1929년 3월 15일 박녹주의 자살미수 사건은
1936년 김유정의 <두꺼비>에서 재현된다.

　　어느 날 신문에 옥화의 자살 미수 보도가 났고 그 까닭은 실연이라 해서
　보기 숭굴숭굴한 기사였다. 마는 그 속살을 가만히 들여다보면 그렇게 간단한
　실연이 아니었고 어떤 부자놈과 배가 맞아서 한창 세월이 좋을 때 이놈이 그
　만 트림을 하고 버듬히 나둥그러지므로 계집이 나는 너와 못 살면 죽는다고
　엄포로 약을 먹고 다시 물어들인 풍파였던 바, 그때 내가 병원으로 문병을 가
　보니 독약을 먹었는지 보제를 먹었는지 분간을 못하도록 깨끗한 침대에 누워
　발장단으로 담배를 피우는 그 손등에 살의 윤책이 반드르 하였다.4)

---

1) 김석배, 「판소리 명창 박록주의 예술세계」, 『구비문학』 10호, 구비문학회, 2000, 3면.
2) 박녹주, 「여보, 도련님 날 데려가오」, 『뿌리깊은 나무』, 뿌리깊은 나무사, 1976. 6, 151면.
3) 박녹주, 「녹주 나 너를 사랑한다」, 『문학사상』, 문학사상사, 1973. 4, 226면.
4) 김유정 「두꺼비」, 『시와 소설』, 1936. 3 ; 김유정, 『동백꽃』, 유인순 편, 문학과 지성사, 2005.
　291~2면.

소설가이자 시인인 이상은 이 <두꺼비>야 말로 걸작이라고 감탄했다. 이 작품이 게재된 『시와 소설』은 1936년 3월에 창간된 구인회의 동인지였다.

박녹주는 1964년 중요무형문화재 제 5호 판소리 예능 보유자로 지정되고, 1969년 10월 명동 국립극장에 은퇴공연을 마지막으로 무대에서 내려온다. 그리고 1979년 5월 26일 면목동 단간 셋방에서 73세를 일기로 운명한다. 육친의 혈육을 남기지 못한 박녹주가 남긴 제자는 박송희와 한농선으로 이들은 박록주계 <흥보가> 보유자 후보로 지정 받았다. 박녹주의 제자 박송희는 훗날 김유정의 <봄·봄>을 판소리로 각색한 판소리 <봄·봄>에서 작창과 소리를 맡았다.[5]

김유정이 마지막으로 매달렸던 여성은 시인 박용철의 누이이며 문학평론가 김환태의 아내인 박봉자였다. 김유정 사후 2년 뒤인 1938년, 김문집은 『여성』지에서 「김유정의 비련을 공개한다」라는 제목으로 다음과 같은 에피소드를 소개한다. '김유정의 부고를 받은 수일 후 나는 춘원 선생 댁에서 이런 저런 이야기를 하는 동안', '선생이 결코 저반의 소식을 전하지 않았'지만 유정의 로맨스의 상대자가 누구인가를 짐작했다는 것이다. 김문집은 김유정이 ○○와 ○군과의 약혼을 어느 잡지 소식란에서 알게 되고 이에 절망하여 이후 술로써 청춘을 불사르기 시작, 급기야 건강을 상하게 되고 '박○○양과 모 군과의 결혼식이 시내 모 예배당에서 거행되던 날, 결핵성 치질을 겸한 폐병 3기의 중환을 충신정 어느 셋방에서 혼자 앓고 있었다'[6]고 회고한다. 어떻든 김유정은 1936년 7월 이후 정릉에 있는 절로 정양을 위해 들어간 이후 건강은 극도로 피폐해 간다.

이에 앞서, 1936년 5월호 『여성』지에는 「그분들의 결혼 플랜, 어떠한 남

---

5) 판소리 <봄·봄>은 성석제가 사설을, 신동훈이 각색하고 채수정이 판소리 각색을 박송희는 작창 및 소리를 했다. 판소리 <봄·봄>의 공연은 2008년 10월 4일 한림대 국제회의장에서 개최되었다.

6) 김문집 <김유정의 비련을 공개한다> 『여성』 4-8, 1939. 8 ; 김유정기념사업회, 『김유정전집』 하, 382면.

편 어떠한 부인을 맞이할까」라는 공동 제목 아래 김유정의 글과 사진이, 바로 옆쪽에는 박봉자의 글과 사진이 게재된다. 박봉자는 장래의 남편감으로 세상을 잘 알고 있는 문학가를 손꼽고 있다[7]. 1936년 5월호 잡지라면, 잡지의 간행과 배포가 빠르면 4월 하순경이 가능하다. 김유정이 박봉자에게 편지를 보내기 시작한 것도 그 무렵부터이었을 것이다. 김문집의 말을 곧이곧대로 믿을 수는 없지만 김유정은 박봉자를 성모 마리아 대하듯 가장 겸허하게 'ㅇ 선생님'이라고 부르며 '몇 달에 걸쳐 선후 31통을 써서 그 중 30통이 발송되었고, 한 통은 김문집 자신이 보관[8]하고 있다'고 밝혔다.

한편 1937년 3월호 『조광』지에 「사랑의 편지」라는 공동 제목의 글 가운데 하나로 김유정의 <병상의 생각>이라는 서간체의 글이 발표된다. 이 서간체 글의 말미에는 1937년 1월10일이란 기록이 나온다. 김문집이 보관중이라는 31번째의 편지와 <병상의 생각>과는 어떤 관계를 갖고 있을까.

김유정은 1936년 4월 하순 또는 5월 초순 이래 박봉자에게 31통의 편지를 썼다. 김유정이 박봉자를 대상으로 편지를 쓰는 행위는 어느 정도 지속되었을까. 김문집은 김유정의 일기를 토대로 '몇 달에 걸쳐 선후 31통을 써서 그 중 30통[9]' 발송이라고 했다. 또 김유정은 자신이 보낸 서간문을 횅하게 다 외우고 있었다고 증언한다. 그리고 김문집은 김유정이 보낸 30통 편지에 대해 한 번도 회신하지 않은 박봉자를 희귀종으로 취급하며 비난한다.

그러나 1937년 3월호 『조광』지에 발표된 「사랑의 편지」를 읽어보면 박봉자는 적어도 한 번은 회신을 보낸 것이 확실하다.

나의 편지 수 통에 간신히 (그 이유가 나변에 있으리요) 이것이 즉 당신입니다.[10]

---

7) 박봉자 「어떠한 남편을 맞이할까」, 『여성』, 조선일보사, 1936. 5 4면.
8) 김문집, 앞의 글, 379면.
9) 위의 글, 379면.
10) 김유정, 「병상의 생각」, 전신재 편, 『원본김유정전집』, 도서출판 강, 2007, 465면.

왜 박봉자는 김유정에게 회신을 보낼 수 없었을까. 김유정과 김문집이 불만을 보이는 것처럼 이기적이거나 무감각한 여성이었을까. 김문집은 박봉자를 '신교육을 받을 대로 받고도 매일 종로 네거리를 활동하고 다니는 30 노처녀'로 야유한다.

박봉자는(1909~1988)는 이화여전 출신이다.[11] 1936년 당시 박봉자는 무주에서 교편을 잡고 있었다.[12] 그리고 시인이며 평론가인 오빠 박용철(1904~1938)의 소개로 평론가 김환태(1909~1944)와 같은 해 6월1일 양주삼(梁柱三) 주례로 결혼식을 올린다. 결혼식장에는 도산 안창호 선생도 참석했다고 한다. 김환태에게는 일본 유학시절 얻은 딸이 한 명 있었다(그러나 그는 해방 전에 사망). 박봉자는 결혼 다음 해인 1937년 8월 장남을 출산 한다.

김유정과 박봉자가 같은 잡지 같은 페이지에서 지면 상봉했던 것이 1936년 4월말 내지 5월 초였다. 박봉자는 1936년 6월1일 결혼했다. 박봉자가 <어떠한 남편을 맞이할까>에서 장래의 남편감으로 상상력이 풍부한 문학가를 원한다고 했을 때 이미 그녀에게는 김환태라는 이름의 남성이 자리하고 있었을 것이다. 물론 '결혼에 대해 아직 생각해 본 일이 별로 없는데 무슨 플랜이 있겠습니까' 운운은 원고를 쓸 당시 결혼이 확정되지 않았거나 수사학적 체면 차리기, 또는 믿을 수 없는 처녀의 거짓말 정도로 보아야 할 것이다.

전상국 교수는 김유정이 박봉자에게 보내지 못한 31편 째의 편지에 대해서

> 박봉자에게 쓴 31통의 편지 중 한 통이 부쳐지지 않은 이유는 간단하다. 그네가 약혼을 했던 것이다.[13]

라고 간단히 언급한다. 그러나 박봉자를 향한 김유정의 편지쓰기가 몇 달이

---

11) 박봉자의 결혼사진에는 친구로 나와 있는 김갑순 전 이화여대 영문과 교수의 얼굴이 보인다.
12) 전북일보 간행 『20C 전북 50인』 참조.
13) 전상국, 『유정의 사랑』, 고려원, 1993, 267면.

나 계속되었다는 것으로 보아 김유정은 박봉자의 결혼과 관계없이 지속적으로 편지를 보낸 것으로 보인다.

1937년 3월호 『조광』지에 발표된 <병상의 생각>에 기록된 '정축(1937) 1월 10일' 이란 표시, 박녹주를 짝사랑하던 시절, 박녹주에게 남편과 이혼하고 자신과 결혼하자며 막무가내로 떼를 쓰던[14] 김유정의 기질을 생각한다면, 얼마든지 가능한 일이다. 한편 김문집이 보관중이라던 31번째의 편지는 <병상의 생각>과 동일 원고로 추정된다. 김문집의 <김유정의 비련을 공개 한다>가 게재된 『여성』과 『조광』은 모두 조선일보사에서 간행한 잡지이다. 1937년 3월 29일 김유정의 사후에 김문집이 『조광』지의 편집인들을 통해 김유정의 생존 중 마지막으로 발표한 <병상의 생각> 원고를 손에 넣었을 확률이 크다.

다시 김유정과 박봉자에게로 돌아가 보자.

결혼을 앞둔 만 27세의 박봉자에게, 결혼 후 곧 임신하여 태교에 힘쓰고 있는 임산부에게 일방적으로 30통의 서신을 보내며 교제를 요구하는 김유정, 그가 아무리 유명한 소설가라고 해도 신혼의 신부 박봉자에게는 거북살스러웠을 것이다.(그 편지 내용 또한 결코 유쾌한 것이 아니다.) 김환태가 구인회 회원이 된 것이 1936년 3월 12일,[15] 이미 김유정은 구인회 회원이었다. 신혼중인 친구의 부인에게 편지로 병적 집착을 보이는 김유정, 한 가정의 주부에게 소설가 친구의 편지에 회신을 하지 않았다하여 노골적인 야유를 쏟아 붓는 김문집—2010년대 입장에서 보면 두 사람 모두 비난 받아 마땅한 문제인들이다.

박봉자의 결혼생활은 8 년 만에 끝난다. 남편 김환태가 1944년 5월, 폐결핵을 앓다가 사망한 것이다. 이후 박봉자는 교편생활을 하며 남매를 양육, 어려운 형편에서도 미국으로 유학 보내 아들은 노던 일리노이대학 경제

---

14) 박녹주(1973), 앞의 글, 222면.
15) 「김환태연보」, 『김환태전집』, 문학사상사, 1988, 427면.

학과 교수로, 딸은 샌프란시스코에서 남편과 함께 무역업에 종사하게 한다 (1988년 기준). 박봉자는 1988년 미국에서 사망한다. 79세였다.

그렇다면 김유정의 가상의 연적이었던 김환태는 어떤 인물이었을까. 1909년 전북 무주에서 출생한 김환태는 보성고보와 일본 동지사대 예과를 거친 구주 제국대 영문과 출신이다. 보성고보 시절 시인 김상용을 스승으로, 소설가 이상을 선배로, 동지사 시절에는 정지용과 친교가 깊었고 도산 안창호, 춘원선생과도 친교가 깊었다. 도산 선생과의 친교로 인해 일경의 감시 대상이 되었고 1936년 봄에는 동대문경찰서에 한 달 정도 수감되기도 했다.

김환태의 평론활동은 대학을 졸업하던 1934년부터 1940년까지이다. 김환태의 첫인상은 '가냘픈 몸매에 얼굴은 하턱이 마른 편, 날카롭게 콧날이 서고 예리한 눈초리, 거기에다가 안경 때문에 그의 지적인 재능의 광채가 더욱 반사되었다'[16]고 백철은 기억한다. 이헌구는 '지극히 낮고도 부드러운 음성과 웃을 때마다 유난히 하얗게 빛나는 고르고 고운 이빨, 크게 웃지도 않고 조용히 소리 없이 포개지는 작약처럼 수줍게 미소 짓던 그 모습'[17] 이었다고 기억한다.

안회남의 김유정 실명소설인 <겸허>에서 보면 김유정이 '정인택, 김환태, 이상 제형과 함께 나를 찾아와서 술을 조르던 생각이 난다'[18] 하는 대목으로 미루어 김환태와 김유정은 같이 술을 마실 수 있는 관계에 있었다.

김환태는 같은 9인회 동인인 김유정이 자신의 신부인 박봉자에게 보내오는 편지에 대해서 침묵한다. 당시 김환태의 평론 활동은 활발했다. 그는 보성고보 시절 자신의 스승이었던 김상용, 동지사 시절의 선배 정지용, 그리고 상허 이태준에 대해 각별한 애정을 보였다. <상허의 작품과 예술관>(1934), <정지용론>(1938), <김상용론>(1939) 등이 바로 그것이다.

---

16) 백철, 「김환태씨의 문학관」, 『김환태전집』, 문학사상사, 1988, 377면.
17) 이헌구, 「문학의 진수에 철한 인생」, 위의 책, 375면.
18) 안회남, 「겸허」, 김유정기념사업회 편, 『김유정전집』 하, 298면.

김환태는 1930년대 중반 기성 대가들은 물론 신진 작가들에게도 각별했다. 그의 평론문에서 김유정의 이름이 처음 보인 곳은 1935년에 쓴 <회고 을해년 문단총관—창작계 편>[19]에서이다. 이 글에서는 이태준을 비롯한 최인준에 이르기까지 20여명의 이름이 나열되고 그 가운데 김유정의 이름이 한 번 들어가 있다. 이들 20여명이 거의 4-5편의 창작을 발표했다고 언급한다. 다음 해인 1936년 <금년의 창작계 일별>을 통해 경향파 작가들의 병폐를 지적하고 이어서 비경향파 작가들로 이태준의 <가마귀>, 박태원의 <천변풍경>, 김유정의 <동백꽃> 염상섭의 <실직>, 주요섭의 <추물>, 이효석의 <모밀꽃 필 무렵>, 안회남의 <우울>, <악마>들을 열거하고 이들의 소품적 경향을 지적, 소설의 소품적 경향이란 소재를 파악할 강렬한 구상력과 창조적 정신활동의 부족[20]한 것이라고 충고한다. 그리고 이태준과 박태원 작품에서 부족한 점을 지적하고, 최명익, 이상, 김동리, 허준은 역량 있는 작가로 치켜세운다. 김유정은 그저 나열된 이름의 한 부분에 들어가 있을 뿐이다.

김환태가 그나마 김유정에게 몇 줄 더 관심을 보인 것은 김유정 사후 2년이 지난 1939년의 일이다. <신진작가 A군에게>에서 문단이란 결코 실력대로 가지 못하는 곳이지만 그럼에도 걸작 앞에서는 무릎을 꿇게 되는 곳이니 김유정, 최명익, 허준, 김시종, 현덕 같은 이들이 그렇다고 지적한다. 그리고 작품은 양에 의해서가 질에 의해 결정 받아야 한다고 하며 김유정에게 몇 줄을 허용한다.

> 김유정씨는 위에 말한 네 사람보다 많으나 그가 당당한 작가로 인정되기는 <소낙비> 한 편으로 였네. 그리고 그의 작품을 딴 중견작가라고 하는 사람의 작품과 비길 때에는 결코 많은 축이 되지 못하네.[21]

---

19) 김환태, 「회고 을해년 문단총관—창작계편」, 『김환태전집』, 255면.
20) 김환태, 「금년의 창작계 일별」, 위의 책, 284면.
21) 김환태, 「신진작가 A군에게」, 위의 책, 128면.

김환태는 김유정의 작품 가운데 <소낙비>를 대표작으로 천거한다. 조용하고, 부드럽고 섬세한 성격을 가졌던 김환태는 신혼중인 자신의 아내에게 가해진 김유정의 편지 폭탄에 직접 남편으로서의 권리를 주장하지 않았다. 김유정의 작품을 지켜보았으나 천착하지도 않았다(당시 여타의 신진 작가들 작품에 반 페이지 분량의 평을 남긴 것으로 보면 그렇다). 그러나 김유정의 소설가로서의 재능에 대해서는 그가 거론한 많은 작가들 이름 속에 삽입시킴으로써 평자로서의 공과 사를 분명하게 구분하는 모습을 보였다.

김유정 생존 시에 김유정 작품에 대한 평자의 관심은 김동인(2번), 엄홍섭(1번), 김남천(1번), 안함광(2번) 백철(1번)에 그친다. 김유정 사후에는 주로 추모적인 내용이다. 김유정 생존 시에 김환태는 김유정을 당대 많은 작가 가운데 한 사람으로 간주했다. 여기에는 사람들에게 드러내놓고 말할 수는 없지만 김유정에 대한 얼마간의 거북함과 불쾌감이 작용한 것은 아니었을까. 한 청년의 정열에 대해서 이해는 하지만 용납은 할 수 없다는 것이 그의 평설에서 김유정을 멀리 밀어 놓은 것으로 보인다.

김유정은 자신의 작품을 해석하고 널리 소개해 줄 좋은 평론가 친구 한 사람을 박봉자에 대한 집착 때문에 잃어 버렸다. 김환태 또한 폐결핵으로 35세에 사망했다.

김유정이 집착했었던 두 여성—박녹주와 박봉자의 일생은 순탄치 못했다. 그러나 그들은 모두 전문직 여성이었다. 그들은 모두 자신들의 삶에 충실했고, 장수(長壽)했다. 박녹주와의 만남은 양악기(하모니카, 바이올린)를 좋아하던 김유정에게 육자배기, 판소리에 귀를 기우리게 하고 그의 작품에 다양한 아리랑이 삽입되거나 특정 작품에 판소리체 기법을 삽입하게 했다. 박녹주에게서 비롯된 우리 소리에 대한 관심은 김유정에게 '시대의 풍상'을 그리되 '우리의 정조와 교배'된 것이어야 한다는 문학관을 체득하게 하였다. 반면 박봉자에 대한 집착은 그의 남편이자 문학평론가인 김환태로 하여금 김유정 문학에 대한 관심의 감소 내지는 외면하게 하였다.

김유정의 지인 가운데 안회남, 이상은 김유정을 주인공으로 하는 소설을 썼다. 이상은 김유정 생존시에 김유정실명소설 <김유정—소설체로 쓴 김유정>과 <실화>를 남겼고 안회남은 김유정 사후에 <겸허—김유정 전>을 비롯하여 김유정이 등장하는 몇 편의 소설을 남겼다. 더 자세한 사항은 이미 필자의 다른 논문에서 밝혔기로 여기에서는 생략하기로 한다.[22]

3. 김유정 작품 내·외적인 관련망 : 작품론적 접근

작품에 대한 접근은 동일 작가의 작품들 사이의 관계망을 추적해서 읽을 수도 있고, 한 작가의 작품과 타작가의 작품들 사이에서 보이는 유사점들을 추적해서 읽는 경우도 있다.

먼저 김유정 작품들 사이의 관계망을 찾아 작품들에 접근해 보기로 하자.

3.1. 김유정 작품들 사이의 관계망

한 작품에는 거기에 기울인 작가의 생명이 입력된다. 작품은 곧 작가의 분신인 까닭이다. 한 작가가 쓴 그의 모든 작품들은 그들 나름의 관계망을 갖고 있어서 그들 작품들 사이의 차이점과 유사점을 찾아보는 것은 독서의 효율성과 흥미를 높여준다.

김유정 작품에 나타난 소재에 따라 관계망을 만들면 대략 다음과 같이 나눌 수 있다.

---

22) 졸저, 『김유정을 찾아가는 길』(솔과학 2003)에서 「김유정실명소설연구」, 255~292면을 참고하기 바람.

① 아내 팔기 모티브 : <산골나그네>, <총각과 맹꽁이>, <소낙비>,
　　<솥>, <안해>, <가을>, <정조>, <땡볕>
② 황금 모티브 : <노다지>, <금>, <금 따는 콩밭>.
③ 짝사랑 모티브 : <두꺼비>, <생의 반려>, <따라지>
④ 노총각 모티브 : <봄·봄>, <총각과 맹꽁이>, <산골 나그네>
⑤ 계급 갈등 : <동백꽃>, <금따는 콩밭>, <산골>, <만무방>
⑥ 이상 심리자 : <따라지>, <생의 반려>, <연기>, <형>
⑦ 실업자 : <심청>, <애기>, <따라지>, <옥토끼>, <슬픈 이야기>,
　　<연기>
⑧ 여급·기생·들병이 : <총각과 맹꽁이>, <솥>, <안해>, <따라지>,
　　<야앵>, <두꺼비>, <봄밤>
⑨ 연재성격의 서사 : <산골 나그네>, <소낙비>, <만무방>, <정조>,
　　<땡볕>

　①의 경우 아내의 성을 상품화하는 작품이다. 이때 아내가 가족을 위해 주도적으로 성을 상품화 하는 경우는 <산골 나그네>, <안해>, <정조>이고, 남편이 아내의 성을 상품화 하거나 동의하는 경우는 <소낙비>, <솥>, <가을> 등이다. <총각과 맹꽁이>의 경우는 김덕만의 소망사항이지만 들병이를 아내로 맞게 될 경우 2~3년 술장수를 시켜서 황소 한 마리를 집에 들여놓을 생각을 한다. <가을>의 남편은 소장수에게 아내를 팔아 몸값을 받아낸 며칠 뒤 아내를 불러내서 달아난다. <정조>의 행랑아범은 행랑어멈을 뒤에서 조정하여 몸값으로 200원을 받아낸다. <솥>의 근식은 들병이 근숙을 따라다니며 호강할 생각을 하고, 근숙의 본서방은 근숙이 벌어들인 곡식과 세간들을 수입으로 받아들인다. 이와는 좀 다르지만 <땡볕>의 덕순은 아내의 몸을 병원에 맡겨 월급을 챙길 생각을 한다.

　②의 경우 <노다지>, <금>, <금 따는 콩밭>들은 그 집필시기로 보아 1934년 말부터 1935년 초에 퇴고한 것으로 보인다. <노다지>는 1935년 조선중앙일보 신춘문예 가작당선작이다. 신춘문예의 원고마감이 대개 그 전해 11월 말에서 12월 초라는 점을 감안하면 <노다지>는 1934년 11월

말, 또는 12월 초에 퇴고했을 것으로 보인다. 한편 <금>은 그 퇴고일이 1935년 1월 10일로 작품이 게재된 책자는 같은 해의 『영화시대』 3월호에서 이다23). <금 따는 콩밭> 또한 비슷한 시기에 퇴고되어 1935년 『개벽』 3월호에 발표되었다. <노다지>가 1935년 3. 2~3. 9일까지 조선중앙일보에 발표되었으니 1935년 3월의 우리 문단은 이른 바 김유정의 '황금 삼부작'이 장악했다고 보아 무방할 것이다. 먼저 집필된 것으로 보이는 <노다지>는 금광을 따라 잠채를 하는 두 유랑 잠채꾼의 신뢰와 배신을, <금>에서는 금광석의 유출을 막으려는 감독과 채광꾼들 사이의 게임, 자해한 다리에 광석을 넣어 유출은 시켰으나 조력자와 직접행위자 사이의 게임이 다루어진다. <금 따는 콩밭>은 가난으로 악에 받친 농부 영식 부부의 갈등과 꿈, 더 커다란 갈등을 차후에 불러올 수재의 임기응변이 30년대적 삶의 고통을 가감 없이 보여준다.

③에서 다룬 세 작품은 모두 김유정 자전적 요소가 짙게 배어든 것이다. <두꺼비>와 <생의 반려>에서 주인공의 짝사랑의 대상 모델은 박녹주이다. 작품 발표는 <두꺼비>가 먼저 이지만 창작은 <생의 반려>가 앞선 것으로 보인다. 실존인물 박녹주가 <두꺼비>에서는 옥화로, <생의 반려>에서는 나명주로 나온다. <따라지>의 경우는 소설가 지망생 톨스토이를 짝사랑하는 카페 여급 아키코에 대한 이야기가 나온다. 이것은 이루어질 수 없는 대상을 상대로 짝사랑하던 작가 김유정이 자신도 그런 짝사랑의 대상이 되어보고 싶다는 소망 충족을 위해 발표한 작품으로 보인다.

④에서의 노총각문제를 다룬 것은 <봄·봄>, <총각과 맹꽁이>, <산골나그네>이다. <봄·봄>에서 27세의 사위는 아들이 늦을까봐 장인에게 혼인을 재촉하고 <산골 나그네>의 덕돌이는 선채금이 없어서 혼인이 파약된 뒤 기가 죽어 있던 29세의 더벅머리 총각이다. 어머니의 주선으로 어느 날

---

23) 여기에서 『영화시대』를 더 검은 글씨로 표한 것은 본고에서 처음 <금>의 출처를 밝히게 되었음을 연구자 및 독자들에게 알리기 위해서다.

찾아온 산골 나그네와 혼인하지만, 혼인 사흘 만에 새댁은 신랑의 옷가지를 챙겨 가지고 병든 본남편에게로 돌아간다. <총각과 맹꽁이>에서는 더욱 심각하다. 34세의 김덕만은 마을에 들어온 들병이에게 중매 서라며 뭉태에게 씨암탉까지 갖다 바치지만, 뭉태와 들병이는 김덕만의 호의를 배신한다.

⑤의 계급갈등은 이른바 양반과 종, 지주와 마름과 소작인 사이에 나타나는 갈등을 의미한다. <동백꽃>에서 계급의식은, 소작인의 아들인 17세 총각의 마음속에 내재해 있다. 마름의 딸과 소작인 아들이 문제를 일으켰다는 소문이 나게 되면 소작인 측에서는 집도 밭도 논도 떨어지게 된다는 것이 그것이다. 그러나 이 작품에서 계급보다 훨씬 우위에 있는 것은 봄이 지닌 명랑함과 청춘 남녀의 순진한 사랑싸움에 조명을 하고 있다. <산골>에서는 부잣집 도련님이 씨종 이쁜이를 유린했는데 그 사실을 인정하지 못하는 이쁜이의 순정과, 이쁜이를 좋아하는 석숭이의 사랑이야기가 얽혀져 있다. 딸에게 도련님을 좋아해서는 안 된다고 타이르는 이쁜이 어머니의 이야기 속에서 종은 양반의 노릇개감에 불과할 뿐이라는 데에서 계급 갈등의 아픔이 보인다. <만무방>에서 응칠과 응오의 비극은 인색한 지주와 마름이 소작인을 착취하는 계급적 갈등이 명백하게 드러난다.

⑥에서 제시한 작품들은 김유정의 자전적 소설들이다. 이들 작품에서는 광기가 가득한 형님과 히스테릭한 누님, 그 밑에서 기를 펴지 못하는 무력한 김유정 자신을 묘사하고 있다. <생의 반려>에서 짐승적인 인물, 악마적 괴물로 그려진 형님은 <형>에서는 부친의 엄격한 가부장적 교육이 불러온 또 다른 희생물로, 형님을 이해하는 쪽으로 발전한다. <생의 반려>에서의 구제불능의 히스테리 누님의 경우도 <따라지>에서는 누님의 히스테리를 이해하는 쪽으로 그려진다.

⑦주인공이 실업자인 작품에서 김유정 자전 요소가 농후한 것이 <심청>, <따라지>, <슬픈 이야기>, <연기> 등이다. <애기>의 필수는 5년 전 상처한 홀아비로 무직자이지만 부잣집 딸에게 장가들고픈 욕망으로 가

짜 의사 노릇을 하는 마음 약한 인간이고, <옥토끼>의 '나'는 변변한 직업을 갖지 못해 옥이네에게 혼삿말을 넣었다가 거절당하지만 옥이와 마음이 맞아 행복한 총각이다.

⑧에서 들병이를 다룬 것은 <총각과 맹꽁이>, <솥>, <안해>이고, 여급을 다룬 것은 <따라지>, <야앵>이며 기생을 다룬 것은 <두꺼비>, <봄밤>이다.

⑨김유정 작품들 가운데 등장인물들의 인생행로를 보면 '농민→유랑농민→서울로의 입성'으로 전개됨을 볼 수 있다. <산골 나그네>는 고향에서 나와 유랑하다가 남자가 병들자 여자가 남자의 겨울옷을 준비하기 위해 사기 결혼을 하고 옷을 훔쳐 내온다. <소낙비>에서는 두메산골에서 소도시 인근 산골로 들어온 부부가 쪼들린 생활에서 벗어나기 위해 남자는 노름을, 여자는 노름돈 마련을 위해 몸을 판다. <만무방>에서는 빚에 몰려 야반도주한 부부가 결국 이산가족이 되고 남자는 동생을 찾아왔다가 동생이 '제 논의 벼를 제가 훔쳐내는' 망할 세상을 목격하게 된다. 이에 비해 <정조>와 <땡볕>은 서울까지 진출한 유랑농민의 이야기다. <정조>는 술수로 고뿌술집을 운영할 돈 200원을 주인집에서 받아내 신이 나 있고, <땡볕>의 덕순은 아내의 병이 신기해서 병원에 입원하고 월급을 받아낼 꿈에 부푸나, 그 꿈에 배신당하는 이야기다.

이 외에도 '봄'을 모티브로 삼은 것으로 <봄·봄>, <동백꽃>, <야앵>, <따라지>, <봄과 따라지>, <산골>, <봄밤>, <심청>, <옥토끼>들이 있다. 이들 작품에서는 봄날이 지닌 풍성함과 생기로움이 주인공들에게 꿈과 희망과 화해의 경지로 나아가게 하는 모습을 추적해 볼 수 있다.

한 작가의 한 작품이 아니라 한 작가의 전체 작품을 상대로 이야기들 사이의 관계를 추적하고 각각의 작품에서의 변모 과정을 살펴보는 것은 그 작가의 작품 독서에서 '나무와 숲'을 함께 보게 한다. 다시 말하면 한 작가의 작품 전체에 대한 총체적 이해를 돕는 것이다.

3.2. 수신자와 발신자로서의 김유정 그리고 김유정의 수신자들

3.2.1. 수신자로서의 김유정

김유정의 독서 목록에 오른 해외문학자들은 바이런, 톨스토이, 체홉, 고골리, 루이 필립, 르나아르, 제임스 조이스, 에밀 졸라, 루쉰, 나쓰메 소세키들이 있었다. 이들 해외문학자를 발신자라고 하였을 때 수신자로서 김유정 작품에 나타난 특징에 대한 연구는 이미 이루어진 바[24] 있기에 여기에서는 생략하기로 한다.

3.2.2. 발신자로서의 김유정

본장에서는 김유정 작품을 발신자로, 김유정 작품을 수신 했음직한 안회남과 최인준을 수신자로 보고 김유정 작품과 그들 작품 사이에 있었음직한 영향관계를 살펴보려고 한다.

문학 창작에서 수신자들이 직접 영향관계를 밝히지 않을 경우, 발신/ 수신의 관계를 선명하게 집어낼 수는 없다. 그러나 친교관계에 따라 무의식적으로, 또는 이와 관계없이 동시대를 살면서 감당해야 했던 시대인식에서 비슷한 소재 비슷한 내용을 작품으로 형상화할 가능성은 충분히 있다. 작가들은 작가적 자존심에 의해서 동시대 타작가의 작품을 읽지 않는다는 이들도 있기는 하지만, 또 다른 작가들은 그와 반대 의견을 제시하기도 한다.[25]

이에 본고에서는 김유정의 절친한 친구였던 안회남, 같은 무렵 철원에서 작품 활동을 했었던 최인준을 대상으로 김유정과 비슷한 소재를 다루고 있

---

24) 유인순, 「김유정과 해외문학」, 『김유정을 찾아가는 길』, 솔과학, 2003, 195~229면 ; 「김유정과 루쉰」, 같은 책, 230~254면.

25) 2011실레마을 책축제 문학포럼(2011. 9. 17. 10:00~12:10 김유정문학촌에서) ≪김유정을 어떻게 읽을 것인가≫에서 필자가 김유정과 동시대 작가들 사이의 작품 영향관계에 대한 의견을 피력했을 때 소설가 전상국 교수는 '작가들은 작가로서의 자존심이 있기 때문에 타 작가의 작품을 읽지 않는다'는 의견을 제시했다. 이와는 달리, 같은 장소에서 소설가 박정애 교수는 타 작가의 작품 독서가 자신의 작품 창작에 영향을 받은 바 있다는 사실을 증언했다.

는 작품들을 골라 이들을 비교해 보려고 한다.

(가) 김유정과 안회남

김유정이 사망하기 11일 전에 써 보낸 마지막 편지의 대상은 안회남 (1909~?)이었다. 휘문고보 시절부터 김유정과 안회남은 단짝 친구였다.

안회남은 1931년 「조선일보」 신춘문예에 <髮>이 가작 당선된다. 이후 개벽사에 근무하며 활발한 문필활동을 한다. 뿐만 아니라 김유정을 격려하여, <산골 나그네>, <총각과 맹꽁이>, <흙을 등지고>를 쓰게 하고 이들을『제1선』,『신여성』에 발표 시켜준다. 그러나 <흙을 등지고>만은 발표지면을 얻지 못하다가 이를 <따라지 목숨>으로 개작하여 조선일보에 투고, 마침내 1935년 조선일보 신춘문예 당선작 <소낙비>로 김유정의 공식적인 등단을 돕는다.

안회남은 김유정의 사망 이후 김유정의 남기고 간 것, '많은 유고와 연애편지 쓰다둔 것과 일기, 좌우명, 사진, 책 이런 것들을 전부'26)를 맡게 된다.

안회남은 김유정 사후 1939년『문장』에 <겸허―김유정전>을 발표한다. 여기에서 다루고 있는 사건들은 학창시절 유정과의 우정, 김유정 가계의 이상심리(형님의 정신병자적 태도, 누님의 히스테리, 자살한 누님, 미친 여동생), 박녹주와 그의 남동생 이야기, 유정의 고향과 고향사람들 이야기, 유정의 문단 등단사, 개벽사 근무 차상천씨가 증언한 김유정의 가계, 유정의 도둑장가와 파혼 등이다. 이들은 모두 안회남이 김유정을 오랜 동안 지켜본 것을 작품으로 재현한 것들이다. 그러나 김유정 생존시에 발표되었던 김유정의 <따라지>, <생의 반려>와의 관련성도 무시할 수 없다. 아니 이들 두 작품을 절대적으로 참고하고 여기에 그가 지켜보았던 에피소드들을 첨가하여 완성시킨 것이 <겸허―김유정 전>이다.

---

26) 안회남, 앞의 글, 302면.

본고에서 안회남의 작품 가운데 주목하고 있는 것은 1937년 5월, 『여성』 14호에 수록된 <남풍>이다.

<남풍>의 무대는 보리가 익어갈 무렵 남풍이 불어오는 시골마을이다. 산모롱이에 앉아 삼봉이가 부르는 민요 '흥타령'의 일부가 삽입되면서 맞은 편 신작로 쪽으로 미친 여자와 그녀를 놀리는 사람들이 밀려온다.

미친 여자를 보며 삼봉이는 3년 전의 기억을 떠올린다.

채 열 살도 되지 않은 계집애를 상대로 삼봉이가 배가네 데릴사위로 들어온 것이 십 년 가깝던 해, 삼봉은 삼십 고개를 넘어섰고 큰 애기는 열여덟 살이었다. 그해 삼봉은 자기 소유의 큰 양돼지 한 마리를 잃어버렸다. '그 때문에 삼봉이와 큰 애기의 혼인은 또다시 연기'27)되었다. 큰 애기는 그동안 삼봉에게 은근했었다. 그런데 배가는 큰 애기를 윤주사의 첩실로 주고 마름을 얻어 가졌다. 삼봉에게 결정적인 타격은 큰 애기가 '머리 갈라 부치고 직구 칠하고 구두신고 다니는 윤주사에게 가기를 원하였다'는 것이었다. 이후 삼봉은 술과 노름판으로 다니며 울분을 토하기 삼년 여. 이제 마음을 잡고 배가의 집에서 이십여 리 떨어진 동리에 다시 열다섯 살 먹은 색시를 길러 장가들기로 하고 머슴살이를 하고 있다.

그런데 삼봉이가 3년 만에 만난 배가의 딸 큰 애기는 미쳐있었다. 삼봉은 혼수 밑천이었던 양돼지를 도적맞은 것 자체가 배가와 윤주사의 계교였음을 뒤늦게 깨닫는다. 사람들에게 놀림 받는 큰 애기를 보며 삼봉은 모두를 용서하고 이제는 미친 큰 애기를 자기 것으로 만들 생각을 한다. 젊은 년 미친 거야 복숭아나무 가지로 한 나절 후려갈기면 미친 귀신 쫓기는 여반사, 산 속 인적 없는 곳에서 삼봉은 큰 애기를 얼싸안으려 한다. 그 순간 미친 큰 애기는 삼봉을 알아보고 "삼봉이" 하고는 소나무 사이로 달아난다. "넌 내거다"라고 속으로 외치며 큰 애기를 따라가는 삼봉이.

---

27) 안회남, 「남풍」, 『안회남단편집』, 학예사, 1939, 21면.

질 무렵의 햇빛은 마지막으로 따뜻한 기운을 놓았고 솔솔바람 남풍은 언제
까지나 부드럽게만 불어왔다.[28]

<남풍>에 스민, <봄·봄>의 또 다른 모습을 보게 된다. 이들 두 작품
사이에는 유사점과 차이점이 다음과 같이 보인다.

첫째, <봄·봄>의 '나'와 <남풍>의 삼봉이는 모두 데릴사위다. <봄·
봄>의 사위가 스물일곱 살, 데릴사위로 와서 3년 7개월을 보냈다면, <남
풍>의 삼봉이는 서른 서너 살. 데릴사위로 보낸 기간이 10년이었다(삼봉이
는 3년 전에 배가에게 배신당했다. 당시 나이는 서른이 넘었다).

둘째, <봄·봄>의 점순이는 '나'보다 열 살 아래인 열일곱 살, <남풍>
의 큰 애기는 열여덟 살, 두 처녀는 모두 남자들보다 10살, 12살 어린 나이
이지만 모두 그들의 신랑감에게 은근하고 당돌하다.

셋째, <봄·봄>의 장인은 마름이고, 딸의 혼사를 미루는 이유로 점순의
키가 자라지 않았다고 하나 실은 노동력의 부족을 데릴사위의 힘으로 채우
려는 욕심이다. 이에 비해 <남풍>의 장인은 윤주사의 마름이 되기 위해
딸을 윤주사의 첩실로 보낸다. <남풍>의 장인은 삼봉과 큰 애기를 떼어놓
기 위해 삼봉이가 혼인비용으로 충당하려고 키우던 양돼지를 삼봉 몰래 돌
려 팔아 삼봉의 혼인에 커다란 장애를 만든다.

넷째, <봄·봄>의 점순은 신랑감을 자극, 신랑감이 장인에게 혼례를 재
촉하도록 하나 <남풍>의 큰 애기는 부잣집 윤주사의 하이칼라 머리며 잘
입은 옷차림에 끌려 첩살이를 선택한다. <봄·봄>의 점순이 사위와 장인
의 육탄공세에서 아비의 편을 들어준 것은 위기에 빠진 핏줄을 도와주려고
한 본능적인 선택이지만 <남풍>의 큰 애기가 윤주사를 선택한 것은 물질
적 욕망에 의한 계산된 선택이었다. 큰 애기의 이와 같은 선택은 결국 큰
애기 자신을 자책감 속에서 정신이상으로 몰아넣는다.

---

28) 위의 글, 33면.

이와 같은 유사점과 차이점에도 불구하고 이 작품에서는 비극적인 상황은 보이지 않는다.

<봄·봄>의 사위가 장인영감을 신뢰하고 있고, 또 다시 장인에게 기만당할 지도 모르지만, 사위는 혼인의 꿈으로 늘 낙천적인 삶을 살아갈 것이다. <남풍>에서도 삼봉은 이미 다른 집 데릴사위로 들어가 일하고 있지만, 미친 상황에서도 자신을 알아보는 큰 애기를 어떻게 해서든 고쳐서 데리고 살려고 하는 마음이 있는 한 이들은 행복한 꿈을 꾸게 된다. 이들 작품에서는 봄을 배경으로 젊은 남녀의 사랑의 기쁨과 아픔을, 그러나 행복한 봄날의 이야기를 그리고 있다.

(나) 김유정과 최인준

최인준은 평양출신으로 진남포 삼숭학교와 평양의 광성고보를 거쳐 서울의 보성고보 4학년까지 진급, 그러나 동맹휴학에 연루되어 퇴학당했다. 최인준은 1928년 조선일보 신춘문예에 <춘보>로 가작입선, 당시 17세였다고 한다.[29] 이로 미루어 최인준은 1911 또는 1912년 생으로 추정된다.『조선문단 신인소개』에 나온 최인준 편에 의하면 1929년『조선농민』에 <대간선(大幹線)>이 당선되고 이후 많은 활발한 작품 활동을 벌이나 1930년 1월『신소설』제2호에 발표한 <양돼지>가 평자들 사이에 논란을 일으키자 한동안 붓을 꺾는다.

최인준은 평양에서 사업에 실패한 부친을 따라 철원으로 이사, 여기에서 농사를 짓게 된다. 이후 최인준은 철원에서 다시 붓을 들어 1934년 「동아일보」 신춘문예에 <황소>가 당선, 문단에 공식 등단한다. 최인준은 주로 농촌사회를 배경으로 한 이야기를 다룬다.

---

29) 조선문단 편집부, "신인 소개―<황소>의 최인준군", 『조선문단』, 1935. 4, 205면.
　　 최인준의 출신지에 대해서는 평양으로 되어 있지만, 또 다른 설로는 강원도 철원 근교라는 주장도 있다. 어린 시절 유학생활을 하다가 철원 근교 본가로 귀가하던 시절에 대한 글이 있다고도 한다.

문학 평론가 김환태는 1935년과 36년 두 번에 걸쳐 최인준의 작품 <2년 후>와 <수술>[30]에 대해 분석하고 그 문제점들을 지적해 줄 정도로 30년대 중반 청년작가 가운데 최인준의 작품에 주목한다. 이점은 김환태가 같은 구인회원이며 술친구였던 김유정의 개별 작품에 대해 침묵한 것과는 대조적이다.

최인준의 <호박>은 1938년 1월 『농업조선』 1집에 발표된 작품이다.

<호박>은 정초 무렵 노름에 빠진 춘삼이가 아내인 알뜰엄마에게 노름돈을 얻으려고 궁시렁대는 데서 시작한다. 그 사정을 아는 알뜰엄마는 '호박 같은 얼굴에 분을 홰떡처럼 바르며' 딴전을 부리고 있는 때에 구장영감이 들어선다. 구장영감은 알뜰엄마의 정부다. 주변머리 없는 춘삼에게 오십 줄에 들어선 구장영감은 보증을 서서 농토를 얻게 해주었다. 그렇기에 춘삼은 구장영감이 알뜰엄마를 찾아오면 눈치껏 자리를 비켜주고는 했다.

알뜰 엄마는 억척스런 여자로 '양귀비 허리에 키는 홀쩍 하지만 얼굴이 호박 같아서―그래 호박이란 별명'[31]을 갖고 있다. 여름에는 억척스레 농사짓고 겨울이면 술동이를 들여서 술장사를 한다. 장사 수단도 좋아서 늘 손님이 찾아온다.

지금 마흔 살인 춘삼, 알뜰엄마는 갓 서른이다. 알뜰 엄마가 열 두 살 되던 해 데릴사위로 들어간 춘삼은 몇 년 일해주고 알뜰네를 아내로 맞았다. 그러나 알뜰네는 호들갑스럽고 남자들 앞에서 색기가 가득했다. 춘삼은 혼인하자마다 아내 단속을 했지만 아내는 양복장이인 면사무소 급사와 바람이 나서 가출했다. 두 달 만에야 춘삼이 알뜰네를 주먹다짐으로 잡아왔다. 지금 열세 살 먹은 알뜰이는 양복장이 급사의 아이였다. 알뜰엄마는 다시 유부남인 산림간수와 정분이 났지만 이 무렵 천봉이를 낳았고 이후 바람기가 진정되었다. 그러다가 겨울 술장수를 하면서 다시 세 번째 정부로 오십

---

30) 김환태, 『김환태전집』, 241면. 그리고 265~6면 참조.
31) 최인준 : 「호박」, 『최인준작품집』, 지만지 고전선집, 2010, 203면.

줄에 들어선 구장영감을 받아드렸던 것이다. 지금 세 살 백이는 아이는 구장영감의 씨라는 소문도 있다. 그런데 이번에 다시 25~6세쯤 되어 보이는 양복쟁이 무면허 치공사, 기름종지 같은 금니빨쟁이 황수철이가 나타나자 알뜰엄마는 구장영감의 욕설과 주먹에도 불구하고 황수철과 정분이 났다.

봄은 다가오고 구장영감이 보증을 서주지 않으니 부칠 전답을 얻지 못해 애를 쓰는 춘삼이, 황수철에게 찾아가 이를 해결해 달라는 알뜰엄마, 결국 황수철은 줄행랑을 치고 알뜰엄마는 춘삼에게 구장영감을 불러오라고 한다. 찾아온 구장영감은 옛정이 회복된 기쁨에 춘삼이 소작계약을 맺을 수 있도록 힘써준다. 그리고 호박꽃이 필 무렵 알뜰 엄마의 배는 차츰 불러가고 우물가의 아낙들은 알뜰엄마 뱃속의 아이가 금니빨쟁이의 것인지 아닌지에 대해 의견이 분분하다.

최인준의 <호박>을 읽다보면 최인준이 김유정의 작품들을 읽지 않았다고 해도, 김유정의 수필 <들병이 철학>이 소설 <호박> 속에서 재현되고 있음을 보게 된다. 봄부터 여름까지 농사짓다가 겨울 한 철 아이를 업고 들병이로 나서면 남자들은 멀찍이 떨어져서 아내가 술장수를 잘 할 수 있도록 지원사격하는 모습, 아내가 임신을 하게 되면 아이 아버지가 누구이든지에 관계없이 아이를 거두어주는 들병이의 남편의 역할이 <호박> 속에 그대로 재현된다. 알뜰 엄마가 낳은 3남매와 앞으로 낳게 될 네 번째 아이, 그들 4남매는 아비가 다르고 따라서 성이 각각 다르다.

한편 아내에게 노름 돈을 조르는 남편의 모습은 <소낙비>의 춘호를, 구장영감의 보증으로 농토를 얻어 만족해하는 춘삼의 모습에서는 역시 <소낙비>에서 춘호와 쇠돌아범을 연상하게 된다.

<호박>의 구장영감은 근육이 팽팽하고 기름기가 번드레한 것이 <소낙비>의 이주사를 연상시킨다. 그런가 하면 기름종지 같이 매끄럽고 춘삼에게 노름돈을 주면서 알뜰 엄마를 품에 안으며 제 실속만을 찾는 황수철은 유정의 작품에 날건달로 등장하는 뭉태 이미지에 부합된다.

<호박>의 춘삼은 아내를 상품으로 내놓고 구장영감과 황수철에게 노름 돈을 얻어 쓰면서 의기양양해 한다. 그런가 하면 못생긴 얼굴임에도 여러 남자들을 잘 휘어잡고 살아가는 알뜰 어멈은 다만 잘 먹고 잘 살기 위해서 들병이로 나서기를 희망하는 <안해>의 아내를 연상시킨다. 동시에 <호박>에서 노총각 춘삼이 12살짜리 계집아이를 미끼로 데릴사위 들어가는 모습, 억척스럽게 일 잘하며 남자를 쥐고 흔드는 알뜰네의 모습에서는 <봄·봄>의 점순과 사위의 모습을 연상하게 된다.

최인준이 김유정의 작품을 읽었는지 여부와 관계없이, 모든 문학 문화는 서로가 서로에게 영향을 끼치고 있다는 것을 인정한다면, <호박>에서 우리는 김유정의 <들병이 철학>, <소낙비>, <안해>, <봄·봄>의 에피소드가 혼재 되어 있음을 보게 된다. 그런데 '아내의 매매춘'이라는 입장에서 김유정의 작품들과 최인준 <호박>을 읽을 때 분명한 차이점을 보게 된다.

김유정의 작품에서 매매춘 하는 아내는 성적 쾌락이나 방탕함 때문이 아니라 생활의 수단으로 몸을 상품화할 뿐이다. <소낙비>와 <산골나그네>, <가을>의 아내들은 필요한 보수를 얻은 뒤에 남편에게 돌아간다. <안해>의 아내가 뭉태와 술판을 벌이기는 하지만 들병이가 되기 위한 실습일 뿐, 타고난 색정광은 아닌 것이다. 이에 비해 최인준의 <호박>에서 알뜰엄마는 어린 시절부터 이미 '색기'가 넘쳐 나는, 관능적 욕망에 탐닉하는 여성으로 드러나고 있는 것이다.

김유정과 최인준, 같은 시기에 작품 활동을 하던 작가들이다. 김유정이 춘천출신이고 최인준도 철원지역에서 활동하던 작가이다.

같은 시기에 활동하던, 그래서 같은 평단에서 언급되던 동료 작가의 작품에 대해 철저하게 외면하고, 주어진 시대 상황에 대해 철저하게 외면하고 자기만의 이야기를 만들 수 있는 작가가 있을 수 있을까. 아마도 그런 부류는 지극히 예외에 속할 것이다.

4. 이야기를 접으며

물질문화, 정신문화, 가시적 문화, 불가시적 문화, 모든 문화는 외부적인 충돌, 갈등, 융합관계를 가지면서 더욱 도도한 하나의 흐름, 하나의 생명체로 존속해간다. 문학문화의 경우 외부로부터 수신된 새로운 문화적 충격에 의해서 더욱 왕성하고 새로운 문학문화로 발전·생성해 가게 된다.

김유정문학을 이해하기 위해서는 작가 김유정의 전기적 삶과, 김유정 작품에 수용된 문학, 동시에 김유정의 문학을 수용했거나 수용했음직한 타작가, 김유정과 동시대에 살고 있었던 작가들의 비슷한 내용 비슷한 유형의 작품들을 함께 읽어보는 것이 필요하다. 한 작가 한 작품이 아닌, 그를 포함한 주변 작가 주변 작품과의 비교 및 대조를 통해서 우리는 김유정 문학이 지닌 특징을 더 섬세하게, 더 분명하게 파악해 낼 수 있으며, 다양한 작가 다양한 작품으로 독서 지평을 확대할 수 있는 까닭이다.

‖ 참고 문헌

김석배, 「판소리 명창 박록주의 예술세계」, 『구비문학』 10호, 한국 구비문학회, 2000.

김유정, 김유정기념사업회, 『김유정전집』 하, 1993.

김유정, 유인순 편, 『동백꽃』, 문학과지성사, 2005.

김유정, 전신재 편, 『원본 김유정전집』, 도서출판 강, 2007.

김환태, 『김환태전집』, 문학사상사, 1988.

박록주, 「녹주 나 너를 사랑한다」, 『문학사상』 4월호, 문학사상사, 1973.

박록주, 「여보, 도련님 날 데려가오」, 『뿌리깊은 나무』, 뿌리깊은나무사, 1976.

안회남, 『안회남 단편집』, 학예사, 1939.

유인순, 『김유정을 찾아가는 길』, 솔과학, 2003.

전북일보 간행, 『20C 전북 50인』.

전상국, 『유정의 사랑』, 고려원, 1993.

조선문단사, 『조선문단』, 1935. 4.

최인준, 『최인준 작품집』, 지만지 고전선집, 2010.

강원도 현대시, 과거와 현재*
―강원 지역 시의 계보 이해를 위한 노트―

서 준 섭

1. 한국현대시 100년과 강원도 지역 시

몇 년 전 한국 현대시 100주년을 맞아 이를 기념하는 '현대시 100주년 기념 21세기 국제 학술회의'(2008.8. 주제 '한국현대시의 세계화')가 인제군 '백담사 만해 마을'에서 3일 동안 열린 적이 있다. 이 행사가 '만해 축전'의 일환으로 열렸다는 점은 인상적이다. 그리고 한국 현대시 전체를 기념하는 '현대시 기념관'을 인제에 건립하는 계획이 확정되어 이를 위한 기초 자료 조사가 진행되고 있다는 소식이다. 오늘 이곳 화천에서 이 고장이 나은 시조 시인 이태극 기념 문학관 개관 기념식(2010. 7.17.)에서, 한국현대시 100년 속의 강원도 지역 현대시(시조)를 생각해보는 일은, 그런 맥락에서 여러 모로 뜻 깊은 일이라 생각된다.

---

* 이 글은 2010년 7월 17일 강원도 화천 '월하(이태극) 문학관' 개관 기념 '월하문학제'에서 발표한 초고를 다시 다듬은 것임.

한국현대시 100년 속에의 강원도 시문학의 위상이란 어떤 것일까? 강원도 현대시의 과거와 현재란 무엇인가? 한국 문학의 역사를 전국적인 도 단위(지역 단위)로 나누어 설명하고 있는 『한국문학지도』(동국대 한국문학연구소, 1996)는 이 문제를 이해하는데 유력한 출발점이 될 것이다. 이 책의 강원도 편을 보면, 김시습, 이이, 허균, 허난설헌, 이달, 정철, 한용운, 김동명, 이태극, 박인환 등의 시인, 이효석, 이태준, 김유정 등의 소설가가 거론되고 있다. 이들의 이름만으로도 한국문학사 전체 속에서의 강원도 문학의 위상, 강원 지역 문학의 중요성, 그 역사의 유구함 등을 짐작할 수 있지만, 이 문학 지도는 오래전에 작성된 것이기 때문에 현대문학(현대시) 분야와 관련된 정보와 내용면에서 미흡함이 느껴진다. 특히 박인환 이후의 시인들에 대한 부분이 그러하다.

특정 지역의 문학에 대한 논의는 데는 그 목적과 방법에 따라 여러 가지 논의 방식이 있을 수 있다. 우선 지역 문학의 독자성과 특성에 역점을 두는 논의가 있을 수 있다. 어느 지역(특별시, 도)과 관련된 문학 전체를 그 지역 문학이라고 보고, 이를 다시 각 시군별, 문학 단체별 또는 문학 동인별, 장르별 등으로 나누어 논의하는 경우가 그것이다. 월간 『현대시』지가 마련한 지역문학 특집 '강원도 편'(2003년, 8월호)을 보면, 강원도 지역 시단의 형성에서 1951년 황금찬, 함혜련 등이 중심이 되어 발간한 동인지 『청포도』는 중요한 의의를 지니며, 강릉 지방의 박명자, 엄창섭, 조영수, 장병훈, 이충희와, 춘천의 이인수, 이승훈, 이덕성, 최돈선, 박민수, 이외수, 임동윤, 윤용선, 이영춘, 원주-삼척 지방의 이성교, 오탁번 등의 시인이 강원도 지역 시단의 발전에서 각각 중요한 역할을 한 시인으로 거론되고 있다. 강원도 시단은 60년대 이전까지의 상대적 침체기를 거쳐 1970년대에 와서 비로소 활성화되었으며, 최돈선, 이언빈, 박기동, 신승근 등 당시의 몇몇 젊은 시인들의 역할이 컸다. 현재 도내에는 강원도문인협회, 한국작가회의 강원도 지부, 강원도 시조시인협회 등과 그 산하 여러 문학단체, 여성문학동인, 각 지방 문학 동인 등의 여러 문학단체가 있으며, 이들의 활발한 활동으로 인해 현재 강원도 시단은 유례없는 전성기를 맞이하고 있다는 평가가 나오고 있다. 다음으로 어느 지역의 문학 작품을 그 지역의 독특한 인문지리적 환경, 언어와 풍속, 삶의 방식 등을 중심으로 지역문학을 논의하는 방법이 있을 수 있다. 이른바 문학지리학적인 방법이 그것인데 이 방법은 시보다는 소설 작품을 대상으로 한 연구에서 더 적합하다. 끝으로 특정 지역문학을 한국문학의 일부로 보면서 그 지역성과 보편성을 함께 고려하고자 하는 논의가 가능하다. 여기서는 한국현대시의 흐름을 전제로 하면서 이를 다시 지역 문학의 시선에서 재론해보는, 문학사적 관심에서 논의하기로 하겠다.

강원 지역 문학을 말할 때 중요한 전제 조건은 그 지역성과 작품성일 것이다. 중국 成都에 가면 안록산의 난을 피해 그 지역에 머물며 시를 썼던 시인 두보(杜甫)를 기념하기 위한 두보 초당과 문학 기념관이 있다. 두보가 그 지역 출신이 아니지만 그 지역 사람들은 두보가 성도의 시인이라고 말한다. 그런데 그의 문학관은 성도뿐만 아니라 그가 머물던 다른 곳에도 있고, 그 곳 사람 역시 두보를 자기 지역 시인으로 생각하고 있다고 한다. 두보의 예는 강원 지역 문학의 개념과 범위를 설정하는데 시사하는 바가 많다. 예를 들면 지역 문학의 관심에서 볼 때 한용운 문학은 충청도 문학(그가 충청도 출신이라는 점에서)이기도 하고, 강원도 문학(그의 주요 작품들이 강원도에서 창작되었다는 점에서)이기도 하다. 여기서 무엇이 강원도의 독특한 지역성인가하는 문제가 제기된다.

한 시인의 성장 과정에서 겪은 고향 체험이나, 그 시인을 둘러싸고 있는 고장 또는 거주지의 독특한 자연적, 문화적, 사회적, 언어적 분위기들이 그의 작품세계에 많은 영향을 준다는 사실은 틀림없는 사실이다. 강원 지역 시인의 경우도 예외일 수 없으리라 생각된다. 예컨대 이성선의 시와 설악산의 자연, 이상국 시와 속초의 청호동, 박용하의 시와 강릉 바다 등의 상호 관련성 문제는 이들 시인의 작품 이행에서 중요한 요소이다. 그러나 이 글

에서는 이 지역성 문제에 대해서는 자세히 논의하지 못함을 미리 밝혀둔다
(이를 위해서는 각 시인의 작품에 대한 좀 더 자세한 별도의 연구가 요구된다). 이 글
에서 사용하는 강원 문학이라는 용어는 한국문학에서의 다른 지역 문학(경
북 문학, 전남 문학 등)을 전제로 한 잠정적인 것임을 덧붙여 두고자 한다.

한국문학은, 다 아는 바와 같이, 19세기말 의 애국 계몽기를 거쳐 식민지
시대와 분단과 근대화, 산업화 시대를 거쳐 오늘날에 이르고 있다. 그 속에
서의 강원도 문학의 경우도 한국문학 전체와 그 운명을 같이 해왔다고 할
수 있다. 강원 지역 현대시(문학)는 그 역사적 흐름을 몇 개의 시간 단위로
이해하면 그 전체적 윤곽을 파악하는데 효과적이다. 이해의 편의를 위해 여
기서는 그 시간 단위를 1) 초창기, 2) 1920년대에서 1960년대까지, 3)
1970,80년대의 산업화 시대, 4) 우리 시대 등 네 시기로 나누어 서술하고자
한다. 우선 1)의 19세기 말에서 20세기 초에 이르는 초창기, 즉 애국 계몽
기의 강원도 시인으로는 여러 편의 우국 한시를 남긴 의병장 유인석(13도 의
군도총재), 「의병가」를 쓴 유홍석, 「안사람 의병가」를 쓴 윤희순 등의 이름을
들 수 있다. 그 수는 많지 않지만, 이들은 근대 초기 한국 문학의 큰 흐름
을 그대로 반영하고 있다. 초창기가 아직 자유시가 자리를 잡기 이전 시기
라면 2)는 근대 자유시가 정립되는 한편 다양한 분화가 이루어지면서 근대
적인 전문적인 시인이 등장하고, 또 여러 큼직한 역사적 사건(해방과 정부 수
립, 분단과 6·25 전쟁, 4·19 등) 이 연달이 일어나면서 이것이 시인의 창작
활동과 작품에 적지 않은 영향을 끼쳤던 시기이다. 이 시기의 중요 시인으
로는 한용운, 김동명과 박인환, 이태극, 조오현, 민영 등이 있다. 3), 4) 시
기의 시인으로는 이승훈, 김지하, 최승호, 이상국, 박용하, 김선우 등에 이
르는 시인들의 이름을 거론 할 수 있다. 한국현대문학사를 읽어 본 독자들
이라면 이 분들의 이름이 결코 낯설지 않을 것이다(참고삼아 강원도 소설가로
서는 전상국, 박경리, 서영은, 유재용, 한수산, 오정희, 윤후명, 김형경, 이순원, 김별아,
김도연 등의 있음을 부기해 둔다).

2. 현대시의 선구자들−한용운에서 민영까지

1919년 3·1운동은 한국 근현대문학사에서 중요한 분수령이다. 자유시의 등장과 서구시의 유입으로 시작된 근대초기 시단은 3·1운동 이후에 이르러 그 뚜렷한 문학적 결실을 만들어 내기 시작한다. 한용운은 김소월과 함께 이 시기를 대표하는 시인이다.

구한말 충청도 홍성에서 태어난 한용운은 고향에서 일어난 동학 농민 혁명에 휩쓸리게 되면서 강원도 설악산 백담사로 피신하였고 마침내 승려가 된다. 1919년 3·1운동 당시 민족 대표의 하나로 이 운동에 참여했던 그는 옥고를 치른 후 다시 백담사로 돌아와 1925년 여름『님의 침묵』을 완성하여 이듬해 이를 서울에서 출판하였다. 그는 한학세대로서 여러 편의 한시, 시조, 현대시(자유시)를 남겼는데, 『님의 침묵』(1926)은 자국어로 쓴 그의 최초의 시집이자 당시 한국현대시의 대표적인 업적으로 평가되는 작품이다. 그는 『조선불교유신론』, 『십현담 주해』, 『유마경』(번역) 등의 저술을 남긴 뛰어난 선사이자 일제시대의 민족 지도자이며 동시에 위대한 시인이었다. 정부 수립 후 이 분에게 건국훈장이 추서되었고, 긍의 위대한 정신을 기리기 위한 만해 축제가 현재 강원도 인제 '백담사 만해마을'에서 해마다 개최되고 있다. 그의 시 한 구절을 인용해둔다.

> 아아 님은 갔습니다 아아 사랑하는 나의 님은 갔습니다
> 푸른 산빛을 깨치고 단풍나무 숲을 향하여 난 적은 길을 걸어서 차마 떨치
> 고 갔습니다
> (…중략…)
> 우리는 만날 때에 떠날 것을 염려하는 것과 같이 떠날 때에 다시 만날 것
> 을 믿습니다
> 아아 님은 갔지마는 나는 님을 보내지 않았습니다
> 제 곡조를 못이기는 사랑의 노래는 님의 침묵을 휩싸고 돕니다
> −「님의 침묵」에서

김동명은「파초」로 잘 알려져 있는 근대 시인이다. 그는 강릉시(당시 명주군) 사천면에서 태어나 함경도로 이주, 그곳에서 교사 생활을 하다가 해방 이후에 월남하여, 이화여자대학교에서 교수로 재직한 경력이 있는 시인이다. 일반적으로 『파초』(1938)를 그의 그 대표시집으로 보고 있지만, 그밖에도 그는 『삼팔선』, 『진주만』 등의 시집과 정치 평론집을 낸 바 있다. 그의 시 중에서 「내 마음은」, 「수선화」 등은 특히 가곡으로 작곡되어 현재까지 애창되는 노래이다. 그의 고향 사천의 대로변에는 '김동명 시비'가 세워져 있다.

> 그대는 차디찬 의지의 날개로
> 끝없는 고독의 위를 나르는
> 애달픔 마음
>
> —「수선화」 (제1연)

해방 이전의 시인으로서 한 사람 더 들자면 이효석을 들 수 있다. 그는 「메밀꽃 필 무렵」과 같은 아름다운 소설 외에도 많은 시작품을 남긴 시인이다. 『이효석문학전집』에는 그가 경성제대 시절에 쓴 여러 편의 시가 수록되어 있다. 이효석 소설 특유의 서정성과 그의 시 창작 경력은 서로 밀접한 관련을 맺고 있다.

박인환은 해방 직후에서 한국 전쟁 이후의 시기에 활동한 시인으로서 인제에서 태어나 서울에서 활동하였다. 그는 아버지의 권유로 한때 평양의전에 다녔으나 시인이 되고자 그 학교를 중퇴하였고, 김수영, 김차영, 김경린 등과 신시론 동인을 결성하여 합동 사화집 『새로운 시인과 시인들의 합창』과 생전의 유일한 시집 『박인환 선시집』을 간행했으나, 젊은 나이로 세상을 떠난 불운의 시인이었다. 사후에 『목마와 숙녀』가 간행되었고, 최근 흩어져 있던 그의 작품을 모은 『박인환전집』(2008)이 나왔다. 전집을 보면 그가 시인일 뿐만 아니라 뛰어난 산문가, 영화평론가였음을 알 수 있다. 고향 인제군 원통읍에 그를 추모하기 위한 박인환 시비가 세워졌고, 가을쯤 박인환문학관이 개관될 예정이다. 「목마와 숙녀」, 「세월이 가면」 등이 독자들에게 알려져 있는 그의 대표작이다. 전집 발간을 계기로 최근 그의 문학 전반에 대한 재평가 작업이 활발하게 진행되고 있다. 강원도 출신 시인으로는 드물게 보는 재능 있는 도시적 감성의 시인이었던 그는, 한국 전쟁을 겪으며 스스로를 '검은 준열의 시대'의 시인이라고 생각하였는데, 그의 작품 속에서 고통스런 시대를 살아가는 시인의 상실감, 허무 등의 정서가 자주 나타나고 있다.

> 한 잔의 술을 마시고
> 우리는 버지니아 울프의 생애와
> 목마를 타고 떠난 숙녀의 옷자락을 이야기한다
> 목마는 주인을 버리고 그저 방울 소리만 울리며
> 가을 속으로 떠났다 술병에서 별이 떨어진다
> 상심한 별은 내 가슴에 가벼웁게 부서진다
> 그러한 잠시 내가 알던 소녀는
> 정원의 초록 옆에서 자라고
> (…중략…)
> 목마를 탄 사랑의 사람은 보이지 않는다
>
> —「목마와 숙녀」에서

　　강원도 근현대시의 선구자들은 그 대부분이 자유시를 중심으로 한 현대시인이지만, 몇 몇 예외적인 시인도 있다. 시조시인 이태극과 조오현이 바로 그들이다. 박인환이 고향을 떠나 서울에서 시인이 된 것처럼, 이태극의 경우도 비슷하다. 그는 화천 간동면에서 태어나 춘천고보를 졸업한 후 춘천에 머물며 교사 생활을 하다가 다시 서울로 가 서울대학교에 편입, 졸업한 후 이화여대에서 한국문학을 가르치는 교수로서의 일생을 보내면서 시조 시인이 되었다. 그의 문학적 업적은 크게 세 가지로 나누어 볼 수 있다. 첫째 시조 시인으로서의 활동이다. 1953년 「갈매기」를 발표하면서 시작된 시조 창작으로서, 그는 『꽃과 여인』, 『노고지리』, 『소리·소리·소리』, 『날빛은 저기에』, 『자하산사 이후』 등 5권의 시조집을 냈다. 둘째 시조의 이론 정립을 꾸준한 연구 활동으로서, 그는 『시조 개론』, 『시조연구논총』 등 여러 권의 연구서를 출판하였다. 셋째, 현대 시조 전문지 『시조문학』(1960년)의 창간, 한국시조시인협회 결성 등을 통해 한국 시조 문학의 발전을 위한 기반을 마련하였다. 조오현, 박시교 등의 많은 현역 시조 시단의 주역들이 이 잡지를 통해 등단하였다. 그의 시조 선집으로는 『진달래 연가』('우리 시대 현대시조 100인선 시리즈'의 하나, 태학사)가 있으며, 올해 『이태극시조전집』 발간을 계기로 이를 기념하기 위해 최근 『유심』지(2010. 7, 8월호)에서 '이태극 추모 특집'을 마련하고 있다.

한국문학사에서 이태극의 시조 문학의 위상이 중요하다는 사실을 이미 잘 알려진 사실이지만, 『이태극시조전집』 발간을 계기로 그의 시조문학 전반에 대한 강원도 지역 문인들의 적극적인 관심이 요구된다. 그는 시인으로서 중앙시조대상, 육당시조상, 대한민국문화예술대상 등을 수상하였다. 1990년 파로호 언덕에 월하 시조비가 건립되었는데, 이 비석에는 고향에서의 시정적 체험을 노래한 다음과 같은 시조 한편이 새겨져 있다.

골짝 바위 서리에
빨가장이 여문 딸기

가마귀 먹게 두고
산이 좋아 사는 것을

아이들 종종쳐 뛰며
숲을 헤쳐 덤비네.

삼동(三冬)을 견뎌 넘고
삼춘(三春)을 숨어 살아

되약볕 이 산 허리
외롬 품고 자란 딸기

알알이 부푼 정열이사
마냥 누려 지이다

—「산딸기」

현대 시조는 1920년대의 최남선 등의 시조 부흥 운동에 힘입은바 크다. 현대시조는 한국의 고유한 민족적 시 형식으로서, 현재 그 저변이 크게 확대되면서 큰 발전을 이룩하고 있으며, 현재의 한국시조가 있기까지는 이병기, 이호우, 이영도, 이태극, 김상옥, 정완영, 이근배, 조오현 등 뛰어난 시조 시인들의 작품 활동과 노력이 큰 역할을 하였다. 이분들 중에는 현재에도 왕성한 작품 활동을 하고 있다. 조오현 시인도 마찬가지이지만 편의상 이 자리에서 함께 다루기로 한다.

조오현(스님)의 시조는 여러모로 특기할만하다. 일찍이 『시조문학』을 통해 등단한 그는 이 시조를 불가의 선방으로 끌고 들어가, 불가의 선과 시조를 결합한 '시조 선시'(선 시조)라는 독특한 분야를 개척하고 이를 높은 수준으로 끌어 올린 이 방면의 대표적인 시인이다. 그의 시조는 불가의 유구한 선시와 게송의 전통을 현대 시조의 형식을 통해 재창조한 것으로서, 그 자체가 스님 자신의 禪의 생생한 표현이라는 의미를 지니고 있다. 작품으로는 시조집 『심우도』(1979)와 『산에 사는 날에』(2000), 『아득한 성자』 등이 있고, 불교적 선화집인 『절간 이야기』가 있다. 『유심』지(한용운이 창간한 잡지)를 복간(2001)하고 백담사 만해마을을 중심으로 한 만해 축전 개최를 통해 한용운의 위대한 정신을 오늘날에 되살리는 등 지역 문화 발전을 위한 봉사활동에서도 큰 역할을 담당하고 있다.

누가 내 이마에 좌우 무인을 찍어 놓고
누가 나로 하여금 수배하게 하였는가.
천만금 현상으로도 찾지 못할 내 행방을

—「심우도」 연작 중에서

　일반적인 시조가 아닌, 시조 형식을 빈 선시를 쓰는 시인답게 말을 아끼는 편이어서 과작에 속하는 시인이지만, 그는 강원도 시단을 넘어선 현대의 가장 중요한 시조 시인 중의 한 분으로 평가되고 있다. 불교계의 원로로서 그는 『벽암록』, 『무문관』 등 여러 권의 불교 관련 저서를 냈는데, 이들 저서 속에서 시인 이전의 선승인 그의 진면목을 엿볼 수 있다.

예전에는 나에게도
패랭이 꽃 피는
고향이 있었더니라.
(…중략…)
씨 익은 해바라기가
고개를 숙인 채 서 있던
그 집.

나에게도 고향은 있었더니라.
전쟁의 불길이 그곳을
쑥대밭으로 만들기까지는!

—「고향」

　최근 시집 『유사를 바라보며』에 수록된 민영의 시이다. 민영은 강원도 시단에서는 대중적이지 못한 시인이지만 한국시단의 중요한 시인이다. 철원 출신인 그는 『현대문학』으로 등단한 이래(1959년 등단) 첫 시집 『단장(斷章)』 이후 현재까지, 『용인 지나는 길에』(1977), 『냉이를 캐며』, 『엉겅퀴 꽃』(1987), 『바람 부는 날』(1991), 『유사를 바라보며』(1996) 등 여러 권의 수준 높은 문제적인 시집을 냈다. 창작 기간만 해도 50년에 이르는 강원 시단의 원로 중의 한분이라고 할만하다. 그의 시의 특성의 하나는 개인적인 삶에서 자연에 대한 서정, 사회적 관심 등에 이르는 폭넓은 시세계를 서정적이고 절제된 언어로 펼쳐 보이고 있다는 점이다. 6·25전쟁으로 고향이 파괴된 후 그는 현재 철원을 떠나 서울에 거주하며 작품 활동을 펼치고 있다.

3. 근대화, 산업화 시대와 시
―현대시의 일부로서의 강원 지역 시

1960년대에서 80년대에 이르는 시기는 근대화, 산업화 시기이다. 이 시기의 한국시는 그 어느 시기보다도 큰 발전을 이루었는데, 강원도 의 경우에도 마찬가지이다. 1970년 경부 고속도로가 개통된 후 1972년 영동고속도로가 개통되었다. 이 고속도로는 강원도민의 삶을 크게 바꾸어 놓았고, 잇달아 개통된 여러 고속급 도로들은 산으로 분할된 도내의 여러 지역을 일일 생활권으로 바꾸어 놓았다. 6,70년대 이후 도내에 종합대학교를 비롯한 여러 대학이 문을 열고 주민들의 교육 수준, 문화적 욕구가 향상되고, 대학 진학률이 크게 높아지고 문화적 교류가 활발해짐에 여러 젊은 시인들이 등장하게 된다.

당시 강원 시단의 발전에 크게 기여한 분으로 이승훈 시인을 들 수 있다. 그는 서울에서 공부한 후 당시(1970년대) 고향인 춘천의 춘천교육대학에 재직하고 있었는데, 젊은 문학도들에게 많은 영향을 끼쳤다. 최돈선, 이외수, 최승호, 송준영 등이 그를 통해 시를 공부한 시인들이며, 강원대학교의 박기동, 이언빈 신승근 등도 그의 영향을 적지 않게 받은 시인이다. 70년대는 도내 여러 대학(춘천, 원주, 강릉, 속초 등)을 중심으로 여러 문학청년들이 문학의 꿈을 키웠던 시대로서 박용하, 함성호, 김선우 등은 그 꿈을 현실화시켰던 시인들이다.

'현대시' 동인이기도 한 이승훈은 『사물A』, 『환상의 다리』(1976)에서 『비누』 등에 이르는 수많은 시집과 『모더니즘 시론』, 『포스트모더니즘 시론』 등의 시론, 『현국현대시론사』 등의 시연구서, 번역서 등을 낸 문제적인 시인으로서, 이상으로 대표되는 모더니즘 시의 큰 흐름을 내면화하면서, 이를 독자적인 언어로 표현한 시인으로 평가되고 있다. 초현실주의적인 자신의 초기시들을, '비대상 시'로 명명하면서 독자적인 시론을 펼쳤던 그은 최근 들어 선불교에 관심을 기울이게 되면서 시세계 전반에서 큰 변화를 보여주고 있다.

> 신 새벽 뒷골목에
> 네 이름을 쓴다 민주주의 여
> 내 머리는 네 이름을 잊은지 오래
> (…중략…)
> 타는 목마름으로
> 타는 목마름으로
> 민주주의여 만세
>
> — 김지하, 「타는 목마름으로」에서

전남 출신 시인 작품론 『우리 시대의 시인 읽기』(신덕룡 편, 시와사람사, 2000)에서 자세히 논의되고 있는 김지하 시인의 작품이다. 그는 전남 출신이지만 강원도 원주로 이주, 그곳에서 서울대학교를 다니고 또 생애의 대표작을 썼던 시인이다. 『시인』지에 「황톳길」 등의 작품을 발표하면서 등단하여(1969년), 시집 『황토』(1970), 『오적』, 『타는 목마름으로』(1982), 『애린』 등의 문제작을 냈고, 최근 시집 『시 300』을 발간하고 있다. 박경리 선생의 사위로서 현재 원주에 살고 있는 그는 산업화 시대의 대표적인 시인 중의 하나이다.

산업화시대는 현대사회에 빛과 그늘을 동시에 던져 주었던 시대이다. 당시 시인, 작가들은 산업사회의 문제들을 다각도로 이해하면서 그들의 다양한 문학 형식 속에 수용하고자 하였다. 현대시의 주요 업적들이 그 시대에 이루어져 왔음은 잘 알려져 있는 사실이다. 이 시기에 많은 작품을 발표한 강원도 시인으로 이승훈, 김지하 외에 『어부 김판수』, 『내 몸이 동굴이다』 등 여러 시집을 낸 박기동, 『먹황새 울음 소리』로 대표되는 이언빈, 최승호, 박세현(1983년 『문예중앙』 신인상으로 등단. 시집 『꿈꾸지 않았던 자의 행복』, 1987 / 『정선 아리랑』, 1991 등이 있음), 고형렬, 이상국, 고진하(1987년 『세계의 문학』으로 등단. 『지금 남은 자들의 골짜기엔』, 1990., 『프란체스코의 새들』, 1993 등 시집이 있음), 이성선 등을 거론할 수 있겠다. 그 중에서 이성선(『문화비평』, 1970, 『시문학』, 1972에 작품 발표로 등단)은 『시인의 병풍』(1974), 『하늘 문을 두드리며』(1977), 『몸은 지상에 묶여도』(1979), 『별까지 가면된다』(1988), 『절정의 노래』, 『벌레 시인』 등 여러 권의 시집을 낸 시인이다. 자연 그대로의 삶에 대한 욕망, 불교적 사유는 그의 창작의 중요한 원동력이다. 그는 인식을 배제한 순수한 대자연을 노래하고자 하는데, 그의 후기시들은 그 가능성을 증명해 보여주고 있다. 고향의 설악산을 좋아했던 그는 강원도의 대표적인 자연파 시인이다(최명길 시인도 이와 다른 차원에서 자연을 탐구하고 있는 시인이라 할 수 있다). 이들 중에서 최승호와 이상국의 시작품은 특히 거론할만하다.

춘천 출신 최승호는 『대설주의보』, 『고슴도치의 마을』(1985), 『진흙소를 타고』(1987), 『세속도시의 즐거움』(1990) 등 여러 권의 시집을 통해 당시 독자들의 주목을 받았던 시인이다. 황지우, 최승자, 이성복, 김용택 등의 시인들과 함께 그는 80년대의 가장 중요한 시인 중의 하나로 평가되고 있다. '김수영문학상'을 비롯한 많은 문학상을 수상한 그의 시들은 간단히 요약하기는 어렵지만, 대체로 도시적 욕망과 삶의 온전함을 잃어버린 도시적 삶에 대한 '관찰시'라 할 수 있다. 춘천에 머물다가 현재 서울의 숭실대 문창과에서 학생들을 가르치고 있는 시집 『아무것도 아니면서 모든 것인 나』
(2003)를 내면서 지금까지와는 다른 시를 모색하고 있다. 잃어버린 자연의
재발견, 마음의 자연스러운 흐름, 기억의 회복과 활달한 언어 표현, 삶에 대
한 긍정적 태도 등은 그이 최근시가 보여주는 중요한 특성이다. 최근 시집
에 실린 시 「여울에서」 인용—

> 물 아래 꾸물거리는
> 물여우는 늙어서
> 물 위의 물여우나비가 되지만
> 나는 시의 허물이나 되는 것일까
> (…중략…)
> 출렁이는 거울 속으로 걸어가는 것처럼
> 눈부신 여울을 건너가는 대낮에
>
> 흘러가는 것은 나
> 나를 건너가는 것은 여울물인가

　양양 출신인 이상국(1976년 『심상』지를 통해 등단)은 강원도 동북부 속초지
방을 중심으로 한 삶의 현장에서, 일상적 삶과 생활 주변 사람들 이야기,
자연과 풍경 등을 시적으로 수용, 이를 독창적인 일상어로 표현, 노래하고
있는 현역 시인이다. 그의 스타일은 백석, 이용악 등의 이야기 시의 전통을
연상시키면서도 그가 쓴 시들은 고향의 정서와 지역 주민들의 삶의 진실을
생생하게 표현하고 있다는 평가를 받고 있다. 『동해별곡』(1985), 『우리는 읍
으로 간다』(1992), 『집은 아직 따뜻하다』(1998), 『어느 농사꾼의 별에서』
(2005) 등의 시집이 있다. 그는 백석 문학상을 수상하였고 현재 『유심』지 주
간으로 활동하고 있다. 그의 작품들은 80년대의 현실주의 시의 흐름의 일
부를 이루고 있는데, 이 방면의 대표적인 시인이라 할 수 있다. 최근작들에
서 그의 선불교에 대한 관심이 강하게 나타나 있다. 그의 시는 강원도 동북

부의 지역성에 바탕을 두고 있지만 지역성을 넘어 보편성을 구현하고 있다. 「국수가 먹고 싶다」, 「선림원지에 가서」, 「어느 농사꾼의 별에서」, 「기러기 가족」 등의 작품에 그의 시적 역량이 잘 드러나 있다.

> ─아버지 송지호에서 좀 쉬었다 가요.
> ─시베리아는 멀다.
> ─아버지, 우리는 왜 이렇게 날아야 해요?
> ─그런 소리 말아라. 저 밑에는 날개도 없는 것들이 많단다.
> ─「기러기 가족」

강원도 동북부 지역은 청호동과 같은 실향민 마을이 있는 관광지로서, 다른 지역과 다른 독특한 분위기가 있는 곳이다. 이곳은 이상국 시의 고향일 뿐 아니라 고형렬 시인의 시적 고향이기도 하다(해남 출신인 그는 이 지역에 이주하여 많은 시를 썼음). 고형렬의 『사진리 대설』, 『대청봉 수박 밭』 등의 시집은 그 분위기, 정서면에서 이 지역에 깊이 뿌리내리고 있는 시집이라는 점을 덧붙여 둔다.

4. 우리 시대, 한국 문단 속의 강원도 시인들

1990년대를 일러 흔히 정보화 시대, 세계화 시대라 하지만, 한국현대시의 눈으로 보면, 시단 전체에 큰 변화가 일어난 시대이다. 새로운 감성의 시인들이 등장하고 이들의 새로운 창작활동과 전 세대 시인들의 활동이 맞물리고 공존하는 가운데 문단 전체의 분위기에 적지 않은 변화가 일어났다. 소설 쪽에서 신경숙, 윤대녕, 성석제, 전경린 등의 작품 활동이 이 변화의 중요한 지표의 하나였다고 한다면, 시 쪽에서는 장정일, 최영미, 유하 등의 경쾌하고 감각적인 작품들이 당시 시단의 어떤 새로운 분위기를 대변하고 있었다고 볼 수 있다. 그리고 이러한 변화는 현재에도 지속되고 있다.

우리 시대의 시인들을 이 자리에서 일일이 지적할 필요는 없을 것이다. 한 가지 분명한 것은 있다. 문학에서 중요한 것은 여전히 작품이라는 사실, 그것이다. 어느 분야 일이든 제대로 하려면 적어도 20년 이상의 시간이 필요하다는 이야기도 있다. 시의 새로움이 곧 그 작품의 질을 말하는 것은 아니다(위대한 작가들을 보면 그의 생애의 작품들은 대개 40대 이후에 이루어졌다). 우리 시대의 시인을 말할 때도 이런 점을 염두에 두어야 하리라.

우리 시대, 한국 문단속의 강원도 시인들은 누구일까. 작고한 분을 제외한 지금까지 언급한 모든 강원 시인들이 바로 그들이라고 할 수 있다. 이들은 여전히 현역 시인이다. 여기에 몇몇 시인을 덧붙여보기로 할 때, 박용하, 함성호, 김홍섭, 김선우, 김창균, 김남극 등의 시인을 우선적으로 거론해야 할 것이다. 현재 4,50대에 이른 이들은, 당시는 물론 현재에도 가장 왕성하게 작품 활동을 하고 있는 강원 시인이다. 많은 독자층을 확보하고 있는 시인이기도 하다.

우선, 박용하, 함성호 두 시인은 모두 '21세기 전망'(1990 결성) 동인이다. 진이정(춘천 출신, 시집 『거꾸로 선 꿈을 위하여』가 있음), 함성호(고성군 출신), 박용하(강릉출신), 함민복(시집 『자본주의와의 약속』, 『모든 경계에는 꽃이 핀다』 등), 유하(시집 『바람 부는 날이면 압구정동에 가야 한다』, 『천일마화』 등) 등 독자에게 친숙한 90년대의 대표적 시인들이 모두 이 동인의 회원이다.

박용하는 1989년 『문예중앙』 신인상이 되어 등단한 시인으로서, 『나무들은 폭포처럼 타오른다』, 『바다로 가는 서른 세 번째 길』, 『영혼의 북쪽』, 『견자』(2007) 등의 시집과 산문집 『오빈리 일기』를 간행하였다. 그의 시들을 읽어보면 그가 부드러움과 격정을 동시에 간직한, 개인적 삶과 사회적 삶 모두를 아우르고자하는 패기 있고 진지한 시인임을 알 수 있다. 최근의 그의 작품을 보면 언어 표현과 테마 양면에서 원숙함이 감지된다(현재 양평에 거주하면서 시와 산문을 쓰고 있음). 함성호는 1990년 『문학과 사회』로 등단하여, 『56억 7천만년의 고독』, 『성 타즈마할』, 『너무 아름다운 병』 등의 시집과 산문집 『허무의 기록』(티베트 기행)을 냈다. 건축가, 건축평론가를 겸하고 있는 함성호 시인의 초기시들은 실험적 특성이 강하게 나타나 있지만, 제2시집 이후의 작품들은 인간의 조건에 대한 깊은 통찰에서 우러나는, 시간의 깊이가 느껴지는 독창적인 서정시를 지향하고 있다.

이홍섭('90년 등단)은 『강릉, 프라하, 함흥』(1998), 『숨결』(2002), 『가도가도 서쪽인 당신』(2005) 등 세권의 시집을 출판하였고, 김창균(96년 등단)은 『녹슨 지붕에 앉아 빗소리 듣는다』, 『먼 북쪽』(2009) 등 두 권의 시집을 냈다. 김남극(2003년 『유심』 문학상으로 등단)은 첫 시집 『하루밤 돌배 나무 아래서 잤다』(2008)을 내면서 주목받고 있는 시인이다. 이들은 시는 모두 뛰어나며 한국시가 도달하고 있는 수준을 잘 대변해주고 있다. 그 두 시인의 시 한 대목씩 인용해둔다.

> 문득, 내 마음의 독방에
> 환하게 비가 내린다
>
> 문득, 문득, 그대를
> 눈으로 만질 때보다
> 손으로 만질 때의 사랑
>
> 그런 천국이
> 노동의 수공업이
> 만져지는 집이 있다
>
> 내게도 아직 시작되지 않은 수난이…
> 남아 있다는…
>
> 이 고요한 떨림이 흐르는
> 9월 저녁에
>
> —박용하, 「눈오는 아내」에서

소나무는
자신의 죽음 직전
전에 없이 많은 솔방울을 밀어올린다는데
그 직전의 안간힘이 눈물 겹다
저 순한 솔방울에게도
무슨 돌림병 같은 게 왔다갔나
최씨가 살던 집 뒤뜰 소나무 한그루
빼곡이 솔방울 매달았다
(…중략…)
처마를 바라보는 올망한 눈에
새벽밥 지으러 나온 홀아비의
둥근 등을 내려다보던 눈매에
겨울비가 또 내려 덮인다

―김창균, 「필생」에서

시는 남성의 전유물이 아니다. 한국 시단에는 여성 시인이 적지 않고 강원도의 경우도 그렇다. 90년대의 문학적 특성의 하나는 여성 시인들의 활동이 눈에 띄게 증가했다는 점인데. 김선우(강릉출신)는 그런 문학적 분위기에서 성장하여 시인으로서 큰 성공을 거둔 시인이라고 할 수 있다. 그녀는 1996년 『창작과 비평』으로 등단하여 현재 가장 활발한 작품 활동을 벌이고 있는 현대 시인 중의 하나이다. 김영철, 나희덕, 안도현 등 함께 '시힘' 동인의 멤버 중의 하나지만, 이들과 뚜렷이 구분되는 독자적인 언어, 화법, 주제, 세계를 구축하고 또 이를 꾸준히 발전시키고 있는 우리 시대의 독창적인 시인 중의 하나이다. 『내 혀가 입속에 갇혀 있길 거부한다면』(2000), 『도화 아래 잠들다』(2003), 『내 몸 속에 잠든 이 누구신가』(2007) 등 몇 권의 시집을 냈고 현대문학상을 수상하였다. 시집 외에 『바리공주』(동화, 2003), 『물 밑에 달이 열릴 때』(2002), 『김선우의 사물들』(2005), 『우리 말고 누가 이 밥 그릇에 누웠을까』(2007) 등의 산문집, 『나는 춤이다』, 『캔들 플라워』 등 두 권의 소설을 썼다.

현대문학상을 비롯해 여러 문학상을 수상했다. 그녀의 시는 여성의 몸에서 나오는 시이다. 개인감정과 가족, 사회를 아우르는 큰 시인이다. 그녀는 우리시대 가장 왕성한 시인 중의 하나이다.

> 법당 앞 고즈넉이 서 있는 상층 석탑
> 금 간 탑신 아래 주먹만한 벌집이 매달려 있었네
> 천년 세월 들꽃은 피고지고
> 벌집 속으로 무심하게 드나드는 달마들
> 선남선녀 옷자락이 하염없이 스쳐가네
>
> 이 뭣꼬!
> 부처를 범했더니 저기 내가 있네
>
> —김선우, 「벌집 속의 달마」

5. 강원 문학의 현주소와 전망

강원도 시인은 몇 가지 유형으로 나누어 볼 수 있다 이른바 출향 시인, 이주한 시인, 고향을 지키고 있는 시인 등이 그것이다. 그러나 이런 분류는 이해의 편의를 도모하기 위함일 뿐, 시인은 그저 시인일 뿐이다. 지금까지 개관해온 모든 시인들은 한국 시인이자 강원도 시인이다. 이들의 작품이 있었기 때문에 한국 시가 더욱 빛을 발하고 있다는 사실은 굳이 지적할 필요는 없을 것이다.

지금까지의 개관에서 드러나고 있듯, 한국현대시의 일부로서의 강원지역 시는 바야흐로 그 개화기를 거치면서 이제 그 전성기에 접어들고 있다고 보아도 틀린 말이 아니다. 그 문학적 수준은 바로 한국시의 전체의 수준을 대변해 주고 있다. 그리고 이런 현상을 당분간 지속될 것이라고 전망된다.

특히 강원도 젊은 시인들의 시적 열정은 이제 막 그 개화를 보고 있는 단계에 있다. 예를 들면 박용하, 김선우, 김창균, 김남극 등의 시인들 경우만 해도 이들이 지금까지 자신들이 쓰고 싶은 것, 노래하고 싶은 것을 다 표현했다고는 생각되지 않는다. 오히려 그 반대이다. 따라서 강원 시의 내일은 밝다는 결론을 내릴 수 있다.

현대시 100년의 역사 속에서 강원 지역 시인들의 자신의 역할을 충실히 감당해왔다. 개인의 주관성과 지역성을 넘어섬으로써 한국시의 보편성에 이를 수 있었다. 모든 시는 지역적 특수성에 바탕을 두고 있으면서 그 특수성을 넘어서고자 한다. 강원도 문학 지도가 새롭게 작성되어야 할 시점이 와 있다.

‖ 참고문헌

오세영 외, 『한국현대시사』, 민음사, 2007.
유종호, 『한국근대시사』, 민음사, 2011.

교과서에 수록된 이청준 문학의 양상

최 창 헌

1. 들어가며

이청준은 1965년 『사상계』에서 단편 <퇴원>이 신인문학상을 받은 이후 꾸준한 작품 활동을 한 작가이다. 그에 대한 연구[1]는 창작 기법, 소설로 쓴 소설론, 작가 의식, 인물, 낙원의식과 귀향, 기법 면에서 알레고리와 아이러니에 초점을 둔 연구가 있다. 이청준은 지적이고[2] 난해한[3] 작가라는 평(評)이 있다. 이청준이 지적인 작가로 불리는 이유[4]는 그가 경험 세계에서 체

---

1) 이묘우, 「이청준 소설 연구—소설 속에 나타난 창작 방법론을 중심으로」, 명지대학교 박사학위논문, 2005, 12~19면.
2) 권영민, 『한국현대문학사2』, 민음사, 2003, 233면.
3) 독자는 작가가 말하고자 하는 바를 이해하기 위해서 고도의 관념적 추론의 과정을 거치며 읽어 내려 가야한다. 게다가 화자 자체가 집요할 정도로 논리적이기 때문에 독자로서 이를 따라가는 것도 쉽지 않다. 고도의 집중력을 요하는 독서 행위에도 불구하고 주인공이 끊임없이 던지는 문제들과 비일상적인 사건들과 부딪치면서 독자들은 당황스러울 때가 많다.(이정숙, 「제의성과 정치성 그리고 이율배반의 메카니즘」, 『이청준 소설 벽 허물기 열두 마당』, 한성대학교 출판부, 2007, 25면.)
4) 김현, 「이청준에 대한 세 편의 글」, 『문학과 유토피아』, 문학과지성사, 2000, 237면.

험한 여러 가지 것들을 전체적으로 조립함으로써, 개별적인 의미에만 집착하지 않고 전체성 속에서 그 개별적인 것들의 의미를 파헤치려 하고 있다는 의미이다.

학교 교육에서 지적이면서 난해한 작가를 수용하고 어떻게 배치하는가를 살피는 작업은 흥미 있는 일이다. 이청준의 <매잡이>가 5차 교육과정『문학』교과서에 처음 실렸다. 교육과정의 변천에 따라, 이청준의 교과서 수록 작품 수는 꾸준히 증가했다. 7차 교육과정까지는 주로 소설 작품이 교과서에 선정 수록되었고 2007 개정 교육과정부터 교과서 수록 작품 수 증가와 장르의 확대를 보인다.

국어과의 연구는 교육과정,[5] 교수학습,[6] 교육자료(교과서),[7] 문학 교육의 정전에 대한 논의[8] 등으로 대별(大別)해 볼 수 있다. 이러한 구분은 엄격하게 구획되는 것이 아니라 서로 상관성을 지닌다.

본 논문은 중·고등학교『국어』·『문학』교과서에 수록된 이청준 문학 작품을 중심으로, 교과서에 드러난 여러 가지 양상을 살펴보고자 한다.

---

5) 손영애,「국어 교육 과정 연구사」,『국어교육론1』, 한국문화사, 2005.

6) 서혁,「국어 교수 학습 변천사」,『국어교육론1』, 한국문화사, 2005.

7) 김혜정,「국어 교육 자료 변천사」,『국어교육론1』, 한국문화사, 2005 ; 서준섭,「한국 정부 수립 후 고등학교 국어 교재에 나타난 국가주의와 민족문화 창조론」,『국어교육』No.128, 한국어교육학회, 2009.

8) 송무,「문학교육의 '정전' 논의」,『문학교육학』제1호, 한국문학교육학회, 1997 ; 고규진,「다문홧대의 문학정신」,『독일언어문학』제23집, 독일언어문학회, 2004 ; 김혜영,「현대문학 정전 재검토」,『문학교육학』제25호, 한국문학교육학회, 2008 ; 박인기,「문학교육과 문학 정전의 새로운 관계 맺기」,『문학교육학』제25호, 한국문학교육학회, 2008 ; 유성호,「문학교육과 정전 구성」,『문학교육학』제25호, 한국문학교육학회, 2008 ; 김동환,「교과서 속의 이야기꾼, 김유정」,『김유정학회 제1회 발표 논문집』, 김유정학회, 2011.

2. 『국어』・『문학』 교과서 속의 이청준 문학

국어과 교과서는 크게 국정 교과서와 검인정교과서로 나뉜다. 국어교과서는 1~7차까지 국정 교과서이고, 2007 개정 교육과정부터 검인정 체제로 변한다. 그리고 『문학』 교과서는 5차 교육과정부터 검인정 체제이다.[9] 5차 교육과정 『문학』 교과서의 취지를 다음에서 살펴볼 수 있다.

> 1990년부터 시행되는 새 교과 과정에서는 종래의 '고전 문학'과 '현대 문학'이 '문학'이라는 하나의 과목으로 통합되는 동시에 국어과 안에서의 비중 또한 매우 커지게 되었다. 새 교과 과정은 문학을 전체적으로 파악하는 안목을 중시하고, 고전 문학과 현대 문학을 통일적인 시야에서 이해, 감상하도록 하는 데에 기본 취지를 두고 있다.[10]

인용문은 4차 교육과정에서 『현대 문학』과 『고전 문학』으로 구분되었던 것이, 5차 교육과정에서 『문학』으로 통합된 의의를 설명한 글이다.

이청준 소설이 교과서에 수록되기 시작한 시기는 5차 교육과정부터이다. 고등학교 『문학』 교과서에 <매잡이>가 실렸다. 6차 교육과정 『국어』 교과서에는 <선학동 나그네>, 『문학』 교과서에는 <침몰선>, <병신과 머저리>, <줄>이, 7차 교육과정의 『국어』 교과서는 <눈길>, 『문학』 교과서 <해변 아리랑>, <서편제>, ≪서편제≫(영화 각본), <매잡이>, <건방진 신문팔이>가, 2007 개정 교육과정의 중학교 『국어』 교과서[11]에 <선생님의 밥 그릇>, <키 작은 자유인>, <일생을 갚아야 하는 빚>, <이야기 서리

---

9) 4차 교육과정에서의 국어과 교과서는 국어 I 과 국어II(현대문학, 작문, 고전문학, 문법)로 구분되었다.

10) 김흥규, 『고등학교 문학―교사용 지도서』, 1990, 한샘, 1면.

11) 3학년 교과서는 조사 대상에서 제외되었다. 3편 이상 작품이 수록된 작가와 작품은 다음과 같다. 4편 : 이청준, 3편 : 황순원(<독 짓는 늙은이>, <소나기>, <학>) 그리고 하근찬의 <수난이대>가 단일 작품으로 출판사 8곳에 수록되었다.

꾼>이 수록되었고, 그리고 고등학교『국어』교과서12)에 <눈길>, <선학동 나그네>, ≪서편제≫, <삶으로 맺고 소리로 풀고>이 수록되었다. 2009 개정 교육과정의『문학』교과서13)에 <눈길>, <당신들의 천국>, <소문의 벽>, <매잡이>, <병신과 머저리>, <줄>, <그곳을 다시 잊어야 했다>가 수록되었다.

　위의 내용을 표로 정리하면 다음과 같다.

[표 1] 교육과정별 교과서에 수록된 이청준 작품 목록14)(표에서 (*)은 영화 각본을 가리킴.)

| 교육과정 | 중학교 | | 고등학교 | | | |
| | 국어 | | 국어 | | 문학15) | |
	작품	출판사	작품	출판사	작품	출판사
5차					<매잡이>	한샘 (구인환)
6차			<선학동 나그네>	국어(하)	<침몰선>	동아(상)
					<병신과 머저리>	한샘(상)
						천재(하)
					<줄>	금성(상)

---

12) 3편 이상 작품이 수록된 작가와 작품은 다음과 같다. 4편 : 이청준, 3편 : 김유정(<동백꽃>, <봄·봄>, <금 따는 콩밭>), 박완서(<그 많던 싱아는 누가 다 먹었을까>, <꽃 출석부>, <나목>), 윤흥길(<무지개는 언제 뜨는가>, <아홉 켤레의 구도로 남은 사내>, <장마>), 이문구(<우리 동네>, <유자소전>, <관촌 수필>), 최인훈(<구운몽>, <춘향뎐>, <광장>) 그리고 채만식의 <태평천하>가 단일 작품으로 출판사 6곳에 수록되었다.

13) 작품이 수록된 작가는 73명이다. 그 중에 5편 이상 작품이 수록된 작가와 작품은 다음과 같다. 8편 : 박완서(<엄마의 말뚝1>, <꿈꾸는 인큐베이터>, <아저씨의 훈장>, <그 많던 싱아는 누가 다 먹었을까>, <부끄러움을 가르칩니다>, <해산 바가지>, <나목>, <우황 청심환>) 7편 : 이청준, 5편 : 황석영(<개밥바라기별>, <장길산>, <삼포 가는 길>, <한씨 연대기>, <객지>), 황순원(<이리도>, <학>, <너와 나만의 시간>, <카인의 후예>, 독 짓는 늙은이>) 그리고 영상섭의 <만세전>·이광수의 <무정>·최인훈의 <광장>이 단일 작품으로 출판사 6곳에 수록되었다.

14) 연구자가 확인한 범위에서 연구 대상으로 하였으며, 정확한 전수 조사와는 오차가 있을 수 있다. 이후 표에서 구체적인 교과서 저자 및 출판사는 생략하고, 참고 문헌에서 이청준 작품이 수록된 목록을 작성한다.

15) 문학 교과서는 5차 8종, 6~7차는 18종, 2009 개정 교육과정 13종이다.

<table>
<tr>
<td rowspan="5">7차</td>
<td rowspan="5"></td>
<td rowspan="5"></td>
<td rowspan="5"><눈길></td>
<td rowspan="5">국어(하)</td>
<td><해변 아리랑></td>
<td>민중(상)</td>
</tr>
<tr>
<td rowspan="2"><서편제></td>
<td>민중(상)</td>
</tr>
<tr>
<td>교학사(상)(*)16)</td>
</tr>
<tr>
<td><매잡이></td>
<td>대한(상)</td>
</tr>
<tr>
<td><건방진 신문팔이></td>
<td>블랙(상)</td>
</tr>
<tr>
<td rowspan="5">2007 개정</td>
<td><선생님의 밥그릇></td>
<td>두산동(1-1)</td>
<td><삶으로 맺고 소리로 풀고></td>
<td>미래엔컬(상)</td>
<td rowspan="5" colspan="2">● 17)</td>
</tr>
<tr>
<td><키 작은 자유인></td>
<td>비상교(1-1)</td>
<td><눈길></td>
<td>미래엔컬(상)</td>
</tr>
<tr>
<td><일생을 갚아야 하는 빚></td>
<td>교학사(1-1)</td>
<td><선학동 나그네></td>
<td>해냄에듀(상)</td>
</tr>
<tr>
<td rowspan="2"><이야기 서리꾼></td>
<td rowspan="2">미래엔컬 (1-2)</td>
<td rowspan="2">≪서편제≫(*)</td>
<td>두산동아(상)</td>
</tr>
<tr>
<td>더텍스트(상)</td>
</tr>
<tr>
<td rowspan="8">2009 개정 18)</td>
<td rowspan="8" colspan="4">● 19)</td>
<td><눈길></td>
<td>천재문 I</td>
</tr>
<tr>
<td rowspan="2"><당신들의 천국></td>
<td>미래엔 II</td>
</tr>
<tr>
<td>지학사 I</td>
</tr>
<tr>
<td><소문의 벽></td>
<td>천재교 I</td>
</tr>
<tr>
<td><매잡이></td>
<td>신사고 I</td>
</tr>
<tr>
<td><병신과 머저리></td>
<td>비상 I</td>
</tr>
<tr>
<td><줄></td>
<td>교학 I</td>
</tr>
<tr>
<td><그곳을 다시 잊어야 했다></td>
<td>두산 II</td>
</tr>
</table>

16) 영화 '서편제' : 임권택 감독이 소설 「서편제」를 1993년 영화로 제작하여 제 31회 대종상 시상식에서 최우 작품상을 수상하였으며, 한국 영화사상 관람객 100만이 넘는 미증유의 흥행 기록을 세운 영화이다. 각본은 김명곤이, 촬영은 정일성이, 음악은 김수철이 맡았다. 주연은 오정해, 김명곤, 김규철 등이 맡았다. (교학사(상), 293쪽.)

17) 2007 개정 교육과정의 진행 과정에서 2009 개정 교육과정이 고시되어, 2007 개정 교육과정의 『문학』 교과서는 편찬되지 않았다.

18) 교육과학기술부 고시 제2009-41호. 2009년 12월 23일에 고시된, 국어과 과목은 『화법과 작문 I · II』, 『독서와 문법 I · II』, 『문학 I · II』로 편성되었다.

19) 2007 개정 교육과정의 진행으로, 2009 개정 교육과정 중·고등학교 『국어』 교과서는 편찬되지 않았다. 2009년 12월 23일에 고시된, 2009 개정 교육과정에 따라 『문학』 교과서가 편찬되었다. 2009 개정 교육과정에 따른 『문학』 교과서는 2012년부터 학교 현장에서 선택되어

교과서에 수록된 이청준의 작품은 소설, 수필, 동화, 영화 각본(이청준 원작) 등 다양하게 분포하고 있다. 작품 수는 총 18편이다. 그 중에 소설 14편, 수필 2편, 동화 1편, 영화 각본(이청준 원작)인 ≪서편제≫ 1편이 세 곳의 출판사에 수록되었다.

교육과정기로 편수를 나누어 보면 5차 1편, 6차 4편, 7차 6편(영화 각본 1편포함), 2007 개정 8편(소설 4편, 수필 2편, 동화 1편, 영화각본 1편포함), 2009 개정 7편이다.

2007개정 교육과정에서 중·고등학교『국어』교과서가 국정에서 검인정 체제로 변화 되었다.[20] 또한 2009개정 교육과정에서『문학』교과서가 18종에서 13종으로 줄었다. 중·고등학교『국어』교과서 수는 늘었고, 고등학교『문학』교과서는 준 것이다.

이러한 변화에서 세 가지 특징적인 현상을 발견할 수 있다. 첫째, 2007 개정『문학』2009 개정 중·고등학교『국어』교과서가 편찬되지 않았음에도 불구하고, 이청준 작품의 교과서 수록 편수가 증가하였다. 둘째, 7차에서 2007 개정으로 변화되는 시점에서 수록 편수뿐만 아니라 장르의 확대가 눈에 띈다. 7차까지는 이청준의 작품이 소설에 한정되어 있었으나[21] 2007 개정에서 소설, 수필, 동화, 영화 각본으로 문학 장르가 확대되었다. 셋째, 이청준 작품은 교육과정이 바뀌면서 고등학교에서 중학교 교과서로, 학교 급별 적절성에 대한 판단이 옮겨가고 있다. 문학 연구에서 이청준은 지적인 작가, 관념적인 작가로 평가 되고 있다. 이러한 평가에도 중학교 교과서에 이청준 작품이 수록되는 것은 학교 급별 작품의 적절성 변화를 알 수 있다. 중학교 1학년 1학기에 소설 <선생님의 밥그릇>, <키 작은 자유인>, 수필 <일생을 갚아야 하는 빚>이 수록 되었고, 1학년 2학기에 동화 <이야기

교재로 사용된다.
20) 중학교 1학년 23종·2학년 15종·3학년 12종, 고등학교 16종이다.
21) 7차에서 영화 각본 '서편제'(이청준 원작)가 교학사(상)에 실렸다.

서리꾼>이 수록되었다.

다음으로 교과서에 수록된 이청준 작품의 발표 연도와 장르를 표로 제시하면 다음과 같다.

[표 2] 교과서에 수록된 이청준 작품의 발표순서와 장르[22]

년도	작품	장르
1966	<병신과 머저리>, <줄>	소설
1968	<침몰선>, <매잡이>	소설
1972	<소문의 벽>	소설
1974	<건방진 신문팔이>	소설
1976	<서편제>, <당신들의 천국>	소설
1977	<눈길>	소설
1979	<선학동 나그네>	소설
1985	<해변 아리랑>	소설
1990	<키 작은 자유인>	소설
1991	<이청준 論－삶으로 맺고 소리로 풀고>	수필
1993	≪서편제≫	영화각본(이청준 원작)
1997	<할미꽃은 봄을 세는 술래란다－이야기 서리꾼>	동화
2000	<선생님의 밥그릇>	소설
2004	<이청준의 인생－일생 갚아야 하는 빚>	수필
2007	<그곳을 다시 잊어야 했다>	소설

이청준 작품이 처음 교과서에 수록된 것은 5차 교육과정 『문학』 교과서 (1990)[23] <매잡이>이다. 구인환은 "Ⅳ. 한국 문학의 역사적인 흐름－5. 현대 문학의 흐름"에서 '현대 소설은 손창섭(孫昌涉), 김성한(金聲翰), 장용학(張龍

---

22) 발표 연도는 이청준 문학 전집 "열림원"의 작품 발표 연도를 따랐고, "열림원" 전집에 없는 소설, 수필과 동화는 수록 단행본의 출판 연도를 따랐다.

23) 구인환, 『문학』, 한샘교과서, 1990, 387면. 문학 교과서 차례는 'Ⅰ. 문학의 본질과 유형, Ⅱ. 한국 문학의 이해와 감상, Ⅲ. 한국 문학의 특성과 정통성, Ⅳ. 한국 문학의 역사적인 흐름, Ⅴ. 세계 문학 속의 한국 문학'으로 구성되었다.

鶴), 오상원(吳尙源), 전광용(全光鏞), 이범선(李範宣), 하근찬(河瑾燦) 등의 전후 소설을 거쳐, 선우휘(鮮于輝), 서기원(徐基源), 이호철(李浩哲), 최인훈(崔仁勳), 구인한(丘仁煥), 이청준(李淸俊, 강조-인용자), 김승옥(金承鈺) 등이 새로운 경향을 보이고 있다. 또한 오영수(吳永壽), 한무숙(韓戊淑), 강신재(康信哉) 등이 순수성을 추구하는 소설을 보이고 황순원, 김동리, 안수길 등이 두드러진 작품 활동을 보이고 있다.'고 현대 문학의 새로운 양상에 대해 말하고 있다. 그리고 같은 책, "V. 세계 문학 속의 한국 문학-3. 세계 문학으로서의 한국 문학"에서 '이청준의 <이어도> 등에 나타난 한민족이 추구하는 이상향도 바로 창조적 변화'24)라고 평가하고 있다. 이러한 평가는 이청준의 작품 활동과 성과와 관계가 있다. 이청준의 데뷔작부터 1990년까지 그의 작품 활동과 주요 성과를 살펴보면 다음과 같다.25)

> 1965년 단편 <퇴원>으로 『사상계』 신인문학상
> 1967년 <병신과 머저리>로 동인문학상 수상
> 1969년 <매잡이>로 대한민국문화예술상 신인상 수상
> 1972년 단편 <석화촌>이 영화화되어 청룡영화제 최우수작품상 수상
> 1975년 중편 <이어도>로 한국일보 창작문학상 수상, 『씌어지지 않은 자서
>   전』이 일본 태류사(泰流社)에서 번역 출간
> 1978년 중편 <잔인한 도시>로 이상문학상 수상
> 1979년 단편 <살아 있는 늪>으로 중앙문예대상 예술 부문 장려상 수상
> 1981년 중편 <이어도>가 극화되어 극단 서울예술좌에서 공연
> 1986년 중편 <비화밀교>로 대한민국문학상 우수상 수상, <당신들의 천
>   국>이 미국 Cresent Publication에서 출간
> 1990년 <자유의 문>으로 이산문학상 수상

이청준 작품이 교과서로 진입하는 것은 이러한 현상과 무관하지 않다. 여러 문학상을 수상하고 작품이 영화, 연극으로 변화되고, 일본과 미국에서

---

24) 앞의 책, 395면.
25) 권오룡 외, 『이청준 깊이 읽기』, 문학과지성사, 1999, 작가연보 참고.

번역 출판된 것은 이청준 작품의 문학성이 인정되었음을 예시하는 것이다.26)

3. 이청준 문학에 대한 교과서 접근 양상

이청준 소설에 대한 교과서 내 접근 양상은 교과서에서의 작가 소개, 단원 편성에서 드러나는 양상, 교과서 비평 양상의 세 측면으로 살펴볼 것이다.

3.1. 『국어』·『문학』 교과서에서의 작가 소개

교과서에서의 작가 소개는 일종의 작가론적인 성격을 가지고 있다. 고등학교 『국어』 교과서는 6차 교육과정부터 작가 소개를 하고 있다. 『문학』 교과서는 4차 교육과정의 고전문학과 현대문학으로 분리될 때부터 작가 소개가 등장한다. 그리고 5차 교육과정의 문학 교과서는 4차 교육과정의 현대문학에서 작가 소개 형식을 이어 받는다. 그런데 교과서에 소개되는 작가 소개를 살펴보면, 매우 도식적이라는 인상을 받는다.27)

아래는 『국어』 교과서에 소개된 작가 소개이다.

> 이청준(1939~) : 1965년. 단편 '퇴원(退院)'이 '사상계 신인상'에 당선되어
> 등단. 그 후, 활발한 창작 활동을 보여 많은 작품을 발표하였다. 그의 작품들
> 은 주로 생활과 예술, 혹은 이상과 현실 사이의 갈등과 고민을 드러내는 데

---

26) 한국 문학전집에 이청준이 등장한 것은 소설문학대계(동아출판사, 1995)부터이다. (김혜영, 앞의 논문, 2008, 99면.)
27) 중학교 『국어』 교과서는 2007 개정 교육과정부터 작가 소개란이 있다.

관심을 보이고 있으며, 진실을 집요하게 추적하는 작가로서 독특한 작품 세계를 이루고 있다. 창작집으로 '별을 보여드립니다', '살아 있는 늪', '시간의 문' 등이 있다.

(6차, 『국어(하)』, <선학동 나그네>)

이청준(1939~)
소설가. 단편 '퇴원(退院)'으로 등단. 활발한 창작 활동을 통해 <u>토속적인 민간 신앙의 세계에서 산업 사회의 인간 소외, 지식인의 존재 해명, 전통적 정서의 문제 등에 이르기까지 다양한 탐색을 시도해 왔다.</u> 창작집으로 '별을 보여 드립니다', '살아 있는 늪' 등이 있고, 장편으로 '당신들의 천국' 등이 있다.

(7차, 『국어(하)』, <눈길>, 강조-인용자)

이청준(李淸俊, 1939~2008) : 소설가. 전남 장흥 출생. 주로 진실한 삶에 대한 바람과 그것을 추구하는 노력에 대한 작품을 많이 썼다. 소설집으로 "별을 보여 드립니다"(1971), "가면의 꿈"(1975), "예언자"(1977), "낮은 데로 임하소서"(1981), "자유의 문"(1989) 등이 있고, 동인 문학상 외 많은 문학상을 수상했다.

(2007 개정, 두산동아 『국어 1-1』, <선생님의 밥그릇>)

작가 소개의 양식은 작가의 생몰연대, 등단지 및 연도, 간략한 작품 경향, 주요작품이 공통적으로 설명된다. 그리고 출판사에 따라 출신지, 학력, 수상 내역이 첨가되는 정도이다.

그런데 작가 소개에 기술된 작품 경향이 단원 제재로 선정된 작품과의 연관성은 없어 보인다. 7차 교육 과정 『국어(하)』에는 작품 <눈길>이 수록되어 있다. <눈길>의 작품 경향과 인용 글의 강조 부분과는 거리가 있어 보인다. 이러한 경향은 아래의 7차 교육과정의 『문학』 교과서에도 동일하게 나타나는 문제점이다.

아래는 『문학』 교과서에 소개된 작가 소개이다.

이청준(李淸俊; 1939~) 소설가. 1965년 단편 '퇴원(退院)'이 <사상계(思想

界)> 7회 신인상에 당선되어 문단에 등단했다. 한때 편집에 종사했으나 집필에만 전념하여 많은 작품을 쓰고 있다. 현실과 이상의 차이, 그리고 그 속에서 일어나는 심리적 고통을 집요하게 추구하는 경향을 보인다. 대표작으로 '병신과 머저리'·'매잡이'·'석화촌(石花村)'·'이어도'·'등산기' 등 많은 작품이 있다.

(5차, 한샘교과서 『문학』, <매잡이>)

이청준(李淸俊; 1939~) 소설가. 전남 장흥(長興) 출생. 단편으로 '퇴원'(1965), '병신과 머저리'(1966), '과녁'(1967), '별을 보여드립니다'(1971), 중·장편으로 '매잡이'(1968), '원무(圓舞)'(1969), '당신들의 천국'(1974) 등이 있음.

(6차, 금성교과서 『문학(상)』, <줄>)

이청준(李淸俊; 1939~) 소설가. 전남 장흥(長興)출생. 1965년 '퇴원'으로 등단. 정치·사회적인 메커니즘의 횡포에 대한 인간 정신의 대결 모습을 주로 형상화하였다. 그렇기 때문에 그의 소설은 사실성보다는 상징적이고도 관념적인 성격이 강하게 나타난다. 「병신과 머저리」, 「당신들의 천국」, 「잔인한 도시」 등의 작품이 있다.

(7차, 민중서림 『문학(상)』, <서편제>)

고등학교 『문학』 교과서의 작가 소개는 중학교 『국어』 교과서의 작가 소개 틀에서 크게 벗어나지 않는다. 고등학교 『문학』이 국어과의 심화과목이라는 측면에서, 이러한 작가 소개는 너무 간략화 되어 있다. 교과서 구성의 한계를 감안하더라도, 이러한 기술 내용은 작품의 수용과정에 적극적으로 작용하기를 기대 했다기보다 장식적인 것에 가까운 쪽에서 조직되었음을 말해 준다.28)

교과서의 이청준 소개는 2007 개정 교육과정 고시 때까지 생존 작가라는 점에서, 2009 개정 교육과정에 따른 『문학』 교과서의 작가 소개와 비교할 수 있다. 이청준 사후의 교과서 작가 소개에 이청준 문학 연구가 반영되었는지를 가늠할 수 있다.

---

28) 김동환, 「교과서 속의 이야기꾼, 김유정」, 『김유정학회 제1회 발표 논문집』, 2011, 37면.

아래는 2009 개정 교육과정, 『문학』 교과서에 소개된 작가 소개이다.

이청준(1939~2008) 전남 장흥 출생. 1965년 "사상계" 신인 작품 모집에 단편 소설 '퇴원'이 당선되어 문단에 나왔다. 그의 작품에는 현실과 이상 사이의 갈등 속에서 일어나는 인간의 심리적 고통이 묘사되어 있으며, 경험적 현실을 관념적으로 해석하고 상징적으로 표현한 것이 많다. 주요 작품으로는 '눈길', '이어도', '당신들의 천국', '서편제' 등이 있다.

(교학코퍼레이션Ⅰ, <줄>)

이청준(李淸俊)_1939~2008_소설가
전남 장흥 출생. 1965년 "사상계"에 '퇴원'이 당선되어 등단하였다. 대표적인 1960년대 세대이면서도, 1970~1980년대에 이르기까지 자신의 세계를 갱신하고 넓혀 갔다. <u>그의 소설은 지적이면서도 관념적이지 않고, 세계의 불행한 측면들을 포착하면서도 그 이면을 냉정하게 응시하려 한다.</u> 대표작으로는 '병신과 머저리', '당신들의 천국', '이어도', '눈길', '시간의 문' 등이 있다.

(미래엔Ⅱ, <당신들의 천국>, 강조-인용자)

이청준(李淸俊, 1939~2008)
소설가. 1965년 "사상계"에 '퇴원'으로 등단. <u>현실을 관념적으로 해석하거나 정치·사회 현실의 횡포를 비판하는 경향이 강하다.</u> "병신과 머저리", "서편제", "당신들의 천국" 등의 작품이 있다.

(지학사Ⅰ, <당신들의 천국>, 강조-인용자)

이청준(李淸俊, 1939~2008)
소설가. 주로 인간 생활과 예술, 이상과 현실 사이의 갈등을 다룬 작품을 썼다. 주요 작품으로 '서편제', '당신들의 천국' 등이 있다.

(좋은책 신사고Ⅰ, <매잡이>)

이청준 1939~2008
전라남도 장흥 출생. 산업 사회의 인간 소외 문제, 지식인의 존재 해명 및 전통적 정서의 문제 등 다양한 주제를 다룬 작품을 썼다. 주요 작품으로 '매잡이', '소문의 벽', '이어도', '당신들의 천국', '병신과 머저리' 등이 있다.

(비상교육Ⅰ, <병신과 머저리>)

이청준(李淸俊, 1939~2008)

소설가. 1965년 "사상계" 신인 문학상 공모에 '퇴원'이 당선되어 등단하였다. 주로 인간다운 삶을 방해하는 사회적 억압의 실체를 탐구하거나 현실의 이면에 가려진 진실을 탐색하는 소설을 많이 썼다. 또한 한국인의 원초적인 정신세계와 보편적 정서를 드러내는 작품을 창작하기도 하였다. 대표작으로 '병신과 머저리', '서편제', '잔인한 도시', '당신들의 천국' 등이 있다.

(천재교과서Ⅰ, <소문의 벽>)

이청준(李淸俊; 1939~2008)

소설가. 전라남도 장흥 출생, 1965년에 "사상계" 신인상에 '퇴원'이 당선되어 등단하였으며, 동인문학상, 이상문학상, 대한민국 문학상 등을 수상하였다. 주요 작품집으로 "병신과 머저리"(1968), "어어도"(1974), "서편제"(1976), "따뜻한 강"(1968) 등이 있다.

(2009 개정, 천재문화『문학Ⅰ』, <눈길>)

이청준(李淸俊, 1939~2008)

전라남도 장흥 출생. 소설가. 1965년 "사상계" 신인상에 '퇴원'이 당선되어 등단. 대표작 '서편제', '이어도' 등을 발표하며 정치적·사회적인 메커니즘과 그 횡포에 대한 인간 정신의 대결 관계를 주로 형상화하였다. 그는 대표적인 1960년대 세대이면서도, 1970~1980년대에 이르기까지 자신의 세계를 갱신하고 넓혀 간 작가라는 평가를 얻고 있다. 주요 소설집으로 "별을 보여 드립니다"(1971), "당신들의 천국"(1976), "잔인한 도시"(1978) 등이 있다.

(두산동아Ⅱ, <그곳을 다시 잊어야 했다>)

2009 개정 교육과정 『문학』 교과서의 작가 소개는 형식, 작품 경향, 대표작의 선택 측면에서 살펴볼 수 있다. 첫째, 형식적인 면에서 앞선 교육과정과 큰 차이가 없다. 다만 작가의 생몰연대가 분명히 기록되었다. 둘째, 이청준의 작품 경향은 '상징과 관념'이라는 명사에 '~표현한 것이 많다', '~경향이 강하다', '~주로 형상화하였다' 등의 서술적 표현이 첨가되는 양상이다. 이러한 평가는 이청준 작품 경향의 '다양성'이라는 측면에서 제한적인

기술이다. 그런데 『미래엔Ⅱ』의 <당신들의 천국>에서 '그의 소설은 지적이면서도 관념적이지 않고'라고 하여, 같은 작품을 수록한 『지학사Ⅰ』과 다른 출판사의 소개와는 다른 면을 보이고 있다. 셋째, 주요 작품 혹은 대표작이라고 하면서 예를 든 작품에도 일관성이 없다. 출판사별로 일관적으로 든 작품은 <당신들의 천국>, <서편제> 정도이다.

작가 소개의 이러한 양상을 종합해 보면 이청준 문학에 대한 연구 업적이 교과서 작가 소개에 제대로 반영되었다고 볼 수 없다. 이는 앞선 교과서 내용을 그대로 답습한 것이다.

교과서 구성의 한계를 고려하더라도 그간의 연구 실적을 반영하여 이청준 작품의 경향과 그에 해당하는 작품을 기술하는 방식으로 변화되어야 한다.

3.2. 『국어』·『문학』 교과서에서의 단원 편성

실제 교과서의 체재를 보면 어떠한 작품이 선정되었는가보다는 어떻게 배치되는가가 작품의 위상을 자리매김하는 데 영향을 미치고 있다.[29] 어떤 소설이 교과서의 어떤 단원 속에 편제되어 있는가 하는 점은 교과서 저자들이 그 소설에 대해 어떤 가치를 부여하고 있는가와 맞물린다. 이러한 관점에서 작품을 문학사의 범주, 소설의 이해와 감상을 위한 범주, 문학의 수용과 창작에서 다루는 경우로 나눌 수 있다.

국어 교과서는 대단원과 소단원으로 구성된다. 그리고 소단원 내에서 학습목표, 단원 제재, 학습활동의 체제를 가지고 있다. 곧 문학작품은 학습목표, 학습활동과의 관계 속에서 기능적인 역할을 수행하게 된다. 문학 작품은 이러한 체제에 배치됨으로써 의미를 부여받는다.

특히 교과서의 학습활동은 학습목표와 제재를 연결하여 수행된 학습의

---

29) 김혜영, 앞의 논문, 106면.

결과를 확인하는 부분이라는 점에서 문학교육에서 추구하는 교육내용의 방향을 짐작할 수 있다.[30]

[표 3] 『국어』 교과서 수록된 작품의 학습활동(표에서 (*)은 영화각본을 가리킴.)

교육과정	학교급별	작품	학습활동	작품위치
6차	고등국어(하)	<선학동 나그네>	• 줄거리 요약 • 이야기 속의 사건들이 실제로 있을 것 같지 않은 일인데 그럴 듯하게 들리는 까닭 • '여자'와 '나그네'의 관계, 두 인물의 상징 • '소리'의 특징을 말한 대목 찾기 • 작품을 읽고 느낀 점	단원 제재
7차	고등국어(하)	<눈길>	• 효과적인 표현의 원리 • 문학적 표현의 효과와 방법 • 문학적 표현의 방법을 활용하여 자신의 정서를 효과적으로 표현	단원 제재
2007 개정	중학국어	<선생님의 밥그릇>	• 내용과 사건의 흐름을 고려, 줄거리 정리 • 이 소설에 나타난 정서와 분위기 파악	단원 제재
		<키 작은 자유인>	• 정서와 분위기를 감상하고, 편지 쓰기	선택 학습
		<일생을 갚아야 하는 빚>	• 소설에 나타난 네 가지 일화 정리 • '빚'에 대한 지은이의 생각, 지은이의 삶의 자세	단원 제재
		<이야기 서리꾼>	• 할아버지가 참외를 서리한 이유, 원칙 • 할아버지가 상황에 따라 다르게 말한 것을 찾아서 연결하기 • 소설 속 대화에서 특징 찾기	단원 제재
	고등국어	<삶으로 맺고 소리로 풀고>	• 작가가 고향에 대해 어떤 생각을 하고 있는지 말해보기	소단원 열기
		<눈길>	• 비평적 관점으로 '눈길'을 감상하고, 문학의 효용에 대해 토의하기 • 비평문 쓰기 • 이 소설이 주는 교훈에 대해 토의	단원 제재

---

30) 김혜영, 앞의 논문, 106~107면.

2007 개정	고등 국어	<선학동 나그네>	• 작품에 나타난 인물들의 처지 및 심리 알기 • '학'의 의미 이야기하기 • 비평문 쓰기	단원 제재
		≪서편제≫(*)	• 전통 공연 문화를 소재로 한 작품의 성격 • '서편제'가 전통과 계승이라는 측면에서 의미 설명하기 • 전통문화의 계승 방향 생각하기(판소리)	단원 제재
			• 화자와 청자(동호와 세월네)의 배경 지식 알기	학습 활동

[표 3]은 6차에서 2007 개정 교육 과정까지, 『국어』 교과서에 수록된 이청준 작품과 그에 해당하는 학습 활동 문제를 정리한 것이다.

중·고등학교 『국어』 교과서에 이청준 작품은 10편이 수록되었다. 소설 6편, 수필 2편, 동화 1편, 영화 각본(이청준 원작) 1편이다. 특히 2007 개정 교육과정에서 장르의 다양화와 수록 편수가 증가되었다.

교육 과정 변화에 따른 수록 빈도수를 보면, <선학동 나그네> 2회, <눈길> 2회, 그리고 다른 작품은 각 1회이다. 출판사의 작품 수록 빈도수를 보면, 영화 각본 ≪서편제≫(이청준 원작)가 두산동아(상)·더텍스트(상)에 수록되었다.

작품이 선정되어 수록된 위치를 보면, 주로 단원 제재로 선정되었다. 그러나 출판사에 따라 소단원 열기, 학습 활동, 선택학습[31] 등으로 배치되었다. 출판사 미래엔 컬처그룹(상)에서는 '소단원 열기'에서 작가가 고향에 대한 마음을 담은 수필을, 단원 제재로 <눈길>을 수록하였다. 이것은 소단원 <눈길>의 이해를 높이려는 의도로 보인다. 영화 각본 ≪서편제≫(이청준 원작)는 두산 동아(상)에서는 '단원 제재'로, 더텍스트(상)에서는 '학습활동'에

---

31) 출판사 비상교육 교과서의 체계는 '대단원 표지→단원의 창→소단원→선택 학습→단원의 마무리'로 구성되었다. 선택학습은 자기 점검을 통해 자신에게 필요한 활동을 스스로 선택하는 단원이다. <키 작은 자유인>은 정서와 분위기를 감상하고, 이를 형성하는 요소를 찾아보는 활동으로 수록되었다.

수록되었다. 두산 동아(상)에서 ≪서편제≫는 문학적 전통의 계승과 그 의미, 우리 전통 공연 예술인 판소리가 어떻게 수용되고 전승되었는지 알아보는 제재로 수록되었다. 더텍스트(상)에서 ≪서편제≫는 "상황에 맞는 표현"이라는 단원명에 수록되었다. ≪서편제≫는 장면의 정확한 이해를 위해서 화자와 청자가 함께 알고 있는 배경 지식을 알아보는 활동 제재로 수록되었다.

[표 3]의 『국어』 교과서 수록 작품과 학습 활동을 살펴보면, 2007 개정 교육과정에서 이청준 작품의 수록 작품수와 장르의 다양화가 두드러진다. 장르의 다양화는 국민 공통 기본 교육과정 문학의 내용 체계, '작품의 수용과 생산의 실제[시(시가), 소설(이야기), 극(연극, 영화, 드라마), 수필·비평)]'와 관계가 있다. 그리고 작품 위치에 따라 교육과정의 내용 체계 요소를 충족하고 있음을 알 수 있다.

[표 4] 『문학』 교과서에 수록된 작품의 단원 편성(표에서 (*)은 영화 각본을 가리킴.)

교육과정	작품	대단원명	중(소)단원명	작품위치
5차	<매잡이>	한국 문학의 이해와 감상	허구와 진실 (인물과 배경)	단원 제재
6차	<침몰선>	청소년과 문학	성장하는 청소년	단원 제재
	<병신과 머저리>	문학 작품의 이해와 감상	소설의 구성과 시점	단원 제재
		한국 현대 문학 작품의 이해와 감상	소설의 이해와 감상 (개인과 사회의 만남)	단원 제재
	<줄>	서사 문학의 이해	소설의 내용과 주제	단원 제재
7차	<해변 아리랑>	문학의 갈래와 문학 활동	소설의 발상과 표현	학습 활동
	<서편제>	문학의 수용과 창작	전통과 민족의 의미	단원 제재
		극 문학과 보여주기	극 문학의 수용과 창작(*)	단원 제재
	<매잡이>	소설 창작의 실제	성격의 창조와 인물 제시	학습 활동
	<건방진 신문팔이>	문학 창작의 즐거움	문학의 집짓기	단원 제재

2009 개정	<눈길>	문학의 수용	작품의 가치와 내면화	단원 제재
	<당신들의 천국>	한국 문학의 세계화	세계 속의 한국 문학	단원 제재
		소설의 수용과 생산	주제와 갈등	단원 제재
	<줄>	문학 활동	서사 문학의 수용과 생산 (구성과 시점)	단원 제재
	<매잡이>	문학의 수용과 생산	문학의 수용	단원 제재
	<병신과 머저리>	문학의 성격	문학의 갈래	단원 제재
	<소문의 벽>	문학의 갈래	서사 갈래(구성과 시점)	단원 제재
	<그곳을 다시 잊어야 했다>	한국 문학의 역사와 전통	근대화와 전통의 재정립	단원 제재

고등학교『문학』교과서에 이청준 작품은 소설 11편이, 주로 단원 제재로 수록되었다. [표 4]는 5차에서 2009개정 교육 과정까지,『문학』교과서에 수록된 이청준 작품을 단원명에 따라 분류한 표이다. 중학교『국어』교과서와 달리, 고등학교『문학』교과서에서는 단원명으로도 교과서 저자들이 작품을 수록한 의도가 드러난다.

교육 과정의 변화에 따른 작품 수록 빈도수는 <매잡이> 3회, <병신과 머저리> 2회, <줄> 2회, 그리고 다른 작품은 각 1회이다. 출판사의 작품 수록 빈도수를 보면, <병신과 머저리> 2곳(한샘출판사, 천재교육), <서편제> 2곳(민중서림, 교학사), <당신들의 천국> 2곳(미래엔, 지학사)이다.

같은 작품이라도 교과서 저자들에 의한 작품의 선정 의도에는 차이가 있다. 이는 6차 교육과정까지는 학습자가 문학을 이해하고 감상하는 수동적인 문학 소비자의 대상이었기 때문이다.32) 7차 교육과정부터 문학 과목의 지도에서는 '문학의 수용과 창작33)' 영역이 강조된다. 이러한 변화는 학습

---

32) 제도교육 내에서 소설문학의 전개와 소설 교육이 단층을 이루게 된다. 소설 문학의 전개는 전문화의 길로 나아가고, 소설의 교육은 보편화를 지향하게 된다. 그 결과 소설의 본질 요건이 교육의 장으로 들어오지 못하고 전문가의 몫으로 치부되면서, 문학현상의 실상을 왜곡하게 되었다. 작가가 전문가로 문학대중에게 분리되어 나가고 독자는 전문독자와 일반 독자로 양분되었다. 이러한 현상으로 문학의 생산적 측면이 학습자에게서 배제된 것이다.(우한용, 「소설 교육의 발전 방향(1)」,『국어교육론3』, 한국문화사, 2005, 86~87면.)

자를 문학 주체로, 학습자의 문학 능력을 기르는데 문학 교육의 목표 변화
와 관계가 있다. 여기서 문학 능력이란 학습자의 문학 현상에 능동적으로
참여하여 문학 문화를 형성하는 데 필요한 능력이다.[34]

<매잡이>(5차)와 <줄>(6차)은 '작품의 이해와 감상' 단원에 수록되었다.
그러나 7차 이후에는 '문학의 수용과 창작(생산)' 단원에 배치된다. <서편
제>는 '문학의 수용과 창작(전통과 민족의 의미)', 영화 각본인 ≪서편제≫는
'극 문학의 수용과 창작' 단원에 수록되었다. <당신들의 천국>은 영어, 중
국어, 프랑스어, 스페인어, 독일어 등으로 번역된 작품이다. 2009 개정에서
<당신들의 천국>은 '한국 문학의 세계화'와 '소설의 수용과 생산' 단원에
수록되었다.

고등학교『문학』교과서의 단원명을 살펴보면, 이청준 소설이 '작품의 이
해와 감상'의 대상에서 '수용과 창작' 대상으로의 변화가 두드러진다. 뿐만
아니라 7차와 2009 개정 교육과정의 내용 체계 요소들에 고루 배치되었다.
이는 이청준 문학 세계의 다양성이 교과서 수록 빈도수의 증가로 연결되었
음을 알 수 있다.

3.3.『문학』교과서 속의 교과서 비평[35]과 학습 활동

교과서 비평은 학교 급별, 출판사에 따라 다양한 모습을 보인다. 중·고
등학교『국어』교과서에는 교과서 비평이 없다.[36] 다만 작가 소개에 작품

---

33) 교육과정에서의 창작은 문예 창작을 강조하는 것이 아니라, 개별 문학 작품에 대한 학습자의
   문학적 반응을 다양한 방식으로 표현하는 활동을 의미한다.(교육부 고시 1997-15호, 7차 중
   학교 교육과정 해설, 20면.)
34) 교육부 고시 1997-15호, 7차 고등학교 교육과정 해설, 301면.
35) '교과서 비평'은 김동환이 제안한 용어이다. 그 개념은 일반적인 문학연구나 비평과 달리 교
   과서 내에서 이루어지는 작가나 작품에 대한 분석적 텍스트를 일컫는다.(김동환, 앞의 논문,
   34쪽) 본 논문에서는 김동환의 '교과서 비평'이라는 용어를 사용한다. 그리고 출판사에 따라
   '이해와 감상', '이 작품은', '감상의 길잡이', '맥락 속으로' 등의 표제어로 제시된다.
36) 두산동아 중학교『국어』(1-1) 교과서, <선생님의 밥그릇>에서 '맥락 속으로'의 표제어 아래

경향이 짧게 소개되어 있다. 작가 소개가 교과서 비평을 대신하고 있는 것이다. '3.1. 『국어』·『문학』 교과서에서의 작가 소개'에서 살펴봤지만, 작가 소개에 기술된 작품 경향은 한계점이 있다.

교육 과정의 변화에 따라 교과서 비평 양식은 변한다. 5차·6차 교육과정의 교과서 비평은 정형화된 틀과 분량을 할애하고 있다. 단원 제재의 본문이 끝나고 '이해와 감상', '이해와 감상의 길잡이', '작품 감상의 초점' 등의 표제어 아래 작품 감상을 적고, 작가 소개를 하는 구성을 취한다. 7차 교육 과정부터 교과서 비평 양식은 일정한 틀이 깨지고, 분량도 출판사에 따라 다르다. 7차 교육 과정에서는 작품 감상이 단원 제재 앞에 '길라잡이', '작품 안내'라는 표제어 아래 짧게 소개된 것과 제재의 본문이 끝나고 작가 소개와 작품의 이해와 감상으로 구성되었다. 2009 개정에서는 몇 가지 형식을 취한다. 작가 소개는 본문 앞에 작품 감상은 단원 제재가 끝나는 뒤에 위치, 작품 감상은 본문 앞에 작가 소개는 교과서 끝에 부록으로 작품 수록 작가를 일괄적으로 소개하는 형식, 학습 활동이 끝나고 작품 감상과 작가 소개를 하는 형식, 작가 소개는 있고 작품 감상은 없는 형식 등 다양한 구성 방식을 취하고 있다.

2009 개정 교육과정 『문학』, <당신들의 천국> 교과서 비평을 살펴보면 아래와 같다.

(1) 이 작품은
1976년 단행본으로 간행한 이래 스테디셀러로 자리 잡은 작품이다. 또한 영어, 중국어, 프랑스어, 스페인어, 독일어 등으로 번역되어 한국 문학의 세계화에도 크게 기여한 작품이다.
이 작품은 세상에 천국이 있더라도 그것이 '당신들의 천국'이라면 아무런 의미가 없다는 것, 결국 행복한 사회의 건설은 한 사람의 노력만으로 되는 것이 아니라, 사람과 사람 사이의 협력과 사랑에 의해서만 이루어진다는 것을

'작품 소개'와 '작가 소개'를 기술하고 있다.

보여 줌으로써 세계 문학으로서의 보편성을 제시하였다.

(2009 개정, 미래엔 『문학Ⅱ』, <당신들의 천국>)

(2) 작품 들여다보기

감상의 길잡이

'당신들의 천국'은 어떤 작품인가

1976년 발표된 작품으로, 나환자들이 사는 소록도를 낙원으로 만들려는 민간인의 노력과 좌절, 갈등과 화해를 통해 사회적 소수자를 위한 낙원의 의미에 대해 질문하고 있다. (…중략…) 그 낙원의 모습에 대한 답을 찾아 나가는 과정이라 할 수 있다.

기본 개념으로 이해하기

갈등과 화해

근대 소설은 갈등의 해결보다는 갈등의 전개 과정에 초점을 맞춤으로써 사회의 문제를 보다 깊이 있게 인식하고자 한다. (…중략…) 하지만 동시에 여러 겹의 시선과 가치관이 서로 대화하는 가운데 화해와 변화를 만들어 간다는 점이 특징이다.

넓고 깊게 이해하기

표면적 주제와 이면적 주제

이 소설은 표면적으로는 소록도 주민들과 조백헌 원장의 낙원 건설 이야기를 다루고 있다. (…중략…) 이 맥락을 고려한다면 조백헌 원장의 순교적 사랑과 강한 행동력은 국민 위에 군림하고 있는 독재자를 비판하는 이야기로 읽을 수 있다.

(2009 개정, 『지학사Ⅰ』, <당신들의 천국>)

위의 인용문은 <당신들의 천국>의 단원 제재에 따른 교과서 비평을 보여주는 예이다. (1)은 "세계 속의 한국 문학"이라는 단원에, (2)는 "소설의 수용과 생산"이라는 단원이다. 『미래엔』은 단원 제재 앞에 '이 작품은'이라는 표제어 아래 작품을 설명하고 있다. 『지학사』는 단원 제재 끝에 '작품 들여다보기' 표제어 아래, 감상의 길잡이, 기본 개념으로 이해하기, 넓고 깊게 이해하기로 나누어 한 쪽 분량으로 작품을 설명하고 있다.

두 출판사는 교과서 비평의 분량뿐만 아니라 학습 활동에서도 차이를 보

인다. 이것은 교과서 비평이 학생들로 하여금 학습에 도움을 주는 정도를
알 수 있다.

[표 5] 2009 개정 교육과정 『문학』, 〈당신들의 천국〉의 학습 활동 비교

미래엔, 문학Ⅱ	지학사, 문학Ⅰ
1. 사내들이 원장의 물음에 답을 하지 않는 이유에 대해 설명해 보자. 2. 다음은 작가가 작품 뒷부분에 실은 작가 노트이다. 이를 중심으로, '당신들의 천국'이 한국적 상황에서만 아니라 세계 보편의 상황일 수도 있다는 점을 설명해 보자.	1. 각 인물들이 생각하는 '낙원'의 의미는 무엇인지 생각의 차이를 정리해 보자. 2. 이 작품의 갈등을 통해 주제를 확인하는 활동을 해 보자. (1) 조 원장과 황 노인은 처음에는 갈등을 겪다가 화해의 과정을 보여 준다. 조 원장이 황 노인을 이해하게 된 이유와 과정을 정리해 보자. (2) 조 원장의 행위를 통해 작가가 문제 삼고 있는 당대의 사회 현실을 추론해 보자. (3) 이를 통해 작가가 궁극적으로 말하고자 하는 바를 다양하게 파악해 보자. 3. 다음은 박지원이 쓴 '허생전'의 일부이다. 잘 읽고 물음에 답해 보자. (1) '허생전'에 나타난 '낙원'의 의미를 '당신들의 천국'과 비교하여 서술해 보자. (2) 낙원을 가리키는 '유토피아'는 원래 '어디에도 없는 장소'라는 뜻이다. 그럼에도 문학 작품에서 낙원의 존재가 끊임없이 등장하는 이유는 무엇인지 생각해 보자. 4. 다음은 이 작품의 재판(再版)을 내면서 작가가 쓴 서문의 일부분이다. 잘 읽고 물음에 답해 보자. (1) 이 글로 미루어 보아, 작가가 이 작품의 제목을 '당신들의 천국'이라고 붙인 이유는 무엇인지 추리해 보자. (2) 자신이 생각하는 진정한 '우리들의 천국'이란 어떤 모습이어야 하는지 함께 말해보고, 그 공통분모를 찾아 보자.

『미래엔』에서 소개하고 있는 교과서 비평의 내용으로 학습자가 〈당신들의 천국〉을 이해하는 데는 한계점이 있다. 교수·학습 과정에서 교사가 교과서 비평을 보충한다 하더라도, 『미래엔』의 교과서 비평과 학습활동은 빈약해 보인다. 2009 개정 교육 과정에 따른 교과서들이 대부분 『미래엔』의

형식을 취하고 있다.

김동환37)은 중·고등학교의 문학 수업이 우리 사회 구성원 거의 대부분에게 문학 교육의 최대치가 된다는 점에서 그 중요성이 크다고 말한다. 그리고 교과서 비평의 내용이 학습자의 문학 경험이나 능력에 긍정적인 영향을 미칠 수 있느냐 하는 점에 의문점을 제기한다. 학습자들에게 교과서 비평이 암기의 대상이 되기 때문에 비판적으로 인식되고 그 필요성을 강조한다.

4. 나오며

지금까지 교과서에 수록된 이청준 문학 작품의 제 양상을 살펴봤다. 5차 교육과정에 <매잡이>가 처음 교과서에 수록된 이래로 교육과정의 변천에 따라 교과서의 수록 작품 수는 꾸준히 증가하였다. 5차 교육과정부터 2009 개정 교육과정까지 이청준의 교과서 수록 작품 수는 총 18편으로 소설 14편, 수필 2편, 동화 1편, 영화 각본(이청준 원작) 1편이다.

교육과정 변천에서 이청준 작품의 교과서 수록 편수의 증가, 장르의 확대, 고등학교 과목에서 중학교 『국어』로의 학교 급별 이동이 눈에 띈다.

이청준 작품에 대한 교과서 내 접근 양상은 작가 소개, 교과서에서의 단원 편성, 교과서 비평이라는 세 측면에서 언급하였다.

출판사별로 작가 소개를 살펴본 결과, 작가의 생몰연대, 등단지 및 연도, 간략한 작품 경향, 주요작품이 공통적으로 언급되었다. 그리고 출판사에 따라 출신지, 학력, 수상 내역이 첨가되는 양상이었다. 작가 소개에 기술된 작품 경향과 단원 제재로 수록된 작품과의 연관성이 없고, 형식적인 양식으로

---

37) 김동환, 앞의 논문, 35면.

기술되었다.

교과서에서 이청준 작품의 단원 편성을 살펴보면, 문학 작품의 이해와 감상, 문학의 수용과 창작, 문학 문화적 전통의 계승 등의 교육과정 내용 체계 요소들에 두루 작품이 선정되었다. 이는 이청준 문학 세계의 다양성이 교과서 수록 빈도의 증가로 연결되었다.

5차·6차 교육과정에서 교과서 비평은 정형화된 틀과 분량으로 구성되었다. 7차 교육과정 때부터 교과서 비평의 양식적인 틀은 깨지고 출판사별로 다양한 형식을 띠기 시작한다. 다양한 형식 변화에도 불구하고 학습자가 학습 활동을 하는데 교과서 비평이 얼마큼의 기여를 할 수 있는가의 문제에서는 회의적이다. 학습자들에게 교과서 비평이 암기의 대상이 되고 장래의 잠재적 문학 수요자로 접근하는 통로로써, 교과서 비평은 정치하게 다듬을 필요가 있다.

‖ 참고문헌

기초자료

문교부 고시 제442호(1981. 12. 31. 제정 고시), 제4차 고등학교 교육과정

문교부 고시 제88-7호·'88.3.31, 제5차 고등학교 교육과정

교육부 고시 제1992-19호, 제6차 고등학교 교육과정

교육부 고시 1997-15호, 제7차 고등학교 교육과정

교육인적자원부 고시 제2007-79호, 2007 개정 중·고등학교 교육과정

교육과학기술부 고시 제2009-41호, 2009 개정 고등학교 교육과정

구인환, 『문학』, 한샘교과서, 1992.

교육부, 『국어(하)』, 대한교과서주식회사, 1997.

구인환 외, 『문학(상)』, 한샘출판, 1995.

김열규 외, 『문학(상)』, 동아출판사, 1995.

박경신 외, 『문학(상)』, 금성교과서, 1995.

오세영 외, 『문학(하)』, 천재교육, 1998.

교육인적자원부, 『국어(하)』, 두산, 2004.

김대행 외, 『문학(상)』, 교학사, 2004.

김창원 외, 『문학(상)』, 민중서림, 2002.

오세영 외, 『문학(상)』, 대한교과서, 2003.

한계전 외, 『문학(상)』, 블랙박스, 2002.

남미영 외, 『중학교 국어 1-1』, 교학사, 2011.

우한용 외, 『중학교 국어 1-1』, 두산동아, 2011.

이남호 외, 『중학교 국어 1-2』, 미래엔컬처그룹, 2011.

김병권 외, 『고등학교 국어(상)』, 더텍스트, 2011.

오세용 외, 『고등학교 국어(상)』, 해냄에듀, 2011.

우한용 외, 『고등학교 국어(상)』, 두산동아, 2011.

윤여탁 외, 『고등학교 국어(상)』, 미래엔컬처그룹, 2011.

조동길 외, 『중학교 국어 1-1』, 비상교육, (2011)

고형진 외, 『문학Ⅰ』, 천재문화, 2011.

박영민 외, 『문학Ⅰ』, 비상교육, 2011.

우한용 외, 『문학Ⅱ』, 두산동아, 2011.

윤석산 외, 『문학 I 』, 교학코퍼레이션, 2011.
윤여탁 외, 『문학 II』, 미래엔, 2011.
이숭원 외, 『문학 I 』, 좋은책 신사고, 2011.
정재찬 외, 『문학 I 』, 천재교과서, 2011.
최지현 외, 『문학 I 』, 지학사, 2011.

논문 및 단행본

고규진, 「다문화시대의 문학 정신」, 『독일언어문학』 제23집, 독일언어문학회, 2004.
권영민, 『한국현대문학사2』, 민음사, 2003.
권오룡 외, 『이청준 깊이 읽기』, 문학과지성사, 1999.
김동환, 「교과서 속의 이야기꾼, 김유정」, 『김유정학회 제1회 발표 논문집』, 김유정학
　　　회, 2011.
김　현, 「이청준에 대한 세 편의 글」, 『문학과 유토피아』, 문학과지성사, 2000.
김혜영, 「현대문학 정전 재검토」, 『문학교육학』 제25호, 한국문학교육학회, 2008.
김혜정, 「국어 교육 자료 변천사」, 『국어교육론1』, 한국문화사, 2005.
김흥규, 『고등학교 문학－교사용 지도서』, 한샘, 1990.
박인기, 「문학교육과 문학 정전의 새로운 관계 맺기」, 『문학교육학』 제25호, 한국문학
　　　교육학회, 2008.
서준섭, 「한국 정부 수립 후 고등학교 국어 교재에 나타난 국가주의와 민족문화 창조
　　　론」, 『국어교육』 No.128, 한국어교육학회, 2009.
서　혁, 「국어 교수 학습 변천사」, 『국어교육론1』, 한국문화사, 2005.
손영애, 「국어 교육 과정 변천사」, 『국어교육론1』, 한국문화사, 2005.
송　무, 「문학교육의 '정전' 논의」, 『문학교육학』제1호, 한국문학교육학회, 1997.
우한용, 「소설 교육의 발전 방향(1)」, 『국어교육론3』, 한국문화사, 2005.
유성호, 「문학교육과 정전 구성」, 『문학교육학』 제25호, 한국문학교육학회, 2008.
이묘우, 「이청준 소설 연구－소설 속에 나타난 창작 방법론을 중심으로」, 명지대학교
　　　박사 논문, 2005.
이정숙, 「제의성과 정치성, 그리고 이율배반의 메카니즘」, 『이청준 소설 벽 허물기 열
　　　두 마당』, 한성대학교 출판부, 2007.

중학교 『국어』와 『생활 국어』의
연계 지도를 위한 방안 연구
―2007년 개정 중학교 1학년 검정 교과서를 중심으로―

유 주 애

1. 서론

1.1. 연구의 필요성 및 목적

교재란 교육 목표를 달성하기 위해 수업 과정에서 동원하는 일체의 자료를 가리킨다. 교과서는 학교 교육에서 가장 중심이 되는 교재이다. 그것은 교육공동체의 합의 아래 교육과정을 가장 체계적으로 반영한 교재로서, 전국적으로 표준화된 교재의 구실을 한다. 과거에 비해 닫힌 교재관의 입장에서 교과서를 보는 경향은 많이 줄어들었지만, 수월성과 영향력의 측면에서 아직 교과서보다 더 큰 의의를 지니는 교재는 없다고 할 수 있다.[1]

특히, 다른 과목의 교과서에 비해 국어 교과서가 갖는 의미는 매우 중요하다. 왜냐하면 국어 교과는 도구적인 면과 내용적인 면을 아울러 갖고 있기 때문이다. 달리 말해 국어 교과서는 다른 교과의 학습을 위한 도구로써

---

1) 노명완 외, 『국어교육학 개론』, 삼지원, 2009, 89면.

의 가치뿐만 아니라 국어 문화의 창조와 전수라는 독특한 기능을 함께 수행해야 한다는 뜻이다.[2]

사고의 기본으로서 모국어를 다루는 국어교육은 모든 교육의 중심이 된다. 이러한 중요성 때문에 우리나라는 지금까지 국어 교과서의 국정 체제를 유지해 왔다. 그러나 4차 교육과정 이후 교과서 검정제가 확대되고, 7차 교육과정에서 국어, 도덕, 국사과의 전문 과목을 제외한 대부분의 중등학교 교과용 도서가 검정 도서로 발행된 이후 국어 교과서의 검인정 체제 도입이 적극적으로 고려되었다.[3] 이후 학습자 중심의 교육관과 단위 학교의 자율성을 위해 2007년 개정 교육과정에서 국어 교과서의 검정 체제 전환을 결정하여 2010년 중학교 1학년부터 적용이 시작되었다. 즉 국어 교육의 다양성, 자율성과 개성을 실현할 수 있게 된 것이다.

7차 교육과정에서부터 국어 교과서는 『국어』와 『생활 국어』로 분책되었고, 대단원 구성 내 보충·심화 학습이 추가 되었다. 국어 교과서는 읽기, 문학 영역을 생활 국어 교과서는 말하기, 듣기, 쓰기, 국어지식 영역을 다루었는데 이에 대한 실효성을 두고 현장과 학계의 논란이 많았다. 6차 교육과정에서 부족했던 실제 중심 영역의 학습을 보완하고자 분책된 『생활 국어』가 각 영역간의 불균형적인 학습 등 여러 가지 문제점으로 인해 처음 교육과정이 의도한 바를 충분히 수행하지 못하였기 때문이다.

따라서 이러한 7차 교육과정 아래의 『국어』와 『생활 국어』의 문제점을 극복하기 위해서 2007년 개정 교육과정에 따른 검정 교과서들은 개정 교육과정의 '통합' 관점과 검정기준에 맞춰 국어 교과서와의 연계성을 강화하는 방향으로 구성하였음을 밝히고 있다.[4]

---

2) 허재영, 『국어과 교과서와 교재 지도 연구』, 한국문화사, 2006, 20면.
3) 송현정, 「국어 교과서 검정제에 관한 실태 분석과 도입의 방향 탐색」, 『이중언어학』 28호, 이중언어학회, 2005, 165면.
4) 교육인적자원부, 『2007년 개정 교육과정(교육인적자원부 고시 제2007-79호)에 따른 중학교 검정도서 편찬상의 유의점 및 검정기준』, 교육인적자원부, 2007, 60면.

그러나 2007년 개정 교육과정을 바탕으로 한 검인정 국어 교과서, 교사용 지도서를 보면 구체적인 『국어』와 『생활 국어』 연계 수업지도 방향이 제시되어 있는지 검토를 요한다.

따라서 이 연구는 기존의 국정 교과서의 문제점을 개선한 2007년 개정 교육과정 검정 교과서가 어떠한 양상으로 나타나 있는지 살펴보고, 실제 현장에서 효과적인 『국어』와 『생활 국어』의 수업방안을 제시하는 데 목적이 있다.

1.2. 연구방법 및 범위

2007년 개정 교육과정을 바탕으로 한 중학교 1학년 국어 교과서는 기존의 국정에서 검인정 체제로 변화되었고, 2009년 교과서 검정 심사에 23종이 합격 판정을 받았다.[5] 그러나 2010년 중학교 2학년 국어 교과서 검정 심사에는 15종만이 합격 판정을 받았다.[6]

---

5) 2009년 중학교 1학년 검인정 합격 교과서는 다음과 같다. 이 논문에서는 각 종 을 편의상 출판사 이름과 대표 저자 이름으로 표시하고자 한다.
(출판사 가나다순, 동일 출판사의 경우 대표 저자 가나다순)

출판사	대표저자	출판사	대표저자
교학사	김형철	새롬교육	권영민
교학사	남미영	좋은책 신사고	이숭원
금성출판사	윤희원	웅진씽크빅	이충우
대교	박경신	유웨이중앙	이숙
대교	왕문용	지학사	방민호
두산동아	우한용	지학사	이용남
도서출판디딤돌	김종철	창작과 비평	김상욱
도서출판디딤돌	이삼형	천재교육	김대행
미래엔컬쳐그룹	윤여탁	천재교육	노미숙
미래엔컬쳐그룹	이남호	천재교육	박영목
박영사	송하춘	해냄에듀	오세영
바유와 상징	조동길		

6) 2010년 중학교 2학년 검인정 합격 교과서는 다음과 같다. 이 논문에서는 각 종 을 편의상 출판사 이름과 대표 저자 이름으로 표시하고자 한다.

본 연구에서는 『국어』와 『생활 국어』와의 연계성을 검토하고자 한다. 이 중 학년별 연계를 가질 수 있는 중학교 2학년까지 교과서 검정에 통과한 15종에 한정하고자 한다.

또한 『국어』가 기본 교재이며, 『생활 국어』가 보조 교재임을 전제로 유형화해 본다면, 보조 교재를 기능에 따라 나누어 보면, 이 연계성은 네 가지 정도로 유형화해 볼 수 있을 것이다.[7]

우선, 제7차 국어과 교육과정에서 사용된 방식의 '지식과 기능' 중심의 활동책이 그 한 유형이며, 여기서 '기능'이 좀 더 강화된 활동책, 제7차 국어과 교육과정과는 다른 성격으로 '지식과 기능'에 초점을 둔 활동책 그리고 '맥락'을 강화한 통합적 활동책, 혹은 학습 목표와 담화의 일부를 확장시켜 과제 중심으로 재구성한 통합적 활동책 등이 각기 다른 유형으로 상정될 수 있다. 이 네 가지 유형 중 현실적으로 선택할 수 있는 유형을 세 번째 유형인 '지식과 기능'에 초점을 둔 활동책 유형에 해당되는 교과서라 할 수 있다.[8]

(출판사 가나다순, 동일 출판사의 경우 대표 저자 가나다순)

출판사	대표저자	출판사	대표저자
교학사	남미영	새롬교육	권영민
금성출판사	윤희원	좋은책 신사고	이숭원
대교	박경신	지학사	방민호
대교	왕문용	지학사	이용남
도서출판디딤돌	김종철	창작과비평	김상욱
미래엔컬쳐그룹	윤여탁	천재교육	노미숙
미래엔컬쳐그룹	이남호	해냄에듀	오세영
비유와 상징	조동길		

7) 『국어』와 『생활 국어』의 유형에 대해서는 II-3에서 자세히 다루도록 한다.
8) 최지현, 「2007 개정 중학교 국어 교과서 검정 체제에 대한 비판적 분석」 『새 국어 교육』 제85호, 한국국어교육학회, 2010, 302~303면.

[표 1] 『생활 국어』의 유형 : '지식과 기능'의 활동책

출판사	대표저자	출판사	대표저자
금성출판사	윤희원	새롬교육	권영민
대교	왕문용	지학사	방민호
도서출판 디딤돌	김종철	지학사	이용남
미래엔컬쳐그룹	윤여탁	창비	김상욱
미래엔컬쳐그룹	이남호	해냄교육	오세영

그러나 15종의 교과서를 보기에는 한계가 있기 때문에, 홍천 읍내 지역에서 사용하는 중학교 1학년 검정 국어 교과서에 한정하여 『국어』와 『생활 국어』의 구성에 대해 살펴보고, 『국어』와 『생활 국어』의 연계성을 찾고자한다.

[표 2] 홍천 읍내 지역 중학교 1학년 검인정 국어 교과서 사용실태[9]

년도	학년	학교	출판사(대표저자)
2010년	중학교 1학년	홍천중학교	교학사(김형철)
		홍천여자중학교	대교(왕문용)
2011년	중학교 1학년	홍천중학교	천재교육(노미숙)
		홍천여자중학교	대교(왕문용)
	중학교 2학년	홍천중학교	천재교육(노미숙)
		홍천여자중학교	대교(왕문용)

또한 연구 범위는 문학 단원 중 성취기준 '[7-문학-(2)] 문학 작품의 전체적인 정서와 분위기를 파악한다'를 가지고 『국어』와 『생활 국어』를 연계한문학 수업에서 적합한 교수·학습 모형으로써 수업 지도 방안을 모색하고자 한다.

---

9) 2010년 홍천중학교에서 중학교 1학년 교과서로 교학사(김형철)을 선택하였으나, 2010년 중학교 2학년 교과서 검정에 탈락하였으므로, 2011년에 다시 천재교육(노미숙)으로 교과서를 바꾸게 되었다.

2. 국어 교과서에서의 『생활 국어』의 특성

이 장에서는 이전의 7차 교육과정의 『국어』와 『생활 국어』 문제점으로
인해, 개정 7차 교과서에서는 어떤 방향으로 『국어』와 『생활 국어』의 양상
이 개선되어 있는지 살펴보도록 하겠다.

2.1. 7차 교육과정에서의 『생활 국어』의 사용의 문제점

김창욱은 교사와 학생을 대상으로 한 설문 조사를 통해 『생활 국어』가 『국
어』교과서의 부교재로 정도로 인식되고 있는 점, 『국어』와 『생활 국어』가
각 단원들 간의 연계가 되지 못하는 학습, 말하기, 듣기 영역에 대한 학습
정도의 차이, 각 영역의 평가 기준 및 평가방법의 확립되지 못함을 분석하
였다.[10]

또한 김영주 역시 교사와 학생을 대상으로 한 설문 조사를 통해 교사측
면, 학생측면, 각 영역별 측면을 분석하였다. 교사측면에서는 과다한 학습
분량, 국어지식에 대한 편중 심화, 수준별 수업의 불가능을 들었고 학생측
면에서는 국어지식의 흥미 부족을 분석하였다. 각 영역별 측면 중 말하기 ·
듣기 영역에서는 교사의 관심도 부족, 쓰기 영역에서는 실제적인 글쓰기가
제시되지 못함, 국어지식 영역에서는 학생들의 흥미나 동기 유발의 어려움
과 체계적이지 못한 순서를 분석하였다.[11]

2007년 개정 교육과정의 집필기준 보고서[12]의 회의록에서도 국어과의 『생

---

10) 김창욱, 「'국어'와 '생활 국어' 교과서의 통합 지도 방안 연구 : 중학교 1학년 교과과정을 대
　　상으로」, 경성대학교 교육대학원 석사학위논문, 2006, 34~34면.
11) 김영주, 「중학교 생활 국어 교과서의 사용 실태와 개선 방안 연구」, 전북대학교 교육대학원
　　석사학위논문, 2007, 70~75면.
12) 윤희원 외, 「국어과 교과서 집필 기준안 개발연구(2007년도 교육과정 후속지원연구 위탁과
　　제 답신보고)」, 교육인적자원부, 2007.

활 국어』에 대한 논란이 쟁점이 되고 있음을 밝히고 있다.[13]

2.2. 2007년 개정 교육과정의 『국어』와 『생활 국어』의 관계와 『생활 국어』의 성격

2.2.1. 『국어』와 『생활 국어』의 관계

학습자 중심의 교육관과 단위 학교의 자율성을 위해 2007년 개정 교육과정에서 국어 교과서의 검정 체제 전환을 결정하여 2010년 중등 1학년부터 적용이 시작되었다.

7차 교육과정부터 국어과는 『국어』와 『생활 국어』라는 두 권의 교과서의 형태를 지니게 되었다. 2007년 개정된 제 7차 개정 교육과정과 마찬가지로 『국어』와 『생활 국어』가 존재한다. 검인정 체제 하에서 이 두 교과서의 관계는 교과서마다 다른 양상을 보이고 있다. 제 7차 개정 교육과정에 와서『국어』와 『생활 국어』는 연계성을 가져야 한다는 동일한 인식하에서 출발하지만, 그 역할과 관계를 어떻게 보느냐에 따라 교과서 별로 차이가 발생하는 것이다.

『국어』와 『생활 국어』의 연계성에 대해 보자면, 『국어』가 기본 교재이며, 『생활 국어』가 보완 교재임을 전제로 유형화해 볼 수 있다.

보완 교재를 기능에 따라 나누어 보면, 이 연계성은 네 가지 정도로 유형화 해 볼 수 있을 것이다. 우선, 제 7차 국어과 교육과정에서 사용된 방식의 '지식과 기능' 중심의 활동책이 그 한 유형이며, 여기서 '기능'이 좀 더 강화된 활동책, 제7차 국어과 교육과정과는 다른 성격으로 '지식과 기능'에 초점을 둔 활동책 그리고 '맥락'을 강화한 통합적 활동책, 혹은 학습 목표와 담화의 일부를 확장시켜 과제 중심으로 재구성한 통합적 활동책 등이

---

13) 서지우, 「교육 매체로서의 검정 교과서 구성과 개선 방향−중학교 1학년 국어 교과서를 중심으로」, 목포대학교 교육대학원 석사학위논문, 2010, 29면.

각기 다른 유형으로 상정될 수 있다.14)

① '지식과 기능' 중심의 활동책

이 유형에서는 『국어』와 『생활 국어』가 서로 다른 영역을 담당하고 있고, 『국어』는 독본(讀本)의 성격으로서 '읽기'와 '문학' 영역을, 그리고 『생활 국어』는 활동책의 성격으로서 '듣기', '말하기', '쓰기' 및 '문법' 영역을 나누어 맡는다. 『국어』와 『생활 국어』의 연계성은 두 책의 대응 단원이 같은 주제나 화제를 다루는 식으로 이루어져 있다. 제7차 국어과 교육과정 『국어』 및 『생활 국어』 교과서가 이러한 유형을 취하였다.

그런데 15종 교과서 중에는 이에 해당하는 교과서는 찾아보기 힘들다. 이 유형은 '주제나 화제'라는 매우 느슨한 연관성만을 두 교과서가 갖고 있다는 문제점과 함께, '읽기' 영역 역시 지식과 기능에 초점을 둔 학년별 내용을 가지고 있다는 점에서 『국어』와 『생활 국어』의 역할 배분의 논리성이 취약하다는 비판을 받은 바 있다.

② '기능'이 좀 더 강화된 활동책

『국어』와 『생활 국어』가 서로 다른 영역을 담당하고 있고, 『국어』는 독본의 성격으로서 '읽기'와 '문학', 및 '문법' 영역을 그리고 『생활 국어』는 활동책의 성격으로서 '듣기', '말하기', '쓰기' 영역을 나누어 맡는다. 제7차 국어과 교육과정 국어과 교과서와 달리 '문법' 영역이 『국어』 교과서에 포함되며 읽기 제재로서 문법 지식의 설명이 강화되어 있다. 달리 보면, 『생활 국어』는 기능 활동의 성격이 좀 더 강조되는 활동책이 되는 셈이다.

15종의 교과서에는 이에 해당하는 교과서는 찾아보기 힘들다.15) 앞에 제

---

14) 최지현, 앞의 책, 302~303면.
15) 2009년 교과서 검정에서 통과한 중학교 1학년 교학사(김형철)의 교과서가 이러한 형태를 지니고 있으나, 2010년 중학교 2학년 검정에서는 탈락하였다.

시한 지식과 기능' 중심의 활동책의 유형에 비해『생활 국어』의 교재 성격은 더 강화되었다고 할 수 있겠지만, 연계성 면에서는 앞에 유형과 마찬가지로 취약한 특성을 갖는다.『국어』와『생활 국어』가 독립적인 교재로 구성되어 있는 셈이다.

③ '지식과 기능'에 초점을 둔 활동책

『국어』와『생활 국어』는 여섯 영역을 모두 다루고 있으며,『국어』는 내용 체계에서의 '담화'와 '맥락' 요소에 초점을 둔 기본 교재로서, 그리고『생활 국어』는 '지식'과 '기능'에 초점을 둔 활동책으로서 역할을 나누어 맡는다. 『국어』와『생활 국어』의 연계성은 두 책의 대응 단원이 같은 영역과 같은 목표, 내용을 다룸으로써 확보한다.

15종 교과서 중 11종의 교과서가 이에 해당한다.16) 현실적으로 선택할 수 있는 두 교과서의 연계성은 이 방식일 것이다. 다만『국어』와『생활 국어』가 내용 요소를 중복해서 다룰 가능성이 높기 때문에 기능 중복의 문제가 발생할 수 있다. 또한 단원 교수·학습 진행에서 두 책을 어떤 순서와 계통으로 활용할지를 정하는 것도 쉽지 않은 문제이다. 학교 현장에서는 이런저런 이유를 들어『생활 국어』를 다루지 않고『국어』만 가지로 수업을 전개할 가능성도 있다.

④ 담화의 일부를 확장시켜 과제 중심으로 재구성한 통합적 활동책

『국어』와『생활 국어』모두 여섯 영역을 제한 없이 다루며,『생활 국어』는『국어』와는 다른 영역을 나누어 맡는다.『생활 국어』가 활동책으로서 역할을 맡는다는 점은 앞의 유형들과 다를 바 없으니, '기능'보다는 '맥락'에

---

16) 금성(윤희원), 대교(왕문용), 도서출판 디딤돌(김종철), 미래엔컬쳐그룹(윤여탁), 미래엔컬쳐그룹(이남호), 새롬교육(권영민), 지학사(방민호), 지학사(이용남), 창비(김상욱), 천재교육(남미영) 해냄교육(오세영)

강조점이 있거나 혹은 독립된 프로젝트 활동을 수행하게끔 설정되어 있는 점에서 앞의 유형들과 차이를 보인다. 따라서 두 책의 연계성은 『생활 국어』가 『국어』의 발전, 혹은 심화 학습을 맡는 방식으로 모색된다.

16종 중 4종의 교과서가 여기에 해당한다.[17] 이 유형에서는 각 단원별로 단원 학습 목표가 명확하고 간명하며 『국어』와 중복되지 않는 활동을 수행하게 한다는 장점이 부각되는데, 달리 말하면 『국어』가 이미 그 자체로 완결된 교재가 된다는 것을 뜻한다. 따라서 이 교과서 체제에서는 각각 독립된 두 책의 교과서를 쓰게 된다는 점은 가장 큰 문제점이다. 『국어』와 『생활 국어』의 연계성에 대해 보자면, 『국어』가 기본 교재이며, 『생활 국어』가 보완 교재로의 교과서의 기능을 살리지 못한다는 점에서 검정 기준이 밝히고 있는 『국어』와 『생활 국어』의 연계성 문제를 위반하고 있다.

연계성 면에서 본다면, 강한 연계성(내용, 목표 연계성, '지식과 기능'에 초점을 둔 활동책, 담화의 일부를 확장시켜 과제 중심으로 재구성한 통합적 활동책)과 약한 연계성(제재, 화제 연계성, '지식과 기능' 중심의 활동책, '기능'이 좀 더 강화된 활동책)이 다른 목표와 기능을 취할 것이며, 여기에 부수적으로 연계의 방향(『생활 국어』에서 『국어』의 연계, 『국어』에서 『생활 국어』로의 연계)과 연계효과(『국어』와 『생활 국어』의 한 사용 순서나 절차, 방법, 비중 등과 관련한 교육적 작용 효과)도 다르게 기대될 것이다. 전술한 네 유형을 도해하면, 연계성의 성격에 따라 갖게 되는 특성과 결함이 좀 더 분명히 드러난다.

---

17) 교학사(남미영), 대교(박경신), 비상(조동길), 좋은책 신사고(이숭원)

[표 3] 『생활 국어』의 기능에 따라 나눈 2007 개정 검정교과서에서
『국어』와 『생활 국어』의 연계 양상[18]

① '지식과 기능' 중심의 활동책

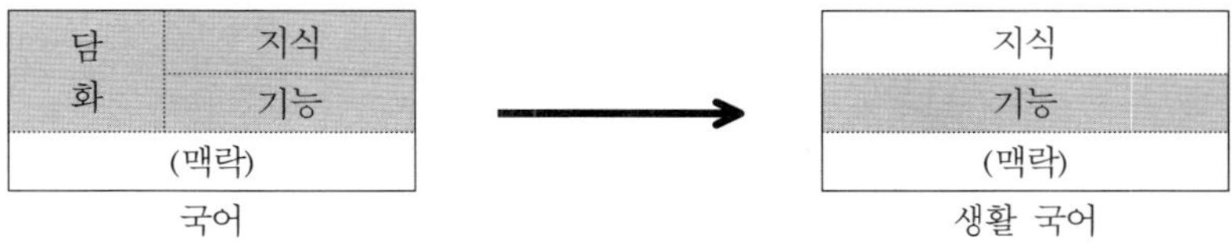

② '기능'이 좀 더 강화된 활동책

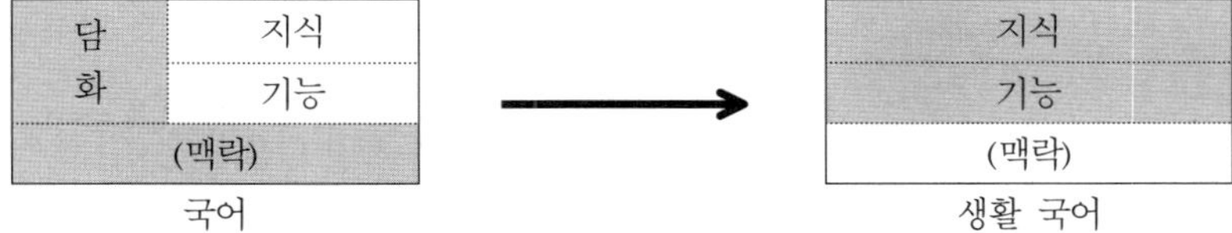

③ '지식과 기능'에 초점을 둔 활동책[19]

④ 담화의 일부를 확장시켜 과제 중심으로 재구성한 통합적 활동책[20]

---

18) 최지현, 앞의 책, 306면.
19) 금성(윤희원), 대교(왕문용), 도서출판 디딤돌(김종철), 미래엔컬쳐그룹(윤여탁), 미래엔컬쳐그
룹(이남호), 새롬교육(권영민), 지학사(방민호), 지학사(이용남), 창비(김상욱), 천재교육(남미영)
해냄교육(오세영)
20) 교학사(남미영), 대교(박경신), 비상(조동길), 좋은책 신사고(이숭원)

　표가 보여 주는 바와 같이, '지식과 기능' 중심의 활동책'과 '기능'이 좀 더 강화된 활동책 유형의 연계성이 취약한 까닭은 '지식'과 '기능' 요소를 영역 수준으로 환원시켜 설정했기 때문이다. 2007년 개정 국어과 교육과정에서 강조한 '맥락' 요소가 제대로 다루어지지 않았다는 점도 문제이다. '담화의 일부를 확장시켜 과제 중심으로 재구성한 통합적 활동책'의 유형의 연계성이 문제되는 까닭은 '맥락' 요소가 기본 활동보다는 심화 활동으로 구현되고 있기 때문이다. 달리 말하면, 이 경우『국어』는 불완전하게('맥락' 요소를 갖추고 있다는 점에서) 교재로서『생활 국어』없이도 사용될 수 있게 된다. 현실적으로 선택할 수 있는 유형은 세 번째 유형인 '지식과 기능'에 초점을 둔 활동책 유형에 해당되는 교과서라 할 수 있다.

　따라서 다음 장에서는 '지식과 기능'에 초점을 둔 활동책 유형의 속하는 교과서 중 대교(왕문용) 교과서, 천재교육(노미숙) 교과서를 택하여 홍천 읍내 지역의 중학교에서 사용하고 있는 중학교 1학년 검정 교과서에 나타난『국어』와『생활 국어』의 구성 및 연계 양상에 대하여 살펴보도록 하겠다.

3. 중1 검정 교과서에 나타난『국어』와『생활 국어』의 구성 및 연계양상

　7차 교육과정의『국어』와『생활 국어』의 문제점을 극복하기 위해서 2007년 개정 교육과정에 따른 검정 교과서의『생활 국어』는 개정 교육과정의 '통합' 관점과 검정기준에 맞춰『국어』와의 연계성을 강화하는 방향으로 구성하고 있다. 따라서 이 장에서는 중1 검인정 교과서를 2007년 개정과정과 집필기준을 바탕으로 몇 가지로 분류한 뒤 중1 검인정 교과서에 나타난『국어』와『생활 국어』의 구성 및 연계양상을 살펴보고자 한다.

3.1. 교육과정과의 상관성 – 성취기준의 반영

이 장에서는 대교(왕문용)와 천재교육(노미숙)의 중학교 1학년 개정 국어 교과서의 각 단원과 단원 학습 목표를 살펴보고, 이에 관련된 영역별 성취 기준의 반영을 살펴보도록 한다.[21]

3.1.1. 대교(왕문용) 교과서

우선 대교(왕문용) 교과서의 학습목표에 반영된 영역별 성취기준을 살펴보면, 듣기 영역에서 3개 요소, 영역에서 2개 요소, 읽기 영역에서 2개 요소, 쓰기 영역에서 2개 요소, 문법 영역에서 3개 요소, 문학 영역에서 2개 요소의 성취기준을 반영하고 있다. 즉, 6개의 영역에서 포함하고 있는 27개의 성취기준 중 총 14개의 성취기준을 반영하고 있음을 알 수 있다.

천재교육(노미숙) 교과서에 반영된 성취기준을 살펴보면, 듣기 영역에서 2개 요소, 말하기 영역에서 2개 요소, 읽기 영역에서 2개 요소, 쓰기 영역에서 3개 요소, 문법 영역에서 3개 요소, 문학 영역에서 3개 요소로 총 15개의 성취기준을 반영하고 있음을 알 수 있다.

'국어' 교과서로 볼 때 대교(왕문용) 교과서는 총 6개의 대단원, 19개의 소단원으로 설정하였고 천재교육(노미숙) 교과서는 총 6개의 대단원, 15개의 소단원으로 설정하고 있으나, 성취기준은 오히려 천재교육(노미숙) 교과서가 1개 요소를 더 반영하고 있다는 것으로 알 수 있다.

따라서 표면적으로 대교(왕문용)의 교과서가 더 많은 내용을 다루고 있을 것으로 보이나, 천재교육(노미숙)의 교과서가 더 많은 성취기준의 요소를 반영하고 있음을 알 수 있다.

그러나 학습목표에 있어 내용요소를 보다 정확히 반영하고 있는 것은 대

---

21) 『생활 국어』는 각 단원이 『국어』와 동일한 학습 목표 아래 연계하여 구성되어 있다는 것을 밝혀 둔다.

교(왕문용)의 교과서이다. 대교(왕문용)의 교과서는 학습목표에 있어 내용요소의 예를 변동 없이 반영하고 있는 반면, 천재교육(노미숙)의 교과서는 문장 결합의 순서를 바꾸거나, 일부 내용을 삭제하거나 추가함으로써 학습목표의 내용을 새롭게 구성하고 있다.

학습목표에 있어 대교(왕문용)의 교과서에서는 내용요소의 예를 수정 없이 반영하고 있으나, 천재교육(노미숙)의 교과서에서는 내용 요소의 예에서 문장 결합의 순서를 바꾸거나, 일부 내용을 삭제하거나 추가함으로써 학습목표의 내용을 새롭게 구성하고 있다.

3.2. 단원구성체제

각 교과서의 서두에는 각 교과서별 특징과 단원 구성, 효율적인 교과서 활용법 등이 제시되어 있다. 국어 교과서의 단원이 대체적으로 도입, 본문, 정리의 세부분으로 구성되어 있고 유사한 내용을 다루고 있어 차이점이 존재하지 않을 것처럼 보이지만, 좀 더 구체적으로 살펴보면 각 교과서의 특징을 찾을 수 있다.

대부분의 국어 교과서는 '단원 안내, 소단원 학습, 단원 정리' 세부분으로 되어 있다.

'단원 안내' 부분에서는 대교(왕문용), 천재교육(노미숙) 교과서 모두 '단원 개요'와 '대단원 학습 목표'를 갖추고 있다. '소단원 학습'은 단원 구성의 핵심적인 부분으로 천재교육(노미숙)의 교과서에서는 소단원 중심 단원 구성의 성격을 반영하여 '소단원 학습 목표'를 별로로 설정하고 있다.

'학습 활동'의 경우에는 7차 교과서와 마찬가지로 대부분 과정 중심의 읽기 학습 모형인 '읽기 전·중·후 활동'을 교과서에서 구현하고자 하였는데 '읽기 후 활동'이 대교(왕문용), 천재(노미숙)의 교과서 모두 가장 많은 비중을 차지하고 있다. 그러나 대교(왕문용)의 교과서에서는 각 소단원을 학습한 후에 대단원 전체를 아우르는 '학습 활동'이 있으나 천재교육(노미숙)의 교과서에서는 이러한 대단원 '학습 활동'이 따로 없다.

'단원 정리' 부분은 교과서마다 크게 '어휘 학습, 자기 점검, 단원의 마무리, 쉼터'로 구분되어 구성되어 있다.[22) 대교(왕문용) 교과서에는 '어휘 학습'이 국어 교과서에 있으나, 천재교육(노미숙) 교과서에는 생활 국어 교과서에 어휘학습이 마련되어 있다. 또한 대교(왕문용)의 교과서에서는 '자기 점검'이 생활 국어 교과서에 제시되어 있고, '어휘 학습' 다음으로 바로 '단원의 마무리'를 하는 것에 비해, 천재교육(노미숙) 교과서에서는 국어 교과서에서 각 소단원 별로 '자기 점검' 부분이 제시되어 학습자가 학습한 내용을 스스로 점검하고, '단원의 마무리'로 대단원을 정리하며, 본문에서 미처 다루지 못했던 다양한 제재나 관련 자료 등을 쉼터에서 소개함으로써 학습자들이 다양하고 풍부한 경험을 할 수 있도록 배려하고 있다.

국어 교과서와 마찬가지로 생활 국어 교과서 역시 '단원 안내, 소단원 학습, 단원 정리'의 세 부분으로 구성되어 있다.

생활 국어의 단원구성 체제를 보자면, 대교(왕문용)의 교과서에는 대단원 학습목표로 단원의 전체적인 학습목표가 설정되어 있으나, 천재교육(노미숙)의 교과서에서는 대단원별 학습 목표가 아닌 각 소단원 학습 목표가 소단원 별로 하나씩 설정되어 있다.

'단원 정리' 부분에서는 대교(왕문용)의 교과서는 생활 국어 교과서를 스스로 학습 교재로 편찬했기 때문에 국어 교과서에서 없었던 '자기 점검' 부분이 대교(왕문용) 생활 국어 교과서에서 제시되고 있으며, 천재교육(노미숙)의 교과서에서는 국어 교과서에 제시되어 있지 않았던, '어휘 코너'가 생활 국어 교과서에 나타나 있다.

'자기 점검' 부분은 두 교과서 모두 자기 점검 항목에 대하여 '예, 아니

---

22) 금현정, 「2007년 개정 국어과 교육과정의 국어 교과서 반영 양상 연구—7학년 읽기 영역을 중심으로」, 한국교원대학교 석사학위 논문, 2011, 12면.

오’로 답하는 것으로 자칫 형식적인 점검으로 끝날 수 있어 의미 있는 교육적 효과를 얻지 못할 가능성이 있다.

3.3. 『국어』와 『생활 국어』의 연계성

이전의 국어와 생활 국어 교과서에 대한 문제점으로 인해 개정 교과서들은 『국어』와 『생활 국어』를 연계하여 학습 할 수 있도록 구체적으로 단원을 안내하거나, 교과서의 서두에서 학습 방식을 안내하는 방법을 취하고 있다.

3.3.1. 대교(왕문용)의 교과서

대교의 교과서의 경우 ‘이 책을 공부하기 전에’에 제시된 ‘국어’와 ‘생활 국어’의 관계는 다음과 같다.

> 우리 국어 교과서는 ‘국어’와 ‘생활 국어’ 두 권으로 구성되었으며, 이 책으로 공부하는 모두가 기본적인 국어 능력을 습득하고 국어과 교육과정에서 지향하는 학습 목표를 성취할 수 있도록 다음과 같은 점에 유념하였다.
> - ‘국어’에서 기본적인 개념과 원리를 공부한 뒤, ‘생활 국어’에서는 실생활 속의 언어 활동을 할 수 있도록 ‘국어’와 ‘생활 국어’를 단원 별로 유기적으로 연계하였다.
> - ‘듣기, 말하기, 읽기, 쓰기, 문법, 문학’ 영역을 관련있는 내용끼리 통합하여 단원을 구성하였다.

대교(왕문용)의 교과서는 『국어』와 『생활 국어』는 대단원명을 같게 구성하여 연계학습이 가능하도록 하였다. 교과서의 머리말에 제시되어 있듯이, 『생활 국어』는 실생활 속의 언어활동을 할 수 있도록 하고, 『국어』는 기본적인 개념과 원리를 공부할 수 있도록 하였다.

즉 『생활 국어』는 『국어』의 워크북 형식으로 구성되어 있어 『국어』에서 기본 내용을 학습한 뒤, 『생활 국어』에서 구체적이고 실제적인 활동 학습을 하도록 구성되어 있다.

3.3.2. 천재교육(노미숙)의 교과서

천재교육(노미숙)의 교과서는 『국어』와 『생활 국어』가 대단원·소단원명이 동일한 교과서로 구성되어 있다. 『국어』에서 원리, 이해의 기본 학습을 한 뒤 『생활 국어』에서 구체적인 활동을 하는 구성으로 이루어져있다.

『국어』에서 소단원 중심으로 학습한 뒤 『생활 국어』에서 실생활 중심의 구체적인 활동을 단계적, 점층적으로 전개하는 방식으로 이루어져 있다. 이 교과서의 특징은 소단원마다 마무리를 제시한다는 것인데, 소단원 학습 활동 마지막에 '자기 점검'을 마련하여 『생활 국어』에서 할 수 있는 보충·심화 활동을 안내하고 있다.

따라서 『생활 국어』가 『국어』에서 학습한 내용을 보충·심화 하는 구조로 이루어져 있다고 볼 수 있다.

대교(왕문용)의 교과서에서 『생활 국어』는 『국어』의 워크북 형식으로 되어 있어 『국어』에서 기본 내용을 학습한 후, 워크북 형식으로 학생이 배운 내용을 복습하는 방식으로 활용하여 『생활 국어』까지의 학습을 마친 뒤, '자기 점검'을 통해 배운 내용을 확인할 수 있을 것이다.

또한 천재교육(노미숙)의 교과서는 학습자가 『국어』에서 기본 내용을 학습한 뒤 '자기 점검'을 통해 『생활 국어』에서 학습의 정도에 따라 보충·심화를 선택하여 학습할 수 있는 형태로 구성되어 있다

4. 『국어』와 『생활 국어』의 상호 관계에 대한 통합 지도 방안

Ⅲ장에서는 2007년 7차 개정 검인정 교과서 안의 『국어』와 『생활 국어』의 구성 및 연계 양상을 살펴보았다. 이 장에서는 앞에서 살핀 이전 국정 교과서에서 『국어』와 『생활 국어』의 실효성의 문제를 해결 할 수 있도록 『국어』와 『생활 국어』의 상호 관계를 이해하고, 실제 현장에서 사용할 수 있는 『국어』와 『생활 국어』를 연계한 효율적인 지도 방안을 제시하고자 한다.

4.1. 『국어』와 『생활 국어』의 상호 관계에 대한 이해

2007 개정 교육과정에 의한 검정 교과서 집필기준에서 『생활 국어』는 단순한 보조교과서 형식이 아니라 『국어』 교과서와의 단원 구성의 유기적인 연계성을 가지고 있어야 하며, 자기 주도적인 활동이 가능해야 한다고 제시하였다. 따라서 『생활 국어』는 『국어』에서 배운 내용을 활동 중심으로 실생활의 연계함을 목적으로 편찬 되었다.[23]

이러한 목적으로 보아, 2007 개정 교과서는 『생활 국어』또한 꼭 배워야 하는 교과서임을 명시한 것이다.

3장에서는 대교(왕문용) 교과서는 『국어』에서 배운 내용을 연장하여 『생

---

[23] 교육인적자원부, 「2007년 개정 교육과정(교육인적자원부 고시 제2007-79호)에 따른 중학교 검정도서 편찬상의 유의점 및 검정기준」, 교육인적자원부, 2007, 11~13면.

심사 영역	심사항목
Ⅰ. 교육과정의 준수	1. 국어과 교육과정에 제시된 성격, 목표, 내용, 교수·학습 방법 및 평가를 충실히 반영하였는가
Ⅱ. 내용의 선정 및 조직	2. 내용의 선정과 조직은 '국어' 교과서와 연계하여 구성하였는가
	3. '국어' 교과서의 단원 학습목표와 연계하여 다양한 학습 활동을 제시하였으며, 학습자가 스스로 학습하고 활동하기 편리하도록 구성하였는가?

활 국어』를 통해 실생활과 연계 할 수 있는 활동 및 자기 주도 학습이 이루어 질 수 있다고 분석하였으며, 천재(노미숙) 교과서는 『생활 국어』가 『국어』의 보충·심화 형태로 구성되어, 『국어』에서 자기 주도 학습을 통해 『생활 국어』로 이어져 학습 할 수 있는 형태로 보았다.

따라서 중학교 '생활 국어' 교과서의 검정 기준으로 볼 때, 학습자가 『국어』에서 배운 내용을 연장하여 『생활 국어』를 통해 일상생활과 연계할 수 있는 방법이 가능한 대교(왕문용)의 교과서가 천재교육(노미숙)의 교과서에 비해 본래 생활 국어 교과서의 편찬의 목적에 더욱 부합한다고 볼 수 있다.

본 논문에서는 대교(왕문용)의 교과서를 통해 실제 현장에서 사용할 수 있는 『국어』와 『생활 국어』를 연계한 효율적인 지도 방안을 제시하고자 한다.

4.2. 『국어』와 『생활 국어』의 연계 지도를 통한 교수 학습 모형 모색

대교(왕문용) 교과서 교사용 지도서에 나타나 있는 『국어』와 『생활 국어』 교과서의 연계 활용방안을 보면 다음과 같다.

> 국어 교과서는 국어과 교육과정을 구현해 놓은 것으로 교사의 재량에 따라 얼마든지 융통성 있게 활용할 수 있는 하나의 자료이다. 그러므로 학습자의 흥미와 수준에 따라, 혹은 수업 상황에 따라 적절하게 가감하거나 변용할 수 있다. 교과서를 활용할 때는 다음과 같은 점을 참고한다.
>
> (가) "국어"와 "생활 국어"는 각 단원별로 연계성을 가지므로, 단원을 단위로 "국어"를 먼저 하고 "생활 국어"의 수업을 진행하도록 한다. 혹 소단원 학습 목표별로 "국어"와 "생활 국어"의 학습을 연계하고자 한다면, 지도서 각론의 대단원 교수·학습 계획에 제시된 단원별 수업 순서를 참고하여 수업을 진행할 수도 있다.
>
> (나) 2007년 개정 국어과 교육과정은 제7차 교육과정과는 달리, 교과서 내에 수준별 학습을 내세우지 않고 학교, 혹은 교사의 재량에 맡겨 두었다. 따라서 교과서의 내용 전체를 모든 학습자가 일제히 학습해야 한다는 생각에서 벗어나, 수업 상황에 맞게 학생들의 관심과 흥미도에 따라서 학습 제재나 학습

활동 등을 선택할 수 있도록 한다. 또, 필요하다면 소단원의 순서를 바꾸어서 수업을 진행할 수도 있으며 반드시 배당된 차시대로 운영하지 않아도 무방하고, 주어진 학습 활동을 생략하거나 새롭게 만들어서 활용할 수도 있다.

(다) "생활 국어"의 '선택 학습'을 진행할 때에는 융통성을 발휘하여 다양한 방식으로 학습하도록 한다. 개별적으로 각자 선택한 활동을 하거나, 같은 것을 선택한 학습자들끼리 모둠을 만들어 활동하게 할 수도 있다. 또, 집에서 과제로 해 오게 할 수도 있다. 무엇보다 선택의 기준은 학습자의 흥미와 관심도가 우선시되어야 한다는 점을 염두에 두도록 한다.24)

위의 제시한 바와 같이, 대교(왕문용) 교과서의 교사용 지도서에서는 『국어』와 『생활 국어』의 연계 수업에 대해서는 구체적으로 제시되어 있지 않다. 따라서 본 장에서는 성취기준 문학 단원 중 성취기준 '[7-문학-(2)] 문학 작품의 전체적인 정서와 분위기를 파악 한다' 를 가지고 실제 현장에서 교사가 사용할 수 있는 『국어』와 『생활 국어』를 연계한 구체적인 교수·학습 지도안을 제시하겠다.

다른 활동에 비해, 문학 작품을 이해하고 감상하는 활동은 개별 작품에 대한 이해만을 의미하지 않는다. 항상 학습자 자신의 삶과 관련지어 감상함으로써, 학습자의 주체적인 감상으로 이어질 수 있도록 지도해야 한다. 이러한 과정을 통해 학습자의 심미적 상상력과 건전한 인성을 계발하고 바람직한 인생관의 형성을 도울 수 있어야 한다. 이러한 문학 작품 지도 방안에 있어 교사는 교사의 일방적인 전달에 의한 교수와 그것을 받아들이기만 하는 학습보다는 교사와 학습자 그리고 학습자 간의 상호작용이 이루어질 수 있도록 교수·학습 방법을 고안해야 한다.25)

여러 가지 수업 모형 중 반응 중심 학습 모형은 수용 이론이나 반응 이론에 근거한 것으로 문학 작품을 가르칠 때 학습자 개개인의 반응을 중시

---

24) 왕문용 외, 『교사용지도서 중학교 국어·생활 국어 1-1』, 대교, 2010, 37~38면.
25) 교육과학기술부, 앞의 책, 117면.

하는 모형이다. 이는 작품에 대한 해석이 독자(학습자)에 따라 다양하게 나타날 수 있다는 점을 고려한 것이다. 그리고 이 모형은 학습자 개개인의 반응을 최대한 존중하고 다양하고 창의적인 반응을 유도함으로써 학습자의 역동적인 참여와 흥미를 유발할 수 있다는 장점이 있다.

반응 중심 학습의 절차는 다음과 같다.

[표 4] 반응 중심 학습 모형의 절차

과정	주요활동
반응 준비하기	·동기유발 ·학습문제 확인 ·학습의 필요성 또는 중요성 확인 ·배경지식 활성화
반응 형성하기	·작품 읽기 ·작품에 대한 개인 반응 정리
반응 명료화하기	·작품에 대한 개인 반응 공유 및 상호 작용 ·자신의 반응 정교화 및 재정리
반응 심화하기	·다른 작품과 관련짓기 ·일반화 하기

반응 준비하기 단계는 학습 문제를 확인하고 이해하는 데 필요한 배경지식을 활성화 하는 단계이다. 작품과 관련된 자료를 찾아보거나, 삽화나 그림 등에 대하여 이야기를 나누거나 일상의 경험을 이야기함으로써 배경지식을 활성화 할 수 있다. 반응 형성하기 단계는 작품을 읽으면서 학습자가 최초의 반응을 형성하고, 작품을 읽고 난 후의 생각이나 느낌을 반응 일지 등에 간단히 정리해 보는 단계이다. 반응 명료화하기 단계는 각자 정리한 반응을 상호 공유하고 이를 바탕으로 자신의 반응을 정교화하거나 확장하는 단계이다. 반응 심화하기 단계는 주제, 인물, 사건, 배경 등을 토대로 다른 작품과 관련지어 보면서 작품에 대한 이해를 높이고, 현실 세계나 자신의 삶에 투영해 봄으로써 반응을 심화하는 단계이다. 특정 주제에 대한

토의나 토론 활동을 통하여 반응을 심화하는 방법도 좋다.[26]

대교(왕문용)의 교과서에서 『생활 국어』의 역할이 『국어』의 워크북 형태로 되어 있는 것으로 볼 때, 반응 중심 학습 모형을 수업에 적용함으로써 학습자가 『국어』에서 학습한 내용을 『생활 국어』에서 심화 학습 할 수 있을 것이다. 또한 반응 중심 학습 모형을 통해 학생들이 문학 작품을 즐겁게 읽고 자신들의 느낌이나 생각을 자유롭게 표출할 수 있는 활동을 좀 더 효과적으로 할 수 있다.

본 수업을 국어 교과서에 나와 있는 한 작품에 대한 이해에서만 끝나는 수업이 아니라, 생활 국어 교과서에 제시된 다른 여러 작품들에 대한 학습자들의 주체적인 감상까지 이루어지도록 하기 위해서 '반응 중심 학습' 모형에 적용해 교수·학습 지도안을 제시 하겠다.

4.3. 『국어』와 『생활 국어』를 연계한 효율적인 지도 방안

이 수업에서 활용될 교수·학습 방법은 반응 중심 교수·학습 방법이다. 『국어』와 『생활 국어』에서 제시된 시를 함께 연계시켜 학생들이 시를 즐겁게 읽고, 분위기와 정서를 파악하여 자신들의 느낌이나 생각을 자유롭게 표출할 수 있는 기회를 제공하도록 하겠다. 또한 반응 명료화, 반응 심화 단계에서 시를 읽은 학생들의 생각을 다양한 방법으로 표현하는 활동을 통해 문학작품에 대한 자신의 반응을 다양한 방식으로 구체적으로 드러낼 수 있을 것이다.

⟨교수·학습 지도안⟩
1. 교재 및 단원명
   1) 교재

---

26) 최미숙 외, 『국어교육의 이해』, 사회평론, 2009, 98~99면.

중학교 국어 1-1 대교(왕문용 외)
중학교 생활 국어 1-1 대교(왕문용 외)

2) 단원명
국어 1. 문학의 빛깔과 향기
 (1)초록빛 속도
 (2)해마다 봄이 되면
 (3)약방 할매
 (4)흙을 밟고 싶다.

생활 국어 1.문학의 빛깔과 향기
 (1)시를 찾아서
 (2)산문을 찾아서

2. 단원의 개관
 1) 단원 설정의 이유
이 단원은 작품의 정서와 분위기를 이해하고, 또 그것에 근거하여 작품을 감상하는 능력을 기르기 위하여 설정하였다. 문학 작품에 나타나는 정서는 여러 가지 이질적인 내용을 담고 있는 장편 소설에서는 단일하지 않을 수 있겠지만, 서정시나 짧은 수필 혹은 단편 소설에서는 비교적 통일된 경우가 많다. 이때 작품의 전체적인 정서와 분위기를 파악하는 것은 곧 작품 전체를 이해하는 길과 통한다.

물론, 작품의 구조나 요소를 정확하게 분석하거나 작가의 삶이나 사상, 창작 배경 등을 조사해 보는 것도 작품 이해에 도움이 될 수 있다. 그러나 그런 분석이나 조사를 통하지 않고, 작품의 독특한 언어적 표현과 특정한 이미지 속에 녹아 있는, 작품 특유의 정서와 분위기를 느껴 보는 것도 의미 있는 문학 작품 감상 방법이다. 따라서 이 단원에서는 각기 다양한 정서와 분위기가 담긴 여러 작품을 읽고, 문학 작품의 다양한 세계를 이해하며, 문학의 즐거움을 느낄 수 있도록 시, 단편소설, 수필을 수록하였다.

2) 대단원 학습 목표
국어·문학 작품의 전체적인 정서와 분위기를 파악하는 방법을 안다.
 ·정서와 분위기를 파악하면서 문학 작품을 감상한다.
생활 국어·다양한 문학 작품에서 서로 다른 정서와 분위기를 파악 한다.
 ·생활 속에서 문학에 대한 관심을 기른다.

3) 대단원 학습 계획

본 단원은 국어와 생활 국어의 연계하여 수업하는 것을 목표로 한다. 수업은 대단원을 7차시로 구성하고, 각 차시가 끝날 때 마다 국어에 연계된 『생활 국어』를 함께 활용하는 수업을 하여, 학생들에게 수업시간에 배운 내용을 확장하고자 한다. 또한 마지막 7차시에는 『국어』에는 포함되어 있지 않으나 『생활 국어』에 있는 단원의 마무리부분 자기점검하기, 논술학습을 통해 본 대단원의 목표를 다시 한 번 확인하고 대단원의 수업이 잘 이루어졌는지 확인하도록 하겠다.

학습할 부분		교수·학습 내용	학습 자료	차시
단원의 길잡이		· 대단원 표지를 보고 대단원 학습 목표 알기 · 단원의 길잡이 읽기 · 정서, 분위기 용어 이해하기	국어	
(1) 초록빛 속도	읽기 전 활동	· 봄을 어떤 색으로 표현하고 싶은지 이유와 함께 말하기 · '초록색 속도'라는 말에서 떠오른 생각을 자유롭게 써보기	국어	1/7
	읽기 중 활동	－본문읽기 · 정서와 분위기에 맞게 낭송하기 · 심상과 어제 등 표현 파악하기 · 소재, 제재, 주제 등 내용 파악하기 · 전체적인 정서와 분위기 느끼기		
	읽은 후 활동	－목표학습 · 봄을 느낄 수 있는 시어를 찾아 쓰고, 봄을 맞는 느낌을 어떻게 표현 했는지 말해보기. · '초록색 속도'라는 말의 의미 이해하기 · 감각적 표현과 심상 알아보기 · 전체적인 정서와 분위기 느끼기 · 정서와 분위기를 나타내는 말을 찾아 표시해보기 －적용학습 · 주변에서 봄의 정서와 분위기를 느낄 수 있는 풍경 찾아보기 · 내가 느낀 봄의 정서와 분위기를 감각적으로 표현하고 그 이유 쓰기		
	(1)시를 찾아서	· '복사꽃', '흔들리며 피는 꽃', '봄날'의 정서와 분위기 파악하기 · 시에서 느껴지는 정서와 분위기 자유롭게 발표하기	생활 국어	

(2) 해마다 봄이 오면	읽기 전 활동	·봄과 관련된 사진을 보고 떠오르는 느낌 말하기 ·중학교 1학년이 된 자신에게 격려하는 말 쓰기	국어	2/7
	읽기 중 활동	−본문 읽기 ·시의 정서에 맞게 낭송하기 ·시의 어조 파악하기		
	읽은 후 활동	−목표학습 ·각 연의 중심 구절 찾기 ·'그분'이 어떤 사람이며, 왜 말하는 이는 '그분'의 말씀을 '어린 벗'에게 하고 있는지 말해보기 ·말하는 이가 말하려는 바를 알아보기 ·시의 어조를 바꾸었을 때 분위기의 차이 파악하기 −적용학습 ·시의 일부분을 바꿔 써보기		
	(1) 시를 찾아서	·색상환에서 시와 어울리는 색을 찾고, 그 이유를 이야기해 보기 ·생각이나 느낌을 다양한 방법으로 표현해 보기	생활 국어	
(3)약방 할매	읽기 전 활동	·마음이 아프거나 힘들 때 어디에서 어떻게 위로받을지 말해보기 ·'약방 할매'가 누구인지 상상해보기	국어	3/7
	읽는 중 활동	−본문 읽기 ·제재 읽고 내용과 주제 파악하기 ·'약방할매'의 전반적인 정서와 분위기 파악하며 읽기		
	읽은 후 활동	−목표학습 ·'나'에게 아버지는 어떤 존재였는지 알 수 있는 부분 찾기 ·아버지의 부재에 따른 어머니 마음의 차이 파악하기 ·어머니가 약방 할매를 찾는 경우와 약방 할매의 존재 의미 파악하기 ·'나'의 성장과정에 따른 작품의 분위기 표시하기 −적용학습 ·'약방 할매'와 다른 두 작품의 분위기 비교하기		
	(2) 산문을 찾아서	·'북향 언덕의 토끼'의 내용 파악하기 ·'북향 언덕의 토끼'의 정서와 분위기 파악하기 ·비슷한 내용의 다른 이야기와 공통점 파악하기	생활 국어	4/7
(4) 흙을 밟고 싶다.	읽기 전 활동	·'흙' 이라는 낱말에서 떠오르는 생각 말하기 ·흙장난을 해 본 경험과 느낌 이야기하기	국어	5/7
	읽는 중 활동	-본문읽기 ·제재 읽고 내용과 주제 파악하기 ·글의 분위기와 정서 파악하기		

(4)
흙을
밟고
싶다.
	읽은 후
	활동
		−목표학습
		• 아이엄마와 증조할머니의 흙에 대한 생각 비교하기
		• "땅과 멀어질수록 병원을 가까이 한다."는 말의 의미 생각해
		  보기
		• 글쓴이가 말하고자 하는 바를 파악하고, 그에 대한 내 생각 말
		  하기
		• 이 글의 전체적인 정서와 분위기 말하기
		−적용학습
		• '흙의 소중함'에 대하여 이야기하기
			국어	6/7

	(2) 산문을 찾아서	• '어린 왕자'의 내용 파악하기 • '어린 왕자'의 정서와 분위기 파악하기 • '어린왕자'의 다른 두 부분을 읽고 정서와 분위기 비 교해 보기 • 소설 읽고 나의 삶에 적용해 보기	생활 국어	
단원의 마무리	학습내 용점검 하기	• 스스로 점검하기	생활 국어	7/7
	보충· 심화	• 선택학습		
	논술	• 논술마당 읽기		

4) 지도상의 유의점

　· 이 단원의 경우 중학교에 올라와서 처음 배우는 문학 단원이라는 점을 고려하여 작품을 선정했다. 따라서 작품에 담긴 계절감이나 교훈 등을 학생들의 생활과 적절하게 연결시켜 지도하면, 이후 국어 과목에 대한 흥미와 새로운 학교생활에 대한 의욕을 자연스럽게 불러일으킬 수 있을 것이다.

　· 작품에 대한 분석적이고 본격적인 이해보다는 그 작품의 전체적인 인상을 느껴보고, 그렇게 생각 하게 된 까닭을 표현의 특징(심상, 어조 등) 등을 들어 이야기해 보게 하는 정도로 한다. 정서와 분위기 파악의 방법에 대한 이해는 작품의 개략적인 이해를 위한 실마리를 제공하는 선에서 이루어져야 하고, 작품의 정서와 분위기를 파악하고 그것을 토대로 작품을 감상하는 능력을 기르는데 지도의 중점을 둔다.

　· 다양한 문학 갈래의 작품들을 수록해 놓았지만 문학 갈래에 대한 깊이 있는 언급은 피해야 한다. 시, 소설, 수필의 갈래에 대한 설명까지 하게 되면, 문학 작품에서 정서와 분위기를 찾아보자는 대단원의 기본 취지에서 멀어질 수 있다.

3. 본시 학습 지도안

1) 1차시 지도안

<table>
<tr><td rowspan="2">학년 : 중1-1</td><td rowspan="2">교과 :
국어</td><td colspan="2">대단원명 : 1. 문학의 빛깔과 향기</td><td rowspan="2">차시 :
1/7</td><td rowspan="2">쪽수 :
『국어』17~21
『생활 국어』
17~18</td></tr>
<tr><td colspan="2">소단원명 :『국어』
(1) 초록색 속도
『생활 국어』
(1) 시를 찾아서</td></tr>
<tr><td>학습 목표</td><td colspan="5">·문학 작품의 전체적인 정서와 분위기를 파악하는 방법을 안다.
·정서와 분위기를 파악하면서 문학 작품을 감상한다.</td></tr>
<tr><td>수업 방법</td><td colspan="5">반응중심 학습법</td></tr>
<tr><td>단계</td><td>학습
내용</td><td>형태</td><td>교수 · 학습 활동</td><td>시간</td><td>자료 및 유의점</td></tr>
<tr><td rowspan="2">반응
준비
하기</td><td>동기
유발</td><td rowspan="2">전체
학습</td><td>■ 봄에 대한 색깔 말하기
·봄을 어떤 색으로 표현하고 싶은지 이유와 함께 자유롭게 말한다.</td><td rowspan="2">5분</td><td rowspan="2"></td></tr>
<tr><td>목표
확인</td><td>■ 학습 목표 확인하기
·문학 작품의 전체적인 정서와 분위기를 파악하는 방법을 안다.
·정서와 분위기를 파악하면서 문학 작품을 감상한다.</td></tr>
<tr><td rowspan="2">반응형
성하기</td><td>학습
순서
알아
보기</td><td rowspan="2">전체
학습</td><td>■ 학습 순서 알아보기
·학습할 순서를 알아본다.
① 시를 읽고 분위기 파악하기
② 시의 분위기를 표현하는 단어 알아보기
③ 각자 시를 읽고 느끼는 분위기와 정서를 이야기하기
④ 발표 및 토의(소집단 학습)
⑤ 시를 읽은 생각이나 느낌을 이야 기 하기(전체학습)
⑥ 느낀점 발표하기
※ 미리 6명씩 소집단을 조직해 둔다.</td><td rowspan="2">15
분</td><td>※ 학습 순서는 교사가 제시한다. '지금 여기'의 상황에 맞게 융통성을 가지고 실천 할 수 있다.</td></tr>
<tr><td>글의
분위기
파악
하기</td><td>■ 글의 분위기 파악하기
·시의 전체 정서나 분위기을 이해한다.
·'초록색 속도'에서 느껴지는 분위기는?
- 봄을 느낄 수 있는 분위기이다.
·'복사꽃'에서 느껴지는 분위기는?
- 외롭고 쓸쓸하면서도 평화로운 분 위기이다.
·'흔들리며 치는 꽃'에서 느껴지는 분 위기는?
- 꿋꿋하고 따뜻한 분위기 이다.</td><td>※ 시의 구조를 분석하는 데에 치중하지 않고 정서나 분위기를 파악하도록 지도한다.</td></tr>
</table>

반응 명료화 하기	작품에 대한 개인 반응 공유 및 상호 작용	전체 학습	▣ 시를 읽은 생각이나 느낌을 이야기 해 본다. · 정서와 분위기를 효과적으로 나타낼 수 있는 다양한 단어를 안다. · 시의 분위기와 정서를 표현하는 어조를 안다. · 각자 시에 대한 생각과 느낌을 말해본다.	20분	※ 다양한 느낌 (따뜻함, 의연함, 꼿꼿함 등) 여러 단어가 나올 수 있도록 한다. -예시로 교사가 어휘 제시
반응 심화하 기	반응공 유하기 (일반화 하기)	전체 학습	▣ 전체 시를 읽은 생각과 느낌 발표하기 · 모둠별로 발표한다.(2~3조) · 발표를 보고 느낀점을 발표한다.	10분	※발표를 보면서 느낀점을 기록하 도록 한다.

2) 2차시 지도안

학년 : 중1-1	교과 : 국어	대단원명 : 1. 문학의 빛깔과 향기		차시 : 2/7	쪽수 : 『국어』10~16 『생활 국어』10~16
		소단원명 : 『국어』 (2) 해마다 봄이 되면 『생활 국어』 (1) 시를 찾아서			
학습 목표		· 정서와 분위기를 파악하면서 문학 작품을 감상한다. · 시를 읽고, 자신의 생각이나 느낌을 다양한 방법으로 표현할 수 있다.			
수업 방법		반응중심 학습법			

단계	학습 내용	형태	교수·학습 활동	시간	자료 및 유의점
반응 준비 하기	동기 유발 목표 확인	전체 학습	▣ 사진에 대한 느낌 말하기 · 봄, 입학과 관련된 사진을 보고 떠오르는 생각과 느낌을 각자 자유롭게 말한다. ▣ 학습 목표 확인하기 · 정서와 분위기를 파악하면서 문학 작품을 감상한다. · 시를 읽고, 자신의 생각이나 느낌을 다양한 방법으로 표현할 수 있다.	5분	
반응 형성 하기	작품 읽기	전체 학습	▣ 학습 순서 알아보기 · 학습할 순서를 알아본다. ① 시를 읽고 분위기 파악하기 ② 시의 분위기와 느낌을 표현할 방 법 정하기 ③ 각자 시를 읽고 느끼는 분위기와 정서를 표현하기 ④ 발표 및 토의(소집단 학습) ⑤ 시를 읽은 생각이나 느낌을 다양 한 방법으로 표현하기(전체 학습) ⑥ 느낀점 발표하기 ※ 미리 6명씩 소집단을 조직해 둔다.	15 분	※ 학습 순서는 교사가 제시한 다. '지금 여기' 의 상황에 맞게 융통성을 가지 고 실천 할 수 있다.

글의 분위기 파악 하기	전체 학습	■ 글의 분위기, 내용 파악하기 · 시의 전체 정서나 분위기를 이해한다. · '해마다 봄이 되면'에서 느껴지는 분위기는? - 시작과 설렘을 느낄 수 있는 분위기이다. · 말하는 이가 시를 통해 말하려는 것은? - 봄처럼 부지런하고, 꿈을 지니고 새로워져라. · 그 분은 어떤 사람인가? - 격려의 말을 해주는 사람		※ 시의 구조를 분석하는 데에 치중하지 않고 정서나 분위기를 파악하도록 지도한다.
반응 명료화 하기	표현 방법 정하기	전체 학습	■ 시를 읽은 생각이나 느낌을 다양 한 방법으로 표현 해 본다. · 시를 읽은 정서와 분위기를 어떤 방법으로 나타낼 것 인가 정한다. · 정서와 분위기를 효과적으로 나타낼 수 있는 다양한 방법을 알아 본다. · 각자 표현하고 싶은 방법을 정한다.	20분	※ 다양한 방법 (시, 그림, 편지 등)이 나올 수 있도록 한다. -예시로 ppt자료 제시
반응 심화 하기	반응 공유 하기	전체 학습	■ 생각과 느낌 발표하기 · 모둠별로 발표한다.(2~3조) · 발표를 보고 느낀점을 발표한다.	10분	※발표를 보면 서 느낀점을 기 록하도록 한다.

5. 결론

국정에서 검인정제로 국어과 교과서가 전환함에 따라 교과서 개발 주체를 다양화함으로써 국어교육을 둘러싼 다양한 입장을 폭넓게 반영할 수 있게 되었다. 또한 교수자와 학습자에게 교과서 선택권을 부여함으로써 보다 상황과 여건에 맞는 국어 교육을 할 수 있다. 또한 교과서 제작의 주체가 국가에서 시장으로 넘어간 상황에서 교사들도 전에 비해 교과서 편찬에 참여할 수 있는 길이 넓어졌고, 창의적인 교과서를 제작할 수 있게 되었다.

이 연구는 이전의 『국어』와 『생활 국어』의 문제점을 개선하여 나온, 2007년 개정 검정 교과서가 어떠한 양상으로 나타나 있는지 살펴보았다. 또한 실제 현장에서 사용할 수 있는 『국어』와 『생활 국어』를 연계한 효과적인 수업방안을 제시하였다.

교과서는 교육 공동체의 가치와 신념을 반영하는 교육과정을 구체화하며, 그것을 개발하는 주체의 가치와 신념을 반영한다. 즉 교과서 저자의 교육관, 학습자관, 언어관, 국어 교육관 등이 교육과정을 재해석하는 준거로 작용하고 그에 의거하여 교과서가 구성된다. 『생활 국어』는 실패한 이전 과정에서와 같이 선택하여 학습하는 『국어』의 보충교재로 전락해서는 안 될 것이며 『국어』와 동등한 위치로써 수업에서 사용되어야 할 것이다. 그러기 위해서는 따라서 학교에서 교과서를 선정할 때, 각 교과서의 특성을 파악해 학교급 별로 수업과정에서 적합한 『생활 국어』를 선택해야 할 것이다.

또한 15종의 교과서마다 『국어』와 『생활 국어』의 연계의 양상을 반영하여 교사가 실제 현장에서 『국어』와 『생활 국어』를 연계 할 수 있는 구체적인 지도 방향이 제시된 교사용 지도서가 개발되어야 할 것이다.

7차 교육과정에서 『국어』와 『생활 국어』의 통합 지도 방안 연구는 있었으나, 2007 개정 교육과정의 『국어』와 『생활 국어』를 연계한 지도방안은 지금까지 연구되지 않았다.

따라서 본 논문은 2007년 개정 교육과정을 바탕으로 한 『국어』와 『생활 국어』의 연계한 지도 방안에 대한 연구를 처음으로 하는데 의미가 있다. 또한 실제 수업에서 사용할 수 있는 구체적인 수업 모형을 제시하는 것에 가치가 있다.

그럼에도 불구하고 본 연구는 중학교 1학년 1학기에 한정하여 수업 모형을 적용하였으므로 한계를 가진다. 따라서 『국어』와 『생활 국어』의 연계성을 가지고 중학교 1학년부터 3학년까지 계속적으로 수업할 수 있는 연구가 선행 된다면, 학습자에게 좀 더 효과적인 국어 수업이 될 것이다.

앞으로 더 넓은 범위에서 『국어』와 『생활 국어』를 연계한 효율적인 수업이 될 수 있는 논문이 나오길 기대해본다.

‖ 참고문헌

참고자료

남미영 외, 「중학교 국어 1-1」, 교학사, 2010.

남미영 외, 「중학교 생활 국어 1-1」, 교학사, 2010.

윤희원 외, 「중학교 국어 1-1」, 금성출판사, 2010.

윤희원 외, 「중학교 생활 국어 1-1」, 금성출판사, 2010.

박경신 외, 「중학교 국어 1-1」, 대교, 2010.

박경신 외, 「중학교 생활 국어 1-1」, 대교, 2010.

왕문용 외, 「중학교 국어 1-1」, 대교, 2010.

왕문용 외, 「중학교 생활 국어 1-1」, 대교, 2010.

왕문용 외, 「중학교 국어·생활 국어 1-1 교사용 지도서」, 대교, 2010.

김종철 외, 「중학교 국어 1-1」, 도서출판 디딤돌, 2010.

김종철 외, 「중학교 생활 국어 1-1」, 도서출판 디딤돌, 2010.

윤여탁 외, 「중학교 국어 1-1」, 미래엔컬쳐그룹, 2010.

윤여탁 외, 「중학교 생활 국어 1-1」, 미래엔컬쳐그룹, 2010.

이남호 외, 「중학교 국어 1-1」, 미래엔컬쳐그룹, 2010.

이남호 외, 「중학교 생활 국어 1-1」, 미래엔컬쳐그룹, 2010.

조동길 외, 「중학교 국어 1-1」, 비상교육, 2010.

조동길 외, 「중학교 생활 국어 1-1」, 비상교육, 2010.

권영민 외, 「중학교 국어 1-1」, 새롬교육, 2010.

권영민 외, 「중학교 생활 국어 1-1」, 새롬교육, 2010.

이숭원 외, 「중학교 국어 1-1」, 좋은책 신사고, 2010.

이숭원 외, 「중학교 생활 국어 1-1」, 좋은책 신사고, 2010.

방민호 외, 「중학교 국어 1-1」, 지학사, 2010.

방민호 외, 「중학교 생활 국어 1-1」, 지학사, 2010.

이용남 외, 「중학교 국어 1-1」, 지학사, 2010.

이용남 외, 「중학교 생활 국어 1-1」, 지학사, 2010.

김상욱 외, 「중학교 국어 1-1」, 창비, 2010.

김상욱 외, 「중학교 생활 국어 1-1」, 창비, 2010.

노미숙 외, 「중학교 국어 1-1」, 천재교육, 2010.

노미숙 외, 「중학교 생활 국어 1-1」, 천재교육, 2010.
오세영 외, 「중학교 국어 1-1」, 해냄에듀, 2010.
오세영 외, 「중학교 생활 국어 1-1」, 해냄에듀, 2010.

단행본
교육인적자원부, 『제 7차 교육과정 중학교 교육과정』, 대한교과서 주식회사, 1998.
교육인적자원부, 『2007년 개정 교육과정(교육인적자원부 고시 제2007-79호)에 따른 중
    학교 검정도서 편찬상의 유의점 및 검정기준』, 교육인적자원부, 2007.
교육과학기술부, 『중학교 교육과정 해설(II)』, 교육과학기술부, 2008.
노명완 외, 『국어교육학 개론』, 삼지원, 2009.
노명완 외, 『국어과 교육론』, 갑을 츨판사, 1996.
정혜승, 『국어과 교육과정 실행연구』, 박이정, 2002.
최미숙 외, 『국어 교육의 이해』, 사회평론, 2009.
최지현 외, 『국어과 교수・학습 방법』, 도서출판 역락, 2007.
최현섭 외, 『국어교육학개론』, 삼지원, 2005.
허재영, 『국어과 교과서와 교재지도 연구』, 한국문화사, 2006.

참고논문
송현정, 「국어 교과서 검정제에 관한 실태 분석과 도입의 방향 탐색」, 『이중언어학』 28
    호, 이중언어학회, 2005.
김영대, 「중학교 국어 교과서 단원 구성 방안 연구」, 한국교원대학교 석사학위논문,
    1999.
허정연, 「중학교 생활 국어 교과서 문법 단원의 평가와 재구성」, 부산대학교 석사학위
    논문, 2002.
오주희, 「국어과 교과서 사용 방식에 대한 연구-제 7차 중학교 1학년 『국어』읽기 단
    원을 중심으로」, 고려대학교 석사학위논문, 2003.
한지영, 「중학교 국어과 수업 양상 연구」, 한국교원대학교, 석사학위논문, 2003.
이필범, 「생활 국어 교과서 사용 실태 연구」, 부산대학교 석사학위논문, 2005.
김창욱, 「'국어'와 '생활 국어' 교과서의 통합 지도 방안 연구-중학교 1학년 교과과정
    을 대상으로」, 경성대학교 석사학위논문, 2006.
김영주, 「중학교 생활 국어 교과서의 사용 실태와 개선 방안 연구」, 전북대학교 석사학
    위논문, 2007.
최지현, 「2007 개정 중학교 국어 교과서 검정 체제에 대한 비판적 분석」, 『새 국어 교
    육』 제85호, 한국국어교육학회, 2010.
윤여탁, 「국어 교과서 발행 제도의 변천과 검정제의 발전 방향」, 『교과서 연구』 제45

호, 한국교과서연구재단, 2005.

이삼형 「검정 제도하에서의 국어 교과서 개발」, 『교과서 연구』 제52호, 한국교과서연구재단, 2007.

서지우, 「교육 매체로서의 검정 교과서 구성과 개선 방향－중학교 1학년 국어 교과서를 중심으로」, 목포대학교 교육대학원 석사학위논문, 2010.

금현정, 「2007년 개정 국어과 교육과정의 국어 교과서 반영 양상 연구－7학년 읽기 영역을 중심으로」, 한국교원대학교 석사학위논문, 2011.

박영목, 「검정 도서로서의 국어 교과서 개선 방향」, 『국어교육학 연구』제27호, 국어교육학회, 2006.

김정우, 「'국어' 교과서의 영역 통합 양상 분석 : 문학영역을 중심으로」, 『독서연구』 제22호, 한국독서학회, 2009.

협동학습을 통한 문학 지도 방안 연구
―중학교 1학년 국어 교과서 수록 소설 작품을 중심으로―

이윤주

1. 서론

1.1. 연구의 필요성과 목적

학교 교육은 교육과정의 테두리 안에서 실시되므로 교육과정은 교과서 집필 및 수업 진행에서 안내자와 같은 역할을 한다고 할 수 있을 것이다.

2007년 2월 발표된 새로운 교육과정은 이전의 교육과정과 달리 제7차 교육과정을 시대 상황에 맞게 개정·보완하는 '수시·부분 개정' 작업의 일환으로 추진된 것이라고 할 수 있다. 이러한 관점을 강조하여 명칭 또한 '2007 개정 국어과 교육과정'이라는 용어를 사용하고 있다.

그러나 개정 교육과정의 적용으로 학교 현장에는 수시·부분 개정의 의미 이상의 많은 변화가 있었다. 그동안의 연구 성과를 반영하여 7차 교육과정에 대한 비판점을 수정한 것에 따른 전반적인 내용 변화와 함께 교과서 체제 또한 국정 교과서 체제에서 검정 교과서 체제로 전환되었기 때문이다.

검정 교과서 체제에서는 같은 성취기준이라 할지라도 제재와 학습활동, 교과서의 구성 등에서 다양성을 확보하였다. 또한 교사 수준에서의 수준별 수업이 이루어지도록 규정하고 있으므로 교사의 지도 방법에 따라 학습자들의 성취수준은 차이가 있을 수 있다. 따라서 각 교과서의 특성을 고려한 다양한 교수·학습 자료 확보가 필수적으로 요구된다.

2007 개정 국어과 교육과정은 2010년부터 2012년까지 순차적으로 각 학년에 적용될 방침이다. 2007 개정 국어과 교육과정이 현장에 적용된 지 1년밖에 되지 않은 현 시점에서(2011년 1학기) 개정 교육과정에 적합한 교수·학습 방안에 대한 연구 결과는 미비한 실정이다.

제7차 교육과정 이후부터 '학습자 중심의 교육'[1]이 강조되고 있다. 학습자 중심의 교육 지향으로 수업에서 학습자의 참여 기회는 확대되어 왔으며, 제7차 교육과정 이후 고시된 2007 개정 국어과 교육과정은 학습자 중심 교육을 기반으로 구체적인 맥락 속에서 창조적인 국어 활동 능력과 태도를 기르는 것을 국어과 교육의 핵심 목표로 삼고 있다.[2] 여기서 창조적인 국어 활동은 참신한 발상과 개성적 표현은 물론, 국어가 표현하는 내용의 새로움에서부터 국어 활동이 이루어 내는 결과의 새로움까지 포함한다. 이는 의사소통을 비롯한 모든 국어 활동이 현실의 맥락 속에서 잘 수행되어 우리 사회와 문화를 바람직한 방향으로 발전시키는 데 기여할 때 창조적 국어 활동으로 평가될 수 있음을 뜻한다.

언어예술이라는 점에서 본질적으로 창조적인 국어 활동인 '문학' 영역 역시 구체적인 인간과 삶과 사회에 작용하는 존재일 때 그 창조성이 더욱

---

1) 신헌재 외, 『학습자 중심의 국어교육』, 박이정, 2001, 66면.
　　학습자 중심의 교육이란 학습자 스스로 자기 자신의 학습활동과 자료를 선택하여 이를 가지고 학습할 순서를 결정하고, 모든 학습활동에는 학습자가 중심이 되어 학습자들끼리 서로 가르칠 수 있는 상황이 마련되어야 하며, 학습 내용 간에는 유기적 관련을 맺어 통합적으로 운영되는 교육과정을 말한다.
2) 위의 책, 17면.

발휘된다.3) '문학' 영역의 학습은 문학 작품을 찾아 읽고 해석하며, 문학 작품을 생산하는 학습활동을 함으로써 작품에 나타난 인간의 삶을 총체적으로 이해하고 문학적 상상력이 향상되도록 이루어져야 한다.4) 따라서 국어과 '교수·학습 방법'에서는 교사의 일방적인 교수와 그것을 받아들이기만 하는 교수·학습 방법보다는 교사와 학습자, 그리고 학습자 간의 상호작용이 일어날 수 있는 교수·학습 방법을 고안할 것을 밝히고 있다.5)

문학 교수·학습에 천편일률적으로 하나의 교수·학습 방법을 사용하는 것은 무리가 있다. 그러나 학교 현장에서는 강의식 문학 수업이 가장 빈번하게 이루어진다. 물론 제재와 학습목표에 따라 강의식 수업이 적절한 교수법이 될 수도 있다. 하지만 학습자의 다양한 미적 체험이 존중되는 수업은 교사 중심의 수업만으로는 불가능하다. 따라서 효율적인 문학 교육을 위해서는 다방면의 상호작용이 가능한 교수·학습 방법의 활용이 필수적으로 요구된다.

현장 교사들은 다양한 교수·학습 가운데 가장 효과적인 문학 수업 방법으로 협동학습을 꼽고 있다. 또한 문학 수업에 협동학습 모형을 적용했을 때 기존의 전통적인 강의식 수업 방식보다 인지적, 사회적, 정의적 영역에서 효과가 높게 나타나고 있음을 연구결과에서 확인할 수 있다.6) 그러나 많은 교사들이 실제 문학 수업에 협동학습을 적용하지 못하는 이유는 소수의 학생만 참여하게 되는 문제점, 기존의 협동학습 모형이나 구조를 그대로

---

3) 위의 책, 391면.
4) 위의 책, 16면.
5) 위의 책, 117면.
6) 정보영, 「협동학습을 통한 소설 교수·학습 지도 방안 연구—박완서의 '그 여자네 집'을 중심으로」, 홍익대학교 교육대학원, 2006 ; 장혜영, 「협동학습을 통한 소설 교수·학습 지도 방안 연구」, 이화여자대학교 교육대학원, 2005 ; 허지연, 「협동학습을 통한 중학교 소설 지도의 실제—'사랑손님과 어머니'를 중심으로」, 단국대학교 교육대학원, 2006. 문학 교육에서도 협동학습을 수업에 적용하여 효율성을 검증하는 연구가 이루어지고 있는데, 문학 영역 중 소설 교육은 타 갈래보다 많은 연구가 행해져 오고 있으며 이들 연구는 협동학습이 학습자에게 인지적 측면과 정의적 측면에 효과가 있다는 사실을 입증한다.

적용할 때 생기는 시간적인 한계, 동일한 단원이라 할지라도 여러 변인으로 인해 협동학습 모형을 변형해야 하는 부담 등으로 인해서 협동학습을 적용하는 것이 어렵다고 응답했다.[7]

특히 본고에서 다룰 중학교 1학년 새 교과서를 사용한 소설 교육은 교사가 수업에 협동학습을 적용하고자 할지라도 아직 이에 대한 연구가 미비해 더 큰 어려움을 겪게 된다. 이전 연구는 대부분 2007 개정 교육과정 이전의 교과서에 협동학습을 적용한 연구들로, 연구 결과를 중학교 1학년 새 국어 교과서 현대소설 단원에 적용하기에는 무리가 있다. 성취기준이 다를뿐더러, 비슷한 성취기준이라고 할지라도 수록된 소설 작품이 변화했기 때문이다.

따라서 본 연구에서는 2007 개정 교육과정에서 목표에 도달하기 위한 문학 영역의 교수·학습 방법의 성격과 문학 영역 중 소설 영역 교육의 특성을 확인하여 효과적인 수업이 이루어지기 위한 교수·학습 방법을 모색하겠다. 이를 토대로 도출한 결과가 협동학습의 원리와 일치하는가를 확인하고 협동학습 모형 중 하나를 선택하여 이를 2007 개정 국어 교과서에 적용하는 과정을 통해 효율적인 지도 방안을 모색하는 것을 궁극적인 목표로 한다.

1.2. 연구 방법 및 연구 범위

앞서 언급한 바와 같이 2011년 현재는 교육과정이 전환되는 과도기로서 중학교 1학년과 2학년, 고등학교 1학년만이 개정된 국어 교과서를 사용하고 있으며, 1학기와 2학기 모두 개정된 교과서로 수업이 이루어진 학년은

---

7) 남웅, 『협동학습을 통한 문학 교육 방법 연구―7학년 소설단원의 협동학습 모형 고안을 중심으로』, 이화여자대학교 교육대학원, 2002, 28~35면 ; 이상구, 「구성주의 문학 협동학습 방안 탐색」, 『독서연구』 제 10호, 2003, 174면. 남웅은 중학교에 재직 중인 국어교사 50명을 대상으로 한 설문의 결과를 제시하였다. 홈페이지를 통해 실시한 이상구의 조사에서 또한 협동학습이 문학 교육에서 효율적이었다고 응답하는 교사가 가장 많음을 확인할 수 있다.

중학교 1학년뿐이다.

본 연구는 연구지역을 춘천지역으로 제한해, 해당 지역에서 선택률이 높은 교과서를 선별하여 지도 방안을 모색하겠다.8)

춘천 시내 11개의 중학교를 대상으로 조사한 결과, 6종의 중학교 1학년 국어 교과서가 선정되었음을 확인하였다.

[표 1] 춘천시 11개 중학교 1학년 국어 교과서 선택 현황

출판사	좋은책 신사고	교학사 (남미영)	창비	지학사 (방민호)	비상교육	천재교육 (노미숙)
학교명	남춘천여중	강원중	대룡중	유봉여중	후평중	소양중
	봉의여중	남춘천중	춘천중			
	우석여중	춘천여중				

춘천시의 11개 중학교에서 수업에 사용하고 있는 교과서 중 선택률이 높은 국어 교과서는 '교학사(남)'과 '좋은책 신사고'의 교과서이다. 본 연구에서는 연구 결과의 적용률을 높이기 위해 위의 2종의 교과서를 대상으로 연구를 진행할 것이다.

또한 중학교 1학년 문학 영역의 성취기준 중에서 서사갈래로서의 소설의 특징을 보여주는 '【7-문학-(1)】 문학 작품에 드러난 인물의 심리 상태와 갈등의 해결 과정을 파악한다.'에 해당하는 단원 중 현대소설을 제재로 한 소

---

8) 교육과학기술부에서 실시하는 중학교 1학년 교과서 검인정에서는 총 23종이 적합하다는 판정을 받아 교과서로 편찬되었으나, 중학교 2학년 교과서는 15종만이 검인정에 통과했다. 따라서 중학교 1학년과 2학년의 연계성을 확보할 수 있는 교과서는 15종 교과서로 제한된다. 중1 국어 교과서 23종 중에서 중2 국어 교과서의 검인정을 통과한 교과서는 15종으로, 금성출판사, 교학사(남미영), 대교(박경신), 대교(왕문용), 디딤돌(김종철), 미래엔컬처(윤여탁), 미래엔컬처(이남호), 비상교육, 새롬교육, 지학사(방민호), 지학사(이용남), 좋은책 신사고, 창비, 천재교육(노미숙), 해냄에듀의 교과서이다.
위의 출판사 중 새롬교육은 2학년 교과서가 합격 판정을 받았으나 3학년 교재 개발을 진행하지 않을 것이라고 밝힌 후 2010년 말에 출판사가 부도 처리된 상태라, 실제로 현장에서 쓰이는 교과서는 14종으로 제한된다고 볼 수 있다.

단원을 선택하여 협동학습 수업 모형을 적용하겠다.[9]

연구에 사용된 협동학습 모형은 '팀성취도 배분 학습(STAD) 모형'[10]이다. 해당 모형은 학급내의 성적이 하위권이며, 문학 수업에 흥미도가 낮은 학생들이 수업에서 이탈하는 것을 방지할 수 있다. 또한 이 모형에서는 성적이 높은 학습자가 성적이 낮은 학습자를 도와 함께 활동하는 모둠별 협동을 특히 강조한다. 따라서 모든 학급 구성원의 긍정적 상호작용을 통한 학습자의 인지적·정의적 발달을 가능하게 하는 모형이다.

'팀성취 분담 학습(STAD) 모형'을 '좋은책 신사고'의 1학년 1학기 국어 3단원과 '교학사(남미영)'의 1학년 1학기 국어 5단원의 수업 내용에 맞게 변형시켜 적용함으로써 각 교과서 문학 단원의 성취기준과 소설 작품의 특성을 고려한 수업 방안을 구안하도록 하겠다.

2. 2007 개정 국어과 교육과정 문학 단원에서의 협동학습

2.1. 교수·학습 방법의 변화

2007 개정 교육과정의 특성을 토대로 하여 2007 개정 교육과정에서 교수·학습 방법의 변화에 관해 정리하면 다음과 같다.

---

9) 교육과학기술부, 앞의 책, 47~50면.
  7학년 문학 영역의 성취기준은 '【7-문학-(1)】 문학 작품에 드러난 인물의 심리 상태와 갈등의 해결 과정을 파악한다.', '【7-문학-(2)】 문학 작품의 전체적인 정서와 분위기를 파악한다.', '【7-문학-(3)】 역사적 상황이 문학 작품에 어떻게 나타나는지 이해한다.', '【7-문학-(4)】 시어와 일상어의 관계에 대한 이해를 바탕으로 노랫말을 쓴다.'이다. 4가지 성취기준 중 소설이 제재로 선정될 수 있는 성취기준은 (1), (2), (3)인데, 본 연구에서 살펴볼 문학의 갈래인 소설의 특징을 가장 뚜렷하게 보여주는 성취기준은 (1)에 해당한다.
10) 팀성취도 배분 학습(STAD) 모형은 '모둠 성취 분담 모형', '성취 과제 분담 모형', '팀 성취 분담 모형', '팀 성취도 배분 모형' 등 연구자마다 명칭을 달리 하기도 하는데, 본고에서는 신헌제 등이 사용하는 '팀성취도 배분 학습(STAD) 모형'이라는 용어를 사용하도록 하겠다.

첫째, 타 교과목의 학습에 있어 '도구로서의 국어 교과'를 강조하고자 했다. 개정 국어과 교육과정의 '교수·학습 계획'에는 '국어 능력이 일상생활이나 다른 교과의 학습에도 중요함을 강조하여, 학습자가 국어 교수·학습에 대한 능동적인 태도를 가질 수 있도록 한다.'가 새롭게 추가되었다.[11] 이는 국어 수업 시간을 통해 성취한 국어 능력을 교실뿐만 아니라, 실제 생활과 타 교과의 학습에도 적극적으로 활용할 수 있도록 돕는 수업이 이루어져야함을 강조한 것이다.

둘째, 학습자 중심의 자기 주도적 학습을 강화시키려 했다. 개정 교육과정의 교수·학습 방법의 전반적인 내용을 살펴보면 그 중심을 이루는 내용이 바로 '자기 주도적 학습'이다. 개정 교육과정은 이와 관련한 교수·학습 방법을 비교적 자세한 형태로 제시하고 있다. 개정 교육과정의 교수·학습 운용 관련 부분의 (1)-(다)에서는 '학습 목표와 내용을 고려한 직접 교수법, 문제 해결 학습법, 창의성 계발 학습법, 반응 중심 학습법, 탐구 학습법, 현장 학습법, 개별화 학습법, ICT 활용 학습법, 가치탐구 학습법, 토의·토론식 학습법, 협동학습법을 활용하겠다.'고 밝히고 있다.[12] 제7차 교육과정에서 교수·학습 방법을 암시적으로 언급했던 것에 비해 2007 개정 교육과정에서는 좀 더 구체적으로 제시하고 있는 것을 확인할 수 있다.[13] 이처럼 교수·학습 방법이 양적으로 확대되었을 뿐만 아니라 명시적으로 드러나서 문학 교육은 물론이고, 국어교육 전반에서 교수·학습 방법의 비중이 높아질 것임을 짐작하게 한다.

셋째, 개인차를 반영한 수준별 학습을 지향하고 있다는 점을 알 수 있다.

---

11) 위의 책, 107면.
12) 위의 책, 117면.
13) 제7차 교육과정에서는 '직접 교수법, 소집단 학습, 협력 학습(협동학습), 강의, 토의·토론, 현장 학습'만 제시했으나, 2007 개정 교육과정에서는 협동학습법, 가치탐구 학습법, 개별화 학습법, 문제 해결 학습법, 반응 중심 학습법, 직접 교수법, 창의성 계발 학습법, 탐구 학습법, 토의·토론식 교수법, 현장 학습법, ICT 활용 학습법 등이 제시되어 있다.

개정 교육과정은 7차 교육과정과 달리 '보충·심화 학습'에 대한 내용을 명시하지 않았다. 대신 교수·학습 계획 관련 부분의 (2)-(가)에서 '개인차를 해소하기 위한 방안은 학교의 실정, 학습자의 요구 등을 고려하여 계획하되, 수업 시간이나 방과 후 교육 활동 등을 활용하도록 한다.'14) 등의 내용을 두어 학교 단위, 교사 단위 등으로 자유롭게 수준별 학습이 이루어지게 했음을 알 수 있다.

넷째, 총체적이고 통합적인 형태의 국어 교육을 강조한다는 점이다. '총체적 언어 교육'은 학습자에 대한 존중을 바탕으로, 의미 있는 상황에서 실제적인 언어를 사용하게 하는 교육으로 볼 수 있다. 이러한 측면에서 볼 때 총체적 언어 교육은 언어의 사회적 가치나 유용성을 강조하고 사람과의 상호작용을 통한 언어 학습을 강조한다.

'통합적 형태의 언어 기능 교육'은 언어의 각 기능이 분리되기보다는 서로 유기적으로 관련을 맺으며 통합적으로 다루어질 때, 각 언어 기능을 보다 자연스럽고 효과적으로 개발할 수 있다고 보는 관점이다. 때문에 이들 각 기능은 필수적으로 균형을 유지하며 통합적으로 다루어져야 할 것이다. 개정 교육과정에서 담화의 생산과 수용을 중심으로 지식, 기능, 맥락적 차원을 통합하고자 했던 것 역시 바로 이러한 차원의 문제일 것이다.

이상으로 살펴본 개정 국어과 교육과정 상의 교수·학습 방법의 변화는 실제 생활과 타 교과의 학습에도 적극적으로 활용될 수 있는 능동적인 교수·학습 방법 사용과 학습자 중심의 자기 주도적 학습을 강조하고 있다. 또한 개인차를 반영한 수준별 학습과 각 기능과 영역이 필수적으로 균형 있게 이루어지는 총체적 언어 교육을 위하여 언어의 사회적 가치나 유용성에 초점을 맞추고 사람과의 상호작용을 통한 언어 학습을 강조한다.

따라서 교사주도의 강의식 수업만으로는 2007 개정 국어과 교육과정의

---

14) 위의 책, 108면.

학습목표에 도달하는 데 한계가 있다. 개정 국어과 교육과정에서 추구하는 효율적인 교육을 위해서 문학 수업을 진행하는 교사는 학습 상황과 학습자의 특성 등을 고려하여 적절한 교수·학습 방법을 수업에 활용하여야 할 것이다.

2.2. 소설 교수·학습 방법

문학 교육의 목표는 문학이나 문학 교육을 어떻게 바라보느냐에 따라 달라질 수 있다.[15] 미국의 신비평이나 러시아의 형식주의, 프랑스의 구조주의와 같이 텍스트 중심의 문학관에서는 문학 교육의 출발점이 텍스트의 내부이기 때문에 텍스트의 해석과 분석이 중심이 된다. 하지만 독자의 역할이 강조되면서 텍스트 중심의 문학관은 학습자 중심의 교육관으로 변화하였다. 문학 교육의 목표는 정전처럼 받아들여지는 텍스트 자체의 의미를 분석하고 암기하는 것이 아니라, 학습자의 다양한 반응을 수용하고 미적 체험을 제공하는 것이다. 따라서 교수·학습 과정에서 학습자가 주체가 되어야 할 것이며, 학습자의 다양하고 구체적인 수용 과정이 존중되어야 할 것이다.[16]

2007 개정 국어과 교육과정에서는 이러한 독자 중심의 관점을 취하고 있으므로 문학 교육에서 또한 수요자인 학생의 활동과 해석이 중요시된다. 따라서 2007 개정 국어과 교육과정 문학 영역의 지도는 개별 작품을 학습자의 삶과 관련지어 봄으로써 학습자의 심미적 상상력과 건전한 심성을 계발하고, 바람직한 인생관과 세계관을 형성하기에 적합한 방향으로 이루어져야 할 것이다. 문학 작품은 불확정성을 지니고 있으며, 작품의 의미는 독자에 의해 완성되는 것이라는 관점에서 볼 때, 독자가 작품을 능동적으로 수용하고 이해할 때 작품의 의미가 완성될 수 있기 때문이다.

---

15) 우한용 외, 『문학교육과정론』, 삼지원, 1997, 136면.
16) 위의 책, 136~137면.

앞에서 언급한 바와 같이 문학 작품은 독자마다 달리 파악될 수 있으며, 설령 같은 독자라 할지라도 상황 변인에 의해서 감상이 달라질 수 있다. 따라서 효율적인 문학 교수·학습이 이루어지기 위해서는 학습자와 학습 상황, 학습 과제의 성격에 대한 교사의 분명한 판단이 필수적이다.

문학의 여러 갈래 중 소설은 삶을 직접적으로, 그리고 구체적으로 제시한다.[17] 소설은 서사갈래로, 문학의 갈래 중에서도 가장 구체적이고 전체적인 인간의 삶을 다루면서 이야기를 풀어나간다. 다양한 인물들이 등장해서 만들어가는 갈등 구조를 통해 삶의 총체적인 모습이 소설에 드러난다. 이러한 특성을 가진 소설을 학습하는 과정에서 학습자는 소설 교육을 통하여 소설에 나타난 인물들의 삶에 자신의 모습을 투영하여 자신의 삶을 되돌아볼 수 있을 것이며, 소설의 특징을 파악하고 작품의 의미를 파악하면서 즐거움을 느낄 수 있다. 이와 더불어 문학적 상상력과 창조력이 신장되는 가운데 올바른 가치관과 세계관을 정립할 수 있을 것이다.

소설 교육의 목표는 인간과 삶에 대한 이해, 허구적 상상력을 통한 현실 초극, 텍스트의 상호성, 재미, 민족어에 대한 학습과 이해 등 다양하게 설정될 수 있다.[18]

복잡하고 다양한 측면의 소설 교육의 목표를 달성하기 위해서는 교사의 일방적인 지식 주입 위주의 수업보다는 학습자의 적극적인 참여로 이루어지는 학습자 활동 중심의 수업이 요구된다. 하지만 그렇다고 해서 작품의 분석과 작품에 대한 지식이 소설 교육에서 제외되어야 한다는 것은 아니다. 소설의 내용 파악은 소설 수업에서 필수적이며 소설의 구성이나 시점, 인물의 성격, 갈등의 양상 등 소설의 기본적인 지식이 없는 상태에서 소설 작품의 감상이 올바르게 이루어지는 것은 힘든 일이기 때문이다. 이처럼 소설 교육은 정의적인 측면과 인지적인 측면 모두가 밀접한 관련을 가지면서 이

---

17) 김상욱, 『소설 교육의 방법 연구』, 서울대학교출판부, 1996, 49면.
18) 구인환, 『문학교육론』, 삼지원, 2001, 308~311면.

루어져야 할 것이다.

교육의 주체가 교사에서 학습자로 이행되고, 자신의 생활 경험과 관련하여 학습자가 발견하게 되는 의미의 중요성을 강조하는 소설 수업에서 협동학습은 소설 교육의 목표와 부합하는 교수·학습 방법이 될 수 있다.

협동학습은 구성원 사이의 긍정적 상호의존성, 개별적인 책무성, 동시다발적 상호의존성, 동등한 참여, 신뢰, 갈등의 조정기능, 의사소통 능력, 동등한 참여를 기본원리로 삼고 있다[19]는 점에서 근본적으로 2007 개정 국어과 교육과정의 특성과 부합한다. 문학 영역 교육에서 협동학습은 보다 적극적이고 주체적인 활동 중심의 수업을 가능하게 할 뿐만 아니라, 다양한 상호작용의 과정에서 독자의 다양한 작품 해석을 통어(通御)할 수 있는 방법이 될 수 있다.

3. 협동학습의 이론적 배경

3.1. 협동학습의 개념과 특성

3.1.1. 협동 학습의 개념

협동학습은 본래 사회심리학 소집단 연구에서 시작된 용어로, 사회심리학에서 발달한 구조를 교육에 적용한 것이다. 협동학습은 사회적 상호의존성 이론, 학습 구조 이론, 학습 동기 이론, 사회적 응집 이론, 인지론, 구성주의가 이론적 배경이 되었다.[20]

협동학습의 개념은 연구자에 따라 각자 조금씩 상이하다.[21] 교육과정 상

---

19) 신헌재 외, 『국어과 협동학습 방안』, 박이정, 2003, 34~36면.
20) 이종일 외, 『협동학습과 탐구』, 교육과학사, 2008, 94면.

에서는 협동학습을 '학급 내에 존재하는 집단 역동성을 중심으로 학생들이 전통적 교실에서처럼 경쟁적, 개별적으로 학습하기보다는 집단의 목표나 집단 과제의 해결을 위해 다 함께 학습하는 방법'[22]으로 정의하고 있다.

여러 관점을 종합해 구체화하자면 협동학습이란 학습능력이 각기 다른 학습자들이 동일한 학습 목표를 향하여 소집단 내에서 함께 활동하는 교육 방법으로, 모든 학습자가 명확하게 할당된 공동 과제에 참여할 수 있는 소집단 학습을 일컫는다.[23] 즉, 협동학습은 학습자가 협동의 중요성을 인식하고, 학습 구성원 모두가 협동하여 학습을 할 수 있도록 구조화시킨 수업으로, 학습자들에게 고도의 전통적인 지식 전달을 목적으로 하는 교사 중심의 모형과는 다르게 학습자를 학습에 적극적으로 참여시키는 학습자 중심 모형이다. 협동학습은 소집단 구성원들 사이의 긍정적인 상호작용을 최대화해서 인지적 발달뿐만 아니라 정의적 발달을 도모하는 데 목적을 두고 있다.

3.1.2. 협동학습의 특성

단순히 학습자를 소집단으로 편성해 학습시킨다고 하여 협동학습이라고는 하지 않는다. 특히 전통적인 소집단 학습은 단순히 소집단에서 함께 학습할 뿐 소집단 학습에서 일어나는 시너지 효과의 극대화가 일어나지 않는다.[24] 또한 전통적인 소집단 학습은 협동학습과는 달리 부익부 현상[25]과

---

21) 위의 책, 206~208면. Kagan은 '교과에 관한 학생 간의 협동적인 상호작용을 학습 과정의 부분으로 받아들이는 일련의 교수 전략', Slavin은 '학습 능력이 각기 다른 학생들이 동일한 학습목표를 향해 소집단 내에서 함께 활동하는 수업 방법', Cohen은 '모든 학습자가 명확하게 할당된 공동 과제에 참여할 수 있는 소집단 내에서 함께 학습하는 것'으로 정의하였다.

22) 교육과학기술부, 앞의 책, 151면.

23) 변영계 외, 『협동학습의 이론과 실제』, 학지사, 1999, 20면.

24) 신헌재 외, 앞의 책, 21면.

25) 이상우, 『살아있는 협동 학습』, 시그마프레스, 2009, 9면. 소집단내에서 불평등한 상호작용과 이에 따른 학습 성과가 유발되어 한 명의 학습자가 소집단을 장악하는 현상으로, 학습 능력이 뛰어난 한 명의 학습자는 소집단내에서 주도권을 갖게 되고 높은 학업 성취를 보이는데 반해, 같은 집단 내 구성원 학습자들은 불평등한 상호 학습 작용으로 말미암아 낮은 성취를 이루게 된다.

무임 승차 효과26)와 같은 여러 가지 문제점이 발생하게 된다. 그러나 협동학습은 모둠 구성원 간의 긍정적 상호작용을 최대화해서 인지적 발달은 물론이거니와 정의적 발달까지 도모한다.

협동학습은 다음과 같은 특징을 지닌다.27)

우선 협동학습은 수업의 목표가 구체적이고, 각 학습자의 목표 인식도가 높다. 학습자는 자신이 활동해서 달성해야 할 수업 목표를 분명히 제시받고 그 목표를 달성하기 위해 구체적 활동을 한다. 학습자의 분명한 목표 인식은 2007 교육과정에서 강조하는 학습자의 자기 주도적 학습을 강화시킬 수 있다.

또한 학습자 간에는 긍정적 상호의존성(positive interdependence)이 있기 때문에 구조적으로 학습자들끼리 도와주어야만 자신의 목적을 달성할 수 있다. 따라서 구성원들은 서로 긍정적으로 의존하게 된다.

협동학습은 구성원이 모둠을 구성해 가까운 거리에서 얼굴을 마주하게 된다. 따라서 대면적 상호작용(face-to-face interaction)이 일어나게 된다. 협동학습에서는 대면적 상호작용을 활성화하기 위해서 가까운 거리에서 말하고 들을 수 있을 정도의 낮은 소리로 서로 얼굴을 맞대고 의사소통하는 것을 장려한다. 이것은 구성원 사이에서 물리적으로 뿐만 아니라 심리적으로 공동 목표의 성취를 위해 밀접한 상호작용을 유도해야 함을 의미한다.

서로 대면하는 상황에서 일어나는 긍정적 상호작용은 앞서 서술한 2007 개정 국어과 교육과정에서 강조하는 '도구로서의 국어 교과', '총체적이고 통합적인 형태의 국어 교육'에 기여한다. 구성원들은 상호작용을 통해 국어 능력 향상은 물론 일상생활에서 필요한 사회적인 유대감을 획득할 수 있으며, 협동을 통하여 학습목표에 도달하였을 경우 얻게 되는 성취감은 다른

---

26) 신헌재 외, 앞의 책, 9면. 소집단내의 학습목표를 수행하는데 있어서 집단 구성원들이 노력을 게을리 하여 상호 학습이 활발하게 이루어지지 않는 현상으로, 학습자가 적극적으로 학습에 참여하지 않았어도 학습 능력이 높은 학습자의 성과를 공유하려는 부정적인 현상이다.

27) 위의 책, 48~49면.

교과의 학습 성취를 유도함은 물론 학습자에게 긍정적인 자기인식을 심어 줄 수 있다. 또한 협동하여 학습활동을 수행하기 위해서는 언어활동을 기반이 되어야 하므로 학습활동 수행 과정을 통하여 듣고, 말하고, 읽고, 쓰는 언어 능력이 향상될 수 있다.

또 다른 협동학습의 특징으로 개별적 책무성(individual accountability)을 들 수 있다. 협동학습에서 집단의 개개인은 집단의 다른 구성원에 대해 개인적인 의무와 책임을 가지고 있다. 이를 위해 개인이 얻은 점수를 집단의 점수에 반영하는 방식, 학습과제를 분업화하는 방식, 학습 자료를 별도로 분배하는 방식 등이 주로 사용된다.

개인의 목표 달성이 각 집단의 공동 목표 달성 여부에 달려 있으므로 구성원들이 집단의 목표 달성을 위해 다른 구성원들을 도와주고 도움을 받으려 하는 등 활발한 긍정적 상호작용을 하게 된다. 이러한 긍정적 상호작용을 위해서는 한 집단을 이루는 구성원의 질이 다양해야 한다. 인지적 능력의 차이, 성별의 차이, 문화적 배경이 차이가 많을수록 다양한 관점, 다양한 생각을 가지고 있기 때문에 활발한 상호작용이 극대화되며 이는 인지적으로나 정의적으로 성장을 촉진시키는 조건이 된다. 다양한 구성원 사이의 상호작용은 수준이 다른 구성원의 학습에 서로 영향을 끼치므로 개인차에 따라 집단에서의 역할이 달라질 수 있다. 따라서 획일적으로 똑같은 학습을 하는 것이 아니라, 수준이 고려된 학습이 가능하다.

이밖에도 협동학습은 학습시간의 융통성을 가지며, 과제를 세분화해서 동시다발적인 상호작용을 가능하게 한다. 따라서 협동학습은 학습하는 양이 많을 때 유용하게 사용될 수 있는 교수·학습 방법이 될 수 있다.

이상의 특징들이 모든 협동학습에서 필수적으로 일어난다고 할 수는 없다. 하지만 협동학습은 구성원 사이의 상호작용을 최대화시킬 수 있는 지도 방안이 될 수 있다. 협동학습에 참여하는 학습자는 개인의 의무와 책임에 의한 책무성을 기반으로 구성원 사이의 긍정적이고 대면적인 상호작용을 통하여 다양한 의사소통을 할 수 있다. 또한 세분화된 과제를 동시다발적으로 해결함으로써 비교적 시간이 오래 걸리는 학습과제나 많은 종류의 학습과제를 해결할 수 있다. 이러한 과제 해결의 유용성을 언급하지 않더라도 긍정적인 학습 태도와 자기 인식을 형성하고 함께 살아가야 하는 사회적 기술을 익히는 데에도 협동학습은 효율적인 교수·학습 방법이 될 수 있을 것이다.

3.2. 팀성취도 배분 학습(STAD) 모형

3.2.1. 팀성취도 배분 학습(STAD) 모형의 적용 이유

협동학습은 다양한 모형들이 개발되어 있으며, 각각의 협동학습 모형은 독특한 구조를 가지고 있다. 그러나 개발된 학습 모형을 그대로 수업 현장에 적용하기에는 무리가 있다. 학습 모형은 교과의 성격, 단원의 성격이나 수업의 방향, 학습자의 특성에 따라 교사가 융통성 있게 변형해 수업에 사용해야 하기 때문이다.

본 연구의 교수·학습 대상은 1학년 1학기 중학생이다. 해당 학습자 집단은 중학교 단계에서 소설에 대한 학습이 처음이며, 협동학습에 대한 이해도가 낮다. 또한 학습목표에 도달하는 것 못지않게 문학에 대한 정의적인 영역의 학습이 중요하다. 따라서 문학에 대한 흥미를 높일 수 있는 협동학습 모형이 필요하다. 이러한 요구에 따라서 본고에서는 학습활동에 대한 안내와 적용이 비교적 용이하며, 학습자의 흥미를 높일 수 있는 학습모형인 팀성취도 배분 학습(STAD) 모형을 통해 소설 지도 방안을 모색하도록 하겠다.

본고에서 적용할 팀성취도 배분 학습(STAD) 모형은 학급 내의 성적이 하위권이며, 문학 수업에 흥미도가 낮은 학생들이 수업에서 이탈하는 것을 방지하고, 그들의 노력이 모둠의 성적에 기여할 수 있다. 왜냐하면 우수한 학생이 향상 점수를 얻기가 상대적으로 어렵지만 성적이 낮은 학생들은 조금만 노력해도 높은 향상점수를 얻을 수 있기 때문이다. 그러므로 성적이 낮은 학생들이 오히려 모둠에 대하여 기여할 수 있는 가능성이 높기 때문에 하위권 학생들 또한 긍정적인 자아감을 가질 수 있다. 또한 성적이 상위권인 학생들은 다른 모둠원을 돕는 것이 바로 자신의 성공이므로, 자기뿐 아니라 다른 사람들의 성적에도 많은 관심을 가지고 다른 모둠원을 도와 줄 수 있다. 따라서 해당 모형에서는 모든 학급 구성원의 상호작용이 성적에 관계없이 활발하게 일어날 수 있다.

3.2.2. 팀성취도 배분 학습(STAD) 모형의 특징

팀성취도 배분 학습(STAD) 모형은 개인의 책임과 자기향상을 강조하면서도 전체적인 협동학습을 강조하는 모형[28]이며, 내용학습과 사회적 능력, 의사소통 능력을 동시에 향상시킬 수 있는 모형이다. 학생들은 혼자서 학습할 때보다 협동학습을 할 때 더 많은 내용과 기능을 익힐 수 있으므로 성취도 크다. 뿐만 아니라 협동학습을 통하여 학습에 대한 흥미를 진작시켜 자발적인 학습을 도모할 수 있다.

또한 팀성취도 배분 학습(STAD) 모형은 모형의 특성상 한번만 그 방법을 익히게 되면 그 이후로는 별도의 훈련이 필요하지 않으므로 실용적인 측면에서도 매우 활용도가 높다. 그러므로 팀성취도 배분 학습(STAD) 모형의 사용은 학생들의 입장에서 보다 많은 시간을 학습에 투여할 수 있게 하며, 아울러 교사들 입장에서는 보다 많은 시간을 학생들의 칭찬과 격려에 기울일 수 있게 한다.

이처럼 다른 협동학습 모형에 비해 팀성취도 배분 학습(STAD) 모형은 비교적 간단하며 효율적인 학습전략이기 때문에 초등학교부터 고등학교까지

---

28) 이종일 외, 『협동학습과 탐구』, 교육과학사, 2008, 99면.

적용이 가능하다. 따라서 본고에서 다룰 중학교 1학년 1학기 학생에게도 적합한 모형이라고 할 수 있다.

팀 성취도 배분 학습(STAD)에서는 모둠 구성원 개개인이 최선을 다해야 모둠이 성공을 거둘 수 있다. 그러므로 구성원 개개인은 모둠의 성공이라는 공동 목표를 위해서 모든 구성원이 목표를 달성 할 수 있도록 여러 가지 방법으로 서로 돕게 된다. 따라서 동료 간 교수 활동에 따른 인지적 효과뿐만 아니라, 서로에 대한 존중감 및 동료에 대한 신뢰감과 자신에 대한 자아 존중감 등 정서적 효과를 얻을 수 있다. 또한 타인과 경쟁을 하는 것이 아니라, 이전의 자신과 경쟁을 하게 됨으로써 인지적·정의적으로 긍정적인 효과를 얻을 수 있다.

이러한 과정에서 교사의 역할은 기존의 강의식 수업에서처럼 지식을 전달하는 것이 아니다. 교사의 역할이 학습자들을 진단하고 조력하고 함께 상호 작용하는 역할로 이행됨에 따라 교사는 학습자와 적극적인 관계를 가지며 학습자를 관찰함으로써, 학습자에 대한 충분한 이해가 이루어질 수 있다.

3.2.3. 팀성취도 배분 학습(STAD) 모형의 7단계[29]

(1) 명백한 학생 성취 목표

교사는 학생들이 성취해야 할 바가 무엇인지 정확하게 결정하고, 그것을 학생들에게 명확하게 요구해야 한다. 학습 후에 이루어질 사후평가 문항은 이들 성취목표와 일치해야 한다.

(2) 수업 전 준비활동

준비활동은 과제분담 모형의 원활한 운영을 위해서 사전에 준비해야 할

---

29) 이종일 외, 앞의 책, 110~117면 ; 신헌재 외, 앞의 책, 175~176면. 적용 단계는 비슷한 활동일지라도 연구자에 따라 용어가 상이하다. 본 연구에서는 위의 책을 참고하였다.

일련의 활동을 말한다. 모둠별 단합심을 조성하는 것, 개인별 기본점수를 산출하는 것, 학습지와 점검표를 준비하는 것, 토의에 앞서 설명할 내용을 준비하는 것, 보상을 준비하는 것 등이 포함된다.

교사는 먼저 배워야 할 내용을 소개하고, 학생들은 교사의 예고에 따라 학습할 부분과 관련된 부분을 읽어 오고, 핵심 용어를 이해한다. 교사는 배워야 할 기능들을 익히는데 필요한 시간계획을 세워야 하며, 각 단원에서 필요한 학습활동지와 시험문제를 만들고, 개인과 모둠의 향상 점수를 기록하기 위한 양식, 협동 집단의 활동을 기록할 관찰지 양식을 마련한다.[30] 또한 진단평가를 실시하며, 이를 통해 학업능력, 성별, 특성 등이 조화된 4~6명의 학생이 모둠을 이루도록 이질집단을 조직한다.

(3) 성취목표 내용과 능력 학습

교사는 다양한 방법을 동원하여 학생들이 성취해야 할 내용을 소개해야 한다. 이를 위하여 직접교수법, 연사 초청, 컴퓨터 프로그램, 비디오 시청 등을 고려할 수 있다.

먼저 학생들을 협동학습 모둠으로 형성한다. 팀성취도 배분 학습의 모둠 구성은 이질 집단으로 조직되고, 각 모둠원들은 학업 성취 능력을 극대화하기 위해 활발한 활동을 전개해 나가야 한다. 결국 모둠 배정과정은 협동학습의 시작이라고 할 수 있다.

협동학습 모둠의 구성원들이 만날 때 모둠 활동 결과에 대한 기대와 특정한 수업관리규칙을 알려주고, 학생들은 시험점수를 잘 받아 모둠의 성공에 최대한으로 공헌하기 위해 배워야 할 것에 관해 듣도록 한다. 이후 교사는 모둠원들이 그들의 모둠이름과 상징물을 만들 시간을 주고, 모둠은 구성원들에게 역할을 분담한다. 구성원의 역할에는 과제를 수행하기 위해 필요

---

30) 강전희, 「협동학습을 통한 소설 읽기 지도방안 연구」, 한국교원대 교육대학원 석사학위논문, 2000, 35면.

한 선도자, 정보수집가, 교정가, 조정자, 격려자, 요약자가 있다.[31]

교사는 학생들에게 배울 내용과 기능을 소개하고 가르치며 학생들의 호기심을 유발해야 한다. 학생들은 그들이 배울 특정한 정보와 기능을 배우고, 왜 이것들이 중요한가에 대해 알게 된다. 교사는 학습목표를 학생들에게 주지시켜야 하며, 학생들에게 대답에 대한 이유를 말하도록 하고, 학습자가 도와가며 학습내용을 익힐 것을 안내한다. 이후 학생들이 배운 것을 복습하는 의미로 질문을 하고, 이를 통해 자신의 이해를 확인하고 정리한다.

(4) 협동학습 과제의 완성

교사는 각 모둠의 활동이 팀성취도 배분 학습(STAD) 모형에 적합하도록 구성해야 한다. 모둠 구성원들의 주요 과제가 수업시작 시 제시했던 내용과 기능을 익히는 것임을 알리고, 모둠 구성원들이 똑같은 내용과 기능을 익히도록 서로 도와야 함을 알린다.

모둠별 과제는 학습내용과 익혀야 할 기능 학습에 상호작용을 이끌 수 있는 것이라야 하며, 모둠원이 함께 연구하여 해결할 수 있는 과제여야 한다. 모둠별 과제활동 과정에서 학습자는 상대방에 대한 관심과 존중심을 기를 수 있다.

올바른 과제의 완성을 위해 교사는 고도로 구조화된 연습을 안내하고 연습 시간을 제공해야 한다. 교사는 모둠이 책상배열을 하면 배워야 할 내용과 기능에 초점이 맞추어진 학습활동지를 배부하고, 모든 학생들에게 학습활동지에 목표로 하고 있는 내용과 기능을 배우는 데 책임이 있음을 주지시켜야 한다.

학생들은 모둠원 간에 서로 협력하여 대답을 준비한다. 학생들의 개인적 대답, 모둠의 전체 대답을 확인하기 위해 교사가 준비한 답지를 사용하여

---

31) 위의 논문, 36면.

자신의 힘으로 학습활동지를 완성하도록 한다. 학생들이 서로 문제를 내는 과정에서 수준 향상이 이루어지도록 하며, 이 때 교사는 학생들이 서로의 옳은 답에 대해 칭찬하고 부정확한 대답을 고쳐주는지 확인한다.

학생들의 활동 전 과정에서 교사는 모둠 사이를 돌며 모둠 상호작용과 과제 중심활동을 관찰한다. 학생들의 활동지마다 모둠이름, 구성원들의 이름과 그들 과제 역할들을 적어야 한다. 교사는 역할이 수행되는 것을 관찰할 때마다 각 학생의 이름 밑에 확인을 하거나 점수표시를 한다. 교사가 엿들은 비언어적 행동과 진술이 나중에 학생들과 공유하게 되는 비평 내용과 함께 기록된다.

마무리로 단원수업의 조직적인 종결을 한다. 교사는 활동이 종료되었음을 확인한 후 이 전략의 지도 단계를 끝내고, 문제와 대답에서 강조했던 내용과 기능에 관한 개인별 시험을 예고한 후 수업을 마친다.

(5) 개인별 형성평가

협동과 토의를 통해 학습을 한 다음에는 학습한 내용과 익힌 기능에 대해서 개별평가가 이뤄져야 한다. 왜냐하면 팀성취도 배분 학습(STAD) 모형의 특성상 학업성취의 향상도를 산출하기 위해서는 개별적인 사후 평가가 뒤따라야 하기 때문이다. 이러한 개별평가를 통해서 학습결과의 피드백은 물론이고, 학생들에게 학습에 대한 책임을 강조할 수도 있다.

(6) 개인별 향상점수와 모둠별 점수

개인별 향상점수는 개인별 기본점수와 형성평가와 비교를 통해서 계산되며, 모든 구성원들의 향상점수는 팀 전체 점수에 합산된다.

잘하는 것과 인정을 받는 것 사이에 강한 연관을 맺기 위해서는 팀 향상점수를 계산하는 법과 시험점수 매기는 법, 팀 점수를 미리 알려주는 것이 중요하다.

(7) 공개적인 모둠의 인정과 보상

교사는 상품이나 보상 프로그램을 만들고, 필요에 따라 상황에 적합한 보상을 준다. 평가결과에 따라 모둠별 향상도가 높은 순서대로 상을 받는다. 모둠별 보상에 있어서 같은 조원끼리는 동등한 보상을 받기 때문에 협동학습에 대한 보람과 더불어 차후의 학습활동에 대한 높은 동기부여가 일어날 수 있다.

4. 팀성취도 배분 학습(STAD) 모형을 적용한 문학지도 방안

4.1. 팀성취도 배분 학습(STAD) 모형을 적용한 교수·학습의 실제

본 연구에서 사용하는 팀성취도 배분 학습(STAD) 모형은 협동 학습을 위하여 개인적 책임과 자기 향상을 강조하고, 전체 협동 학습 팀을 위해 점수를 획득하는 협동학습 전략이다. 모두 7단계의 과정을 따르나, 7단계 중 학생 성취 목표의 설정과 수업 전 준비 단계는 사전 준비 단계이고, 실제 학생들이 모둠을 만들어 협동학습을 실시하고 학습한 문제를 전체 토의를 통해 최종적으로 완성하기 위한 활동은 5단계에 해당한다. 이에 해당하는 내용을 표로 제시하면 다음과 같다.

[표 2] 팀 성취도 배분 학습(STAD) 모형의 학생 활동 단계

단계	활동
1단계	학습 목표, 내용 학습
2단계	협동학습 과제 완성
3단계	전체 토의 및 협의
4단계	개인 시험 및 내면화
5단계	개인과 팀 향상 점수 산출 및 보상

4.1.1. 팀 성취도 배분 학습 모형의 단계 적용

(1) 진단평가

소설의 갈등과 주인공의 심리 파악이 가능한가를 파악하는 진단평가를 실시해서 점수를 산출한다. 진단 평가의 점수는 개인별 향상 점수 산출의 기준이 되며, 모둠 형성의 자료로 활용된다. 이들 개인별 향상 점수를 모두 합하여 팀의 점수를 결정하게 된다. 이러한 점수 계산 방법을 통해 모든 학습자가 모둠의 성적 향상에 기여할 수 있다. 따라서 모든 학생이 동등한 위치에서 협동이 일어날 수 있으며, 모둠 내에서 긍정적인 격려가 일어날 수 있고 개인의 책무성과 자아존중감도 향상될 수 있을 것이다.

(2) 모둠 형성

협동학습에서 모둠 형성은 가장 기초가 되는 중요한 요소로, 집단은 이질적인 모둠으로 구성한다. 진단 평가 성적을 모둠 구성의 자료로 활용하여 석차에 따라 4~6명씩 구성한다.

모둠의 인원수는 의견을 교환하기에 좋고 도와가며 학습하기가 가능하도록 한다. 36명인 반을 6명씩 나눈다면 의사교환과 상호작용에 적합한 6개의 모둠을 구성할 수 있다.

각 모둠은 성적 상, 중, 하의 구성원을 반 편성하는 것처럼 순서대로 조직해, 전체적인 모둠의 수준이 비슷하도록 하며, 이렇게 구성된 모둠을 다른 변인들을 고려해 부분적으로 수정한다. 성적 외에도 흥미와 관심, 교우관계 등을 고려하여 이질적인 성격의 구성원으로 모둠이 구성되도록 한다. 이러한 모둠 편성은 비교적 낮은 수준의 학생들이 유능한 학생들의 도움을 받도록 할 뿐만 아니라, 다양한 상호작용 형성에 효과적인 방법이 될 수 있다.

(3) 모둠 형성 알리기

학습이 일어나기 전 시간에 미리 지면상으로 모둠의 구성을 보여주고 같은 모둠원이 누구인지 파악하게 한다. 미리 조 이름을 정하게 한다거나, 조에서 담당하는 역할을 정하거나, 서로의 특성에 대해 파악하는 숙제를 내주어서 수업 전에 모둠원끼리 친밀감을 가질 수 있도록 한다.

또한 수업시간 전에 좌석배치를 해서 협동학습에 알맞은 형태로 앉아있도록 한다. 그래야만 책상이나 의자 옮기는 소리 등으로 인한 주변의 교실의 피해를 최소화할 수 있으며, 해당 학생들도 수업 준비를 미리 할 수 있다.

(4) 규칙이나 지침 전달

학생들은 각 모둠 구성원의 학습이 끝났는지 확인해야 하며, 교사는 구성원 모두 목표에 이를 때까지 활동이 이어질 것임을 전달한다. 다른 모둠에 방해가 되지 않도록 활동해야 하며, 구성원 사이에서 해결하려는 노력 후에도 해결이 되지 않을 경우에만 교사에게 질문할 것을 주지시키며, 이 때 다른 조의 활동을 방해하지 않고 교사에게 질문할 수 있도록 미리 준비한 카드나 깃발 등의 장치를 사용할 수 있을 것이다.

(5) 모둠 활동

인지적 영역인 소설의 특성, 구성 단계, 갈등의 종류와 관련된 내용은 교사가 설명한다. 교사가 설명한 내용에 대한 이해가 이루어지지 않은 학생은 모둠활동에서 이해한 학생에게 도움을 받는다. 이 때 교사는 도움을 주는 학생은 자신이 학습한 내용을 확인하는 기회를 갖게 되며, 도움을 받는 학생은 학습 내용을 이해함과 더불어 모둠의 점수 향상에 기여하게 된다.

학습활동은 총 6문제로 구성되는데, 학습활동을 해결하면서 활발한 상호작용의 과정을 거칠 수 있도록 모두 동등하게 의견을 내놓도록 장려한다.

학습활동 해결 후 발표하는 과정에서는 다른 모둠의 질의에 대해 모든 모둠원이 답할 수 있다.

(6) 개별 평가 및 내면화 과정

평가는 마지막 5차시에 이루어진다. 4차시에 안내한대로 평가는 진단평가와 마찬가지로 총 10~12 문제로 구성하며, 배점을 다양하게 하여 20점으로 구성한다. 문제의 유형은 객관식 평가와 서술형 평가를 함께 실시한다. 시간은 15~20분 가량 주고, 문제를 다 푼 후 걷어서 옆 사람과 바꿔 채점한다. 채점한 결과를 교사가 걷어서 확인한다. 모두 자신의 시험지를 돌려받아 진단평가 점수의 결과와 비교해 본다. 그 후 다시 교사가 시험지를 걷고 다음 시간에 마무리 활동 및 적절한 보상의 시간이 있을 것임을 안내한다.

마지막 5차시 마무리 활동에는 배운 내용을 토대로 주인공에게 짧은 편지를 써 보도록 한다거나 주인공이 되어 일기를 써 보게 하는 등의 내면화 과정이 추가될 수 있을 것이다.

수업 이후에 교사는 걷은 사후 평가지를 통해 점수를 산출한다. 진단 평가의 점수를 기본 점수로 하여 향상 점수에 따른 점수를 부여하도록 한다.

(7) 모둠에 대한 보상

수업이 끝난 후 교사는 모둠 구성원의 향상 점수를 합하여 구성원 수로 나눈 것에 가산점을 합산하여 모둠의 점수를 산출한다.

[표 3] 개인별 향상 점수

평가점수	향상 점수
기본점수에서 4점 이상 하락했을 때	0
기본점수에서 2~3점 하락했을 때	2

기본점수에서 0~1점 하락했을 때	4
기본점수에서 2점 이상 상승했을 때	6
기본점수에서 5점 이상 상승했을 때	10

상품은 교사의 재량에 따라 칭찬이나 격려, 최고의 조 자격 부여, 상품
등 학습자의 학습동기를 부여할 수 있는 것으로 한다. 결과의 발표는 한 단
원 수업이 끝났을 때 최대한 빨리 알리는 것이 효과적이므로, 관련 게시판
을 통하여 공고하거나 학급에 먼저 공고하는 등의 방법을 사용한다. 공고문
에는 각 모둠의 활약상에 대한 칭찬, 수업에 대한 반성, 여러 가지 조언을
덧붙인다.

모둠에 대한 보상은 다음 차시 도입 시간을 활용하도록 한다.

[표 4] 모둠별 보상

모둠 점수 향상 점수	모둠 이름	모둠 보상
점수가 6점 이상 올랐을 때	으뜸조	최고의 조, 상품 1
점수가 4점 이상 올랐을 때	금상첨화조	상품 2
점수가 3점 이상 올랐을 때	최선을다해조	상품 3
점수가 2점 이상 올랐을 때	작은거인조	상품 4
점수가 1점 이상 올랐을 때	노력왕조	상품 5

4.1.2. 팀 성취도 배분 학습의 교수학습 과정

(1) '좋은책 신사고'의 〈자전거 도둑〉

〈자전거 도둑〉은 작품의 내용이 긴 편이며, 본문 옆에 '날개 질문'이 있
어서 학습활동의 양이 많고, 많은 시간을 필요로 하는 학습활동으로 구성되
어 있다. 따라서 시간을 효율적으로 활용하여 다양한 의견을 교환하고, 소
설의 상황을 자신의 경험에 적용하는 학습이 필요하다. 따라서 소단원의 모

든 학습활동에 '팀성취도 배분 학습(STAD) 모형'을 적용하여 다양하게 의견을 말할 수 있는 기회를 확보하였다.

1차시 진단학습과 5차시 평가와 내면화 과정을 제외하고, 모둠 활동이 이루어지는 2~4 차시의 교수·학습 과정안을 제시하였다.

① 2차시 교수·학습 과정안

<table>
<tr><td colspan="2">단원명</td><td colspan="3">3. 갈등과 화해
(1) 자전거 도둑(박완서)</td><td>교과서</td><td colspan="3">좋은 책 신사고 1-1 국어</td></tr>
<tr><td colspan="2">수업모형</td><td colspan="8">팀성취도 배분 학습(STAD)</td></tr>
<tr><td colspan="2">대 상</td><td>1학년
1반</td><td>일 시</td><td>2011.05.06
(2교시)</td><td>장 소</td><td colspan="2">1학년 1반 교실</td><td>차 시</td><td>2/5</td></tr>
<tr><td colspan="2">학습
목표</td><td colspan="8">• 소설이 갈등으로 구성됨을 이해할 수 있다.
• 모둠에서 자신의 위치를 알고, 모둠활동에 참여할 수 있다.</td></tr>
<tr><td colspan="2" rowspan="2">준비
자료</td><td colspan="4">교 사</td><td colspan="4">학 생</td></tr>
<tr><td colspan="4">교과서, 활동지, 질문 깃발, PPT
자료</td><td colspan="4">교과서, 활동지, 필기도구</td></tr>
<tr><td colspan="2" rowspan="2">단 계</td><td colspan="4">교수-학습활동</td><td colspan="2" rowspan="2">시간
(분)</td><td colspan="2" rowspan="2">지도상의
유의점</td></tr>
<tr><td colspan="2">교 사</td><td colspan="2">학 생</td></tr>
<tr><td rowspan="4">도입</td><td>인사 및 학습
분위기 조성</td><td colspan="2">• 인사 및 출결을 확인하고 학습 분위기를 유도한다.</td><td colspan="2">• 바른 자세로 인사하고, 학습 준비를 한다.</td><td rowspan="4">5</td><td colspan="2" rowspan="4">• 전시학습에서 진단평가를 실시하였으며, 진단평가 결과에 따라 모둠을 구성한 결과를 미리 공지해서 모둠을 구성해 앉아있도록 한다.

• 모둠 구성의 원리는 학생들에게 알리지 않는다.</td></tr>
<tr><td>모둠 구성</td><td colspan="2">• 모둠별 배치와 모둠 구성이 잘 이루어졌는지 확인한다.</td><td colspan="2">• 모둠별로 앉아 교사에게 집중한다.</td></tr>
<tr><td>진단평가에
대한 피드백</td><td colspan="2">• 진단평가 문제에 대한 피드백을 한다.</td><td colspan="2">• 교사의 설명을 들으며 진단평가 내용을 상기시킨다.</td></tr>
<tr><td>학습목표 제시
및 수업 안내</td><td colspan="2">• 학습목표를 제시한다.

• 수업의 진행과정을 안내한다.</td><td colspan="2">• 학습목표를 확인한다.

• 수업의 진행과정을 이해한다.</td></tr>
<tr><td rowspan="2">전개</td><td>팀 이름
확인하기</td><td colspan="2">• 숙제로 내준 모둠 이름을 확인한다.</td><td colspan="2">• 자신의 팀 이름을 발표한다.</td><td></td><td colspan="2"></td></tr>
<tr><td>모둠에서 역할
확인</td><td colspan="2">• 모둠 이름에 대해 이야기하고, <나눔이, 꼼꼼이, 점검이, 조용히>등 팀에</td><td colspan="2">• 팀에서의 역할을 분담을 발표한다.</td><td></td><td colspan="2"></td></tr>
</table>

전개		서 역할을 지난 시간에 이어 다시 안내한다.		
	모둠활동 규칙확인	● 모둠활동의 규칙을 안내한다.	● 모둠활동의 규칙에 대해 인지한다.	
	학습내용 확인 및 모둠활동	● 모둠별로 하나씩의 '질문 깃발'과 활동지를 나누어 주도록 한다. ● <단원 펼치기>의 내용 확인 ─갈등의 뜻에 대하여 생각해보도록 한다. ● <단원 펼치며> 안내 ─갈등은 우리의 삶에도 존재하며, 갈등을 보여주는 문학 갈래인 소설과 극은 갈등을 통해 삶의 의미를 보여준다. ─모둠별로 갈등의 뜻을 활동지에 정리하도록 한다.	● <단원 펼치기>의 내용 확인 ─갈등의 뜻에 대하여 생각해보도록 한다. ● <단원 펼치며> 안내 ─교사의 설명을 듣고 갈등의 뜻에 대해 생각해 본다. ● <단원을 펼치기>를 읽고, 모둠별로 갈등의 뜻을 활동지에 정리한다.	30
		● 최근 읽은 문학 작품 중 가장 기억에 남는 갈등 장면에 대해 이야기하고, 이를 활동지에 기록하도록 한다. ─각 조를 돌며 모둠별 활동을 관찰하고 질문이 있을 경우 답한다.	● 최근 읽은 문학 작품 중 가장 기억에 남는 갈등 장면에 대해 이야기하고, 이를 활동지에 기록한다. ─다른 모둠에 방해가 되지 않도록 하며, 모둠 안에서 해결되지 않는 궁금증이 있을 경우, '질문 깃발'을 들어 교사에게 질문한다.	
	활동결과 발표	● 모둠별 활동의 결과를 발표하도록 한다.	● 모둠별로 활동 내용을 발표하고, 다른 모둠의 결과를 듣는다. ● 다른 모둠의 발표 결과를 듣고 자신의 생각을 발표한다. ● 다른 모둠의 질의에 모둠원 누구나 응답한다.	
정리	모둠 활동에 대한 평가	● 추천을 통해 모둠활동을 잘한 4개 조에 가산점을 부여한다. ─순서에 따라 4점, 3점, 2점, 1점 순서	● 모둠활동이 가장 잘 이루어진 조를 추천한다.	10

	학습내용 정리	• 갈등에 대한 정리한다.	• 갈등에 대해 이해한다.		
	차시예고 및 과제제시	• '자전거 도둑'에 대한 다음 차시 예고한다.	• 다음 차시가 '자전거 도둑'임을 안다.		
정리		• '자전거 도둑'을 읽어올 것을 과제로 제시한다.	• 과제를 확인한다.		
		• 다음 시간에도 모둠활동이 이어질 것임을 안내한다. − 모둠별 좌석배치를 쉬는 시간에 해놓도록 안내한다.	• 다음 시간에도 모둠활동이 이어질 것임을 안다.		

② 3차시 교수·학습 과정안

단원명		3. 갈등과 화해 (1) 자전거 도둑(박완서)		교과서	좋은 책 신사고 1-1 국어		
수업모형		팀성취도 배분 학습(STAD)					
대 상		1학년 1반	일 시	2011.05.09 (3교시)	장 소	1학년 1반 교실	차 시	3/5
학습 목표		• 소설의 특성을 이해할 수 있다. • 자전거 도둑의 구성에 대해 파악할 수 있다.					
준비 자료		교 사			학 생		
		교과서, 활동지, 질문 깃발, PPT 자료			교과서, 학습지, 필기도구		

단 계		교수-학습활동		시간 (분)	지도상의 유의점
		교 사	학 생		
도입	인사 및 학습 분위기 조성	• 인사 및 출결을 확인하고 학습 분위기를 유도한다.	• 바른 자세로 인사하고, 학습 준비를 한다. • 모둠별로 앉아 교사에게 집중한다.		• 수업 시작 전에 모둠을 구성해 앉아있도록 한다.
	학습목표 제시 및 수업 안내	• 학습목표를 제시한다. • 수업의 진행과정을 안내한다.	• 학습목표를 확인한다. • 수업의 진행과정을 이해한다.	5	
	동기유발	• 1970년대 시대적 상황을 보여주는 사진 자료를 제시한다.	• 1970년대 시대적 상황을 보여주는 사진 자료를 보며 주인공이 처한 환경을 짐작한다.		
전개	줄거리 파악	• 숙제로 본문을 읽어왔는지 확인하기 위한 퀴즈를 실시한다. − 퀴즈의 내용은 '날개질문'을 바탕으로 제시한다. − 교사가 임의로 지목하여	• 줄거리를 확인하며 교사의 질문에 대답한다.		• 교사는 순회하며 학습활동을 관찰한다. • 배우고 가르쳐 주는 활동을 통

		교수·학습 활동		시간	
전개	소설의 특성과 구성 이해하기 모둠활동	질문하고, 맞추는 사람이 소속된 모둠에 모둠별 가산점을 부여한다. ● 소설의 특성과 구성, 갈등에 대해 설명한다. - 소설의 특성 - 소설의 구성 - 소설의 구성단계 ● 모둠별로 학습 내용을 이해하지 못한 학생은 없는지 검토하고, 서로 가르쳐 주기 활동을 하도록 한다. ● 본문을 구성 단계를 나누도록 한다. ● 구성 단계에 따라 나눈 내용을 발표하게 한다. - 잘못된 내용에 대한 묻고 답하기가 이루어지지 않을 경우, 질문을 통해 수정이 이루어지도록 유도한다. <학습활동 1번> ● 수남이가 자전거 도둑이 된 사건을 사건 일지에 정리해 보도록 한다.	● 교사의 설명을 듣고 소설의 특성과 구성, 갈등의 종류에 대해 이해한다. ● 모둠별로 학습 내용을 이해하지 못한 학생은 없는지 검토한 후, 이해한 학생이 잘 모르는 학생에게 내용을 가르쳐주도록 한다. ● 각 모둠은 본문을 구성 단계에 따라 나누어 본다. ● 모둠별로 발표하고, 잘못된 내용은 모둠별로 묻고 답하며 수정한다. ● 모둠별로 사건 일지를 만들어본다.	35	해 학습한 내용을 확인하고, 모둠 점수 향상에 기여할 수 있음을 안내한다. ● 모든 학생이 모둠활동에 적극적으로 참여할 수 있도록 유도한다.
정리	학습내용 정리 차시예고 및 과제제시	● 배운 내용에 대해 정리한다. ● 모둠활동에 대해 평가한다. - 추천을 통해 잘한 모둠에게 가산점을 부여한다. - 활동에 성실하게 참여한 학생에게 보상을 준다. - 활동 시 잘한 점과 개선할 점을 말한다. ● 다음 차시를 예고한다. ● 과제를 제시한다. - 수남이의 행동에 대한 자신의 생각을 정리해오도록 안내한다.	● 배운 내용에 대해 확인한다. ● 다음 차시 학습내용을 확인한다. ● 과제를 확인한다.	5	

③ 4차시 교수·학습 과정안

단원명		3. 갈등과 화해 (1) 자전거 도둑(박완서)	교과서		좋은 책 신사고 1-1 국어		
수업모형		팀성취도 배분 학습(STAD)					
대 상	1학년 1반	일 시	2011.05.11 (5교시)	장 소	1학년 1반 교실	차 시	4/5
학습 목표	• 갈등의 종류에 대해 이해할 수 있다. • 갈등의 해결과정에 따른 인물의 심리 변화를 파악할 수 있다.						

준비 자료	교 사			학 생	
	교과서, 활동지, 질문 깃발, PPT 자료			교과서, 활동지, 필기도구	

단 계		교수-학습활동		시간 (분)	지도상의 유의점
		교 사	학 생		
도입	인사 및 학습 분위기 조성 전시학습 확인 학습목표 제시 및 수업 안내 동기유발	• 인사 및 출결을 확인하고 학습 분위기를 유도한다. • 전시학습 내용을 PPT 화면을 통해 제시한 후, 질문을 통해 확인한다. • 학습목표를 제시한다. • 수업의 진행과정을 안내한다. • 갈등이 드러나는 드라마를 제시한다.	• 바른 자세로 인사하고, 학습 준비를 한다. • 시험을 볼 수 있도록 자리배치하여 앉는다. • PPT 내용을 보며, 전시학습 내용을 상기시킨다. • 학습목표를 확인한다. • 수업의 진행과정을 이해한다. • 드라마의 내용을 확인하고, 어떠한 갈등이 드러나는지 파악한다.	5	• 수업 시작 전에 모둠을 구성해 앉아있도록 한다.
전개	모둠활동	<학습활동 3> • 수남이의 심리가 어떻게 변화하고 있는지 써보도록 한다. <학습활동 4> • 사건 전개에 따른 수남이의 갈등을 파악해 그래프를 완성해보도록 한다. • 각 모둠은 학습활동 순서에 따라 학습활동의 결과를 발표하게 한다. <학습활동 2> • 자전거를 들고 도망친 수남이의 행동에 대해 토의하기 －모둠별로 토의를 진행하	• 모둠별로 수남이의 심리 변화에 대해 토의한 후 학습지에 정리한다. • 사건의 전개에 따른 수남이의 갈등을 선으로 연결시켜서 그래프를 완성한다. • 각 모둠은 학습활동 순서에 따라 학습활동의 결과를 발표한다. • 모둠 구성원끼리 토의해서 의견을 정해본다.	30	• 교사는 순회하며 학습활동을 관찰한다. • 모든 학생이 모둠활동에 적극적으로 참여할 수 있도록 유도한다.

전개	모둠 간토의	고, 그 결과를 바탕으로 모둠의 의견을 정한다. • 모둠별 의견을 가지고 모둠끼리 토의가 이루어지도록 한다. − 교사는 진행자의 역할을 담당한다. − 분위기가 과열될 경우 중재하도록 한다.	• 모둠별 대표자가 토의를 진행한다.		
정리	모둠활동 평가 학습내용 정리 차시예고	• 모둠활동에 가장 잘 이루어진 모둠을 추천하도록 한다. − 활동이 가장 훌륭하게 이루어진 팀에게 가산점을 준다. • 배운 내용에 대해 정리한다. • 다음 차시를 예고한다. <형성평가 실시와 점수산출 및 보상> − 형성평가는 개별평가이며, 진단평가에 대한 향상점수를 산출한다. − 각 개인의 향상점수의 총합을 모둠원 수로 나누어 모둠 점수를 산출한다. − 모둠점수에 가산점을 합산하여 총괄적인 최종점수를 산출한다. − 시험을 볼 수 있도록 자리 배치해 앉을 것을 당부한다.	• 모둠활동이 가장 잘 이루어진 모둠을 추천한다. • 배운 내용에 대해 정리한다. • 다음 차시 학습내용을 확인하고, 평가가 실시됨을 안다.	10	

(2) '교학사(남미영)'의 〈나비를 잡는 아버지〉

'팀성취도 배분 학습(STAD) 모형'을 전체 소단원 수업에 활용할 수도 있으나, 일부분 혹은 한 차시에 적용하여 교수・학습을 구성할 수도 있다. 따라서 '나비를 잡는 아버지'에서는 소단원의 모든 학습활동에 '팀성취도 배분 학습(STAD) 모형'을 적용했던 것과 달리 일부분에만 '팀성취도 배분 학습(STAD) 모형'을 적용한 교수・학습을 계획하였다.

〈나비를 잡는 아버지〉는 본문에 학생들이 해결해야할 문제가 제시되어 있지 않으므로, 교사가 질문을 하거나 짝 점검이나 돌아가면서 말하기와 같은 구조중심 학습 모형[32]을 사용할 수 있다.

1차시부터 3차시에 해당하는 읽기 전 활동과 읽기 중 활동, 본문의 내용을 확인하는 '이해와 확인'은 직접교수법과 부분적으로 활용이 가능한 구조중심 협동학습 모형을 사용하여 수업을 진행한 후, 진단학습을 실시하여 모둠을 구성한다.

진단학습의 결과 분석을 토대로 모둠을 나누고, 4차시에 해당하는 읽기후 활동 '생각과 발견'과 '감상과 활용'에 팀성취도 배분 학습(STAD) 모형을 적용한다. 5차시에는 4차시의 활동을 토대로 한 간단한 역할극(자신이 선생님이 되어 처지와 성격이 다른 바우와 경환이의 갈등을 풀어주기 위해서 충고하는 상황에 대한 역할극 대본)을 해 보고, 개인별 평가와 채점, 소단원을 정리하는 학습을 실시한다.

4차시의 교수·학습 과정안은 다음과 같다.

단원명	V. 문학 속의 인물과 갈등 (1) 나비를 잡는 아버지(현덕)		교과서	교학사(남미영) 1-1 국어			
수업모형	팀성취도 배분 학습(STAD)						
대 상	1학년 1반	일 시	2011.06.11(3교시)	장 소	1학년 1반 교실	차 시	4/5
학습 목표	●갈등의 전개에 따른 인물의 심리 변화를 파악할 수 있다. ●작품 속 인물의 삶을 통해 타인을 이해하려는 태도를 지닌다.						
준비 자료	교 사			학 생			
	교과서, 활동지, 질문 깃발, PPT 자료			교과서, 활동지, 필기도구			
단 계	교수-학습활동				시간 (분)	지도상의 유의점	
	교 사		학 생				
도입	인사 및 학습 분위기 조성	●인사 및 출결을 확인하고 학습 분위기를 유도한다.		●바른 자세로 인사하고, 학습 준비를 한다.	5	●수업 시작 전에 모둠을 구성해 앉아있도록 한다.	

---

32) S. Kagan, 협동학습연구모임 역, 『협동학습』, 디모데, 2001, 10면. S.Kagan에 의하면 협동학습은 크게 두 가지로 분류할 수 있는데, 하나는 전술한 모형과 같은 교과 일반적인 모형으로 여러 연구자들에 의해 개발·적용·검증 과정을 거쳐 그 절차와 보상 구조가 정착되어 있는 유형이고, 두 번째 유형은 모형구조의 한계로 지적될 수 있는 경직성을 보완하면서 협동적 구조의 유연성과 협동 기술의 중요성을 강조한 S.Kagan의 구조중심 협동학습이다.

도입	전시학습 확인	● 전시학습 내용을 PPT 화면을 통해 제시한 후, 질문을 통해 확인한다.	● PPT 내용을 보며, 전시학습 내용을 상기시킨다.	
	학습목표 제시 및 수업 안내	● 학습목표를 제시한다. ● 수업의 진행과정을 안내한다.	● 학습목표를 확인한다. ● 수업의 진행과정을 이해한다.	
	동기유발	● 갈등이 드러나는 드라마를 제시한다.	● 드라마의 내용을 확인하고, 어떠한 갈등이 드러나는지 파악한다.	
전개	모둠활동	<생각과 발견> ● 바우의 그림 그리는 책을 찢은 아버지의 행동에 담긴 생각을 짐작해 보도록 한다. ● 모둠원끼리 아버지에 대한 바우의 심리 변화를 말해 보도록 한다. ● 모둠원끼리 경환네에 대한 아버지와 바우의 생각이 어떻게 다른지 이야기해 보도록 한다.	● 모둠별로 바우의 그림 그리는 책을 찢은 아버지의 행동에 담긴 생각을 짐작해서 이야기해 본다. ● 아버지에 대한 바우의 심리 변화를 말해 보도록 한다. ● 경환네에 대한 아버지와 바우의 생각 차이를 말하고, 생각 차이가 발생한 원인도 함께 이야기한다.	● 교사는 순회하며 학습활동을 관찰한다. ● 활발한 의사소통이 이루어지도록 한다. ● 모든 학생이 모둠활동에 적극적으로 참여할 수 있도록 유도한다.
	활동 결과 발표	● 각 모둠은 학습활동 순서에 따라 학습활동의 결과를 발표하게 한다.	● 모둠별로 돌아가면서 모둠활동을 결과를 발표하고, 다른 조의 발표를 경청한다.	30
	모둠활동	<감상과 활용> ● 조별로 자신이 선생님이라고 생각하고, 처지와 성격이 다른 바우와 경환이의 갈등을 풀어주기 위해서 어떤 충고의 말을 할지 생각해 보도록 한다. ● 선생님이 바우와 경환이에게 충고하는 상황을 설정하여 역할극 대본을 만들어 보도록 한다.	● 조별로 자신이 선생님이라고 생각하고, 처지와 성격이 다른 바우와 경환이의 갈등을 풀어주기 위해서 어떤 충고를 할지 자유롭게 의견을 나눈다. ● 선생님이 바우와 경환이에게 충고하는 상황을 설정하여 역할극 대본을 만든다.	
정리	학습내용 정리	● 배운 내용에 대해 정리한다.	● 배운 내용에 대해 정리한다.	
	차시예고	● 다음 차시를 예고한다. <역할극, 형성평가 실시와 점수산출 및 보상> －형성평가는 개별평가이	● 다음 차시 학습내용을 확인하고, 역할극과 학습내용 정리, 평가 및 보상이 실시됨을 안다.	10

정리		며, 진단평가에 대한 향상점수를 산출한다. －각 개인의 향상점수의 총합을 모둠원 수로 나누어 모둠 점수를 산출한다. －모둠점수에 가산점을 합산하여 총괄적인 최종점수를 산출한다. －시험을 볼 수 있도록 자리 배치해 앉을 것을 당부한다.		

5. 결론

2007 개정 교육과정 문학 교육의 목표를 실현하기 위해서는 개정 교육과정과 문학 영역의 특성을 고려한 교수·학습 방법의 활용이 필수적이라고 할 수 있다.

2007 개정 국어과 교육과정에서는 국어 교과를 '한국인의 삶이 배어 있는 국어를 창조적으로 사용하는 능력과 태도를 길러 국어를 정확하고 효과적으로 사용하게 하고, 미래 지향의 민족의식과 건전한 국민 정서를 함양하게 하며, 국어 발전과 국어 문화 창달에 이바지하려는 뜻을 세우기 위한 교과'로 규정하고 있다.

국어의 여섯 영역 중 문학 영역은 문학에 대한 기본적인 지식을 바탕으로 문학 작품을 수용하거나 생산하면서 인간의 다양한 삶을 총체적으로 이해하는 능력을 기르고, 심미적 정서를 함양하는 것을 목적으로 한다.

본고에서는 2007 개정 국어과 교육과정의 특성을 고려해 교수·학습 방법의 변화를 살펴보고, 문학 영역 중 소설 교육에 효율적인 교수·학습 방법을 고찰하였다. 그 결과 2007 개정 교육과정 문학 교육에서 요구하는 요소가 협동학습의 기본원리와 부합함을 확인하였다. 2007 개정 교육과정에 따른 문학 교수·학습 방법은 학습자가 중심이 되며, 다방면의 상호작용이 활발하게 일어나는 수업이라고 할 수 있다. 이는 협동학습의 기본 원리인 구성원 사이의 긍정적 상호의존성, 개별적인 책무성, 동시다발적 상호의존성, 동등한 참여, 신뢰, 갈등의 조정기능, 의사소통 능력을 필요로 한다.

따라서 본고에서는 2007 개정 교육과정에서 제시하고 있는 다양한 교수·학습 방법 중 협동학습을 소설 지도에 적용하기에 앞서, 협동학습의 개념과 특성을 살펴 이론적 배경을 마련하였다.

문학의 교수·학습은 학습자와 상황 변인, 교과서, 교사의 교수방법 등 다양한 변인에 의해 영향을 받는다. 따라서 연구 대상인 중학교 1학년 1학기 학습자의 특성을 고려한 결과, 협동학습의 여러 가지 모형 중 '팀성취도 배분 학습(STAD) 모형'을 선택하여 해당 모형의 특성과 절차를 고찰하였다.

소설의 특징을 가장 잘 보여주는 문학 성취기준 '【7-문학-(1)】 문학 작품에 드러난 인물의 심리 상태와 갈등의 해결 과정을 파악한다.'에 해당하는 소단원을 연구의 대상으로 선택하였으며, 연구 범위는 연구결과의 활용 범위를 확대하고자 하는 의도에서 중학교 2학년까지 연계가 이루어질 수 있는 교과서 중 춘천시내에서 채택률이 높은 교과서 2권으로 제한하였다.

그 결과 '좋은책 신사고'의 국어 교과서 소설 단원 '3. 갈등과 화해'의 소단원 '(1) 자전거 도둑'과 '교학사(남미영)'의 'Ⅴ.문학 속의 인물과 갈등'의 소단원 '(1) 나비를 잡는 아버지'를 선택하였다. 또한 각 교과서의 특성을 고려하여 전자의 경우에는 소단원 전체에 '팀성취도 배분 학습(STAD) 모형'을 적용하고, 후자의 경우는 일부분에 적용하는 방법을 사용하였다.

협동학습은 학습능력이 각기 다른 학습자들이 동일한 학습 목표를 향하여 소집단 내에서 함께 활동하는 교육 방법이다. 협동학습은 모든 학습자가 명확하게 할당된 공동 과제에 참여할 수 있는 소집단 학습을 일컫는 것으로, 학습자로 하여금 학습 목표를 분명하게 인식하도록 하고, 모둠원 간에 긍정적인 상호작용을 유도하는 학습 모형이다. 협동학습의 모형 중 본고에서 활용한 팀성취도 배분 학습(STAD)은 활동에 대한 안내와 적용이 비교적 용이하며, 현대 소설에 대한 흥미를 높일 수 있는 보상 중심 협동학습 모형이다.

팀성취도 배분 학습(STAD) 모형에 '자전거 도둑'과 '나비를 잡는 아버지'의 내용과 학습활동을 적용함으로써 다음과 같은 학습 효과를 기대할 수 있다.

첫째, 문학 학습에 대한 흥미와 능력이 낮은 학습자들이 모둠에 기여할 수 있도록 하여, 소설 학습에 대한 학습자의 흥미를 높이는 데 기여할 수 있다. 따라서 성적이 낮고, 문학 수업에 흥미가 없는 학습자들이 문학 수업에서 이탈하는 것을 방지하고, 그들의 노력이 모둠의 성적에 기여할 수 있다는 것을 주지시켜 학습자가 긍정적 자아감을 가질 수 있다. 또한 소설 학습에 대한 흥미와 능력이 높은 학습자들은 다른 학습자의 성취에 관심을 가지고 그들을 도울 수 있으며, 다른 학습자에게 가르치는 활동을 통해서 자신의 학습도 활성화될 수 있다.

둘째, 활발한 상호작용이 일어나는 학습활동을 통해 학습자 모두의 긍정적 상호작용을 유발해 학습자의 인지적·정의적 영역의 발달을 가능하게 한다. 모둠원들은 모둠의 성공이라는 공동 목표를 위해서 모둠원 개개인의 목표 달성을 서로 돕게 된다. 따라서 동료 간 교수 활동을 통해 얻어지는 인지적 효과뿐만 아니라, 존중감과 신뢰감, 자아 존중감 등 정서적 효과를 얻을 수 있다.

셋째, 혼자서 학습할 때보다 협동학습을 할 때 더 많은 내용과 기능을 익힐 수 있으며 성취도가 높다. 성취감을 느끼는 경험 제공을 통해 학습에 대한 흥미를 진작시켜 자발적인 학습을 도모할 수 있다.

넷째, 여럿이 과제를 수행함으로써 짧은 시간에 많은 내용의 학습이 동시다발적으로 일어날 수 있다. 학습자는 더 많은 과제를 효율적으로 할 수 있으며, 교사는 학생을 격려하고 칭찬하는 데 더 많은 시간을 소요할 수 있다. 따라서 교사와 학생 사이에도 긍정적인 상호작용이 일어날 수 있다.

본 연구는 협동학습이 2007 개정 국어과 교육과정에서 요구하는 문학 교수·학습 목표 달성에 효율적인 지도 방법 중 하나라는 것을 밝히고, 협동학습을 활용한 소설 지도 방안을 제시하여 지도 방안의 다양성을 확보했다는 것에 의의를 두고자 한다. 본 연구는 선행 연구가 미비해 협동학습을 활용하는 데 어려움을 겪고 있는 학교 현장에서 안내자의 역할을 수행할 수 있을 것이다.

하지만 '팀성취도 배분 학습(STAD) 모형' 적용의 결과를 실제 수업에 활용해 검증하지 못했다는 점, 더 다양한 교과서에 협동학습 모형을 적용하지 못하였다는 점은 본 연구의 한계점이라고 할 수 있다. 따라서 앞으로 실제 교수·학습에 협동학습 모형을 적용해 성과를 검증하고, 모형을 수정하는 연구와 함께 본고에서 다루지 못한 검인정 교과서의 문학 작품에 협동학습을 적용한 연구의 필요성이 제기된다. 이를 통해 앞으로 다양한 모형의 고안과 함께 단원의 성격, 활동 과제의 성격, 그 외의 수업 변인에 의해서 유동적인 변화를 보이는 협동학습에 대한 연구 결과가 다양하게 학교 현장에 제공되어야 할 것이다.

‖ 참고문헌

단행본

구인환 외, 『문학 교육론』, 삼지원, 2001.

김상욱, 『소설 교육의 방법 연구』, 서울대학교출판부, 1996.

김인환, 『문학교육론』, 한국학술정보, 2006.

교육과학기술부, 『교육인적자원부 고시 제2007-79호에 따른 교육과정 해설Ⅱ-국어, 도
　　　　덕, 사회』, 2008.

나병철, 『소설의 이해』, 문예출판사, 1998.

남미영 외, 『중학교 국어 1-1』, 교학사, 2010.

박영목 외, 『국어과 교수 학습 방법 탐구』, 교학사, 1995.

변영계 외, 『협동학습의 이론과 실제』, 학지사, 1999.

신헌재 외, 『국어과 협동학습 방안』, 박이정, 2003.

이상우, 『살아있는 협동 학습』, 시그마프레스, 2009.

이숭원 외, 『중학교 국어 1-1』, 좋은책 신사고, 2010.

이숭원 외, 『중학교 생활국어 1-1』, 좋은책 신사고, 2010.

이용주, 「국어교육에 있어서의 문학의 위치」, 『문학교육의 탐구』, 국학자료원, 1996.

이종일 외, 『협동학습과 탐구』, 교육과학사, 2008.

우한용, 『문학교육과 문화론』, 서울대학교출판부, 1997.

우한용 외, 『문학교육과정론』, 삼지원, 1997.

이대규, 『문학교육과 수용론』, 이회문화사, 1998.

정동화 외, 『국어과교육론』, 선일문화사, 1990

정문성, 『협동학습의 이론과 실제』, 형설출판사, 1999.

한순미, 『비갓츠키와 교육』, 교육과학사, 1999.

S. Kagan, 협동학습연구모임 역, 『협동학습』, 디모데, 2001.

학술 논문

강전희, 「협동학습을 통한 소설 읽기 지도 방안 연구」, 한국교원대학교 교육대학원,
　　　　2000.

김선희, 「협동 학습을 통한 소설 교수·학습 방법 연구」, 상명대학교 교육대학원,
　　　　2001.

남 웅, 「협동학습을 통한 문학교육 방법 연구―7학년 소설단원의 협동학습 모형 고안을 중심으로」, 이화여자대학교 교육대학원, 2002.

노태열, 「학습자 중심의 소설지도 연구」, 경상대학교 교육대학원, 1992.

류덕제, 「소설텍스트의 문학교육 방법 연구」, 경북대학교, 1995.

박정숙, 「구조중심 협동학습을 통한 문학 단원의 지도 방안―8학년 국어 교과서의 문학 단원을 중심으로」, 서울시립대학교 교육대학원, 2006.

방지영, 「협동 학습을 통한 소설 지도방안 연구」, 경희대학교 교육대학원, 2005.

배인숙, 「협동 학습에 있어서 학습 능력에 따른 학습 집단의 구성이 학업 성취에 미치는 영향」, 전북대학교 교육대학원, 2002.

신연미, 「협동학습을 통한 문학교육 방법 연구」, 성신여자대학교 교육대학원, 2002.

안소연, 「협동학습을 통한 문학교육 방법 연구」, 성신여자대학교 교육대학원, 2005.

이상구, 「학습자 중심 문학교육 방안 연구」, 한국교원대학교 교육대학원, 1999.

이상구, 「구성주의 문학 협동학습 방안 탐색」, 『독서연구』 제 10호, 2003.

이선라, 「중학교 소설 지도를 위한 수업 방안 연구」, 이화여자대학교 교육대학원, 1997.

이혜경, 「중학교 소설 지도 방법 연구」, 이화여자대학교 교육대학원, 1999.

이후석, 「읽기·쓰기를 통합한 소설 지도 방안 연구―이청준의 '눈길'을 대상으로」, 서울시립대학교 교육대학원, 2005.

장혜영, 「협동학습을 통한 소설 교수·학습 지도 방안 연구」, 이화여자대학교 교육대학원, 2005.

전병화, 「협동학습을 통한 소설 지도 방안 연구―전문가 집단 활동을 중심으로」, 한국교원대학교 교육대학원, 1999.

정보영, 「협동학습을 통한 소설 교수·학습 지도 방안 연구―박완서의 '그 여자네 집'을 중심으로」, 홍익대학교 교육대학원, 2006.

최춘희, 「문학 교육을 위한 협동 학습 모형 중심의 학습 시스템」, 원광대학교 교육대학원, 2005.

최취희, 「협동 학습을 통한 중학교 고전 소설의 효율적인 지도 방안」, 홍익대학교 교육대학원, 2002.

허순범, 「과제 분담 협동학습을 통한 소설 교수·학습 방법 연구」, 한국교원대학교 교육대학원, 1999.

허지연, 「협동학습을 통한 중학교 소설 지도의 실제―'사랑손님과 어머니'를 중심으로」, 단국대학교 교육대학원, 2006.

김승옥 소설에 나타난
1960년대식 윤리적 주체의 성장과정
― 라캉의 정신분석 이론을 중심으로 ―

황은미

1. 서론

1960년대 소설사는 4·19와 5·16이라는 정치적 격동기를 겪으면서도 1950년대의 전후문학을 계승하고 발전시켜, 산업화라는 현실적 삶에 초점을 맞추는 1970년대 문학으로 그 자리를 넘겨주는 역할을 하였다고 볼 수 있다. 그리고 현재의 한국 소설을 이호철, 최상규 라인에서 김승옥으로 발전되어 나가는 단계라고 단언한 서기원[1]의 말처럼 김승옥은 이 시기의 대표적 작가이다. 그러므로 그를 통해 우리는 1960년대 소설만의 특징과 그것의 의의를 파악할 수 있는 것이다.

그간 김승옥에 관한 논의는 다양하게 전개되었는데 첫 번째는 시대사와 관련지어 1960년대 문학사의 의미를 다루는 것이고, 두 번째는 시골과 도

---

[1] 서기원, 「문학 씸포지움―우리 문학의 과거와 현재」, 『사상계』, 1965. 2월, 통권 143호, 314면.

시라는 이분법적인 구분으로 대표되는 주제에 관한 것이며, 세 번째는 새로운 감수성이라 일컬어지는 김승옥 특유의 문체에 관한 것이고, 네 번째는 근래에 들어 이루어지고 있는 것으로서 다양한 주제들을 가지고 정신분석이론을 중심으로 작품을 살펴보는 방식이다.

이 논문에서는 근래의 방식에 따라 오이디푸스 콤플렉스를 언어학적인 관점에서 기표로 추상화하는 라캉의 이론을 중심으로 윤리적 주체의 형성 과정을 다룰 것이다. 이에 따라 김승옥 소설 속 인물들을 하나의 성장소설처럼 단계적으로 나열하여 공통적으로 나타나는 요소인 '자기 세계'가 정신분석학의 윤리와 어떤 관계를 맺는지, 그것이 1960년대에 어떤 의미를 가지고 있는지 정신분석의 이론을 토대로 알아볼 것이다.

정신분석학은 우리가 억압되어 의식할 수 없는 무의식에 관심을 집중할 것을 요구하는 이론이다. 라캉에게 문학은 그 안에 새겨져 있는 무의식을 통해 저자와 독자가 서로 욕망과 결핍을 나누도록 하기 때문에, 언어에 포획된 독자와 저자의 구분은 쉽지 않으며 '텍스트는 스스로가 전복되도록 내맡겨지고 의미는 저자가 의도했던 것보다 덜할 수도 더할 수도 있다'[2]고 말한다. 문학을 타자삼아 저자와 독자가 서로의 욕망과 결핍을 공유하고 그것에서 해방되는 것이야말로 정신분석이 문학에서 필요한 근거가 된다는 것이다.

그런 의미에서 우리가 주체의 재인식을 통해 자신의 현 위치를 파악하고 미래를 내다볼 수 있도록 하는 정신분석학의 윤리를 토대로 삼는다면 그것이 가진 과학적 인간 내면 탐구로 인해 김승옥의 소설 속 인물들이 보여주는 1960년대 시대상을 가장 잘 드러낼 수 있는 것이다.

---

2) 엘리자베스 라이트, 권택영 역, 『정신분석비평』, 문예출판사, 1997, 166면.

2. 욕망의 윤리학 : 「생명연습」

1962년 한국일보 신춘문예에 당선되어 이름을 알린 등단작 「생명연습」은 이후 그의 소설세계가 어떻게 전개될지를 알려준다는 점에서 중요하게 취급된다. '자기 세계'를 지키기 위해 인간이 어떻게 행동해야 하는가를 보여주는 이 소설은 인간이 사회 속에서 살아가기 위해 기본적으로 지켜야 할 보편적인 의미의 윤리적 행위보다 '자기 세계'가 더 우위에 있음을 보여준다. 주인공인 '나'는 형을 해변이 있는 낭떠러지에 밀어버리고, 형은 엄마를 죽이자고 공모하며, 전도사는 자신의 생식기를 잘라버리고, 한 교수는 미련을 버리기 위해 여자를 가지고 결국에는 그 여자를 버린다. 결국 이들이 말하는 '자기 세계'란 '그 성곽에서도 특히 지하실을 차지하고 사는 모양'이라, '지하실에는 곰팡이와 거미줄이 쉴새없이 자라나고 있'는 곳이다. 이런 곳을 가지기 위해 욕망하는 그들의 노력은 사회적 규범을 벗어나기까지 하며 이때 윤리적 근간은 흔들리고 그 의미가 무색해지고 만다.

형과 어머니의 영역다툼 사이에 낀 '나'는 자신을 '철부지'라 생각하는 형의 설득에 전혀 넘어가지 않는다. 이미 '자기 세계'를 가지고 싶다는 욕망이 준비되어 있는 성숙한 '나'는 어머니를 살해하자는 형의 제안에 차라리 형을 죽인다.

'나'는 형이 어머니를 '영혼을 사러 다니는 마녀와 같다'고, '영원히 풀어버릴 수 없는 오해'를 하고 있다고 생각한다. 그러나 정작 '나'는, 심지어 가장 영리한 누나마저도 그 오해가 무엇인지 알고 있지 않다. 언표의 수준에서 형은 어머니를 살해하자고 말하고 있으나 그것을 통해 형이 무엇을 원하는지, 그의 욕망이 무엇인지를 우리는 알 수 없다. 그런데 정작 형 자신조차 그것을 알고 있지 않는데, 그것은 자신이 어떻게 상징적 체계에서 타자가 요구하는 곳에 자리를 잡았는지 알 수 없기 때문이다.3) 그러므로 어머니가 자신은 '마녀와 같은 존재'이기 때문에 형에게 미안함과 영원한 복종을 주었을 때 그는 어머니의 요구대로 그녀를 학대할 수밖에 없으며, 그것은 타자의 "케 보이?"에 대한 주체의 '히스테리적인 질문'이자 대답이다.

형은 공식화된 정신분석학의 윤리에 따라 자신의 욕망대로 행동하고 끝까지 그 욕망을 고집한다. 그리고 그것은 라캉이 윤리적 행위의 모델로 든 소포클레스의 「안티고네」의 예와 정확히 일치한다. 형은 자신의 욕망을 위해 비인간성, 냉정함, 섬뜩한 기이함을 가리지 않는다. 지젝 식으로 말하자면 그는 이러한 행동으로 인하여 '공통 도덕으로 형상화된 선(善)에 이의를 제기'4)한다. 그러므로 우리는 그에게서 어떠한 '인간적'인 모습도 살펴볼 수 없다. 그런데 이것은 인간적이지 않은 모든 욕망을 윤리적이라고 하는 것이 아니라, '인간적'이라고 해서 그것을 마땅히 윤리적이라고 해서는 안 된다는 것을 뜻한다. 그것은 단지 상징적 그물망의 모습이며, 거짓된 환상일 뿐이기 때문이다.

그는 '자신의 욕망과 관련해선 한치의 양보도 없으며', 쾌락원칙을 넘어서 있는 '죽음충동'을 고집한다. 두 번의 죽음을 맞이하는 형은 '나'가 낭떠러지에 그의 등을 밀면서부터 이미 죽어있는 상태이다. 누나와 '나'가 형의 행동을 인정하지 않았을 때 안티고네처럼 상징적 죽음을 경험한 형은 비록 생물학적으로 죽지 않았다고 하더라도 상징적 체계에서 자신의 임무가 종료되었다는 것을, 그리하여 자신이 이미 죽어있다는 것을 알고 있다. 그러므로 그는 며칠 뒤 기꺼이 나머지 죽음을 맞이한다. 쾌락원칙을 넘어서는 이 행위는 바로 그렇기 때문에 윤리적일 수 있다. 욕망은 대상을 달리하여 끊임없이 변할 뿐 결코 만족할 수 없다는 것을 알고 있기에 그는 현재 자신의 욕망을 주장함으로써 쾌락원칙을 넘어서 있는 실재의 영역까지 도달

---

3) 이는 주체가 '자신이 상징적인 네트워크에서 왜 그 자리를 차지하게 되었는지를 전혀 모르기 때문'이라고 말할 수 있다. 슬라보예 지젝, 이수련 역, 『이데올로기라는 숭고한 대상』, 인간사랑, 2003, 196면.
4) 같은 책, 206면.

하는 것이다. 진정한 주체가 무엇인지를 알고 그 욕망의 주체를 인식하는 것만이 진정으로 윤리적이다. 그러므로 '자신의 욕망과 관련해선 한 치의 양보도 없다'는 정신분석학의 정의는 이러한 의미에서 해석되어야 한다.

형의 경우처럼 전도사와 한 교수로 대표되는 인물들 또한 욕망에 따라 행동하고 그 결과에 책임을 진다. 그러나 이들이 어떤 경로를 통하여 자신의 욕망에 책임을 지는지는 나와 있지 않다. 다만 짐작 할 수 있는 것은 전도사의 '거세' 행위와 한 교수의 파렴치함이 비인간적이고 섬뜩한 기이함을 가지고 있다 해서 비윤리적이라 지탄받을 이유가 되지는 않는다는 것이다.

그들에게는 고뇌가 있다. 그러나 그들이 원하는 것은 실재에 위치하고 있기에 상징적 체계 속에서는 대상을 달리하고 미끄러진다. 우리는 이러한 속성을 가지고 있는 것의 이름을 알고 있다. 그 이름으로 바꾸어 단언하자면, 욕망은 절대로 충족되지 않는다. 그러므로 그들은 그것에서 벗어날 방법을 생각해 본다. 그들은 비인간성, 섬뜩한 기이함에도 불구하고 자신에게 가장 중요한 것을 욕망 앞에 내어 놓는다. 김승옥 식으로 달리 말하자면, '자기 세계'를 욕망하기 위해 그것들을 내어 놓는다.

> 하나의 세계가 형성되는 과정이 한마디로 얼마나 기막히다는 것을 나는 잘 알고 있다. 그 과정 속에는 번득이는 철편(鐵片)이 있고 눈뜰 수 없는 현기증이 있고 끈덕진 살의가 있고 그리고 마음을 쥐어짜는 회오(悔悟)와 사랑도 있는 것이다. (35면)

전도사는 목숨과도 같은 자신의 생식기를 성령에게 바침으로써 '병리적인' 욕망을 거세한다. 머리카락과 눈썹을 모두 밀어버려 스스로 섬뜩한 기이함을 몸소 실천하는 학생은 사람들에게서 자신을 분리시킨다. 자신의 욕망을, 그 어찌할 수 없는 구멍을 사람들에게 드러냄으로써 그 스스로가 상징적 체계에서 떨어져 나온다. 이들의 욕망은 멀리, 쾌락 원칙을 넘어서 실재까지 나아가려는 '순수 욕망'이다. 그러므로 정신분석에서 '극기'는, 다시 말하자면 '욕망'을 '이성'으로 누르는 것이 아니라 '병리적인' 욕망을 칸트 식 '이성'으로 눌러 그 안에서 라캉 식 '욕망'을 추출해내는 것이다. 극기는 그 안에 욕망을 가지고 있다. 욕망이 없으면 극기도 존재할 수 없으며 전도사는 일부러 혹은 '하필' 생식기를 자르지 않았을 것이다.

그런데 한 교수와 영수는 이들과 다른 방식으로 욕망을 고집한다. 그들은 자신의 병리적인 욕망을 위해 순수 욕망을 희생하는데, 그들이 얻으려고 했던 자기 세계가 '사랑'을 대가로 치러야만 획득되어진다는 점에서 그러하다. 둘의 자기 세계 획득 방법은 사랑의 요구와 욕구의 이중 구조화에 따른 욕망의 변증법으로 나타난다. 사랑이란 라캉 식으로 말하자면 그 대상을 잘라내는 것이다. 영국 유학을 위해 정순의 몸을 강탈하는 한 교수와 여자의 몸을 가지기 위해 최음제를 사용한 영수는 사랑한다는 이유로 부분 대상인 몸을 요구함으로써 오히려 병리적인 욕망 속에 빠진다. 그리고 그 결과 한 교수는 강의 노트를 얻어오는 대신 모든 것을 거기에 지불해 버리고 온다. 그리고 그는 그것에 서운해 하지도, 슬퍼하지도 않는다.

이들에게 다른 인물들과의 차이점이 있다면, 쾌락 원칙을 넘어서가 아닌, 상징적 체계에 순종하여 타자의 욕망을 욕망하기 위해 그러한 행동을 한다는 것이다. 하지만 주체의 진짜 욕망은 그가 교수로 불리는 상징계에는 있지 않다. 그러므로 다른 인물들과 달리 한 교수의 '자기 세계'는 허영과 위악에 가득 찬 모래성일 뿐이다.

「생명연습」의 인물들은 말하고 있는 '나'를 제외하면 모두가 '자기 세계'를 가지고 있다. 각자가 다양한 방식으로 자기만의 '지하실'을 가지고 있는 것이다. 그러므로 그의 소설 세계를 알리는 등단작이 「생명연습」이라는 사실은 이후 전개되는 소설들과 비교해 보았을 때 1960년대에만 쓰일 수 있었던 소설이라는 것과 무관하지 않다.

3. 오이디푸스 콤플렉스 속 주체 : 「건(乾)」

전쟁을 배경으로 한 소년의 성장과정을 담고 있는 「건」은 빨치산의 습격으로 엉망진창이 되어버린 시(市)의 모습으로 시작된다. 격렬한 격투로 인해 잘못 탄 숯덩이 모양이 되어버린 건물들 중에는 '나'의 추억의 장소인 방위대 본부도 있다. 그 모습에 절망을 느끼는 '나'의 하루는 갑자기 찾아온 가을과 함께 특별해진다. 그것은 빨치산의 죽음으로 인해 겪게 되는 성장, '나'의 주체 형성 과정이다. 가을의 흐릿하고도 희미한 기운을 느끼면 느낄수록 '나'는 점점 자라고 또한 어지러워지는데, 이런 신경증적인 몸의 반응은 그의 육체적 성장과 더불어 정신적 성장을 잘 드러낸다.

시체를 처음 본 '나'는 아무 말도 하지 못한 채 신경증적인 어지러움을 호소한다. '거지같은 꼬락서니'의 시체가 있을 것이라고 생각했던 것과 달리 그의 시선을 잡아 끈 것은 시니피앙 연쇄에 메워지지 않는 구멍5)이기 때문이다. 그러나 '나'는 그 구멍이 무엇인지 설명할 수 없기에 말할 수 없는 것에 대해 침묵한다. 말을 하면 할수록 시니피앙은 시니피에 위로 미끄러질 뿐이고 '나'가 설명하고자 하는 것은 상징계 속에 편입되지 못한 채 무의식에 자리를 잡을 것이다. '나'는 주체의 분열을 대가로 진짜 주체를 의식과 무의식의 나타남과 사라짐 사이에서 발견할 수밖에 없고 그것은 언어에 포획되지 않기 때문이다. 때문에 '나'는 어쩔 수 없이 "시체를 가지고 싶었다"라고 이야기할 수밖에 없다. '우리가 사물을 가질 수 없다면 우리는 말로써 그것[사물]을 상징화함으로써 그것을 죽이'고, 그것의 실제 속성을 없애어 '말이 사물의 살해자'6)라는 것을 인정함으로써 상징계에 들어서는

---

5) 주체는 상징계에 들어서기 위해 어머니의 욕망의 대상이라는 기표를 상실할 수밖에 없는데 이렇게 상실된 기표는 실재의 영역으로 들어가며 빈자리는 언어의 의미작용으로 인한 상징계의 그물망으로써 시니피앙 연쇄의 구멍으로 남는다.

6) 조엘 도르, 홍준기·강응섭 역, 『라깡 세미나·에크리 독해 Ⅰ』, 아난케, 2009, 149면.

'나'는 이전의 '나'와 작별을 예감하는 것이다.

'모든 것을 다 보았'기 때문에 '모든 것을 알고 있는' 죽음은 무엇인지 '알 수 없는' 것이며, 그렇기에 두렵고 한편으로 매혹적인 것이다. 시체의 환상에 애착을 가지는 것은 그것을 통해 구현된 죽음이 완벽함으로 '잡된 요소'를 버리고 '모든 것을 살았기 때문'이며, 그것에서 '고아의 두려워하는 눈'처럼 낯설음과 설렘을 느낄 수 있기 때문이다. 이렇게 '나'에게 죽음은 강렬하고도 완벽한 이미지로 다가온다. 거울단계에서 자아가 느끼는 완벽한 신체의 이미지를 상상계로 들어서는 관문이라고 했을 때 죽음의 이미지야말로 상상계 속에서 충만하게 표현되는 실재가 아닌가. 상징적 체계의 언어로는 설명할 수 없는 감정을 느끼는 '나'는 빨치산의 시체를 통해 죽음을, 그리하여 실재를 경험한다.

그러므로 '나'는 시체를 가지고 싶어 한다. 하지만 그것은 처음부터 가질 수 없는 것이었다. 대신 그가 얻는 것은 시체를 치워야 한다는 죄책감 때문에 쳐다본 아버지의 얼굴에서 발견한 미소. 즉, '아버지의 이름'이다. '나'는 혹시라도 시체를 되찾을 수 있을지 모른다는 생각에 아버지의 눈치를 먼저 살핀다. 그러나 알고 있다시피 애초부터 '아버지의 이름'은 시체와 동일한 선상에 존재할 수 없다. 어머니의 욕망의 기표를 아버지의 이름이라는 기표가 대체하듯이 이 또한 같은 원리로 작동되기 때문이다.

'나'의 시체에 대한 욕망은 주체가 상징계에 진입하기 위해 어쩔 수 없이 포기해야 했던 '어머니의 욕망'이라는 근본적 욕망을 드러낸다. 그런 의미에서 돌팔매질을 '금지'하고 시체를 가지지 못하도록 '박탈'하여 '거세'시키는 사람이 아버지라는 사실은 의미심장하다. 결국 거세를 경험한 소년은 어머니와 분리되어 '아버지의 이름'을 받아들이고 대타자의 욕망을 욕망하는 법을 배우기 때문이다. 무의식의 생성, 시니피앙의 주체, 욕망하는 주체를 설명하는 이 오이디푸스 콤플렉스는 이후 소년의 행동을 규정한다. 그는 시체를 처리하는 일에 있어서 전혀 죄책감을 보이지 않는 아버지의 법을 따른다. 제도, 규칙을 준수하는 것이야말로 '아버지의 이름'이 주는 상징계적 질서가 아닌가.

> 아아, 모든 것이 항상 그렇지 않았더냐. 하나를 따르기 위해서 다른 여러 개 위에 먹칠을 해버리려 할 때, 그것이 옳고 그르고를 따지기보다 훨씬 앞서 맛보는 섭섭함. 하기야 그것이 '자라난다'는 것인지도 모른다. (77면)

상징계에 편입되기 위해서는 자신의 욕망에 따라 옳고 그름을 따지기보다 상징계 질서가 우선시 되어야 한다. '아버지의 이름'은 주체가 대타자의 욕망을 욕망하여 상징계에 소속되기 위해 거쳐야할 필수적 코스이기 때문에 '다른 여러 개 위에 먹칠을 칠할 수밖에 없을지라도' 주체는 반드시 그것을 지켜야 하는 것이다. 그러므로 자라난다는 것은 잃어버릴 수밖에 없는 것이 있다는 '섭섭함'을 가지고서야 얻어지는 것이다.

결여된 주체로 다시 태어난 '나'는 마치 「생명연습」 속 비밀왕국처럼 이제 말할 수 없는 것이 생겼고, 그것은 말 할 수 없다는 이유로 중요하게 여겨진다. 더 이상 철부지 같은 영웅심이나 호기심은 '나'에게 필요하지 않다. 시체를 묻는다는 것은 주체가 최초의 결여를 체감하는 것처럼 고통스러운 일이나, 결국 '나'는 그 일을 해냈기에 더 이상의 어려운 일은 없다. 그것이 비인간성, 냉정함, 섬뜩한 기이함을 불러일으켜 이전의 자신에게 먹칠을 할 수밖에 없는 행위일지라도 말이다. 그는 평소 자신이 좋아하던 윤희누나를 강간하려는 형과 그의 친구들의 계획에 동조한다.

처음에는 얼결에 동조하는 것처럼 보이나 사실 '나'는 형의 부탁을 기대하고 있었는지도 모른다. 그는 형이 대견해 할 정도로 윤희누나를 속일만한 답변까지 만들어내면서 이 범죄에 적극적으로 가담한다. 그에게는 이 행위가 성장하기 위해서 통과해야 하는 하나의 시험일뿐이기 때문이다. 어른들이 빨치산의 시체 앞에서 침을 뱉자 이유도 모른 채 그것을 모방해야만 하는 '나'는 마찬가지 이유로 형의 행위에 적극적으로 가담해야 한다. 그러나 윤희누나 앞에 선 '나'는 신경증적인 증상인 심한 어지러움과 함께 억울함을 느끼는데, 어쩔 수 없이 형의 부탁을 전하고 있다는 것을 누나가 알고 있을 리 없기 때문이다. 그는 마음속으로 그녀가 자신의 부탁을 거절하기를 원하고 있다. 자신의 말 속에 담긴 어둠과 음란의 냄새를 느끼기를 바라고 있는 것이다. 그러나 꼭 통과되어야만 하는 그의 시험은 '나'의 입에서 또다시 형에게 유리한 구실을 덧붙이도록 만든다. 그는 이 사태를 외면하며 그저 눈을 감을 뿐이고, 틀림없이 그곳으로 가겠다는 윤희누나의 말소리는 '먼 하늘의 우레소리처럼 웅웅'거리며 들려올 뿐이다.

아주 쉽게 과제를 끝내고 돌아오는 길에 '나'는 미영이네 집 앞에서 걸음을 멈춘다. 9시가 되면 윤희누나와 형, 형의 친구들이 마주칠 황폐한 빈집을 둘러본 '나'는 방위대 본부로 가야겠다고 생각한다. 친구와 함께 시립병원의 폐허를 구경하기로 약속을 하였지만 이미 철없는 어린 시절의 호기심은 사라졌으며, '나'에게 온갖 환상을 주던 미영이네 집도 필요가 없어졌다. 방위대 본부도 새까맣게 되어 더 이상 '하얀색 크레용'으로 꽃을 그렸던 순수한 시절의 지하실을 알아볼 수 없을 것이다. 그러므로 마지막 그의 독백은 이제 막 상징계로 접어든 주체가 내뱉는 자기 확인이다. 이제 자신은 자랐음을, 결여를 통해 욕망할 줄 아는 주체가 되었음을 확인하는 것이다.

그리고 이제 욕망할 줄 아는 주체가 된 김승옥 소설의 주인공은 상징계 속에서 나름의 욕망의 대상을 찾아낼 것이다. 그러나 잃어버린 시체, 근원적 욕망은 다시 찾을 수 없기에 그것은 상징계에서 대상을 달리하여 끊임없이 이동한다. 그리고 그런 의미에서 욕망은 절대 해결될 수 없을 것이다. 그러므로 우리는 이제부터 김승옥의 주체가 욕망하는 것이 무엇 것인지, 그것이 어떠한 과정 속에서 마지막 '자기 세계'로 귀결되는지 그 과정을 찾아나서야 한다.

4. 시니피앙의 연쇄 속 주체 :「그와 나」

한 청년의 상경에서부터 대학 생활까지의 과정을 담고 있는 「그와 나」는 제목처럼 '나'와 '그'에 대한 이야기이다. 그와 나가 만난 것은 상경하기 위해 탄 야간 보통 급행열차에서인데, 차비가 저렴하여 좌석이 지정되어 있지 않은 이 열차에 앉아 가기 위해 일부러 시발역까지 가서 기차를 탄 '나'는 앉아가기 위해 상당한 노력을 들였고 이 자리에 자신이 앉은 것을 타당하게 여긴다. 그러니 '나'는 혹시나 자신의 노력이 물거품이 될까봐 자리를 양보해야만 하는 사람이 근처에 오게 될 두려움에 눈을 감고 자는 척을 하는 것이다. 그리고 바로 이때 '나'의 이런 모습을 '그'가 비꼰다.

'나'가 살았던 세상에서는 악착스런 경쟁과 경쟁에 진 자의 굴종이 스스럼없이 공존한다. 그러므로 그곳에서는 어떻게 해서든지 이겨야 하며, 이겼기 때문에 '나'는 자신의 행동에 당당할 수 있었다. 그러니 '그'의 빈정거림은 '나'의 표현대로 '가난한 지방도시의 문화와 유·소년 시기의 윤리를 파괴하는 것'이며, '내가 살아왔던 공간과 시간 전부를 모욕하는 것'이다.

그러나 '나'가 진정으로 모욕 받은 것은 '그'가 말한 '나'의 '눈꺼풀에 대롱대롱 매달려 있는 양심'에 관한 것이다. '나'의 말대로 자신이 떳떳했다면 노인이나 아이를 업은 아낙네 따위 자신의 옆에 오든 말든 상관이 없어야 한다. 그러나 사실은 '나'도 알고 있다. 세상에는 합리성으로 해결되지 않는 일이 있다는 것을 말이다. 그들이 다가오면 '나'는 자리를 비켜주지 않을 수 없기에 '나'는 비양심적으로 눈을 감을 수밖에 없었던 것이다.

기차가 목적지에 도착하고 서울역에서 우연히 만난 '그'는 '나'의 등 뒤에 편하게 사는 것이 가장 불편한 거라고 말한다. '나'와 동일한 환경에서 자라난 '그'는 '나'가 왜 그러한 행동을 하는지 알고 있는 것이다. 그러나 사고방식은 전혀 다른데, '나'는 한 청년이 실수로 밟은 녹슨 쇠못으로 인하여 자신이 원하는 꿈을 이루지 못한 채 결국은 파상풍으로 죽어버린 사건을 보면서 실수란 얼마나 무서운 것인지를 알고 있기 때문이다. 사회가 자신을 위해 여러 단계를 만들어 놓고 있다고 생각하며 그 단계에서 녹슨 한 개의 쇠못과 같은 실수하지 않기 위해 매사에 조심하는 '나'는 상징계 즉, '아버지의 이름'에 따라 살아가는 것을 당연하게 여기는 인물이다. 오히려 '나'는 그러한 체제를 따르지 못할까봐 두려워한다. '나'의 교복에 대한 집착도 체제를 제외한 자신을 상상할 수 없기 때문이다.

'학생인지 공무원인지 상인인지 건달인지 알 수 없는, 익명의 사복 차림의 꼴'을 참을 수 없는 '나'에게는 교복이야말로 '지난 수년 동안 코피를 쏟아가며 수험 공부를 해온 유일한 목적'이기 때문에 '혹시라도 금년부터 재수없이 대학교에서 교복 착용 제도가 없어지지 않을까' 두려워하며, '앞가슴에 왜 이름표를 달지 않게 하는지 몹시 유감스러울 지경'이다. 상징계에서 주체는 시니피앙의 주체이기에 교복과 이름표야말로 그러한 자신을 나타내는 가장 근사한 시니피앙이기 때문이다. '나'는 교복이 상징해주는 모든 것과 자신을 상징하는 이름을 결부시킴으로써 스스로 만족감을 얻는다.

그러니 이에 비하면 법이 아닌 이상 양심은 편하게 살기 위해 버려도 되는 것이며, 결코 녹슨 한 개의 쇠못이 될 수 없다. '나'는 그저 '그'의 행동을 비난함으로써 자신이 만든 상징계의 성을 견고히 할 뿐이다. 그러나 사회가 '나'에게 여러 단계들을 제시하고 있다고 해서 양심을 버리라고는 이야기하지 않는다. 그의 말이 악성 병균처럼 끈질기게 파고드는 것은 이제까지 추구해왔던 자신의 삶을 의심하도록 만들기 때문이다. '그'의 입바른 소리 때문에 '나'의 견고한 성에 금이 가게 되고, '그'와의 두 번째 만남에서 '나'는 그 성이 완전히 부서지는 것을 경험한다.

역사적인 데모의 인파속에 휩쓸린 '나'는 교문 쪽으로 몰려가는 학생들에 휘둘려 빠져나올 수 없게 되자 이것이야말로 녹슨 쇠못이라고 외친다. '나'에게는 구호가 어찌 되었든 아무 상관없으며, 만약 이것으로 인해 인생에서 중요한 지금의 단계를 조리 있게 끝맺음 하지 못한다면 그 피해는 오로지 '나' 혼자서 감당해야 한다. 데모는 불필요한 것이며 '나'에게 불필요함이란, 양심과 다를 바 없다. '나'는 인식과 행위의 주체가 자기 자신이라는 '오인' 속에서 살아가고 있는 것이다.

'나'는 이십 년 동안 믿고 의지해온 사회가 자신을 배신하지 않을 거라는 착각을 하고 있다. '나'에게 있어 체제는 견고하기에 녹슨 쇠못과 같은 실수를 하지 않고 노력만 한다면, 고등학교 교복에서 대학교 교복으로 그리고 사회인의 교복으로 단계를 오르면 오를수록 성공한 인생, 혹은 모두가 부러워할만한 인생이 되리라 믿어 의심치 않는 것이다. 그러나 '나'가 의심 없이 믿는 그것은 오인에 불과하며 단지 진정한 주체, 욕망하는 주체가 되는 것을 가로막는 환상일 뿐이다. 그렇기에 '나'는 스스로가 욕망을 찾아 떠나기 보다는 시니피앙의 연쇄에 따라 환상 속에서 살아가려는 인형에 가깝다. 무엇을 욕망해야 하는지도 모르는 '나'의 주체는 시니피앙의 연쇄에 의해 존재하는 주체일 뿐 욕망의 주체, 진정한 주체는 될 수 없다. 상징계에서 주체의 욕망이란 결국 타자의 욕망이므로 '나'의 이러한 욕망은 윤리적 의미의 진정한 욕망이 될 수 없기 때문이다.

데모에 대해 온갖 불평을 하고 있는 '나'의 귀에 또 다시 '우리에게 가르친 대로 그대로 행하라'고 외치는 그의 목소리가 들려온다. 그 목소리는 기차에서처럼 또 다시 '나'를 혼란 속에 빠트리기에 충분하다. 구호를 외칠 수 있는 것은 '나'와 같은 학생들뿐이라는 점에서, '나'의 합리화에 대해 더 이상 아무런 말도 할 수 없도록 만들기 때문이다. 이제 '나'는 그 구호로 인해 데모의 현장을 강의실의 연장으로 느낄 수밖에 없고 '처음 느껴보는 어떤 감격에 눈물조차 핑 돌아', '주먹으로 허공을 때리며' 그 구호를 외친다. 그러나 때마침 터진 경찰들의 총소리에 '나'는 다시금 녹슨 쇠못의 교훈을 떠올리고 데모가 성공하는 바람에 '적어도 그런 건 사치스런 도락 이상이 아니라고 감히 입 밖에 내어 말할 수 없게 된 것'을 우울하게 생각한다.

　그런데 다시 한 번 '그'가 말한다. 미국인과 인터뷰를 하며 '나는 믿고 있습니다. 우리는 우리의 미래를 발명할 수 있다는 것을'이라고 하는 것이다. 기차에서도, 서울역에서도, 데모 대열에서도, 심지어 오늘도 '그'는 특유의 현학적인 표현으로 '나'의 호흡을 답답하게 한다. 말하자면 '그'는 사회의 정해진 단계를 밟아야만 했던, 그리하여 타자의 욕망만을 욕망했던 '나'의 호흡을 답답하게 하고 있는 것이다. 그러나 '나'는 단지 편하게 살고자 했을 뿐이다. 편하게 살기 위해 한 시간 반이나 걸려 시발역에서 기차를 타고, 데모 같은 일에 신경 쓰지 않은 것뿐이다. 그런데 '그'는 멋대로 양심을 들먹거리고 '나'의 미래까지 발명한다고 한다.

　'그'의 말 앞에서 '나'는 이십 년 동안 의지해왔던 모든 것들이 모두 무너지는 것만 같은 기분을 느낀다. '그'가 '나'에게 자신의 욕망이 거짓에 불과하다는 것을 깨닫게 하였기에 진정한 욕망이란 애초에 존재하지도 않았음을 보여주었고, 그것으로 인해 '나'는 이제 더 이상 타자가 주는 안정감, 편안함을 느낄 수 없을 것이다. 진실을 알게 된 주체는 더 이상 이전의 주체로 되돌아갈 수 없다. 그러므로 데모를 일컬어 '내가 이십 년 동안 믿고 의지해왔던 것을 송두리째 파괴시켜 버리려는'것이기 때문에 '반드시 실패했어야 할 나의 적'이라는 마지막 독백은 더 이상 예전의 주체로 돌아갈 수 없다는 표현에 다름 아니다.

　이제 김승옥 소설의 인물은 스스로 욕망하고 있다고 생각했던 주체가 대타자의 욕망을 욕망하고 있었을 뿐이라는 것을, 이 상태로는 더 이상 진정한 욕망 혹은 진정한 주체를 찾을 수 없다는 것을 알게 되었다. 이것을 알게 되었다는 것은 진정한 욕망을 가진 윤리적 주체가 되기 위해 김승옥 소설의 인물이 이제 막 한 발자국 내딛었다는 것을 의미한다. 그렇다면 과연 진정한 욕망, 진정한 주체는 어디에 있는가. 이제부터 우리는 '환상'을 통해 그것에 대해 알아볼 것이다.

5. '자기세계'를 가로 지르기 : 「서울 1964년 겨울」

「서울 1964년 겨울」은 우연히 선술집에 모인 세 사람의 이야기이다. 처음 이야기를 나누는 것은 구청 병사계에서 일하고 있는 '나'와 도수 높은 안경을 쓴 대학원생 안(安)인데, '나'와 '안'은 스물다섯 살이라는 나이를 제외하면 집안사정에서부터 학벌까지 어떠한 공통점도 찾을 수 없지만, 대화를 나누면 나눌수록 서로에게 공통점이 많다는 사실을 알게 된다.

이들이 나누는 대화란 별것 아니다. 사소하지만 자신만이 알고 있음직한 것들을 상대방에게 이야기 하고 상대방이 그것을 판단해 주는 것이다. 이야기를 하면 할수록 '나'와 '안'은 점점 서로를 존중해 준다. 나 혼자만의 비밀이라 생각했던 행위들이 자랑스러워할만한 것으로 바뀌어가고 있기 때문이다. 그렇다면 이들은 왜 하필 혼자만의 비밀이랍시고 스산한 서울의 밤거리를 배회하며 선술집에 앉아 비효율적인 이야기나 하고 있는가.

'안'의 말대로 이들이 서울의 밤거리를 배회하는 데에는 어려운 설명을 필요로 하지 않는다. 1964년의 서울이란 말하자면 이런 것이다. 한국전쟁과 4·19혁명. 그리고 5·16 군사정변과 공업 중심의 발전으로 인한 인간 소외 문제가 대두되었던 것이다. 이들이 서울 혹은 서울로 대표되는 도시를 제 것이 아닌 양, 그것이 마치 홀로 존재하는 거대한 기계처럼 멀리서 바라볼 수밖에 없는 이유는 이들이 역사적 사건들 한 가운데 있기는 했어도 정작 그 어느 것 하나 주도성을 내보이지 못했기 때문이다.

그러므로 이들은 소외되어 있다. 이들은 자신들이 무슨 뜻으로 말하는지도 모른 채 계속해서 말하고 있으나, 동시에 주체의 진심이라고 할 수 있을 무의식은 그 속에서 의미를 드러내고 있는 것이다. 그러므로 주체의 차원에서는 더 이상 무의미하지 않다. 이들이 계속해서 그 내용과 상관없이 같은 주제를 반복하는 이유는, 그렇게 해야만 이 삭막한 도시와 관련을 맺을 수 있기 때문이다.

라캉 식으로 말하자면 이들은 「그와 나」의 인물들처럼 타자 역시 결여되어있다는 것을 알았으되, 자신들이 무엇을 욕망하고 있는지 모른다는 이유로 도저히 간직하지 않고는, 말하지 않고는 견딜 수 없는 상태에 다다른 것이다. 그러나 중요한 것은 이들이 끊임없이 말을 주고받는다고 해서 소통을 원하는 것은 아니라는 사실이다. 갑자기 끼어든 서른대여섯 살짜리 사내가 아내의 죽음을 이야기할 때 이들이 할 수 있는 생각이라고는 '꺼지는 게' 좋을 것 같다는 것뿐이며, 사내가 자살하리라 짐작했음에도 불구하고 혼자 놓아두면 죽지 않을 줄 알았다는 무책임한 말이나 하고 있는 것이다. 그런데도 이들이 계속해서 대화를 나누는 것은 말을 함으로써 자신만의 것을 인정받기 위함이다. 이는 헤겔의 '인정투쟁'에 빚을 지고 있는 라캉의 말에 의하면 우리가 타자의 욕망을 욕망하기 때문이다.

그러나 사내는 이들과 다르다. 그는 적어도 사소한 것에 의미를 부여하지 않아도 될 만큼 재미있게 살았다. 계절의 흐름에 따라 도시에 사는 권리를 누리며 인생을 즐겼던 것이다. 그러나 아내가 급성 뇌막염으로 갑작스레 죽으면서 그는 '나'와 '안'과 같은 처지가 되어 버렸다. 비록 가난 때문에 어쩔 수 없이 아내의 시체를 병원에 팔았지만, 그에게 아내를 팔아서 생긴 돈을 가지고 있는 것은 죄악이다. 그래서 그는 그 돈을 오늘 안에 다 써버려야겠다고 결심한다. 그러나 중국집에서 나왔을 때, 막상 갈 곳은 한군데도 없으며 서울의 겨울 거리는 여전히 무심하다. 그들이 이 삭막한 도시와 아무런 관련도 맺고 있지 않기 때문이다.

함께 돈을 써버리기로 약속하였으나 여전히 혼자 존재하는 이들에게 도시는 여전히 소외만을 안겨줄 뿐이다. 그러나 태어나면서부터 타자의 욕망을 욕망할 줄 밖에 모르는 주체는 소외되어 있을지라도 온갖 '욕망의 집결지인' 1964년 서울은, 혹은 지금 이 시대에도 도시는 그 소외로 인해 동시에 '주체의 응답'을 발생시키고 있는 것이다. 이제 타자의 결여를 발견하고 주체가 소외되어 있다는 것을 의심하기 시작하는 「그와 나」의 인물들은 1964년 겨울, 서울에 이르러 주체 스스로 환상을 통해 응답하기 시작한다. 도대체 파리를 사랑한다는 것은 무슨 의미이며 왜 갑자기 적십자 병원과 단성사가 나와야 하는 것인가. 욕망은 언제나 의미를 알 수 없는 물음을 던져 주기에 그것에 대한 주체의 응답이 바로 환상인 것이다.

'나'와 '안'이 가지고 있는 환상은 무엇인가. 그것은 대화 속에서 나타나는데 이들은 겉으로만 대화의 형태를 취할 뿐 끊임없이 자신의 이야기를 하며 인정해달라고 주장한다. 결국 이들이 소통을 원하지 않는 것은 '자기 세계' 때문이다. 타자의 욕망을 견디는 방법은 '자기 세계'였던 것이다. '자기 세계'로 이루어진 경고한 성이 있기에 식민지의 거리처럼 춥고 한산한 도시의 소외를 견딜 수 있었던 것이다. 이들에게 '자기 세계'라는 환상은 상징적 체계에서 아무런 역할도 맡지 못하여, 혹은 맡았다고 해도 제대로 된 역할을 할 수 없는 상태에 이르러 자신이 도시의 수많은 사람들 중 존재하지 않아도 모를 만큼 그저 그런 인간이 되었다는 현실을 회피하기 위한 수단이다.

이를테면 1964년 서울에서 살기 위해서는 외판원 사내처럼 '자기 세계'라는 환상이 필요하지 않을 정도로 자신의 욕망에 충실하거나, 혹은 '나'와 '안'처럼 자신이 소외되어 있다는 것을 인정하지 않기 위해 '자기 세계'라는 환상을 필수적으로 가져야만 했던 것이다. 이들이 하필 '자기 세계'를 스크린으로 사용해야 했던 것은, 우리가 다른 사람들과 변별점 가지려는 것이 애초부터 환상에 불과하다는 것과 무관하지 않다. 환상은 '현실적으로 존재하는 어떤 대상을 '모호한' 욕망의 대상으로 변형시키는 은밀한 장소'[7]이므로, 실상 '자기 세계'는 존재하지 않지만 나만의 것이라는 '모호한 욕망의 대상'으로 바꾸어지는 것일 뿐이다.

---

7) 김상환, 홍준기 편, 『라깡의 재탄생』, 창비, 2002, 83면.

그러나 환상을 단순히 타자의 알 수 없는 욕망이나 실재의 침입을 막는 스크린으로만 여겨서는 안 되는데, 환상은 단순히 받아들일 수 없는 실재를 받아들일만한 것으로 바꾸는 스크린뿐만이 아니라, 역으로 실재가 존재한다는 것을 알리는 기능도 하기 때문이다. 죽어있는 외판원 사내를 버려두고 빠른 걸음으로 여관에서 멀어지며 '안'은 정체를 알 수 없는 감정에 휩싸이는데, 이는 '자기 세계' 때문에 그러했다는 죄책감 때문이다. 그러므로 '그게 내가 생각해본 최선의 그리고 유일한 방법'이었다는 말은 비록 외판원 사내의 입장에서 야멸치게 보일지라도, 그의 입장에서는 진실한 행동이 된다. 그러나 외판원 사내는 죽어버리고 말았고 그가 생각해본 유일한 방법은 실패하고 말았다.

그 실패 속에서 '자기 세계'란 도대체 무엇인가. 그것은 설명할 수 없어서 뒤를 흐릴 수밖에 없지만, 환상이 보여주는 현실 혹은 실재의 아찔한 충격에 너무 늙어버린 듯한 무기력함을 느낄 수밖에 없는 무엇이다. 갑자기 잠에서 깨어나지 않고는 견딜 수 없는 사물의 영역, 실재를 가로막는 스크린에 불과했다고 생각했는데 뒤돌아보니 그것이야말로 실재가 존재하고 있음을 보여주는 확실한 증거였던 것이다. 그러므로 '자기 세계'는 주체가 왜 이러한 환상을 가지게 되었는지, 진정으로 주체가 원하는 것은 무엇인지를 알려주는 해답이 된다.

1964년 서울에 살고 있는 인물들은 소외되어 있다는 사실을 감추기 위해 '자기 세계'라는 환상을 가질 수밖에 없으나 역으로 그것이야말로 실재(계)를 보여주고 있음을 알게 되었다. 그러므로 환상을 가로 지르면 정신분석학이 말하는 진정한 주체, 진정한 윤리가 무엇인지 알 수 있을 것이다. 그런데 '환상을 가로 지른다'는 것은 환상에서 깨어나 현실을 직시하라는 뜻이 아니다. 그것이 어떠한 과정을 거쳐 진정한 주체화에 이르는지 우리는 「무진기행」을 통해 알 수 있을 것이다.

6. 1960년대식 윤리의 한계 : 「무진기행」

무진을 10km 남겨두었다는 이정표로부터 시작되는 「무진기행」은 한 사내의 고향 방문기라고 할 수 있을 것이다. 그는 장인이 운영하는 제약회사에 다니는 사회인으로서 도시에서의 삶에 지칠 때마다 무진으로 돌아오곤 했고 이번에도 역시나 자신의 전무 자리에 관한 주주총회가 얼마 남지 않자 복잡한 일들을 잊기 위해 아내의 손에 떠밀리듯 고향으로 돌아온 것이다.

그러나 새 출발을 도모하기 위해 고향에 간다고 해서 무진이 보편적 고향으로 여겨지지는 않는데 막상 그곳에 가면 항상 처박혀 있거나 자신을 돌봐주고 있는 노인들에게 신경질을 부리거나 혹은 독한 담배를 피우거나 우편배달부를 기다리는 초조함 따위의 행위만이 있었기 때문이다.

결국 어촌도 그렇다고 농촌도 아닌 곳에서 오륙만이나 되는 인구가 그럭저럭 살아가며 명산물이라고는 안개밖에 없는, 그 안개마저도 '손으로 잡을 수 없으면서도' '뚜렷이 존재'해 '사람들을 둘러쌌고 먼 곳에 있는 것으로부터 사람들을 떼어놓'아 사람들을 무기력하게 만드는 무진은 고향이되 '나'에게만 존재하는 관념 속의 장소인 셈이다. 그곳에서 '나'는 항상 자신을 상실하지 않을 수 없으며, 어둡던 청년시절을 떠올릴 수밖에 없다. 그럼에도 불구하고 그가 무진에 갈 수 밖에 없는 이유는 그곳에 가야만 자기 자신과의 진지한 대화가 가능하기 때문이다.

무진에서 그는 엉뚱하고 뒤죽박죽인 생각들을 거침없이 내뱉으며, 심지어 생각들이 밖에서 제멋대로 이루어진 후 자신의 머릿속으로 들어오는 듯하다고 말한다. 막상 무진에 와서 보니 자신이 도시에서 했던 일과 같은 '사무소에 출근했다가 퇴근' 하거나 '학교에 다니'고 '학생들을 가르치는' 모든 일상생활은 '실없는 장난'에 불과하며 '사람들이 거기에 매달려서 낑낑댄다는 것이 우습게 생각'될 정도였던 것이다. 그러니 현실 같지 않은 무진에서는 무의식이라고 해도 좋을 만큼의 어떠한 생각들이 '나'의 의지와 상관없이 쏟아져 나오는 것이다. 언어가 '사물의 살해자'가 되고부터 우리는 무의식에서만 주체의 진정한 속성을 발견할 수 있게 되었다. 그러므로 무의식이 쏟아져 나오는 무진은 '나'에게 진정한 주체를 발견할 수 있는 장소가 된다. 무진으로의 여행은 단순한 고향 방문기가 아니라, 진정한 나를 찾아나서는 여행이었던 것이다.

무진에서 그는 몇몇 사람을 만난다. 중학교 몇 해 후배인 박(朴)과 동기인 조(趙), 하(河) 선생이 그들이다. 모교에서 교편을 잡고 있는 박은 같은 학교에서 음악선생으로 일하고 있는 하 선생에게 마음을 두고 종종 연애편지를 보내나 사실 그 편지는 하 선생을 통해 조에게 보여 지고 있다. 이들의 관계란 말하자면 애정의 삼각관계인 셈이다. 그런데 박은 교직자격증 가지고는 사범대 출신을 당해낼 수 없다는 등 일에 대한 자긍심이 없으며 하 선생은 혼자 무진에 살면서 서울로 돌아가기만을 원한다. 한편 세무서장이 된 조는 어린 시절 '나'에게 열등감을 느꼈으나 이제는 자신의 직업이 자랑스러워서 어쩔 줄 모르는 사람이 되어버렸다.

이들은 각자의 환상이 있으며 그 환상을 깨뜨리지 않기 위해 노력한다. 박은 하 선생이 조를 비롯한 속물들 틈에 앉아 클래식에나 어울릴 듯한 목소리로 유행가를 부르고 있는 것을 딱하게 여긴다. 그러나 정작 하 선생은 조와 어울리는 것이 심심하기 때문이라며 '나'에게서 서울의 냄새가 난다는 이유로 오래 전부터 알던 사람처럼 느껴진다고 말한다. 그리고 조는 너무나 세속적으로 변하여 너도 속물이 아니냐는 식으로 '나' 또한 자신과 동류의 사람으로 몰아간다. 조는 이렇게 말하고 있는 듯하다. 너도 나와 같은 환상 속에 있지 않느냐고 말이다. 그러한 조를 보며 '나'는 그야말로 무진에 어울리는 사람이라고 느낀다. 그리고 그것은 하 선생 또한 마찬가지이다.

'나'는 무진에서 세 명의 광녀를 만난다. 무진으로 내려오던 날 이른 아침 광주에서 기차를 내려서 역 구내를 빠져나올 때 보았던 미친 여자의 비명소리는 '나'를 과거 무진의 골방으로 대려다놓기에 충분했으며 어머니의 산소를 보고 돌아오는 길에 발견한 읍내 술집 여자의 자살은 '나'의 정욕을 끓어오르게 한다. 그리고 무자비한 청승맞음과 절규, 광녀의 냉소가 스며있는 노래를 부르는 하인숙은 무진 그 자체이다. 그녀의 노래에서 '나'는 시체가 썩어가는 듯한 무진의 냄새를 맡는다. 그녀는 말로써 무진을 벗어나고 싶다고 말하고 있으나 정작 무의식의 차원에서는 무진을 벗어나고 싶지 않다고 말하고 있다. 자기 자신이 싫어지는 것을 경험한 적이 있냐는 그녀의 질문은 무진을 벗어나려고 하는 자기 자신이 싫어진다는 말과 같은 의미로 사용되고 있기 때문이다. 우리가 그녀의 질문을 무진과 연관시킬 수밖에 없는 것은 무진을 반드시 벗어나겠다는 것이 환상으로 작용하는 그녀야말로 옛날의 '나' 자신이기 때문이다.

의식의 수준에서 그는 '빽이 좋고 돈 많은 과부를 만난 것을, 반드시 바랐던 것은 아니지만 결과적으로 잘되었다고' 말하고 있다. 그에게 환상이란 가령 의도하지는 않았으나 결과적으로 잘되었으니 조와 '나'는 동류가 아니라는 것 혹은 장인의 모습을 떠올리며 묘 속으로 들어가고 싶은 수치심을 느끼는 '나' 안의 또 다른 나의 모습 같은 것들이다. 그러므로 그의 환상은 철저히 자기중심적이며 '병리적'이기에 이는 「생명연습」 속 형의 '자기 세계'라기 보다는 한 교수와 영수 같은 위악적 '자기 세계'에 가깝다.

그러나 무진은 무의식의 공간이기에 그는 이곳에서만큼은 의식과 무의식 사이를 넘나들면서 진정한 주체의 모습을 나타낸다. 그녀에게 사랑한다고 말하고 싶어 하는 '나'의 행동은 이러한 차원에서 이해될 수 있는 것이다. 그러나 그의 고백은 국어의 어색함 때문에, 자신이 전하고 싶은 말을 혹은 자신의 욕망을 모두 드러낼 수 없을지도 모른다는 불안함 때문에 하지 못하고 만다.

그리고 서울로 돌아오라는 아내의 전보 앞에서 '나'는 자신의 행동이 흔히 여행자에게 주어지는 자유 때문만은 아니라고 부정한다. 전보가 아무리 모든 것이 세월에 잊힐 수 있다고 말한다 해도 상처가 남기에 '나'는 고개를 젓는다. 그러나 그것은 허세일 뿐 결국 그는 이전에 무진을 떠나왔을 때처럼 또다시 환상과 타협한다. 무진 그 자체였던 하인숙으로 인해 환상을 가로지르고 그것과 거리를 둘 수 있는 기회가 생겼음에도 불구하고 변화를 받아들이지 못하는 그는 주인과 노예의 인정투쟁에서 결국 주체성을 가지지 못한 주인의 자리에 위치한다.

> 우리는 오랫동안 다투었다. 그래서 전보와 나는 타협안을 만들었다. 한 번만, 마지막으로 한 번만 이 무진을, 안개를, 외롭게 미쳐가는 것을, 유행가를, 술집 여자의 자살을, 배반을, 무책임을 긍정하기로 하자. 마지막으로 한 번만이다. 꼭 한 번만, 그리고 나는 내게 주어진 한정된 책임 속에서만 살기로 약속한다. 전보여, 새끼손가락을 내밀어라, 나는 거기에 내 새끼손가락을 걸어서 약속한다. 우리는 약속했다. (193면)

그가 전보와 타협안을 만든 것은 무진에서만이 '진정한 욕망을 가질 수 있었던' 자신을 위해서가 아니다. 그저 부인에게 떠밀리듯 무진으로 왔던 것처럼 무진에게 모든 원인을 돌리기 위해서다. 무진은 원래 외롭게 미쳐가는 곳이며 여자들이 자살을 하는 곳이니, 자신이 배반을 하여 무책임해 질지라도 수긍할 수밖에 없기 때문이다.

그러므로 마지막 한 번의 약속이란, 마지막으로 한 번만 더 책임전가를 하겠다는 의미이다. '나'는 돌아서서 전보의 눈을 피하여 편지를 쓴다. 하인숙에게, 무진에게 전하는 미안함의 편지이다. 그러나 그는 편지를 보내는 대신 다시 한 번 읽어보고 그것을 찢어버린다. 그가 편지를 보내지 못하고 무진을 떠나오며 심한 부끄러움을 느낄 수밖에 없었던 것은 윤리적 주체가 되지 못한 자신에 대한 부끄러움이다.

7. 결론

우리는 이제까지 김승옥의 소설 속 인물들을 통해 정신분석학에서 말하는 윤리적 주체란 무엇인지 살펴보았다. 등단작인 「생명연습」은 '자기 세계'가 어떻게 윤리적인지를 보여주었다. 이후 「건」에서 어린 '나'는 아버지의 이름이라는 기표를 받아들이면서 대타자의 욕망을 욕망하는 주체로 태어나게 된다. 이렇게 태어난 주체는 「그와 나」에 이르러 사실은 상징적 체계가 결여되어 있고 그동안의 자신이 진정한 주체가 아님을 알게 된다. 「서울 1964년 겨울」에 이르러 주체는 자신이 소외되어 있음을 감지하고 그 동안 자신이 소외되어 있다는 사실을 감추었던 것이 환상이라는 것을 깨닫는다. 이제 주체는 환상 가로지르기를 통해 환상과 거리를 두어 주체의 '순수 욕망'을 찾아야 하는데 「무진기행」에 이르러 주체는 무진이라는 공간에서 자신의 진정한 욕망을 찾아 윤리적 주체가 될 수 있는 기회를 가졌음에도 불구하고 상징적 체계에 순응함으로써 주체의 재인식 과정은 실패로 끝나고 만다.

그러나 주체의 재인식이 실패로 끝났음에도 불구하고 우리가 여기에서 어떠한 가치를 찾을 수 있는 것은 김승옥의 소설이 1960년대와 무관하지 않기 때문일 것이다. 그의 소설 속 인물들의 성장과정은 1960년대와 그 코드를 같이 하기에, 인물들의 행동이 어째서 실패로 돌아가는지에 대한 해답은 1960년대를 통해서만 얻을 수 있다.

사회적으로 6·25와 4·19, 5·16을 겪어내며 경제적으로 자본주의와 공업국가로의 진입을 급속도로 이루고 있었던 1960년대는 문화적으로도 복잡다단한 시대였다. 6·25를 배경으로 하는 「건」과 4·19를 배경으로 하는 「그와 나」. 자본주의 시대에 도시 문명을 배경으로 하는 「서울 1964년 겨울」과 「무진기행」. 모든 것을 아우르는 「생명연습」도 그것은 마찬가지였을 것이다. 그러므로 거대한 이데올로기와 대타자의 발언만이 인정받던 전후 문학의 시대에서 타자가 아닌 개인의 목소리에 귀를 기울이는 것만으로도 그것은 의미 있는 일이라 할 수 있을 것이다. 1960년대를 살아가는 주체의 재인식 과정은 누군가 도전해야만 할, 그러나 4·19라는 개화의 기폭제가 없으면 도저히 불가능한 일이었기 때문이다. 그리고 이는 1970년대 이르러 통속소설과 노동소설 혹은 그 어떤 리얼리즘 소설에 있어서든지 무조건적인 상징계 질서를 거부하는 주체적 인물을 만들어 내어, 새로운 인간형을 만들어 내는 시조가 된다.

그러므로 김승옥 소설의 인물은 진정한 욕망을 찾지 못하고 현실에 안주하고 말았으나 적어도 그것을 읽는 우리들은 그 실패를 통해 진정한 주체란 무엇인가, 정신분석학에 따른 윤리적 인간이 무엇인가에 대한 질문을 끊임없이 던질 수 있을 것이다. 정신분석학은 변증법적인 방법을 통해 주체의 재인식을 목표로 하기에 이러한 질문을 통해 새로운 주체, 욕망하는 주체로 다시 태어날 수 있다면 그것만으로도 김승옥의 소설이 1960년대의 소설사에서 지니는 가치는 충분할 것이다.

‖ 참고문헌

기본자료
김승옥, 『김승옥소설전집 1』, 문학동네, 2008.

단행본
김상환, 홍준기 편, 『라깡의 재탄생』, 창비, 2002.
김석, 『에크리—라깡으로 이끄는 마법의 문자들』, 살림, 2007.
김현, 『현대 한국문학의 이론/사회와 윤리』, 문학과 지성사, 1992.
서연주, 『김승옥과 욕망의 서사학』, 청동거울, 2007.
유종호 『비순수의 선언』, 민음사, 1995.
Elizabeth Wright, 『정신분석비평』, 권택영 역, 문예출판사, 1997.
Immanuel Kant, 『윤리형이상학 정초』, 백종현 역, 아카넷, 2005.
Jacques Lacan, 『자크 라캉 세미나 11』, 맹정현·이수련 역, 새물결, 2008.
Joel Dor, 『라깡 세미나·에크리 독해 Ⅰ』, 홍준기·강응섭 역, 아난케, 2009.
Slavoj Žižek, 『이데올로기라는 숭고한 대상』, 이수련 역, 인간사랑, 2003.
Yannis Stavrakakis, 『라캉과 정치』, 이병주 역, 은행나무, 2006.

평론 및 논문
김형중, 「김승옥 중·단편 소설 연구」, 『한국문학이론과 비평』, 제6집, 1999.
민족문학사 연구소 현대문학분과, 『1960년대 문학연구』, 깊은샘, 1998.
정과리, 「유혹 그리고 공포—김승옥론」, 『문학, 존재의 변증법』, 문학과지성사, 1988.
서기원, 「문학 씸포지움—우리 문학의 과거와 현재」, 『사상계』, 1965. 2월, 통권 143호.
신형철, 「여성을 여행하(지 않)는 문학 : 무진기행의 정신분석적 읽기」, 『한국근대문학
        연구』, 제10집, 2004.
윤병로, 「새 세대의 충격과 1960년대 소설」, 『한국현대문학사』, 현대문학, 2005.
정진만, 「윤리와 충동 : 칸트와 사드에 관한 라깡의 논의를 중심으로」, 『라깡과 현대 정
        신분석』 제4권 제1호, 2002. 12.

제 3 부 고전문학

전복과 광기의 매혹적인 글쓰기, 시마(詩魔)*

김 풍 기

1. '마(魔)'에 대한 단상들

알 수 없는 존재의 움직임을 감지하는 순간, 우리는 때때로 기분 나쁜 섬
뜩함을 느낀다. 귀신이라고 부르든 다른 무엇으로 부르든, 우리의 삶과는
다른 세계에 존재하는 어떤 것들을 느낄 때가 있다. 비가 부슬부슬 내리거
나(장대비가 내리면 안 된다!) 먹장구름이 낮게 깔리는 저녁 무렵이면, 혹은 초
승달이 슬며시 고개를 내민 호젓한 산길을 갈 때면(보름달은 너무 밝다!) 으레
등 뒤에서 누군가의 손길을 느끼곤 한다. 그럴 때의 섬뜩함이란 참으로 해
명하기 어려운 무엇이 있다.

우리 삶에서 배제되는 모든 것들은 '마(魔)'의 이름으로 저주 받는다.1) 그
들은 '상식'의 세계에 발을 붙이지 못하고 어두운 골목길을 헤매거나 우리

---

* 이 글은 졸저, 『시마, 저주받은 시인들의 벗』(이침이슬, 2002)의 자료를 이용하여 서술하였다.
1) 동아시아적 사유에서 저주의 개념이 있을지 의문이기는 하지만, 어쨌든 마(魔)의 이름으로 배
  척하기는 한다.

인식의 심연을 지향 없이 돌아다닌다.

그러나 찬찬히 살펴보면, 그들은 대단한 운동 에너지를 가진 존재들이다. 근엄한 표정과 정태적 삶의 패턴에 묶여서 세계 체제를 형성하는 예법의 질서는 따분하고 지루하다. 물론 그들 사이에 그 나름의 긴장과 흥미가 있다고는 하지만, 그들이 억누르고 있는 이면의 활발함에 비할 바가 아니다. 이들은 때때로 마(魔)에서 선(仙)의 경계로 추앙되기도 한다.

> 나를 알아주는 사람은 나를 시선(詩仙)이라고 생각하고, 나를 모르는 사람들은 시마(詩魔)라고 여깁니다. 무엇 때문이겠습니까? 마음을 수고롭게 하고 소리와 기운을 부리며 아침 저녁으로 연이어 지으면서도 그 괴로움을 알지 못하니, '마(魔)'가 아니면 무엇이겠습니까? 우연히 사람들과 아름다운 경치를 만나서, 꽃이 피었을 때 잔치가 끝나거나 달밤에 술이 얼큰하여 한 번 노래하고 한 번 읊조리면서 늙어가는 줄을 알지 못합니다. 비록 난새와 학을 타고 봉래·영주에서 노니는 경우라 해도 이보다는 더할 것이 없으리니, 또한 신선이 아니면 무엇이겠습니까?
>
> (백낙천, 원구에게 보내는 편지)

시 짓기의 괴로움이라는 점에서 보면 그것은 '마(魔)'이지만, 시 짓기의 즐거움에서 보자면 그것은 '선(仙)'이다.

그러나 시마는 시귀(詩鬼)와는 다른 차원의 존재이다. 시귀 역시 자주 언급되는 존재이기는 하지만, 그것은 시인 자신의 개인적인 차원이 사상된다는 점에서 시마와는 근본적으로 다르다. 시를 전혀 모르는 사람이 어느 날 시를 잘 짓게 되었는데, 그것은 시귀에 씌어서 그렇다는 것이 시귀 설화의 일반적인 유형이다. 그렇지 않다면 아예 귀신을 등장시켜 시를 짓도록 하는 유형이 시귀 설화의 유형이다. 그렇다면 이것은 마치 무당이 귀신에 씌워져서 공수를 하는 것과 같은 구조를 가지게 된다. 자신에게 붙었던 귀신이 몸에서 떠나면 아무 것도 기억하지 못하는 무당처럼, 자신에게 붙었던 시귀가 떠나면 다시 아무 것도 모르는 사람으로 변한다는 점에서도 동일하다. 물론 시귀가 시마와 전혀 관계가 없다는 것은 아니다. 초보적인 수준에서 시귀는 시마의 맹아를 보여준다.

시마(詩魔)의 차원과 비슷하기로는 오히려 시참(詩讖) 설화를 비교하는 것이 효과적이다. 자신이 지은 시가 개인이나 국가의 운명을 예견하는 것이었다면, 그것은 시참 설화의 유형에 속한다. 시를 지은 작자는 시를 우연히 지었겠지만, 나중에 알고 보니 앞날을 예언하는 내용이었다는 식의 이야기에서, 우리는 언어의 주술성이 어떻게 극대화되어 나타나는지 볼 수 있다.

시화(詩話)나 야담류(野談類)에서 우리는 시귀, 시참, 시마에 관한 설화를 종종 발견한다. 그만큼 중세에 있어서 시는 지식인들의 주 관심사였고, 그만큼 많은 일화를 만들었다. 그러나 이들에 대한 본격적인 논의를 펼친 사람은 극히 드물어서, 현재 발견된 사람은 이규보(李奎報, 1168~1241)와 최연(崔演, 1503~1549) 정도에 불과하다. 이 글에서는 이들의 시마론(詩魔論)을 중심으로 시마의 개념을 살펴보기로 한다.

2. 순박함에서 꾸밈으로 : 저주받은 영감(靈感)

이규보나 최연의 논의는 서로 겹치는 부분이 많다. 두 사람은 모두 시마가 사람에게 들어와 어떤 해악을 끼치는지 열거한 뒤, 자신의 몸에서 떠나 달라고 요구한다. 표면적으로는 시마를 배척하지만 사실은 시마에 걸렸다고 자처할 정도로 자신의 시 창작 능력에 대한 자부심을 드러내자는 것이 그 이면에 담긴 뜻이다. 이들의 글은 자신만의 독창적인 생각을 담은 것이라기보다는 시마에 대한 전통적인 생각을 중심으로 정리한 듯한 혐의가 다분하다.[2] 이들의 글에서 시마의 첫 번째 죄상으로 드는 것은 바로 인간의 순박한 본성을 아로새기고 꾸미게 함으로써 태고 시절의 순박함을 잃게 했다는 점이다. 어떤 구멍도 없는 순박한 본성의 틈새를 비집고 들어와서 그들에게 귀와 눈 같은 구멍을 뚫어놓는 행위에서 시마의 죄상이 시작되었다고 했다(이 부분은 『장자』의 혼돈(混沌) 고사를 이용하여 표현한 것이다).

순박함(樸)과 꾸밈(華)은 세계와 접촉하기 이전의 인간 본성과 접촉한 이후의 심성을 의미한다. 이것은 야(野)와 사(史),[3] 야만과 문명, 자연과 인간 등의 양분법을 연상시킨다. 이들이 서로 소통불가능한 두 차원은 아니지만, 이규보나 최연의 논의 속에서는 전자에서 후자로 나아가는 것이 삶의 중요한 형식이라는 점을 전제로 한다. 그렇다면 어느 쪽에 무게중심을 두는가, 하는 점이 자연히 초점으로 부상한다.

순박함인가, 꾸밈인가. 단순하게 정리해 보자. 순박함에 초점을 맞출 경우 우리는 모든 것을 일반화시키면서 자신의 삶에 대해 소극적이고 정태적인 태도를 취하게 된다. 이것이 조선 시대 성리학자들의 중요한 학문적 근거였다. 반면 꾸밈에 초점을 맞출 경우 개별적인 것들의 살아 움직임에 무게중심을 둠으로써 우주에 대해 적극적이고 동태적인 태도를 취한다. 단순히 대비할 수는 없지만, 이렇게 두 개의 경향을 중심으로 이야기할 때 시마론은 후자의 입장에 서서 세계를 바라보고 시의 창작을 설명하는 방식이다. 그것은 소극적이고 정태적인 것을 적극적이고 동태적인 것으로 만드는 힘을 가졌다고 해야 옳다. 사물의 신비를 탐구하는 시인으로서의 자세를 강조한다는 것은, '혼돈의 상태이면서 넓고 아득하며 깊고 깊어 알기 어려운'(이규보) 세계 혹은 우주의 신비를 탐구함으로써 이들이 인간의 삶이나 세계의 구체적인 사물로 표현되도록 애쓰는 행위이다. 시마에 걸린 시인은 어슴푸

---

2) 그렇지만 두 사람의 논의는 중요한 지점에서 차이를 드러낸다. 예컨대 이규보는 시마에게 항복하지만 최연은 시마를 빨리 물러나라고 호통을 치는 것으로 마무리한다. 이것은 일견 사소한 수사적 차이로 보이는 부분이지만, 두 사람이 처했던 시대의 문학적 관념을 상징적으로 드러내는 것이다. 이규보의 고려 시대보다는 최연의 조선 시대가 상대적으로 문학의 도덕적 측면을 강조하기 때문에 시마를 더욱 부정적으로 인식했다는 점을 반영하는 것일 수도 있다.

3) 質勝文則野, 文勝質則史. 文質彬彬, 然後君子. (『論語』 <雍也>)

레하고 불분명한 것들을 분명하고 고요하고 이름붙이기 어려운 것들을 명명하고 지시하고 질서 지우는 존재이다. 새로운 질서를 만들어 나가는 사람들, 이들의 이면에 시마라고 하는 알 수 없는 힘이 자리해 있다.

숨겨져 있는 신비, 인간에게 알려지지 않은 비밀을 알리는 행위는 일종의 기밀누설죄에 해당한다. 여기서 우리는 시마론이 제기하는 또 다른 문제, 천(天)의 존재와 마주하게 된다.

조선 후기에 혜성처럼 등장해서 하나의 유행이 되었던 천기론(天機論)과는 어떤 차이와 공통점을 가지는 것일까. 천기론의 구도는 이렇다 : "시는 천기의 발현이다. 따라서 하늘로부터 부여 받은 천기를 보존해야 좋은 시를 쓸 수 있다." 여기서 천기는 천지자연의 이치를 말하는 것일 터이다. 그렇다면 천기론의 중요한 논점은 천지운행의 오묘한 이치가 나의 본성 속에 그대로 체현되어 있고(인간은 소우주라는 명제를 생각해 보라!), 이들의 합일을 경험함으로써 천인합일의 경지에 이를 수 있다. 내부에 있는 천기는 외부의 객관 사물/세계와 접촉할 때 흘러나오는 것이고, 이것이 시 창작의 계기로 작용한다.

시마론은 어떤가. 천기는 우주의 신비 그 자체를 논리화한 것이라면 시마는 거기에서 한 걸음 물러나 있는 존재이다. 시인과 우주의 신비 사이에 시마가 위치해 있다. 더 단순하게 표현하면, 시인과 천기는 하나이지만, 시인과 시마는 하나가 아니다. 이규보 식으로 말하자면 인간이 태어날 때 옥황상제의 명령으로 따라 붙는 존재이다. 그러면 시인과 시마가 다르고, 이들과 천지자연의 이치 또한 다른 셈이다. 결국 천기론의 경우 시인은 창조하는 존재이지만 시마론의 경우 시인은 모방자이거나 발견자이다. 즉 '시인 자신이 우주의 신비'라는 관점이 천기론이라면, '우주의 신비가 먼저 존재(?)하고 시인의 발견 혹은 모방이 뒤따르는 것'이 시마론의 구도가 아닌가 하는 점이다.

그렇다면 시마는 시인과 우주의 신비 사이를 매개하는 단순한 존재에 불과한 것인가. 어차피 태어날 때부터 따라다녔다면, 그것도 옥황상제의 명령으로 따라다녔다면 이것은 그의 심성을 구성하는 중요한 부분이다. 그것은 당연히 본성을 의미하지는 않는다. 시마는 순박한 본성을 흩어놓는 존재다. 그에 비해 천기는 자신의 본성에 체현됨으로써 본성 그 자체를 의미하는 경우가 많지만, 시마의 경우 그런 논점은 성립되지 않는다. 이 지점에서 두 개념은 차별된다.

그러나 천기론의 주요 논점이 천기를 드러내는 것들은 천편일률적이지 않다는(역으로 말하면, 하나도 같은 것이 없는 온갖 사물들 속에 천기가 체현되어 있다는), 차이가 있는 것만이 영원히 반복된다는 점에 두어질 때, 시마론과 같은 출발점을 가진다. 시마론 역시 세상의 모든 사물들을 하나의 형식이나 개념으로 통일 시키자는 것이 아니라 그들의 차이를 인정하면서 각각의 개성과 아름다움을 표현하자는 것이기 때문이다. 게다가 소수자의 문학을 중시한다는 점에서 이들은 입장을 같이 한다.

시마는 이렇게 시인에게 붙어서 시를 쓰지 않으면 안되게 하는 마력을 발휘한다. 괴로움에 치를 떨면서도 시인은 시를 쓴다. 그렇게 하는 힘이 시마이다. 이런 점에서 보자면 시마는 일종의 충동-욕망이면서 직관이기도 하면서 일종의 영감(靈感)이기도 하다. 영감이긴 하되, 신으로부터 받은 신성한 영감이 아니라 악마로부터 받은 저주 받은 영감이다.4) 자신도 제어하지 못

---

4) 이런 글이 혹시 비교가 될지도 모르겠다. : 고대 그리스 로마 시대에 있어서는 근대적인 의미의 〈천재〉의 개념이 존재하지 않았을 뿐더러 당시의 시인이나 예술가에게서 〈천재적인〉 면모라는 것도 찾아볼 수가 없었다. 그들의 예술에는 비합리적인 요소나 영감 같은 것보다도 합리적이고 장인적인 요소가 우세했다. 물론 〈열광(熱狂)〉에 관한 플라톤의 생각에 따르면, 문학 작품의 모태는 시인의 기술적 능력이 아니고 신으로부터 주어진 영감이 되는데, 플라톤의 이러한 학설은 결코 시인을 무슨 신적인 존재로 승화시키려는 것이 아니라 오히려 시인과 그 작품 사이의 간격을 강조하고 시인 자신은 신이 그 목적의 실현을 위해 사용하는 단순한 도구에 지나지 않는다고 보는 것이다. (아놀드 하우저, 백낙청 역, 『문학과 예술의 사회사(고대·중세편)』, 창작과 비평사, 1976, 114면.)
그렇다고 시마론이 신을 상정한다는 것은 아니다. 주의할 것은, 인간을 하나의 도구적 차원으로 다루는 것이 시마의 목적은 아니라는 점이다. 만약 시마론이 진리 혹은 그에 상응하는 무엇인가를 전제로 하는 것이라면 당연히 그것을 표현하기 위한 도구로서 시마와 시인을 이야기하겠지만, 어차피 이규보나 최연의 시마론에서 진리란 하나의 상대적이고 혼돈스러운 무엇으로 대치되어 있으므로 단순히 도구라고 보기에는 어려움이 있다.

하는 알 수 없는 내부로부터의 힘이 있기에, 깊은 내면을 살펴보니 그 속에 시마란 놈이 자리하고 있더라는 것이다. 이렇게 보면 시마는 억제할 수 없는 창작욕을 폼나는 단어로 쓴 게 아닌가.

3. 시마의 왕성한 표현욕, 성인군자를 자극하다

근엄한 성인군자든 천하의 잡놈이든, 삶이란 표현의 차원에서 논의된다. 자신의 본성 혹은 심성을 어떻게 표현하는가 하는 문제는 이들을 갈라놓는 분기점이다. 고요하고 순박한 본성도 표현되기 마련이고, 동탕하는 마음도 표현되기 마련이다. 요는 이들이 어떻게, 무엇을 표현하는가 하는 것이다.

이규보는 이렇게 말한다 : "구름과 노을의 피어오름, 달과 이슬의 순수함, 벌레와 물고기의 신기함, 새와 짐승의 이상함, 그리고 새싹이 움트는 것이나 꽃받침이 펼쳐짐, 풀과 나무, 꽃 등 온갖 태도와 모습으로 하늘과 땅을 번화하게 하고 아름답게 하는 것을, 너는 아무 부끄러움 없이 취하여 열 개 중에 하나도 버리지 않고 보는 대로 읊어내어 잡다하게 떼지어 모이는데도, 널려있는 것을 모으고 무엇이든 다하는 법이 없으니, 너의 검소하지 못함을 하늘도 꺼린다."(이규보, 시마를 몰아내는 글(驅詩魔文), 『동국이상국집(東國李相國集)』)

시마의 욕심은 끝이 없어 그 사치스러움은 짐작하기조차 어렵다. 무엇이든 닥치는 대로 읊어대는 모습에서 성인군자는 탄식을 금치 못한다. 그러는 와중에 인간의 도심(道心)은 고요함을 벗어나 인심(人心)의 위태로움으로 간다. 자신도 부인할 수 없는 이 현실을 어떻게 돌이킬 수 있을 것인가. 그것은 오직 절제의 미덕에 있는 것이 아니겠는가. 하고 싶은 대로 하는 것이 아니라 내가 마주한 현실이 도의 척도에 얼마나 다가가 있는가 하는 점을 수시로 점검해야 한다는 것이 성인군자의 지론이다. 예를 들어보자.

雲鎖靑山半吐含	구름 덮인 청산 반나마 드러났는데
驀然飛雨灑西南	갑작스런 소낙비 서남쪽에 흩뿌린다.
何時最見催詩意	시 재촉하는 마음, 어느 때 가장 드러나는가.
荷上明珠走兩三[5]	연잎 위에 맑은 구슬 두세 개 굴러갈 때.

조선의 유학자 율곡 이이의 시이다. 제목도 시를 재촉하는 비라고 붙였다. 사물과 마주친 성정이 시로 표현되는 접점을 대상으로 하여 지은 시라는 것을 밝혔다. 반쯤 구름에 덮인 푸른 산, 저편으로 갑작스럽게 흩뿌리는 소낙비(아직 내가 있는 곳까지는 본격적인 소낙비가 도착하지 않은 때라는 점을 염두에 두자!), 소낙비가 내리기 직전 후둑이는 몇 개의 빗방울이 연잎 위를 옥구슬처럼 구르는 바로 그 순간, 세계는 시 속으로 들어와 앉는다. 그렇다면 이것 역시 해명할 수 없는 창작의 순간 혹은 영감이 발동하는 순간을 읊었다고 할 수 있는데, 이것이 시마의 경우와 어떻게 다르다는 것인가.[6]

위의 시만 놓고 본다면 율곡이 말하는 영감(이것을 홍(興)/시홍(詩興)이라고 해도 좋다) 발동의 순간은 지극히 개인적이며 직관적이다. 그러나 율곡은 그 직관적인 순간조차도 수신(修身)을 통한 준비가 전제되어야 하는 구도를 강조한다. 그의 글 중에 <최립지에게 주는 글(贈崔立之書)>이 있다. 이 글은 조선 시대 사대부의 문학론을 논리적으로 살필 수 있는 글 중의 하나이다. 이 글의 요지는 다음과 같다 : "수많은 소리가 있는데, 각각의 소리들은 모두 그 소리가 나도록 만드는 무엇인가가 있다. 그런데 사람에게 소리가 나도록 하는 것은 기(氣)이다. 사물을 크게 치면 크게 울리고 작게 치면 작게 울리듯이, 사람의 기도 잘 기르면 기를수록 좋은 소리가 난다. 기는 소리로 발

---

5) 이이李珥, '시를 재촉하는 비(催詩雨)', 『栗谷全書』 卷1, 성균관대 대동문화연구원 영인, 1986년(4판), 15면.

6) 사실 이런 질문을 던질 때처럼 난감한 경우는 없다. 시는 때때로 주변의 정보와 관련하여 해석될 때 풍부하게 읽히는 경우가 있다. 더욱이 '그의 시를 노래하고 그의 글을 읽었는데도 그 사람을 모른다고 한다면 되겠느냐'(頌其詩, 讀其書, 不知其人, 可乎? :『孟子』)는 투의 논법이 널리 수용되던 근대 이전의 경우는 훨씬 다양한 정보를 가지고 읽어야 한다.

현되는데, 이것은 '쓸모있는 소리(有用之聲) → 아름다운 소리(美聲) → 내용이 있는 소리(實聲) → 잘 울린 소리(善鳴)'의 지향을 보여야 한다."

그렇다면 율곡이 시에서 말하는 영감 발동의 순간은 수신(修身)을 통한 기의 확충을 사전에 전제해야만 한다. 그 바탕이 전제되지 않으면 매 순간마다 쓸모없는 소리(無用之聲), 추악한 소리(惡聲), 내용이 없는 소리(虛聲), 잘 울리지 못한 소리(不善鳴) 등으로 빠질 위험성을 항상 내포하게 된다. 직관이 발동하는 순간조차 도덕적 수양론을 염두에 두는 자세, 이곳이 바로 시마와 시의(詩意)의 분기점이다.

이처럼 물아(物我)가 마주치는 매 순간이 수양론적 전제에 의해 걸러진다면 자연히 시의 소재나 내용도 차이가 나기 마련이다. 노을, 꽃, 돌, 나무, 풀, 해오라기, 심지어 옷 속에서 살아가는 이나 벼룩과 같은 것들까지도 시의 소재로 삼아 세계에 대한 질문을 던졌던 이규보와 비교한다면 실제로는 큰 편폭을 보인다. 이규보보다 사유의 폭이 적었던 최연도 붓을 의인화한 작품을 멋지게 썼었다는 사실을 염두에 둔다면 시마에 관심을 둔 사람들이 소재나 내용 선택에 있어서 상대적으로 자유로운 입장을 가지고 있었다고 하겠다. 시마론을 전개한 글 자체도 이미 희문적(戲文的) 지향을 확연히 보여준다!

시마에 빠져 저주 받은 시인은 이제 어디에도 거리끼지 않고 자유롭게 자신의 필봉을 휘두른다. 이들은 주로 모범적인 인간형을 자주 공격하는데, 이 때문에 세상에서는 배제되는 존재가 된다. 이규보가 시마를 쫓아내면서 거론한 그의 죄 중에는 이런 것도 있다 : "적을 만나면 즉시 공격할 것이지 어찌 돌 쏘는 대포를 준비하고 어찌 보루를 쌓는가? 어떤 사람을 좋아하면 곤룡포가 아니더라도 아름답게 꾸며주고 어떤 사람에게 화가 나면 칼날이 아닌데도 찌른다. 무슨 도끼를 잡고 있기에 정벌함이 이리도 방자하며, 무슨 권력을 잡고 있기에 상벌을 이토록 멋대로 하는가? 너는 높은 사람도 아니면서 나라의 일을 논의하고, 너는 광대도 아니면서 온갖 것들을 조롱한다. 시시덕거리면서 과장하거나, 곧기가 남다르니 어느 누가 너를 시기하지 않겠으며, 어느 누가 너를 미워하지 않겠는가?"(이규보, <시마를 몰아내는 글>)

권력을 가진 인간들을 비난하고, 세상일에 대해 상벌을 자유롭게 구사하며, 고관대작의 관심사에서 광대패들의 행위에 이르기까지 시인이 미치지 ('급(及)'이든 '광(狂)'이든 간에!) 않는 곳은 없다. 그런데 시시덕거리며 조롱하거나 사태를 과장함으로써 그가 궁극적으로 도달하는 지점은 바로 '곧음(挺挺)'이다. 시마는 세상의 곧지 못한 모든 것들에 대한 풍자와 뒤집음을 기획하고 실행하는 원천적인 힘이다. 그는 세상의 모범적인 행위와는 거리가 멀며, 질서와 조화로 가득한 세상을 흩어버림으로써 곧음에 도달하려 한다. 질서와 조화의 이름으로 진정 아름다운 것들이 추하고 불선(不善)한 것으로 배제되는 것을 통렬하게 비판한다.

그러니 자연히 그의 삶도 세상의 척도로는 잴 수 없게 된다. 이규보와 최연은 시마 때문에 현실에서 환영 받지 못하는 인물형을 이렇게 말한다.

네가 사람에게 붙으면 역병에 걸린 듯해져서, 몸은 더럽고 머리는 헝클어지며 수염은 빠지고 형체는 비쩍 마르게 된다. 사람의 소리를 괴롭게 하고 사람의 이마를 찌푸리게 하며, 사람의 정신을 소모시키고 사람의 가슴 속을 깎아내니 근심의 매개체이며 화평함의 적이다 …… 네가 온 뒤로는 모든 것이 어렵게 되었다. 멍하니 잊은 듯하고 멍청하여 바보가 된 듯하며, 벙어리인 듯 귀머거리인 듯, 형체는 꼼짝도 않고 자취는 잡아맨 듯하니, 배부름이나 목마름이 몸에 닥친 것도 모르고 추위와 더위가 살갗을 핍박하는 것도 깨닫지 못한다. 계집종이 게을러도 꾸짖지 않고 남자종이 어리석어도 대책을 세우지 않는다. 동산이 우거져도 풀을 베지 않고 집이 쓰러져도 받치지를 않는다. 가난 귀신이 온 것도 네가 부른 것이다. 귀인에게 오만하게 대하고 부자를 능멸하여 방자하고도 게으르며, 큰소리를 치면서 불손하게 하고 얼굴은 억지로 아첨하지 않으며 여색에 있어서는 쉽게 미혹하고 술을 마시게 되면 더욱 거치니, 이것은 사실 네가 시켜서 그런 것이지 어찌 내 본심이겠느냐?

(이규보, 시마를 몰아내는 글)

네가 오고부터는 취한 듯 바보가 된 듯, 처참하게 끙끙거리는 병든 사내가 되었으니, 이제는 너를 떠나서 죽을 때까지 잘 노닐련다. 그런데 너를 저 언덕에 버리면 너는 나를 따라 함께 노닐고, 너를 바다 속에 버리면 너는 다시 나를 찾아오는구나. 어떤 사물을 만나고 보더라도 대부분을 취하여 표현하느라 끝이 없다. 나의 총명을 빼앗고 나의 눈과 귀를 어지럽히네. 머리가 헝클어져도 빗질하지 않고 마음이 더러워져도 다스리지 않는다. 너 때문에 생긴 나의 게으름은 사람들의 의론을 불러일으키고, 교만과 오만은 잘못을 저지르게 한다. 칭찬하는 것은 남보다 나중에 하고 책망하는 것은 남보다 먼저하며, 나를 굶주리게 하고 나를 추위에 떨게 하니, 이 또한 모두 네가 그렇게 만든 결과다.

(최연, <시마를 쫓아내는 글(逐詩魔)>, 『간재집(艮齋集)』)

이규보든 최연이든 시마에 걸린 사람의 모습을 묘사한 것은 거의 비슷하다. 그들은 일상생활을 '정상적'으로 하기 힘들며, 무언가 정신이 나간 듯하다. 몸과 마음이 자기 한 몸 추스르기 어려운 상황에 처해있다.

시인들은 근심의 중매쟁이이며 화평함의 적인 시마를 만남으로써 행색은 '정상적인' 인간에서 점점 멀어진다. 게다가 시마는 가난귀신[窮鬼]과 친한 사이여서, 둘은 항상 붙어 다닌다. 건방짐, 게으름은 물론이고 술[酒魔]과도 친한 사이다. 시마를 만나면서부터 시인은 세상의 척도와는 전혀 다른 세계를 구성하고 살아간다. 그러니 남들은 자신을 비난하지만 시인 자신은 전혀 개의치 않고 자신의 삶을 만든다. 이런 모습을 보면서 분기탱천하지 않은 성인군자가 어디 있으랴. 급기야 시마는 성인군자의 땅에서 설자리를 잃어버리고 음습한 그늘 속으로 물러나 귀(鬼)나 마(魔)의 누명을 쓰고 비밀스럽게 살아가게 된 것이다.

4. 시마, 저주 받은 시인의 벗이 되다

시마에 걸린 사람들의 공통된 하소연은 결코 멈출 수 없는 창작의 고통이다. 아무리 시 읊기가 괴로워도 시마 때문에 멈출 수가 없다. 시인이 마주하는 모든 것들은 시로 읊어야 하고, 그것은 저주 받은 운명처럼 빠져나올 수 없다. 저주 받은 영감[詩魔]을 몰아내기 위해 이규보는 그의 죄상을 낱낱이 열거하면서 공격하지만, 종국에는 오히려 자신이 항복한다. 시마는 옥황상제의 명령으로 이규보가 어렸을 때부터 그를 따라다녔는데, 그 덕에 문인으로서 과거 시험과 문단에서 명성을 날리게 되었다는 것이다. 다만 이규보가 죄상으로 들고 있는 여러 가지 생활상의 문제점은 자신의 탓이 아니라 그것을 주관하는 다른 귀신의 탓이므로, 자신에게 그 죄까지 뒤집어씌우는 것은 부당하다고 했다. 이규보의 깨끗한 항복으로 글은 끝나지만, 여기서 시마가 내세우는 과거 시험장에서 세운 공로는 다시 생각해 볼 필요가 있다.

시마가 자신의 공로로 과거 시험장에서의 활약상을 들고 있지만, 곰곰이 살펴보면 역대로 시마에 걸린 시인 치고 과거에 장원급제해서 고관대작을 지낸 인물이 아무도 없다는 것을 알 수 있다. 그러니 이규보가 마지막에 내세운 시마의 반론은 시마가 자신에게 계속 남아있도록 명분을 제공한 것에 불과하다. 오히려 과거 시험장에서 필요한 작시 능력은 시마의 가장 큰 적이다.

근대 이전, 시문 창작 능력은 관직 진출을 위한 중요한 조건이었다. 시문을 짓는 개인적인 능력이 자신의 부귀영달은 물론 가문의 명예, 나아가서 나라의 명예를 드높이는 출발점이었다. 그러나 과거 시험에 소용되는 시문의 틀은 정해진 것이어서, 그 격식에 맞추어 얼마나 연습을 피나게 하는가에 따라 과거 합격 여부가 어느 정도는 판가름 나기도 하였다. 과거에 합격

한 이후에는 관리들이 시문 창작 공부를 하지 않는다는 비판적 목소리가 수시로 터져 나온 것을 보면, 당시 과거에 합격하기 위해 얼마나 고통 어린 작시 연습을 했는지를 알 수 있다. 한시 자체가 이미 평측(平仄)과 압운(押韻), 글자 수, 대구(對句), 시상(詩想)의 전개 등에 있어서 일정한 형식을 요구하는 것인데, 거기에 더하여 과거 시험이 요구하는 격식을 얹는다면 과거 시험용 한시의 형식이 얼마나 경직되어 있는지 가늠이 될 것이다. 다채로운 인간의 심성을 평가하기 위해 일률적으로 적용하는 것이 과거제도라면, 조선 시대의 경우 그 최고의 기준은 성리학적인 도(道)였다. 인간의 다양한 삶의 모습이나 생각들을 사상시키고 나면 남는 것은 불변의 진리 혹은 도일 수밖에 없다. 그러니 그의 시문에서 얼마나 도가 드러나 있는지를 판단하려고 하는 것이 과거제도이다.

형식에 매여 있던 과거 시험용 문장(科擧之文)을 과감히 벗어나서 새로운 시를 쓴 사람들이 있었고, 그 이면에는 자신도 주체할 수 없는 강렬한 힘, 시마가 있었던 것이다. 인간의 자유로운 심성을 표출하기 위해 주목한 것이 시마였던 것이다. 시마는 과거제도의 기준을 거부하면서 그것과는 다른 차원에서 시의 기준을 제시한다. 도에 의해, 혹은 형식에 의해 배제되었던 다양성이다.[7]

자연히 시마는 세상 안쪽으로 편입되지 못하고 세상에 적응하지 못하는 사람들 사이를 서성거리게 되었다. 어쩌면 오히려 시마 때문에 부적응자가 되었을지도 모르겠다. 중국 송(宋)나라의 문장가 구양수(歐陽修)가 언급한 이래 많은 사람에게 거론되어 왔던 '궁이후공론(窮而後工論, 곤궁해진 뒤에라야 비로소 문장이 좋아진다는 논의) 역시 기본적인 발상은 이것과 같다. '마(魔)' 자가 붙는 단어 치고 반듯한 것이 드물기는 하다. 수마(睡魔, 잠귀신), 주마(酒魔, 술

---

7) 그렇다고 모든 과거 시험용 문장이 도를 주요 내용으로 했다는 뜻은 아니다. 특히 과거 시험 장에서 작성되는 율시(律詩)의 경우 내실이 없는 부화(浮華)한 사장(詞章)이라는 비판을 자주 받았다. 여기서 과거 시험의 시문을 거론하는 것은, 그것이 가지고 있는 경직된 형식성에 초점을 맞춘 것이다.

귀신), 색마(色魔, 이성을 탐하게 하는 귀신), 병마(病魔, 병을 가져오는 귀신) 등이 모두 그렇다. 실제로 이들은 시마와 절친한 친구 사이기도 하다. 거기에 또 다른 친구를 더 들면 궁귀(窮鬼, 가난귀신)가 있다.

세속적 질서를 거부하자 시마 앞에는 무한한 우주가 펼쳐진다. 그것은 살아 움직이는 욕망의 세계였고, 인간의 질서로는 도저히 이야기할 수 없는, 전혀 새로운 차원의 '질서'였다. 몇 개의 준거로는 도저히 잡아둘 수 없는 혼돈의 세계, 무엇과도 접속할 수 있는 가능성의 수준, 접속의 결과를 예측할 수 없는 세계, 이러한 측면은 시마를 신비스러운 존재로 생각하게 했다. 고정된 개념이 아니기 때문에 그것은 운동성을 내포하는 것이며, 자연히 이규보의 주기론(主氣論, 문장의 성패를 가늠하는 것은 개인이 가지고 있는 기氣라는 논의)과 연결된다. 글이란 이치를 담는 그릇[載道論]이 아니라 세계의 다양함을 포착하는 도구일 뿐이다.

다양함, 운동성, 글쓰기에 대한 충동적 욕망 등은 중세를 주도해나간 세력들에게 불온세력으로 지목되어 배제된다. 그렇지만 누구에게나 글쓰기에 대한 멈출 수 없는 열망은 숨기고 있는 것이어서, 이들은 때때로 신선의 경계로 칭송되면서 도가적 상상력의 과장 속에 얼버무려 지거나, 마(魔)의 경계로 내몰아 버림으로써 하열(下劣)한 존재로 폄시하였다.

시에 빠져 온전한 본성을 잃고[8] 헤매는 시인에게 시마는 즐거이 동행하는 벗이었다. 이들의 힘은 상식의 세계를 부수고 전혀 다른 차원의 세계를 드러내며, 개성이 살아 있는 '조화로운 질서'를 꿈꾸면서 시의 그림자 속에서 서성거리고 있었다. 세상에서는 저주 받은 불행한 삶이었으되 시마가 있어 행복한 시인들이 있었던 것이다.

---

8) 조선의 유학자들은 이러한 것을 '완물상지(玩物喪志, 외부의 사물을 가지고 노느라고 마음 속의 본뜻을 잃는다)'라고 비판하며 경계하였다.

‖ 참고문헌

『論語』 ＜雍也＞

아놀드 하우저, 백낙청 역, 『문학과 예술의 사회사(고대·중세편)』, 창작과 비평사, 1976.

이규보, 시마를 몰아내는 글(驅詩魔文), 『동국이상국집(東國李相國集)』

이　이, ‘시를 재촉하는 비(催詩雨)’, 『栗谷全書』 卷1, 성균관대 대동문화연구원 영인, 4판, 1986.

최　연, ＜시마를 쫓아내는 글(逐詩魔)＞, 『간재집(艮齋集)』.

「이생규장전(李生窺墻傳)」 다시 읽기

이 민 희

1. 서언

　『금오신화』가 국내 최초의 소설인지, 당대(唐代) 이후 성행했던 전기(傳奇)
의 연장선에 놓인 작품인지, 아니면 소위 전기소설(傳奇小說)이라는 장르적
명칭으로 따로 불릴 수 있는 소설작품인지 그 소속과 정체 문제가 소설사
연구에서 뜨거운 논쟁거리다. 그만큼 『금오신화』가 문제작으로서 시대 담
론을 형성해 나갈 만한 추동력을 지닌 작품임을 방증한다고 하겠다. 그래서
일까? 지금까지 『금오신화』와 관련해 작품론과 작가론, 문학사론, 그리고
장르론에 이르는 다층적 논의가 가열하게 전개돼 왔음에도 불구하고 여전
히 재해석되고 새로운 의미부여가 이루어지고 있는 것은 놀랍기까지 하다.
　연구자마다 『금오신화』가 소설사에서 차지하는 비중이나 가치를 저울질
하고 ‘고전’이라는 이름에 값하는 그 내용물이 무엇일지 고구해 온 결과가
선행 연구 성과라 할 것이다. 그것은 앞으로도 계속되겠지만, 그 최소한의

필요조건은『금오신화』가 오늘날에도 여전히 읽을 만한 작품인 이유와 가치를 찾아내려는 재해석과 다시 읽기 작업의 결과가 그 나름 유의미하다는 공감대에 기초해 있기 때문일 것이다. 본고에서『금오신화』중 가장 문제작이라 판단되는「이생규장전」을 대상으로 소위 '다시 읽기'를 시도해 보려는 이유도 바로 이 때문이다. 특별히 전기소설이니, 전기니 하는 장르 문제를 전면에 내세우거나 우선적으로 고려하지 않고,「이생규장전」작품 자체에 몰입하여 거기서 추출해낼 수 있는 여러 서사적 의미에 대해 그 단상(斷想)을 풀어내려 하는 것이다. 이것이「이생규장전」의 내적 특질과 현대와의 소통 가능성을 직접 확인하는 지름길이라 믿기 때문이다. 본 논의가 의미가 있다면 바로 자유로운 형식의 글쓰기를 통해 개진하는 문제의식의 참신함에 있다고 할 것이다.

2.「이생규장전」에 나타난 '담장'의 서사적 의미

2.1. '담장'의 서사적 의미

주지하듯이「이생규장전(李生窺墻傳)」의 제목은 '이생이 담장을 엿본 이야기'란 뜻을 가지고 있다. '담장을 엿본다'는 것이 이 작품의 서사적 의미를 결정짓는 주요한 요소임에 틀림없다. 그렇다면 작품에서 '담장'이 의미하는 바는 무엇인가?

주인공 이생과 최랑은 세 번 만난다. 그 첫 만남이 처음 이루어진 것은 '담'을 경계로 한 것이었다. 좀 더 구체적으로 말하자면, 이생이 그 '담' 너머를 엿보았기 때문이고, 또 그 담을 넘었기 때문이었다. 그런데 이렇게 사랑에 빠진 남녀 주인공은 집안의 반대라는 새로운 '담'에 부딪힌다. 물론이 담을 넘어 결혼하는 데 성공하지만 전란이 일어나 두 사람 사이에는 또 다시 담이 놓이게 된다. 이때의 '담'은 물론 장애물과 시련을 의미한다. 사랑의 힘으로 천제(天帝)마저 감동시켜 최랑이 일시적으로 환생해 부부의 정을 나누지만, 그 마지막 '담'은 결코 넘을 수 없는 '담'이 되고 만다.

작품 속 여자 주인공인 최랑은 그녀 특유의 적극성과 과감한 행동을 통해 주체적으로 그녀가 원하는 사람인 남자 주인공 이생과의 사랑을 이루어 낸다. 작품 처음부터 이 작품은 최랑의 적극적 면모가 드러나는 가운데 이야기가 전개되고 있다.

> 최랑은 시중드는 여종 향이더러 담장 안으로 떨어진 물건을 가져오게 했다. 종이를 펼쳐 보니 이생이 쓴 시가 적혀 있었다. 두 번 세 번 되풀이 읽노라니 마음이 절로 기뻤다. 최랑은 작은 종이에 몇 글자를 적어 담장 밖으로 던졌다. 그 종이에는 이런 글귀가 적혀 있었다. <의심 마시고 밤에 이리로 오셔요>[1]

당시 사회상에 비추어 소설 속 이생과 최랑의 연애를 본다면, 그들은 꽤 대담한 면이 있다. 특히 최랑이 그렇다. 먼저 유혹의 시를 지어 읊은 것도 최랑이었고, 황혼녘에 만나자고 적극적으로 나선 것도 그녀였다. '사랑은 쟁취하는 거야.'라는 광고 문구도 있듯이, 지금의 우리들은 이성에게 접근하고 사랑을 구하는 데 있어 남자와 여자를 따지지 않는다. 그렇지만 현대 사회에서도 여전히 무의식중에 여자는 사랑에 있어서 수동적이어야 한다는 데에 어느 정도 공감한다. 이처럼 현대의 시선으로 보아도, 최랑은 꽤 적극적이고 대담하다. 자신들의 행각이 불러올 결과에 대해 걱정을 하는 이생에게 '자신이 모두 책임지겠다'라고 하는 장면에서 또한 그러한 점이 부각된다.

이생이 그 뒤를 이어 나머지 구절을 지어 읊었다.

---

1) 박희병 · 정길수 편역, 「이생규장전」, 『끝나지 않은 사랑』, 돌베개, 2010, 130면.

훗날 우리의 사랑 누설되어서
무정한 비바람 맞으리니 가련도 하지.

이생의 읊조림을 듣자 문득 최랑의 얼굴이 굳었다. 최랑은 이렇게 말했다.
"저는 평생 당신을 모시며 영원히 함께 기쁨을 누리고자 하건만, 서방님께
선 무슨 말씀을 그렇게 하셔요? 여자인 저도 마음을 태연히 먹고 있거늘, 대
장부가 그런 말을 하다니요? 훗날 이곳에서의 일이 발각되어 부모님의 질책을
받게 된다 한들 제가 감당하겠어요."2)

이처럼 최랑은 적극적으로 이생을 진심으로 사랑하는 여인으로 그려지는
반면, 오히려 이생은 자의든, 타의든 혼자 남아 있으면서 초라해 보이기까
지 한다. 특히 두 사람의 첫 번째 만남은 처음부터 이생이 담장 너머로 최
랑을 훔쳐보았다고 하기보다는 이미 최랑이 담장 밖의 이생을 먼저 마음속
에 두고 있었다는, 소위 이생을 찍어두고 있었다고 보는 편이 더 자연스러
울 만큼 최랑 주도로 만남이 전개된다. 따라서 이 작품의 제목을 「최랑규장
외전(崔娘窺牆外傳)」 즉, '최랑이 담장 밖을 엿보다'로 삼는 것이 더 낫지 않을
까 싶을 정도다.
더욱이 사랑의 매개체로서 담장의 의미는 광대하며 매우 매력적이다. 담
장이 아주 높고 굳건하였다면 담장 안의 세계에 이생은 관심조차 보이지
않았을 것이다. 반대로 그곳이 활짝 열려 안이 훤히 들여다보이는 대문이었
다면, 아마 그들의 사랑은 시작조차 하지 못했을 것이다. 보일 듯 말 듯 하
여 사람의 호기심을 자극하고, 또한 대문처럼 손쉽게 걸어 들어갈 수 있거
나 아예 쳐다보지도 못할 곳이 아닌, 비록 힘들지만 사랑의 힘이 있다면 넘
을 수 있는 것이 바로 담장인 것이다. 이런 담장의 설정은 앞으로 펼쳐질
둘의 사랑을 예고라도 하듯 이중적 세계의 이미지를 잘 표현해주는 암시적
소재로서 부족함이 없다.

---

2) 박희병·정길수 편역, 「이생규장전」, 『끝나지 않은 사랑』, 돌베개, 2010, 132면.

여기에 담장의 설정으로 그 의미가 배가되는 것이 편지의 존재요 역할이다. 처음 이생이 최랑을 만나는 장면이 눈길을 끄는 이유는 바로 그들의 만남이 직접적인 만남이 아닌 '편지'를 통한 만남이라는 점 때문이다. 더욱이 편지 안에 쓰인 내용은 그들의 마음과 자연물을 비유하여 매우 감각적으로 그려지고 있는데, 눈에 보이는 듯 그려지는 장면의 묘사는 생생하기까지 하다. 이러한 편지를 매개로 한 만남은 지금도 드라마나 영화에서 자주 차용되는 '한국 남녀의 첫 만남'의 주요 모티프 중 하나이다. 자연스럽게 말을 걸지 못하고 쪽지를 주고받는, 마치 남녀가 '내외'하는 듯한 모습은 개방되고 적극적인 현대 사회에서는 먼 느낌일 수도 있지만, 그럼에도 여전히 인간 본연의 순수한 설렘과 마음을 자극하는 편지를 통한 만남은 지금도 공감을 이끌어 내기에 충분하다.

2.2. 남녀 주인공의 관계

지금까지 많은 연구자들이 「이생규장전」의 인물과 그 성격을 이야기할 때, 최랑에 초점을 맞춰 논의를 펴 온 것이 사실이다. 그것은 작품에서 남자인 이생에 비해 적극적인 최랑의 애정공세와 당찬 성격이 충분히 흥미롭게 드러나 있고, 사건을 이끌어가는 결정적 역할을 하는 인물 또한 바로 최랑이기 때문이다. 처음부터 관심을 표현한 것, 이생이 담장을 넘어 집에 들어오자 이것은 결코 작은 인연이 아니라며 두터운 정의를 맺자고 하는 것도 모두 최랑이었다. 심지어 그녀는 결혼도 성사시키고, 죽어서도 이생이 부모님의 시신을 수습할 수 있도록 알려주고 장례를 돕기도 한다.

그런데 최랑이 이렇게 중요한 인물임에도 불구하고, 앞서 언급한대로 최랑에 비해 주도적이지 못한 이생이, 소설의 내용을 함축해서 보여주는 제목에 혼자 당당히 등장하고 있다. 이것이 중국 전기에서 여성 주인공을 제목에 전면에 내세우는 것과 달리, 조선 전기에서만 보이는 특징적인 제명법(題

名法)이라 말할 수 있을지도 모르겠다. 그러나 조선에서도 「숙향전」, 「숙영낭자전」, 「사씨남정기」처럼 여성 주인공을 제목에 내세운 작품들이 존재한다. 김시습이 소설의 제목을 「이생규장전」으로 한 것은 말 그대로 이생이 담장을 엿보았다는 사실이 이 소설의 핵심 내용을 포괄한다고 볼 수는 없는 것인가? 즉, 「이생규장전」에서 이생이 최랑보다 더 중요한 무언가의 의미를 지닌 인물일 수 있다는 점이다.

소설의 초반부에 이생이 담을 엿보는 사건이 일어난다. 이생이 엿본 집은 어떠했을까? 최랑의 집은 평범하지 않았다. 작품에서 묘사하고 있는 최랑의 집 풍경은 이러하다.

> 하루는 이생이 최랑의 집 담장 안을 넘겨다봤다. 아름다운 꽃들이 활짝 피어 있고, 벌과 새들이 그 사이를 요란스레 날아다니고 있었다. 뜰 한쪽에는 꽃나무 수풀 사이로 작은 정자 하나가 보였다. 문에는 구슬발이 반쯤 걷혀 있고, 그 안에 비단 장막이 드리워 있었다.[3]

마치 선녀가 살 것만 같은 그 집중에서도 최랑이 머물고 있는 곳은 꽃숲 사이에 있는 누각이다. 이곳은 최랑의 부모님이 머물고 있는 곳과는 멀리 떨어져 있어서 웃으며 큰 소리로 이야기해도 들리지 않는 곳이다. 그렇기 때문에 최랑이 있는 곳은 평범한 현실과는 다르다는 인상을 준다. 또, 배경적인 요소뿐만 아니라 인물도 특이한 성격을 나타낸다. 최랑은 애초에 이생을 남편으로 모셔 오래도록 즐겁게 지내려 마음먹고 있었다는 말을 할 정도로 당찬 여자이고, 최랑의 부모는 딸이 혼인도 하기 전에 남자와 정분을 맺고 상사병까지 앓아누워 있는데도 나무라는 모습을 보이지 않는다. 물론 아픈 딸이 안타까워서 그랬을 수도 있지만 유교사상에 울타리에서 크게 벗어날 수 없었던 그 시대의 사고방식으로는 일반적인 태도라 보기 어렵다.

---

3) 박희병·정길수 편역, 「이생규장전」, 『끝나지 않은 사랑』, 돌베개, 2010, 128면.

그렇다면 왜 작가는 평범하지 않은 최랑의 집과 그 집안에 살고 있는 사람들을 창작해 냈을까?

그것은 바로 소설 속에서 새로운 공간을 만들기 위한 설정이었다고 할 수 있다. 담장 안에 있는 곳은 사람들의 사고방식부터 주변풍경까지 현실과는 전혀 다른 공간이다. 그런데 이생은 그 담을 엿보고 담을 넘어 안으로 들어갔다. 그것은 이생이 자신이 있는 현실에서 최랑의 세계로 들어간 것을 뜻한다. 바로 이 점이 소설에서 가장 중요한 의미를 갖는다. 사랑하는 연인을 만나기 위해 자신이 살고 있는 세상에서 '일탈'을 감행한 남자가 바로 이생이었던 것이다.

이생의 용기로 최랑과 이생의 사랑은 시작된다. 아무리 최랑이 당차다 할지라도 이생의 과감한 결정과 행동이 없었다면 두 사람의 사랑은 이루어지지 못했을 것이다. 이생과 최랑의 사랑은 이생이 최랑의 세계로 들어가지 않는다면 이루어질 수 없는 사랑이었던 것이다. 이생이 최랑과 처음 만나고 며칠 동안 그녀의 집에서 머물다가 떠나왔을 때, 그 둘은 헤어지게 된다. 최랑이 있는 세계를 떠나자마자 이별이 온 것이다. 또, 이생과 최랑이 우여곡절 끝에 혼인하게 되었을 때에는 얼마 지나지 않아 홍건적의 난이 일어나면서 최랑이 죽고 만다. 이생이 최랑의 세계로 들어가는 것은 가능했지만 최랑은 이생이 사는 현실세계로 들어갈 수 없는 운명이었던 것이다. 그러하기에 영혼이 되어서라도 돌아온 최랑은 얼마간 이생과 함께 할 수 있게 된다.

이 장면에서 오늘날의 독자들은 아쉬움을 토로하기 쉽다. 사랑의 쟁취에 대한 노력이 다소 밋밋하게 그려지고 있기 때문이다. 전반부에서 이생이 부모에게 별다른 거역이나 대항 없이 울주(=울산)로 내려가는 것도 그렇거니와 이생과 최랑이 죽음으로 헤어질 수밖에 없는 장면에서 무책임한 이생의 모습을 포착할 수 있다. 전자에서 최랑이 병을 얻게 되었을 때 결국 그 문제를 해결하고 두 사람의 사랑을 이어주는 매개체는 이생이 아닌 부모였다. 또한 후자에서 이생은 최랑을 죽음의 상황에서 끝까지 지켜내지 못했을 뿐

더러 노력하는 모습도 보이지 않았다. 타자에 의한 일의 결과보다 이생이 사랑을 위해 눈물로 노력하는 모습이 있었다면 현대인들에게 좀 더 공감을 불러일으킬 수 있었을 것이다.

죽은 최랑을 다시 만나는 장면에서도 두 사람의 재회는 이생에겐 너무 쉽게 얻어진 결과라는 느낌을 자아내기에 충분하다. 이생은 폐허가 된 집과 누각에서 슬픔에 잠겨 있을 뿐이었는데, 하늘이 최랑을 불쌍히 여겨 이생에게 보내주고 그런 최랑을, 물론 손잡고 통곡하며 이야기를 나누지만 아무런 노력 없이 다시 만나게 된 것이다.

영화『사랑과 영혼』을 비교해 볼 때, 영화에서는 죽어서 혼령이 된 남자 주인공 샘이 여자 주인공인 몰리의 눈에 보이지 않지만 자신이 곁에 있다는 것을 알리기 위해 안간힘을 쓴다. 샘은 노력 끝에 몰리의 눈앞에서 동전을 움직이게 되고 몰리는 샘을 느끼고 감동의 눈물을 흘린다. 이 장면이야말로『사랑과 영혼』의 명장면 중 하나로 꼽힌다. 「이생규장전」에서는 이러한 눈물겨운 사랑의 쟁취를 향한 내용이 빠져 있는 것이다. 적어도 현대인의 시각에서는 이 점이 불만일 수 있다.

다시 본 논의로 돌아오도록 하자. 작품에서는 이생과 최랑의 영혼이 만나서 보낸 세월을 이렇게 서술하고 있다.

> 이생은 이제 세상사에 관심을 두지 않아 친척이나 어르신들의 경조사에도 가 보지 않고 집 안에 틀어박혀 있었다. 언제나 최랑과 함께 술잔을 기울이며 시를 주고받을 뿐이었다. 이렇게 부부가 금실 좋게 지내는 동안 어언 몇 년의 세월이 흘렀다.4)

이때에도 이생은 사랑하는 최랑과 함께 하기 위해 그가 사는 세상과는 다른 세상 속으로 뛰어들었다. 그랬기 때문에 평범한 일상생활과는 다른 생활을 했다. 방문을 걸어 잠그고 죽은 혼령과 3년을 함께 지낸 것이다. 정상

---

4) 박희병·정길수 편역, 「이생규장전」, 『끝나지 않은 사랑』, 돌베개, 2010, 151면.

인의 시각에서 보면, 죽은 혼령은 눈에 보이지 않기에 이생 혼자 방에서 대화를 나누고 손을 붙잡는 흉내를 내고 함께 누워 자는 행동을 하는 등 미친 사람처럼 보였을 것임이 분명하다. 다른 세상(=최랑의 세계)에 사는 것은 현실에서 사는 것과는 분명히 다르기 때문이다. 결과적으로, 최랑은 항상 새로운 공간에서 이생을 맞이하는 사람이었고, 이생은 그러한 최랑의 공간으로 적극적으로 들어가는 사람이었던 것이다. 소설의 후반부에 최랑의 영혼이 떠나고 얼마 있지 않아 이생도 병을 얻어 죽은 것은 이생이 또다시 최랑의 세계로 들어갔음을 암시하는 것이라 할 수 있다.

'이생규장'의 의미는 바로 여기에 있다. 「이생규장전」의 주제라 할 수 있는 '죽음을 초월한 남녀 간의 사랑'은 이생의 일탈이 없었다면 불가능한 일이었다. 최랑의 적극적인 애정 표현과 당찬 태도 뒤에는 이생이 담을 엿보고, 그 담을 넘은 사실이 있었다. 즉, 자신이 살아왔던 평범한 삶 대신에 사랑하는 연인의 세계로 들어갔기 때문에 그 사랑은 지속될 수 있었던 것이다.

「이생규장전」은 사랑하는 사람에게 갈 수 없는 여자와 사랑하는 사람에게 가야만 하는 남자, 이 두 사람을 운명처럼 엮어놓았다. 이생이 '담'을 넘은 이유도, 최랑이 적극적인 애정표현을 했던 이유도 이러한 운명 때문이라고 말할 수 있다. 이때의 운명은 너무나 현실적이고 보편적이어서 동서고금을 막론하고 공감을 자아내기에 충분하다. 이 운명이 곧 살아가면서 남녀가 경험하는 갈등 그 자체인 것이다.

3. 「이생규장전」에 나타난 가치관

3.1. 「이생규장전」의 비극성

죽음만큼 인간이 당면한 가장 큰 문제는 없다. 죽음은 인간에게 무한한 구속이자, 굴레다. 그렇기에 거기에서 벗어나려는 정신적 시도가 이루어지고 풍부한 상상력을 발휘할 수 있게 만드는 원동력이 되기도 한다. 여기서 「이생규장전」이 초월적, 비현실적인 상황을 설정해 놓고 있지만, 주인공들은 지극히 현실적인 인간의 모습을 보이고 있다는 점에 주목해 보자. 작품에서 환상적이며 비현실적인 요소만을 읽어내는 것은 불철저한 이해의 소치이다. 남녀 주인공의 기이한 만남과 환신(還身)과의 사랑이라는 주제가 흥미로움에도 불구하고 오히려 주목하게 되는 것은 현실 공간에서 그들이 겪게 되는 절망적인 상황에 있다.

이생과 최랑의 첫 번째 위기는 '부모의 혼인 반대'이다. 그러나 최랑이 병으로 쓰러지고 최랑의 부모가 다시 허락함으로써 문제는 해결된다. 그러나 홍건적의 침입으로 최랑은 죽음에 이르고, 이생은 간신히 목숨을 구하지만 깊은 슬픔과 절망감에 빠지고 만다. 혼인을 하여 두 사람은 행복한 삶을 보낼 것을 상상하며 행복에 빠져 있던 상태에서 그 누구도 예측하지 못했고, 또 그것을 외면할 수조차 없는 운명적 상황과 맞닥뜨림으로써 받게 된 충격은 더 클 수밖에 없었다. 도적들은 집을 불태워버리고 사람과 가축을 고기 저미듯이 마구 살육하는 만행을 저질렀다. 위기의 순간에 우리가 상상하는 드라마틱한 상황이나 영웅소설 속의 영웅은 나타나지 않았다. 평온했던 삶의 터전이 아비규환의 현장으로 변했을 뿐이다.

여기서 우리가 느끼는 감정은 '슬픔'과 '연민'이다. 목숨을 잃은 최랑, 혼자 남겨진 이생에 대한 안타까움이다. 만약 지나가는 사람이 갑자기 번개를 맞아 죽게 된다면 그것은 어쩌다가 그런 불행을 겪게 되었을까 하는 마음에 연민을 느낄 것이다. 그러나 이생은 이러한 불행의 상황에 노출된 것으로 그치지 않는다. 슬픈 마음은 비통함으로, 비통함은 다시 절망감으로, 그리고 절망감은 다시 허무감으로 이어진다. 고통스러운 마음이 삶에 대한 허무감으로 바뀌어 "완연히 한바탕 꿈과 같다"라는 심적 토로를 통해서 그 허무감이 절정에 이르렀음을 알 수 있다. 어찌 보면 이것을 두고 이생이 현실을 부정하고 있는 것이 아닌가 여길 수도 있겠다. 그러나 이는 현실이 허무하므로 현실이 중요하지 않다는 뜻이 아니라 현실에 아무리 집착하고 애틋해 한다 한들 개인의 힘으로 모든 것을 가지거나 극복할 수 없으니 집착하지 말라는 뜻으로 풀이하는 것이 더 온당해 보인다.

그런데 이생이 현실 세계에서 가장 애틋하게 여기던 것을 잃은 후 최랑이 환신으로 돌아오는 것이야말로 '비극적 상황'의 절정이라 할 만하다. 이생은 사랑하던 사람이 귀신이 된 것을 잘 알고 있었고, 사람으로서 귀신을 사랑할 수 없다는 사실도 잘 알고 있었기 때문이다. 그럼에도 불구하고, 모른 척, 아무렇지도 않은 듯, 다시 만나게 된 상황에만 '충실히' 반응하려는 이생의 모습은 도저히 극복할 수 없는 상황에 직면해 있으면서도 가장 소중한 것을 추구하고 싶어하는 몸부림의 다름 아니다.

이것은 인간의 본질적인 갈망을 그대로 직시해 보여주는 동시에 두려움을 증폭시켜 준다. 귀신임을 알고도 귀신인 그녀를 사랑할 정도로 최랑을 향한 마음이 간절하다면, 그러한 상대를 잃게 된 슬픔과 고통이 얼마나 컸겠으며 그 상황 또한 얼마나 비극적이었겠는가? 그러므로 그런 내면적인 고통과 절망을 직설적으로 토로하지 않고 귀신이라도 상관없다는 이생의 절실한 마음은 '죽음도 넘어선 환상적인 사랑'이 아니라 '죽음을 넘어서고자 하는 상상 속의 사랑'이라 할 것이다. 최랑의 환신을 만들어 낸 원인이 이생의 간절함 때문이라고 한다면 그 환신은 구체적인 실상이 아닌 '상상 속의 현실'인 것이다. 그러한 상상과 간절함만큼 현실적이고 보편적인 것은 없다.

이생과 최랑이 죽음을 초월해 '상상 속 현실' 세계에서 수년을 보내지만 어느덧 세 번째 이별이 다가왔다. 저승으로 가야 하는 운명인 최랑은 결국 함께한 세월이 무상하다 싶게 종적도 없이 사라져 버리고 이생은 또다시 홀로 남게 된다. 하지만 그는 이전과는 다른 모습을 보인다. 첫 번째 위기에서는 부모의 도움으로 뜻을 이루고, 두 번째 위기에서는 간절한 마음으로 뜻을 이루지만, 세 번째 위기에서는 앞의 경우와 사뭇 다르다. 앞의 두 경우와 달리 현실 공간 속에서 다시 최랑을 만나는 일은 없을 것이며 이생마저도 현실 공간을 떠나게 되기 때문이다.

첫 번째 위기 이후에 바로 세 번째 위기가 이어져 나타난 것이라면, 끊임없이 사랑만을 갈구하다 이에 집착한 나머지 결국 아무것도 얻지 못하고 죽음에 이른 것이라 생각하기 쉽다. 그러나 두 번째 위기에서 이미 이생은 한 단계 달라진 모습을 보여준다. 현실에서 욕망하고 행하고자 하던 것들이 사라져버렸을 때 그것은 한바탕 꿈과 같다고 깨닫게 되는 지점과 맞닿아 있다. 더욱이 최랑이 이미 죽은 사람이라는 것도 자각하고 있었고, 그럼에도 불구하고 다시 만남을 가졌다는 것은 이생이 마냥 최랑을 사모하고 그리워하여 병을 얻은 것이 아니라 오히려 현실에서 부여잡고 있던 집착의 끈을 놓아버린 까닭에서였다고 할 것이다. 정말 사랑하는 사람이 죽었는데, 그녀가 귀신이 되어 돌아왔을 때, 그 상대를 과연 이전처럼 대할 수 있을까? 그리고 이전과 분명 다른 존재임을 인식하면서도 기쁘고 벅찬 마음에 의심조차 하지 않을 수 있을까? 만약 그러기 어렵다면 이는 인간이 처할 수 있는 가장 심각한 비극 중의 하나임에 틀림없다. 여기에 사태의 비극성과 심각성, 그리고 현실성이 자리 잡게 된다.

결국 「이생규장전」에서 비극성은 사건의 결말이 아니라 서사 과정 전체에 걸쳐 내재된 채 표출되고 있는 갈등의 과정에 있다고 할 것이다. 다시 말해, 비극이 사건의 결말에 초점 맞춰진 것이 아니라 갈등하는 과정에 맞춰져 있다는 것이다. 이렇게 본다면 「이생규장전」에서의 비극(곧 갈등)은 '아이러니'이며, 그것이 작품 전편에 걸쳐 주된 서사 기제로 작동하고 있다고 할 것이다.

3.2. 애정관과 정조관

앞서 언급했듯이, 이생과 최랑은 황혼녘에 만나 시를 주고받으며 마음을 확인한다. 이때 두 사람이 주고받는 시를 따라가며 읽노라면 관능적인 분위기마저 느껴진다. 결국 둘은 사랑을 나누며 수일을 보낸다. 그런데 남녀가 혼인이라는 제도적 통과의례를 거치지 않고 육체적인 애정 관계를 맺는 것은 유교 사회에서 용납될 수 없는 행위임에 틀림없다.

그러나 이러한 사실보다 더 의아한 점이 있다. 자기 자신의 입으로 "단지 규중의 예법만을 알고, 다른 것은 잘 알지 못한다"라고 한 최랑의 말과 행동에 일관성이 없다는 점이다. 낯선 남자에게 유혹의 시를 읊고, 은밀히 만날 것을 제안한 뒤 그 날 바로 남녀 간의 정을 맺는 것은 규중의 예법만 알고 다른 것은 잘 알지 못하는 여자의 행동이라 보기 어렵기 때문이다. 소설의 중반부에서 최랑은 도적에게 능욕 당하지 않기 위해 목숨까지 버린다. 이렇듯 여자의 정조와 절개를 중요시하는 최랑이 이생과는 너무 쉽게 정을 나누는 것은 분명 이상해 보인다.

물론 서로가 첫눈에 반했고, 시를 주고받으며 서로의 마음을 확인한 사실 등으로 미루어 본다면 이생과 최랑이 서로 사랑을 느꼈을 수 있다. 그러나 이들이 몇 수의 서정시로 서로의 애정을 갈구하고 감정을 전달했다고는 하지만, 서로에 대해 몰라도 너무 모르는 상태였다. 구애의 과정을 길게 묘사하고는 있지만, 남녀주인공들이 만나서 성적 결합을 갖기까지의 시간은 단 하루만으로도 충분했다. 이런 예는, 멀리 「최치원」에서 최치원이 쌍녀분의 두 죽은 여인과 시를 주고받으며 마음을 통하게 되는 것이나 『춘향전』에서 이도령과 춘향이가 낮에 만나 그날 밤에 운우지정(雲雨之情)을 나누는 것과도 상통한다. 시간적 상거(相距)가 어언 천 년에 이르지만, 문학 작품 속에서 남녀가 성적 결합을 이루는 서사 전통 역시 그만큼의 역사를 지니고 있다고 할 것이다. 이때 두 남녀 주인공들은 오랜 시간 정신적인 연정의 교환 기간을 거친 후 비로소 육체적인 결합에 이르는 것이 아니라, 만남이 곧 육체적인 결합으로 이어지고 있는 것이다. 그래서 이들의 첫날밤은 다분히 즉흥적이고 충동적이다.

이생과 최랑은 자신들의 행각이 밝혀질까 걱정하긴 했지만, 혼전의 성적 결합 자체의 옳고 그름에 대한 갈등이나 죄의식은 전혀 보이지 않는다. '성'에 대한 인식이 점점 더 개방적으로 변해가는 요즘도 혼전의 성적 결합에 대한 의견은 분분하다. 실상이 어떤가를 떠나서 혼전 성관계를 부정적으로 보는 면이 여전하지 않은가? 현대의 우리도 이러한데 어떻게 이생과 최랑은 저리도 자연스럽게 애정 행각을 벌일 수 있는 것일까?

현재의 우리는 '성'에 대해 쉬쉬하고 은밀한 것으로 여기며 점잖은 체 하지만 막상 뒤에서는 비정상적이고 추악한 행태들이 적지 않다. 이런 측면에서 본다면 현대 사회 전체가 위선을 묵인하고 있는 것이나 마찬가지다. 여성의 육체적 순결이 여전히 강조되고 있고 사랑과 결혼, 그리고 육체적 관계는 모두 따로따로의 것으로 여긴다. 그러나 작품 속에서는 남녀의 만남 자체를 성적인 결합으로 의식하고 있었다. 부언컨대, 적어도 고소설 속 남녀 주인공의 성적인 결합에 있어서는 그런 의식이 강했다. 이성이 자연스럽게 만나서 즉흥적으로 성적인 결합을 이루는 것이 사랑이라고 생각했던 것이다. 이것은 애정을 정신과 육체, 마음과 몸으로 이분화하지 않았다는 것을 의미한다. 사랑을 전제로 하는 한 결혼을 하기 전에는 반드시 육체적인 순결을 지켜야 한다는 성의식은 찾아볼 수 없다. 유교 이데올로기가 강하게 작동되고 있지 않는 면을 확인할 수 있다. 남녀가 만나서 마음이 충동질하는 대로 즉흥적인 육체관계를 맺는 것이 사랑이라고 인식했던 것이다. 그렇다면 소설에서의 남녀 간 사랑은 오히려 순수했다고 할 수 있으며, 그래서 역설적으로 작품 속 사랑은 비현실적이라 말할 수 있다. 현실에서 그렇지 못하기에 가상으로 그런 순수한 사랑을 욕망한 결과일 뿐이다. 이런 성질이 소설이 갖는 장르적 특성 중 하나이다.

그런데 이생과 최랑에게 있어 혼전의 순결관에 대한 의식과는 달리 정조 관은 그 무엇보다도 중시되고 있음을 알 수 있다. 쉽게 이생과 사랑을 나누 었던 최랑은 도적에게 정조를 잃게 되자 목숨까지 내버렸다. 정조관이라는 도덕규범은 목숨보다 더 중요한 것으로 철저히 고수되었던 것이다. 사랑은 불장난처럼 시작되었더라도 필사종부(必死從夫)의 관념만큼은 기필코 지켜야 할 신념이자 절대적 가치였다. 고소설이 음탕하고 허무맹랑한 이야기라고 치부되면서도 유교 사회에서 상하층을 아우르는 독자층을 형성하며 발달해 올 수 있었던 최후의 면죄부가 바로 유교 이데올로기였던 것이다. 이것이 고소설이 근대 소설과 구별되는 주요 자질 중 하나이기도 하다.

이처럼 고전 작품 속 애정관과 정조관은 당대의 가치관을 대변하는 동시 에 오늘날 우리에게 적잖은 시사점을 던져준다. 물론 여러 21세기를 살아 가는 우리에게 목숨을 내버리며 육체적인 정조를 지키라는 것은 아니다. 그 러나 남녀가 사랑을 하고 성적인 관계를 맺고 결혼을 하는데 있어, 서로의 진실한 사랑과 정신적인 지조가 그 바탕이 되어야 할 것이다. 쉽게 육체적 인 관계를 맺고, 유행처럼 이혼을 하면서도 겉으로는 혼전 순결을 강조하고 성에 관한 언행을 금기시하는 우리의 모습은 참 아이러니컬하다. 사랑 앞에 진실해지고, 진실한 사랑을 바탕으로 남녀의 관계가 이루어질 때 우리의 사 랑 이야기도 이생과 최랑의 이야기처럼 후세에 널리 기억될 수 있지 않을까?

4. 결언 : 현대와의 소통 가능성

고전은 관점이 다른 해석과 적용을 넉넉히 허락해 주는 매력을 지니고 있다. 게다가 현대에 의미 있는 스토리텔링으로 언제든지 재창조되고 부활 할 수 있다. 시점이 다른 해석들과 판타지와 멜로라는 오락적 요소들을 현대식으로 정리하면 멋진 영화나 드라마를 만들 수 있는 매력적인 스토리를 지닌 작품이 바로 「이생규장전」인 것이다. 실제로 「이생규장전」이 갖는 서사상 특징 중 하나인 환생 모티프는 오늘날 소위 판타지 소설, 또는 영화 영역에서 종종 사용되는 형상화 기법의 한 축이기도 하다. 「이생규장전」이 지닌 이러한 판타지적 요소가 현대와 소통할 수 있는 자질과 콘텐츠를 충분히 가지고 있음을 남이 발견하는 것이 아니라 바로 나 자신이 발견하는 일이 긴요하다.

일본 소설 『지금, 만나러 갑니다』는 죽기 전 비 오는 계절에 찾아온다던 미오가 어느 여름 장마 때 환생하여 돌아와 남편 타쿠미, 아들 유우지와 즐거운 한때를 보내다 돌아가는 스토리를 가지고 있다. 그런데 이것이 영화화되자, 한국 관객들도 환생한 아내와 남편과 아들의 만남과 사랑 나눔에 많은 눈물을 쏟고 공감을 표했다. 『고스트맘마』는 죽은 아내가 영혼으로 돌아와 남편과 사랑을 나누다가 그 한계를 느끼고 남편을 다른 이와 이어주는 여성의 적극성을 보여주는 영화이며, 『저스트 라이크 헤븐』이나 『귀신이 산다』와 같은 영화는 여자 지박령과 그 집에 이사 온 남자와의 사랑을 동서양의 서로 다른 느낌으로 다루고 있어 흥미롭다. KBS에서 방영했던 드라마 『그녀가 돌아왔다』의 주인공 소령은 죽음이 아니라 냉동인간의 시기를 거친다는 차이가 있기는 하지만, 환생 이후 사랑했던 사람(정하록)과 사랑하는 사람(정민재) 사이에서 방황하다 모두의 사랑을 축복하며 다시 죽음을 맞이하는 내용의 작품이다. 그 밖에 너무나 잘 알려진 『은행나무 침대』나 『사랑과 영혼』, 『천녀유혼』 등의 영화도 귀신 혹은 영혼과의 사랑을 다룬 작품으로 국내 관객들에게 많은 감동과 재미를 선사했다.

이러한 비현실적 사랑이야기가 최첨단 문화를 자랑하는 오늘날에도 끊임없이 만들어지는 이유는 무엇인가?

첫째, 작품 속 주제라 할, 현실의 굴레를 벗어나고픈 욕망이야말로 시공간을 초월해 인간이 추구하고자 하는 보편적인 욕망이기 때문이다. 현실은 인간의 욕망을 충족시켜 주기 어려운 결핍 상황이 너무 많다. 인간이 추구하는 쾌락과 욕망이 현실에서 허용되지 못하는 경우가 너무 많기 때문이다. 그래서 인간은 상상을 통해서라도 욕망을 꿈꾸고 일탈을 추구하고자 한다. 이러한 이유에서 현실의 벽에 부딪혀 사랑이 파국을 맞은 사람이 상상 속에서 사랑의 완성을 그려보고자 하는 것이다. 어느 시대에나 몽상적인 기법을 활용한 문학 작품, 예술이 존재하는 이유가 바로 이 때문이다.

두 번째 이유는 인간의 타락성과 그 반항이란 측면에서 찾을 수 있다. 문명이 발달할수록 인간은 점점 더 타락해 가고 세상은 불순해져간다. 아니 좀 더 정확히 말하면, 현대인 다수가 이렇게 생각하고 이것을 염려한다. 그러므로 인간은 이에 맞서서 인간성을 회복하고자 하는 욕구 또한 강력하다. 세상이 불순해지는 한편으로 순수함을 추구하고자 하며, 인간이 타락해 갈수록 또 다른 한편으로 순결함을 갈망한다. 순수하지도 순결하지도 않은 사랑으로 인간관계를 맺는 현실 생활의 이면에서 순수하고 순결한 사랑을 꿈꾸는 욕망이 동서고금을 막론해 이러한 작품을 만들어 내는 원동력이다. 그것이 형태상 소설로, 영화로, 드라마로 다를 수는 있어도 그 본질적 욕망은 예나 지금이나, 동양이나 서양이나 동질적이다.

그렇기에 오늘의 관객이나 독자들이 영화 『사랑과 영혼』을 보면서 느꼈던 감동이나 환타지 소설을 읽으면서 느끼는 카타르시스는 과거 『금오신화』의 독자들이 죽은 영혼과의 사랑 이야기를 읽으면서 느꼈던 가상현실의 꿈과 본질 면에서 다를 것이 없다.5) 변화하는 세상 속에서 그 본질은 변함없이 시간의 흐름을 타고 전해져 온다는 뜻일 터이다. 대중의 기호가 변해감에 따라 전통의 재창조에도 강한 손길이 더해져 가는 것이 그 전통의 형질을 지켜나갈 수 있는 바른 선택이랄 수 있다.

「이생규장전」을 어떻게 볼 것인가? 자동적으로 최초의 소설이라는 수식

---

5) 정민, 「이생규장전과 천녀유혼」, 『조선일보』 2001년 8월 4일자.

어가 붙는, 화석화된 지식을 외우고 말 것이 아니라 작품이 품고 있는 속살과 그 속에 묻혀 있는 진주를 캐내는 것이 중요하다. 굳이 판타지와 멜로라는 장르의 어느 중간쯤 위치한 것으로 연결시켜 설명할 필요도 없다. 다만 고전을 고리타분한 문학교과서적 시각에서 천편일률적 해석과 적용의 방식으로 학생과 대면케 하기보다는 조금만이라도 작품 속에 나타난 인물의 성격과 그 관계성, 세계의 불가항력적 국면을 내 경우로 환치시켜 생각해 보고 적용시켜 보는 기회를 제공해 주는 것만으로도 족할 것이다. 「이생규장전」을 단순히 남녀 간의 사랑이라는 표면적 주제로 국한시켜 다루지 말고, 여러 가지 흥미 있는 소재와 내용을 찾아보노라면 예상치 못한 이면적 주제와 즐거움을 발견할 수 있다. 죽은 최랑의 등장은 판타지적 요소와 더불어 깊은 인간의 슬픔을 통찰하고 있다는 점을 읽어낼 수도 있으며, 참혹한 전쟁의 현실을 역설적이면서도 사실적으로 묘사하여 현실의 비극을 강렬하게 고발하는 역할을 하기도 함을 읽어낼 수 있다. 「이생규장전」을 비롯한 고전문학 작품을 다각도로 읽어낼 수 있는 상상력과 창조력이 곧, 현재 우리 사회의 역량임을 기억하고, 개인적·사회적 분발을 요구할 때이다.

‖ 참고문헌

박희병·정길수 편역, 「이생규장전」, 『끝나지 않은 사랑』, 돌베개, 2010.
여세주, 「<이생규장전>에서 문제된 성도덕 관념」, 『한민족어문학』 제31집, 한민족어
　　　　문학회, 1997.
윤채근, 「한문소설과 욕망의 구조」, 소명출판, 2008.
정　민, 「이생규장전과 천녀유혼」, 『조선일보』 2001년 8월 4일자.

문학교과서 수록 판소리계 소설에 나타난 언어유희의 양상과 교육적 활용 방안 연구

황미경

1. 들어가며

　고전은 오랫동안 많은 사람들에게 널리 읽히는 모범이 될 만한 문학이나 예술 작품을 말한다. 즉, 과거로부터 현재까지 향유되며 내려온 것으로 창작된 당시의 시대 상황을 반영함은 물론이고 현대의 독자들에게 유의미하다고 평가받을 수 있는 작품들을 말한다. 이런 의미에서 본다면 고전문학은 현대를 살아가는 우리에게 옛 선인들의 다양한 삶의 모습을 구체적으로 형상화하여 보여주고 있다는 점에서 교육적 가치가 있다. 우리 문학의 옛 모습을 찾아보고 현재까지 이르게 된 과정을 살펴보는 일은 이전 시기의 문학 자체를 향유한다는 의미와 더불어 오늘날 문학의 바탕을 마련하는 일이 되며 앞으로 우리 문학이 나갈 방향을 암시함으로써 활발한 문학 활동이 이루어질 수 있는 계기를 마련해 준다는 점에서 필요성이 강조될 수 있다.

그런데 현장에서 이루어지고 있는 문학 수업은 표현보다는 내용에 치중하고 있는 것이 사실이다. 현대 문학보다 고전 문학으로 갈수록 상황은 더 심각하다. 표현 자체가 고어로 이루어진 경우가 많아 내용 이해가 어렵다보니 표현법은 중시하지 않고 다만 작품의 줄거리를 정리하고 어려운 구절을 풀이하는 것으로 수업을 끝내는 경우가 많다. 간혹 표현법을 언급한다 해도 원리나 기능은 설명하지 않고 단지 그 표현이 무엇인지 결과만 설명하는 데 그치고 만다. 그러나 문학교육의 목표에도 나와 있듯이 문학 능력을 기르고 자아를 실현하며 문학 문화 발전에 능동적으로 참여하기[1] 위해서는 문학의 수용뿐 아니라 창작 활동도 활발히 이루어져야 한다. 창작은 내용뿐 아니라 표현과도 밀접한 관련이 있다. 같은 내용일지라도 표현에 따라 느낌이 달라질 수 있고 또 어떤 표현법을 쓰느냐에 따라 내용을 직접 말하지 않고도 더 큰 효과를 얻을 수 있기 때문이다. 나아가 표현에 대한 이해는 내용을 수용하고 내면화하는 데도 효과적일 수 있다.

고전 소설의 표현상의 특징 가운데 가장 큰 묘미는 바로 '언어유희'이다. 언어유희에 대한 정의는 다양하지만, 단순히 글자만 가지고 풀이해 보면 '언어를 소재로 하는 놀이' 즉, '말장난'이다. 말이나 글자를 바탕으로 놀이를 한다면 이것은 당연히 즐거워야 하고 유쾌해야 한다. 하지만 언어유희를 단순히 지식 전달의 차원에서 하나의 표현법으로만 설명하고 '해학성'이 있다는 결과만 판서로 끝내다보니 언어유희는 학생들의 공감을 전혀 이끌어내지 못하게 되었다. 그 결과 학생들은 '해학성'에 의심을 품을 수밖에 없다.

그러나 언어유희는 단순히 표현법에서 그치는 것이 아니다. 언어유희는 현실의 모순을 직접적으로 드러낼 수 없었던 조선 시대에 사회를 우회적으로 비판하기 위한 하나의 수단으로 사용되었을 뿐만 아니라 그 속에서 재미를 찾고 유쾌함을 찾음으로써 서민들의 고통스러운 삶을 해학으로 승화

---

1) 교육인적자원부, 『고등학교 교육과정 해설, 국어』, 2001, 301면.

시키고자 했던 삶의 지혜가 담겨 있는 표현법이다. 또 우리말의 묘미를 보여주는 훌륭한 양식이다. 그러므로 언어유희는 교육적으로 활용할 만한 충분한 가치가 있다.

따라서 본고에서는 고전 소설 특히 판소리계 소설에 자주 등장했던 언어유희를 교육적으로 활용할 수 있는 방안에 대해 살펴보고자 한다. 먼저 언어유희의 구체적 양상을 살펴보고 이를 바탕으로 시대상과 가치관을 이해하고 나아가 의사소통 능력과 창작 능력을 신장시킬 수 있는 방안을 제시하고자 한다.

2. 교과서 수록 언어유희의 개념과 양상

2.1. 언어유희의 개념

언어유희는 흔히 말장난이라고 하지만 연구자에 따라 조금씩 차이를 보인다. 성호주는 '언어유희 곧 말놀이란 말이나 글자를 소재로 한 놀이를 총칭하는 것'[2]이라 했고 류수열은 오락성을 기저 자질로 하여 때로는 경합의 국면으로, 때로는 언어 전략의 국면으로, 때로는 순수한 즐거움의 국면으로 구사되는 언어적 자질이라고 했다.[3] 육영주는 언어유희를, 언어 구사를 할 때 말장난을 함으로써 나타나는 웃음이라고 하면서 일상적으로 사용하는 언어를 변형하고 특수화시켜 언어만으로 웃음을 유발하는 것, 즉 유머의 개념으로까지 확대하고 있다.[4] 오석희는 언어유희를 보다 확장적으로 간주하

---

2) 성호주, 「韓國語의 言語遊戲-異音同義語의 말놀이(pun)를 중심으로」, 『한국학논집』 10집, 계명대 한국학연구소, 1983, 59면.
3) 류수열, 「판소리 사설의 언어유희와 그 구연적 자질」, 『국어교육』 102집, 한국어교육학회, 2000, 376면.

는 시각을 보였다. 그는 동음이의어, 반복, 두운 및 각운, 하나의 단어가 상이한 의미로 사용, 새로운 말 만들기, 단어의 전치, 암시적 과시, 중의적 의미, 해학적 묘사 등을 모두 언어유희의 범주에 포함시켰다.[5]

한편, 언어유희와 유사한 성격을 지닌 것으로 '재담'이 있는데 2007 개정 교육과정에서는 '재담'을 다음과 같이 정의하고 있다.

> 웃음을 일으키는 형태적 요소는 소리에서부터 단어, 어구, 하나의 큰 서술에 이르기까지 다양하다. 따라서 완전한 이야기 형태를 이루지 못한다 하더라도 재치 있게 사람의 웃음을 유발시킬 수 있는 재미있는 말이라면 재담이라 할 수 있다.[6]

또 재담과 유사한 성격을 지닌 것으로 '유머'가 있다. 구현정은 '유머(humour)'를 남을 웃기거나 즐겁게 해 주는 말을 통칭하는 것[7]으로 보았으며, 권순희는 '유머'를 말장난 혹은 농담(joke), 재치(wit), 풍자(satire) 등을 통칭하는 것으로 보았다.[8] 한성일은 '유머'를 남을 웃기는 말이나 그 말과 함께 이루어지는 행동의 통칭[9]으로 정의했다.

위에서 살펴본 내용을 토대로 하면 언어유희가 재담이나 유머와 다소 근소한 차이를 보이지만 명확한 경계를 지닌 것은 아닌 듯하다. 또 연구자에 따라 재담이나 유머를, 언어유희를 포괄하는 넓은 개념으로 해석하고 있지만 언어를 통해 웃음을 유발하고 있다는 의도에서는 비슷하다고 할 수 있다.

따라서 본고에서는 언어유희에 대한 다양한 연구를 참고하되 범위를 확

---

4) 육영주, 「언어유희에 관한 연구-개그콘서트를 중심으로」, 한양대학교 석사학위논문, 2003, 12면.
5) 오석희, 「판소리계 소설의 언어유희 연구」, 안동대학교 석사학위논문, 2003, 9면.
6) 교육과학기술부, 『중학교 교육과정 해설』, 2008, 28면.
7) 구현정, 「유머 담화의 구조와 생성 기제」, 『한글』 248호, 한글학회, 2000, 162면.
8) 권순희, 「매체 환경에 따른 유머의 표현 기제」, 『국어교육연구』 10집, 서울대학교 국어교육연구소, 2002, 185면.
9) 한성일, 「유머 텍스트의 구조와 원리」, 『화법연구』 7집, 한국화법학회, 2001, 147면.

장시켜 '우리가 일상적으로 사용하는 언어 가운데 재치 있게 웃음을 유발할 수 있는 말'로 개념을 설정하고자 한다. 또 등장인물들이 서로 주고받는 대화가 상식에서 벗어나 웃음을 자아내고 있다면 이 경우도 언어유희에 포함시켜 살펴보도록 한다.

2.2. 언어유희의 양상

말이나 글자를 소재로 놀이를 하는 언어유희는 형성 방식에 따라 몇 가지로 나눌 수 있는데 본고에서는 형식과 목적을 기준으로 하여 언어유희의 양상을 살펴보고자 한다. 18종 고등학교 문학교과서에 수록된 판소리계 소설(판소리 사설 포함)은 「춘향가」, 「흥보가」, 「심청가」, 「수궁가」, 「적벽가」, 「장끼전」으로 총 6편이다. 이를 바탕으로 언어유희의 양상을 구체적으로 살피고자 한다.

2.2.1. 형식에 따른 양상

언어유희는 먼저 형식에 따라 분류할 수 있다. 어떤 방식으로 형성되었느냐에 따라 본고에서는 네 가지로 구분한다. 18종 문학교과서에 사용된 언어유희 가운데 대표적인 몇 가지를 살펴보고자 한다.

(1) 발음의 유사성

언어유희 가운데 가장 많은 것이 바로 발음의 유사성을 이용한 경우이다. 이것은 동음이의어(同音異議語)나 유사한 발음을 이용하여 새로운 말을 만들어내는 방식인데, 현대에도 많이 계승되고 있는 보편적인 방식이다.

　　흥보도 좋아라고 절굿대 춤을 추면서,

　　"참 열녀(烈女)다 열녀, 백녀다."10)

「흥보가」(박녹주 창본)

열녀의 열(烈)이 숫자 열[十]과 발음이 같은 것을 이용하여 '열녀[十女]', '백녀[百女]'로 표현함으로써 해학을 유발하고 있다.

(2) 유사 음운의 반복

언어유희에는 동일한 음운을 같은 자리에 반복 사용함으로써 운율이 느껴지게 하면서 동시에 의미를 강조하는 방식도 널리 사용되고 있다.

　　춘향이 내달아,
　　"여보 도련님 인제 가시면 언제나 오시려오? 사절 소식 끊어질 절(絶), 보내나니 아주 영절(永絶), 푸른 대와 푸른 솔은 백이 숙제 만고(萬古) 충절(忠節), 천산의 조비절, 병으로 자리에 누우니 인사절(人事絶), 죽절(竹節), 송절(松節), 춘하추동 사시절(四時節), 끊어져 단절(斷絶), 분절(分節), 훼절(毁節), 도련님은 날 버리고 박절(迫切)히 가시니 속절 없는 나의 정절(貞節), 독수공방 수절(守節)할 제 어느 때에 파절(破節)할꼬! 첩의 원정 슬픈 고절(苦節), 밤낮 생각 미절(未絶)할 제 부디 소식 돈절(頓絶) 마오!"11)

「춘향전」(완판본)

이몽룡과 이별하는 대목에서 춘향이 자신의 절개를 강조하는 대목이다. '–절'을 반복함으로써 운율이 느껴지게 하면서 동시에 의미도 강조하고 있다.

(3) 단어의 도치

언어유희 가운데는 단어의 순서를 바꾸어 배치함으로써 웃음을 자아내는 방식도 있다. 단어 도치에 의한 이러한 언어유희는 판소리계 소설에서 그리

---

10) 권영민, 『고등학교 문학(하)』, (주)지학사, 2004, 232면 ; 김병국 외, 『고등학교 문학(상)』, (주)포넷, 2003, 215면 ; 한계전 외, 『고등학교 문학(하)』, (주)블랙박스, 2003, 27면.

11) 홍신선 외, 『고등학교 문학(상)』, (주)천재교육, 2003, 168면.

많이 사용되지는 않지만 매우 긴박한 상황을 드러내는 데 효과적으로 사용할 수 있다. 다음에 사용된 예는 암행어사 출두 장면에서 각 고을 수령들이 도망가는 대목이다. 모두 혼비백산(魂飛魄散)하는 상황이다보니 정신을 잃어 말이 헛나오게 된다. '바람이 들어오니 문을 닫으라'고 해야 하는 것을 '문이 들어오니 바람을 닫으라'고 표현하고 있고, '목이 마르니 물을 들이라'는 것을 '물이 마르니 목을 들이라'고 표현하면서 '바람'과 '문', '물'과 '목'의 순서를 서로 바꾸어 배치하고 있다. 인궤 대신 과줄을 들고 병부 대신 송편을 들고 달아나는 급박한 상황에서 말을 제대로 하는 이성적인 모습은 기대할 수 없는 것이다. 이러한 단어의 도치는 급박한 상황에서 등장인물의 행동을 사실적으로 표현하는 언어 사용의 한 방법으로, 독자들에게 웃음을 제공하는 동시에 대상을 풍자하는 이중적인 기능까지 담당하고 있다.

> 좌수 별감 넋을 잃고 이방 호장 실혼(失魂)하고 삼색 나졸 분주하네. 모든 수령 도망할 제 거동 보소. 인궤 잃고 과줄 들고 병부 잃고 송편 들고 탕건 잃고 용수 쓰고 갓 잃고 소반 쓰고 칼집 쥐고 오줌누기, 부서지(느)니 거문고요 깨지느니 북 장고라. 본관이 똥을 싸고 멍석 구멍 생쥐 눈 뜨듯 하고 내아(內衙)로 들어가서
> "어 추워라. <u>문 들어온다 바람 닫아라. 물 마르다 목 들여라.</u>"[12]
> 「열녀춘향수절가(烈女春香守節歌)」

(4) 비상식적 대화

'웃음'은 예상을 빗나갔을 때 더 커진다. 이미 알고 있는 부분이나 예측이 가능한 부분보다는 전혀 생각지도 못한 말을 들었을 때 웃음은 배(倍)가 된다. 판소리계 소설에 등장하는 인물에게서 발견되는 현상 중 하나가 바로 예상을 빗나가는 비상식적인 행동을 한다는 것이다. 특히 등장인물 간의 대

---

12) 김윤식 외, 『고등학교 문학(상)』, (주)도서출판 디딤돌, 2003, 87면.

화를 보면 서로 상식에서 벗어난 이야기를 주고받는데, 이것은 팽팽한 사건 전개 속에서 숨을 쉬게 해 주는 일종의 '이완'의 효과를 위해서라고 볼 수 있다.

> "아이고, 이놈아, 밥판이고 무엇이고, 느그 아버지 밥 자시다 세상 베리신다.", "밥 먹다가 죽는 걸 늬네 아들놈이 안단 말이요? 어디, 아버지 배 좀 봅시다, 예? 아, 아버지 배에 가서 밥이 환하니 비쳤소, 비쳐. 우리, 강아지 한 마리 몰아 넣읍시다.", "아이고, 이놈아, 강아지가 들어가서 어쩐다냐?", "아, 밥을 팍팍 파 먹을 게 아니요?", "아이고, 이놈아. 밥은 파 먹는다 허고 강아지는 어디로 나오게야?", "그러기에 호랭이를 몰아놓지요.", "호랭이가 들어가서 어쩐다냐?", "강아지 콱 잡아먹을 게 아니요.", "아이고, 이놈아. 강아지는 잡아먹는다 허고 호랭이는 어디로 나올 것이냐?", "그, 그러기에 토간 포수를 또 몰아넣지요.", "포수가 들어가 어쩐다냐?", "총으로 꿍 노면 호랭이 죽지 않겠소?", "아이고, 이놈아 호랭이는 죽는다 허고 그럼 포수는 어드로 나올 것이냐?", "그러기에 나랏님 거동령을 아부지 볼기짝에다가 때려붙여 보시오."13)
>
> 「흥보가」(박봉술 창본)

밥을 급히 먹다 체한 흥보를 보며 그의 아내가 걱정하자, 아들은 태평하게 방법을 제시한다. 그런데 그 방법이 매우 기발하다. 밥을 많이 먹다가 정신을 잃었으니 밥을 먹어치울 강아지를 뱃속에 넣으면 된다는 것이다. 또 그 강아지를 잡기 위해서는 호랑이를, 호랑이를 잡기 위해서는 포수를 뱃속에 넣으면 된다고 말하고 있다. 상상을 초월하는 아들의 대화를, 흥보의 아내는 아무런 나무람도 없이 계속 받아들이며 연속된 질문을 던진다. 현실 속에서는 절대로 일어날 수 없는 비상식적인 대화이지만 이러한 대화는 독자들에게 큰 웃음을 불러일으킨다. 매사를 긍정적으로 보는 당대인들의 유쾌함이 만들어낸 표현이라 할 수 있다.

---

13) 박호영·한승주, 『고등학교 문학(상)』, 형설출판사, 2004, 20~21면.

2.2.2. 목적에 따른 양상

언어유희의 양상은 목적에 따라 구분할 수도 있다. 지금까지의 연구는 대부분 형식에 의한 분류만 있었으며, 내용에 의한 분류는 언어유희의 기능을 해학과 풍자로 분류해 놓은 것이 전부였다.[14] 하지만 언어유희의 기능을 해학과 풍자로만 양분한다면 그 어느 쪽에도 넣기 애매한 부류가 생겨난다. 따라서 본고에서는 언어유희를 어떤 목적에서 사용했는지, 언어유희를 사용함으로써 얻고자 한 효과는 무엇인지를 좀 더 구체적으로 세분화하여 살펴보고자 한다.

(1) 해학을 위한 언어유희

판소리와 그것의 정착인 판소리계 소설 작품에서는 유난히 웃음을 유발하는 대목이 많다.

> "살구는 얼마나 먹었는고."
> "아 씨 되어 보니 닷말 서 되입니다."
> <u>"거 신 것을 그리 많이 먹어. 그 놈은 낳드라도 안 시건방질가 몰라. 이것</u>
> <u>농담이요."</u>[15]
>
> 「심청가」(정권진 창본)

신 것을 많이 먹었기 때문에 시건방진 아이가 태어날 것이라는 심봉사의 표현은 자신의 말처럼 농담을 한 것이다. 단순히 웃음을 유발하기 위한 목적으로 사용한 언어유희이다.

---

14) 오석희, 「판소리계 소설의 언어유희 연구」, 안동대학교 석사학위논문, 2003, 38~69면에 언어유희의 기능을 해학과 풍자로 나누어 기술하고 있다.
15) 김윤식 외, 『고등학교 문학(상)』, (주)도서출판 디딤돌, 2003, 26면.

(2) 풍자나 조롱을 위한 언어유희

풍자문학은 시대와 사회의 모순과 불합리를 비판하고 그것을 간접적으로 고발하는 문학형태이다. 판소리계 소설은 이전의 관념적 사고방식에서 탈피하여 민중의 생활 경험을 제시하고 있으며 기존의 불평등과 허위, 비인간성을 비판하고 있다.[16] 이런 측면에서 볼 때 판소리계 소설은 풍자문학으로서의 성격을 지닌다. 특히 판소리계 소설에 사용된 언어유희는 상대방의 잘못을 비판하고 조롱하며 결점을 폭로하기 위한 의도에서 비롯된 것들이 많다. 하지만 결국 그러한 의도도 웃음으로 감싸 안게 된다. 다음의 예를 보자.

> 모든 수령 도망할 제 거동 보소. 인궤 잃고 과줄 들고 병부 잃고 송편 들고 탕건 잃고 용수 쓰고 갓 잃고 소반 쓰고 칼집 쥐고 오줌누기, 부서지(느)니 거문고요 깨지느니 북 장고라. 본관이 똥을 싸고 멍석 구멍 생쥐 눈 뜨듯 하고 내아(內衙)로 들어가서
> "어 추워라. <u>문 들어온다 바람 닫아라. 물 마르다 목 들여라.</u>"[17]
>
> 　　　　　　　　　　　「열녀춘향수절가(烈女春香守節歌)」

암행어사 출두에 놀라 도망가는 수령들의 모습이다. 자신의 역할을 다하지 않고 백성들의 세금으로 잔치를 벌이며 온갖 악행을 자행하던 각 고을 수령들은 '암행어사 출두'라는 한 마디에 혼비백산하여 달아나고 있다. 그런데 너무 놀란 나머지 병부 대신 송편을 들고, 탕건 대신 용수를 쓰는 등 양반의 권위를 한 번에 무너뜨리는 괴상한 행동들을 한다. 또 단어의 순서를 바꾸어 말함으로써 웃음을 유발한다. 양반들의 이런 비상식적인 행동은, 결국 그들의 잘못된 행동을 비판하고 지금까지 체면만 중시하던 양반들의 권위를 한 번에 무너뜨려 풍자하고 조롱하는 효과로 이어진다.

---

16) 오석희, 「판소리계 소설의 언어유희 연구」, 안동대학교 석사학위논문, 2003, 49면.
17) 김윤식 외, 『고등학교 문학(상)』, (주)도서출판 디딤돌, 2003, 87면.

(3) 의미 강조를 위한 언어유희

언어유희 가운데는 유사하거나 동일한 음을 반복적으로 사용하는 경우가 흔히 발견된다. 반복을 통해 얻을 수 있는 가장 큰 효과는 '의미 강조'이다. 언어유희 역시 유사한 음을 반복함으로써 자신의 감정이나 생각을 강조하는 효과를 거두는 경우가 많은데 다음의 예를 통해 확인할 수 있다.

> 춘향이는 저절로 설움에 겨워 맞으면서 우는데,
> 일자운(一字韻)을 달아 울 제, "일편단심(一片丹心) 먹은 마음 일각삼추(一刻三秋) 같사오니 일시(一時)라 못 잊겠소." 둘을 맞고 우는 말이, "이부불경(二夫不更)하려 하면 이군불사(二君不事) 같사오니 이성지합(二姓之合) 만난 연분(緣分) 이심(二心) 둘리 전(全)혀 없소." 셋을 맞고 우는 말이, "삼지불수(三枝佛手) 중(重)한 줄로 삼십삼천(三十三天) 알았으니 삼생가약(三生佳約) 깊은 맹서(盟誓) 저버리지 못하겠소."18)
>
> 「열녀춘향수절가(烈女春香守節歌)」

매를 맞는 숫자에 운을 맞추어 '일편단심', '이성지합', '삼지불수' 등으로 이어나가는 춘향의 항변은 자신의 절개를 절대 꺾지 않겠다는 의지의 표현이다. 이를 통해 이몽룡을 향한 춘향의 사랑과 지조가 한층 더 강조되는 효과가 있다.

3. 언어유희의 교육적 의의

3.1. 언어유희의 교육적 의의

언어유희는 고전 소설 전반에 걸쳐 다양하게 나타나고 있지만 조선 후기

---

18) 강황구 외, 『고등학교 문학(상)』, 상문연구사, 2003, 47~48면 ; 한계전 외, 『고등학교 문학(하)』, (주)블랙박스, 2003, 154~155면.

작품으로 올수록 더욱 두드러진다. 이것은 조선 후기 독자층이 확대된 것과 연관 지어 설명할 수 있다. 봉건적 질서를 탈피하고자 하는 독자들은 작품을 통해 기존 질서에 대한 억눌린 감정을 분출하고 해소하고자 했는데, 이러한 서민 의식이 판소리계 소설에 반영되며 언어유희가 두드러지게 사용된 것이다. 언어유희는 비리를 꼬집고 아니꼬움을 냉소하는 데 효과적[19]이기 때문이다.

물론 언어유희가 판소리계 소설에서만 두드러지는 것은 아니다. 박지원의 「민옹전」이나 작자미상의 「어득강전」에서도 나타나며 김유정의 소설에서도 두루 나타난다. 또 광고 문구나 신문 기사, 개그 프로그램의 주된 소재가 되어 오늘날까지 웃음을 주는 주된 방법으로 계승되고 있다.

이처럼 언어유희는 시대를 초월해 널리 사용되고 있지만 정작 언어유희에 대한 교육은 제대로 이루어지지 못하고 있다. 언어유희를 판소리계 소설의 중요한 특징으로 언급하고 있고, 해학성을 지닌 기발한 발상으로 인식하고 있지만 수업 현장에서는 '언어유희'와 '해학'이라는 두 단어만 사용할 뿐 더 이상의 설명은 이루어지지 않고 있다.

현재 고등학교 문학교과서(18종) 가운데 언어유희가 포함된 판소리계 소설은 모두 32편이다.[20] 이 가운데 '언어유희'라는 명칭은 모두 네 번 언급되었다. 교과서의 날개 부분에 구절 풀이를 하면서 '일종의 언어유희이다'라고 표현한 것이 세 번이고,[21] 문학의 이론을 설명하는 가운데 언어유희와 관련된 예문을 제시하고 '동음이의어를 사용한 언어유희 등 언어미를 느낄 수 있다'[22]라고 언급한 것이 한 번이다. 또 명칭은 제시되지 않았지만

---

19) 성호주, 「韓國語의 言語遊戲-異音同義語의 말놀이(pun)를 중심으로」, 『한국학논집』 10집, 계명대 한국학연구소, 1983, 74면.
20) 중복 표현된 작품을 모두 포함한 것이다.
21) 권영민, 『고등학교 문학(하)』, (주)지학사, 2004, 232면 ; 김병국 외, 『고등학교 문학(상)』, (주)포넷, 2003, 215면 ; 한계전 외, 『고등학교 문학(하)』, (주)블랙박스, 2003, 27면.
22) 강황구 외, 『고등학교 문학(상)』, 상문연구사, 2003, 48면.

언어유희가 사용된 문장을 설명하며 '해학적으로 표현한 말이다',[23) '언어적 재미[24)가 느껴진다'라고 표현한 경우가 있었다.

문학교과서에 수록된 판소리계 소설 속에 언어유희는 적어도 한두 번 사용되고 있는데 이를 설명해 놓은 교과서는 고작 여섯 번에 그치고 말았다. 그러다 보니 이와 관련된 내용을 설명하는 교사들도 언어유희가 사용되었다는 정도만 언급하고, 그것을 확장해서 설명하는 경우는 극히 드물다.

이것은 교과서를 편찬한 사람이나 이를 바탕으로 수업을 하는 교사들 모두 언어유희가 가진 다양한 교육적 가치를 간과한 채 단순히 하나의 표현법으로만 인식하고 있기 때문에 생겨난 현상이다. 하지만 언어유희는 그 자체만으로도 다양하게 활용할 수 있는 훌륭한 제재이다. 따라서 언어유희가 지닌 다양한 기능을 교육적으로 활용하는 것은 매우 의미 있는 일이라 하겠다. 이러한 목적 아래 본 장에서는 언어유희를 활용하여 어떤 교육적 의의를 이끌어 낼 수 있는지 살펴보고자 한다.

3.1.1. 문학적 즐거움 제시

우리는 문학 작품을 통해 즐거움을 느끼게 된다. 이것을 문학의 쾌락설이라고 하는데, 문학의 기능을 일종의 재미 즉 쾌락이라고 보는 견해이다.[25)

그러나 학교에서 이루어지는 문학 수업에서 학생들은 이런 즐거움을 크게 느끼지 못하는 것 같다. 어떤 경우에는 오히려 지루하기 그지없는 수업 시간으로 인식하기도 한다. 여러 이유가 있겠지만 작품을 감상의 대상이 아닌 시험을 위한 도구로 보는 것이 가장 큰 이유일 것이다.

판소리계 소설이 지닌 언어의 이중성이라는 특징도 현대의 독자들에게

---

23) 박갑수 외, 『고등학교 문학(하)』, 지학사, 2004, 24면.
24) 박호영·한승주, 『고등학교 문학(상)』, 형설출판사, 2004, 65면.
25) 한철우 외, 『고등학교 문학(상)』, (주)문원각, 2003, 39면.

고전 작품의 재미를 감소시켰다. 양반들의 언어 즉, 한자어의 나열은 독자로 하여금 읽는 즐거움을 주지 못하고 오히려 판소리계 소설을 지루한 텍스트로 인식하게 만들었다. 그러나 자구(字句) 해석에 국한된 수업에서 벗어나 판소리계 소설에 사용된 언어유희를 적극 활용하면 지루한 고전 문학에 매우 재미있는 요소가 들어 있음을 발견하게 될 것이다. 이는 작품 전체를 능동적으로 수용하는 데도 큰 도움이 되며, 궁극적으로는 문학적 즐거움과 쾌감을 느끼게 할 수 있을 것이다.

고등학교 문학교과서에 실려 있는 언어유희를 찾아보면 독자들의 웃음을 유발할 수 있는 부분이 많이 있다. 이를 통해 문학을 읽는 즐거움을 제공할 수 있다.

> 어사또 상을 보니 어찌 아니 통분하랴, 모 떨어진 개상판에 닥채저붐, 콩나물, 깍두기, 막걸리 한 사발 놓았구나. 상을 발길로 탁 차 던지며 <u>운봉의 갈비를 직신</u>,
> "<u>갈비 한 대 먹고지고.</u>"/ "다라도 잡수시오."[26]
>
> 「춘향전」

이몽룡이 변 사또의 생일 잔치에 참석해 자신의 신분을 숨긴 채 의뭉을 떨고 있는 장면이다. 모두가 즐겨야 할 잔치에서 자신을 푸대접하는 것에 화가 난 이몽룡이 상을 발로 차며 갈비(음식)가 먹고 싶다고 운봉의 갈비(신체의 일부)를 직신거리는 모습은 어사로서의 권위나 위엄을 전혀 찾아볼 수 없게 하는 비상식적인 행동이다. 기대했던 상식이 무너지면서 창출되는 이러한 장면은 딱딱한 고전을 읽으며 느끼는 긴장감을 이완시켜 주며 더불어 웃음까지 제공하는 역할을 한다.

판소리계 소설 곳곳에 사용된 언어유희는 당대 사람들이 얼마나 기발한 생각을 하고 살았는지를 보여줌과 동시에 글을 읽는 독자들에게 읽는 즐거

---

26) 김병국 외, 『고등학교 문학(상)』, (주)포넷, 2003, 279면.

움을 제공해 준다. 이러한 언어유희를 작품의 내용과 적절히 연결하여 수업에 활용한다면 학생들은 판소리계 소설을 훨씬 재미있고 유쾌하게 만날 수 있을 것이다. 또 지문에 제시된 언어유희 이외에 그와 관련된 다양한 예문을 제시한다면 즐거움은 물론 작품에 대한 이해도 높일 수 있을 것이다.

3.1.2. 시대상과 가치관의 이해

문학이 시대를 반영한다는 것은 익히 알고 있는 사실이다. 소설의 경우 작가의 상상력을 통해 작품이 만들어지지만 그것 역시 당시 현실을 배경으로 창작될 수밖에 없다. 고전소설도 예외는 아니다. 환술과 기예에 능하고 귀신을 잘 부렸다는 전우치의 행적을 기록한 「전우치전」은 도가 사상이 유행했던 16세기 사상계의 모습을 반영하고 있으며, 서얼 차별 같은 사회 문제를 적극적으로 언급한 「홍길동전」은 이 소설의 저자이자 개혁 사상가인 허균의 시각에서 본 불평등한 사회상을 담고 있다. 역관인 변 씨의 지원을 받아 일약 갑부가 되는 허생의 이야기 「허생전」은 도시와 상업의 발달, 역관의 지위 상승이라는 18세기 후반의 경제상황을 그대로 보여준다. 또 「흥부전」에는 성리학이 사회 저변으로 뿌리내리면서 정착한 '장자 상속제'의 단면이 고스란히 투영되어 있다.27)

문학이 시대를 반영하고 있다는 사실은 작품 속에 사용된 표현을 통해서도 드러난다. 언어유희 역시 유사한 기능을 하고 있다. 언어유희는 단순히 독자들에게 웃음을 제공하는 것으로 그치지 않는다. 시대상을 이해하고 당대를 살아간 사람들의 가치관을 이해하는 데도 도움을 준다.

「춘향전」을 보자. 조선 후기에 널리 유행하던 소설인 만큼 이 작품은 조선 후기 사회상을 많이 반영하고 있다. 물론 작품 전체를 보아야 시대상을 제대로 파악할 수 있겠지만 언어유희가 사용된 표현을 통해서도 사회상을

---

27) 신병주·노대환, 『고전소설 속 역사 여행』, 돌베개, 2002, 5면.

살펴볼 수 있다.

「춘향전」이 창작되어 널리 유행한 18세기 후반은 전통적인 신분 질서가 해체되고 하층민의 성장이 두드러졌으며, 이는 서민 문화의 발달로 표면화되었다. 고전 소설이든 현대 소설이든 소설은 모두 상상 속 공간에서 시대의 부조리와 모순을 과감히 폭로하고 다수의 사람에게 대리 만족감을 불러일으킨다. 그런 점에서 「춘향전」은 수령의 부패와 탐학, 청춘 남녀의 사랑, 선비의 출세와 여성의 절개 등 조선 후기 사회에서 중시되던 덕목과 사회상을 적절히 반영하면서 그 시대인들의 가슴속을 깊이 파고들었다.[28] 다음의 표현을 보자.

> 모든 수령 도망할 제 거동 보소. 인궤 잃고 과줄 들고 병부 잃고 송편 들고 탕건 잃고 용수 쓰고 갓 잃고 소반 쓰고 칼집 쥐고 오줌누기, 부서지(느)니 거문고요 깨지느니 북 장고라. 본관이 똥을 싸고 멍석 구멍 생쥐 눈 뜨듯 하고 내아(內衙)로 들어가서
> "어 추워라. 문 들어온다 바람 닫아라. 물 마르다 목 들여라."[29]
> 　　　　　　　　　　　　　　　　　「열녀춘향수절가(烈女春香守節歌)」

암행어사 출두에 놀란 수령들이 혼비백산하여 달아나는 장면이다. 정신을 잃고 도망치는 수령들은 모두 상식 밖의 행동을 한다. 그들의 행동을 통해 상황의 다급함을 짐작할 수 있지만 그 행동이 상식에서 벗어나는 범위가 클수록 그들의 잘못 역시 커지는 것이다. 문이 들어오니 바람을 닫으라고 말을 바꾸어 하는 것을 보니 그들은 분명 엄청난 잘못을 저지른 것이다. 그 잘못은 당시 사회의 분위기와 연계해 볼 때 당연히 수령들의 부패와 탐학인 것이다.

그런가 하면 여성의 절개를 강조했던 당시의 모습을 엿보게 하는 대목도

---

28) 신병주·노대환, 『고전소설 속 역사 여행』, 돌베개, 2002, 177~178면.
29) 김윤식 외, 『고등학교 문학(상)』, (주)도서출판 디딤돌, 2003, 87면.

등장한다.

> 일자운(一字韻)을 달아 울 제, "일편단심(一片丹心) 먹은 마음 일각삼추(一刻
> 三秋) 같사오니 일시(一時)라 못 잊겠소. 둘을 맞고 우는 말이, "이부불경(二夫
> 不更)하려 하면 이군불사(二君不事) 같사오니 이성지합(二姓之合) 만난 연분(緣
> 分) 이심(二心) 둘리 전(全)혀 없소." 셋을 맞고 우는 말이, "삼지불수(三枝佛手)
> 중(重)한 줄로 삼십삼천(三十三天) 알았으니 삼생가약(三生佳約) 깊은 맹서(盟
> 誓) 저버리지 못하겠소." 넷을 맞고 우는 말이, "사지(四肢) 찢어 박살(撲殺)하
> 여 사방(四方)에 돌린대도 사해(四海)같이 깊은 언약(言約) 변(變)할 배가 있으
> 리까." 다섯을 딱 붙이니, "오륜(五倫)의 제일강령(第一綱領) 오행(五行) 중에
> 으뜸이라. 오매불망(寤寐不忘) 우리 낭군(郎君) 잊을 가망 바이 없소."30)
>
> 「춘향가」(완판본)

변학도의 수청을 거절한 춘향이 곤장을 맞는 장면이다. 춘향은 가혹한
형벌이 가해지는 상황에서 오히려 아무렇지도 않다는 듯 한 대, 한 대 맞을
때마다 운을 맞추어 글을 짓는 모습을 보임으로써 정절에 대한 강한 의지
를 나타낸다. 이것은 여성의 절개를 강조하던 조선 사회의 모습이 반영된
것이라 할 수 있다. 또 자신의 의지를 굽히지 않았던 모습에서 부당한 양반
층에 대한 저항이라는 당대 사람들의 가치관도 엿볼 수 있다.

이처럼 언어유희는 다양한 표현을 통해 시대상을 보여주고 있으며 그 속
에서 당대인들이 어떤 생각을 하고 있었는지를 잘 보여주는 역할을 하고
있어, 중세 질서가 보여준 시대상과 그 속에 대처하는 인물들의 가치관을
이해하는 데 효과적인 제재라 할 수 있다.

3.1.3. 의사소통 능력과 창작 능력의 향상

국어 생활은 원활한 의사소통을 궁극적인 목적으로 한다. 읽기와 듣기를

---

30) 강황구 외, 『고등학교 문학(상)』, 상문연구사, 2003, 47~48면 ; 한계전 외, 『고등학교 문학
(하)』, (주)블랙박스, 2003, 153~155면.

통해 상대방의 생각을 이해하고 쓰기와 말하기를 통해 자신의 생각을 상대방에게 이해시키는 것이 국어 생활의 목적인 것이다. 이러한 의사소통은 화법, 작문, 독서, 문법, 문학 등 다양한 교과 학습 속에서 자연스럽게 함양되어야 한다.

2007 개정 국어과 교육과정에서는 구체적인 맥락 속에서의 창조적인 국어 활동 능력과 태도를 기르는 것을 국어과 교육의 핵심 목표로 삼고 있다.[31] 또 '문학 작품의 수용과 생산 활동을 통하여 언어에 대한 통찰력을 기르고, 창의적으로 사고하고 소통하는 능력을 함양한다'[32]라고 명시되어 있다. 이런 점을 고려해 볼 때 국어의 심화 영역인 '문학' 수업은 작품의 감상에만 국한되는 것이 아니라 감상을 바탕으로 언어에 대한 통찰력을 기르고 타인과 소통하는 능력을 함양하며 나아가 창의적으로 사고하고 소통하는 능력까지 길러야 할 당위성을 갖게 된다.

판소리계 소설에 드러난 '언어유희'는 의사소통 능력 향상에 효과적이라 할 수 있으며 나아가 이를 바탕으로 창작 능력을 기르는 데도 적절한 제재가 될 수 있다. 이것은 언어유희가 지닌 다양한 특징 때문이다.

언어유희는 '해학성'을 가장 큰 특징으로 한다. '해학성'은 현대의 '유머'와 일맥상통하는 면이 있는데, 윤천탁은 국어교육에서 유머 텍스트는 학생들과 친밀감을 증대시켜 원활한 의사소통을 가능하게 한다고 했다.[33]

> 한 남자가 새로운 거래처를 뚫기 위해 중소기업의 사장을 만나러 갔다. 사장을 보자마자 사나이는 미소를 지으며 씩씩하게 말했다.
> 남자 : 안녕하십니까?
> 사장 : 실례지만 누구시지요?
> 남자 : 예, 저는 김철수 씨의 소개를 받고 온 사람입니다.

---

31) 교육인적자원부, 『고등학교 교육과정 해설, 국어』, 2001, 391면.
32) 교육과학기술부, 『고등학교 교육과정 해설, 국어』. 2008, 393면.
33) 윤천탁, 「국어교육에서 유머 텍스트 활용 방안 연구」, 『청람어문교육』 35집, 2007, 184면.

> 사장 : 죄송합니다만, 제가 워낙 많은 사람들을 만나다 보니 사람들의 얼굴
>   과 이름을 일일이 기억하지 못하겠군요. 김철수 씨가 누구신지요?
> 남자 : (씩씩하게) 예! 바로 접니다.
> 사장 : 아니, 이 사람이……, 하하하……
> 영업 사원의 재치 있는 말 한마디에 중소기업 사장은 그의 이름과 얼굴뿐
> 아니라 그를 자신감 넘치는 청년으로 오래도록 기억하게 되었다.[34)]

남자는 새로운 거래처에서 처음 만난 사장에게 자신을 소개하며 유머를 사용하고 있다. 일반적으로 사람들이 하는 것처럼 자신을 소개했다면 사장은 남자를 인상적으로 보지 않았을 것이고 그렇게 되면 남자는 자신의 목적을 달성하지 못했을 것이다. 그러나 유머 한 마디로 인해 남자는 자신의 인상을 사장에게 강하게 표현했고 대화의 분위기는 훨씬 부드럽게 이어지게 된다. 이와 같이 유머는 친밀감을 증대시켜 원활한 의사소통을 가능하게 한다. 언어유희도 마찬가지이다. 다음을 보자.

> "져 농군 여봅시. <u>검은 소로 밧출 가니 컴컴ᄒ지 아니ᄒᄂ지?</u>"
> 농뷔 ᄃᆡ답ᄒᄃᆡ
> "그러키의 <u>밝으라고 볏 다랏지오.</u>", "<u>볏 다라시면 응당 더우려니?</u>"
> "<u>덥기의 셩이장 붓쳐지오.</u>", "<u>셩이장 붓쳐시니 응당 츠지?</u>"
> "<u>츠기의 쇠게 양지머리 잇지오.</u>"[35)]

「춘향전」

이몽룡과 농부들 사이의 대화이다. 모르는 사람들이 처음 만나 대화를 주고받는 상황이다. 밭을 갈고 있는 농부에게 이몽룡이 말장난을 건네고 농부가 이를 받아 다시 말장난으로 대화를 이어간다. '볏'과 '성에'와 '양지머리' 등의 동음이의어를 활용한 이러한 말놀이는 논밭을 가는 쟁기의 부속과 소의 신체 부위를 '햇볕', '성에', '양지(陽地)'와 동일시함으로써 표현의

---

34) 이정환, 『재치 있는 말 한마디가 인생을 바꾼다』, 시아출판사, 2005, 14~15면.
35) 노명완 외, 『고등학교 국어생활』, (주)두산, 2003, 48면.

묘미를 살리고 있는데, 이러한 언어유희는 두 사람의 대화가 자연스럽게 이어지도록 하는 기능을 하고 있다.

또 언어유희에는 다양한 문학적 표현들이 담겨 있다. 이러한 표현법을 적극적으로 활용하면 새로운 문학을 창조하는 데 도움이 된다. 언어유희에 사용된 문학적 표현 가운데 먼저 유사음운이 반복된 예를 보자.

> (1) 사절 소식 끊어질 <u>절</u>(絶), 보내나니 아주 영<u>절</u>(永絶), 푸른 대와 푸른 솔은 백이 숙제 만고(萬古) 충<u>절</u>(忠節), 천산의 조비절, 병으로 자리에 누우니 인사<u>절</u>(人事絶), 죽<u>절</u>(竹節), 송<u>절</u>(松節), 춘하추동 사시<u>절</u>(四時節)[36]
> 「춘향전」(완판본)

> (2) "<u>흥보</u>, <u>흥보</u>, 일 년 새경 먼저 받고 모 심을 때 도망한 놈, 그 놈은 <u>황보</u>렸다. 쟁기질 보냈더니 소 가지고 도망한 놈, 그 놈은 <u>숭보</u>렸다. 흥보, 흥보, 암만 해도 기억치 못하 겠다."[37]
> 「박타령」(신재효 정리)

모두 자신의 생각이나 감정을 드러내면서도 웃음을 유발하고 있는 부분이다. 그런데 이러한 표현은 판소리계 소설이 산문이면서도 동시에 운율이 느껴지게 하는 효과를 갖는다. 동일한 음운을 일정한 위치에서 반복적으로 표현함으로써 작품이 리듬감을 타며 흥겹게 읽혀지도록 하고 있다.

다음의 예에서 보는 것처럼 유사한 음운이나 구절의 반복은 시(詩)의 음악적 성질을 드러내는 하나의 요소이다.

> 나 보기가 역겨워/ 가실 때에는// 말없이 고이 보내 드리<u>오리다</u>.//
> 영변(寧邊)에 약산(藥山)/ 진달래꽃/ 아름 따다 가실 길에 뿌리<u>오리다</u>.//
> 가시는 걸음걸음/ 놓인 그 꽃을/ 사뿐히 즈려밟고 가시옵소서.//

---

36) 홍신선 외, 『고등학교 문학(상)』, (주)천재교육, 2003, 168면.
37) 박경신 외, 『고등학교 문학(하)』, (주)금성출판사, 2003, 162면 ; 홍신선 외, 『고등학교 문학(하)』, (주)천재교육, 2003, 110면.

나 보기가 역겨워/ 가실 때에는/ 죽어도 아니 눈물 흘리<u>오리다</u>.[38]
「진달래꽃」(김소월)

이처럼 현대시에서 두드러지게 나타나는 유사 음운 반복이나 동일한 구절의 반복은 운율을 형성하는데 중요한 역할을 하는데, 판소리계 소설에서 드러나는 언어유희도 동일한 역할을 할 수 있다. 따라서 (1), (2)와 같은, 유사 음운이 반복된 언어유희를 제시하고 모방이나 패러디를 통해 '바꾸어 쓰기'를 할 경우 자연스럽게 운율의 형성 요소를 습득할 수 있고, 더 나아가 스스로 새로운 문장을 창조하는 능력까지 기를 수 있을 것이다.

또 언어유희가 사용된 문장 가운데는 사람이나 상황을 과장하여 묘사하는 장면이 많이 보인다.

밥 잘 먹고 술 잘 먹고 고기 잘 먹고 떡 잘 먹고 쌀 퍼주고 고기 사 먹고 벼 퍼주고 술 사 먹고 이웃집 밥부치기 동인 잡고 욕 잘 허고 초군(樵軍)들과 싸움허기 잠자며 이갈기와 배 긁고 발 털고 한밤중 울음 울고 오고 가는 행인다려 담배 달라 실낭허기 술 잔뜩 먹고 정자 밑에 낮잠 자기 힐끗허면 핼끗허고 핼끗허면 힐끗허고 삐쭉허면 빼쭉허고 빼쭉허면 삐쭉허고 남의 혼인허랴 허고 단단히 믿었난디 해담(害談)을 잘 허기와[39]
「심청가」(정권진 창본)

뺑파의 악행을 나열하고 있는 대목으로, 그녀의 과장된 행동이 자세히 묘사되고 있다. 또 '잘 먹고'와 '-기'의 반복, 비슷한 의태어 '힐끗-핼끗', '삐쭉-빼쭉'의 변용이 나타나 있다. 이러한 부분을 활용하면 '묘사'에 대한 이해와 '변주'가 주는 효과를 동시에 학습하게 할 수 있다.

언어유희에 사용된 이러한 표현법을 활용하여 문학 작품을 창작하게 한

---

38) 김소월, 「진달래꽃」, 『한국대표시인100인선집 1』, 미래사, 1991, 51면.
39) 강황구 외, 『고등학교 문학(상)』, 상문연구사, 2003, 43면 ; 김윤식 외, 『고등학교 문학(상)』, (주)도서출판 디딤돌, 2003, 25면.

다면 훨씬 더 풍부한 표현을 만들어 낼 수 있을 것이다. 모방이나 패러디를 통해 기존의 표현법을 익힌 후 이를 적용하여 새롭게 글을 쓰게 한다면 학생들의 창작 능력을 향상시키는 데 큰 도움이 될 것이다.

3.1.4. 심리치료 기능

현대 사회가 점점 복잡해지고 다양화됨에 따라 여러 가지 도덕적인 문제가 발생하고 있다. 바쁜 생활로 인해 삶의 의미나 가치를 잊고 지내는 경우가 많고 정보화 물결 속에서 현실과 가상 공간을 구별하지 못해 진정한 가치를 잃어버리기도 한다. 또 치열한 경쟁 사회에서 극심한 스트레스를 받고 있으며 특히 학생들의 경우 입시 경쟁으로 인해 심한 압박감을 받고 있는 게 현실이다. 이러한 사회적 현상으로 인해 현대인들은 갈수록 심한 심리적 불안과 우울증에 시달리고 있다. 이런 현실이야말로 그 어느 때보다 웃음이 필요한 시기라 하겠다. '웃음'은 병든 몸과 마음을 공짜로 치료해 주는 명약이기 때문이다. 특히 과중한 학업과 입시 경쟁으로 스트레스를 받고 있는 청소년들에게 웃음을 유발하는 언어유희는 효과적인 심리치료제가 될 수 있다.

'웃음'을 유발하는 다음 부분을 보자.

> 사람마다 다 오장이 육보인듸, 놀보는 오장이 칠보였다. 그 어찌 칠보냐 하며는, 이놈이 밥곤 먹으면, 남한테 심술부리는 보 하나가 왼쪽 갈비 속에 가서 장기 궁짝만헌 것이 붙어 가지고[40]
>
> 「흥보가」(박봉술 창본)

놀부의 심술보를 묘사하고 있다. 성격이 괴팍하고 심술궂은 것이 '심술보'라는 장기가 하나 더 있어서라고 말하는 대목은 기발한 발상이 돋보이

---

40) 구인환 외, 『고등학교 문학(하)』, (주)교학사, 2003, 161면.

는 부분이다. 독자로 하여금 웃지 않을 수 없게 만드는 대목이다.

이처럼 언어유희는 독자들에게 무엇보다 큰 웃음을 선사한다. 물론 언어유희가 지닌 기능이 다양하고 그 표현 속에 담긴 의미가 여러 가지이겠지만 그러한 표현 속에 공통적으로 내포되어 있는 것이 바로 '해학'이다. 이러한 해학적 표현 속에 담긴 웃음은 독자들에게 심리적인 안정감을 주고 스트레스를 해소해 주는 역할을 할 수 있을 것이다.

다음과 같은 긍정적 인식도 심리 치유에 도움이 될 수 있다.

> "내 갓 좀 내오오."/ "갓은 어디가 두었소."
> "굴뚝 속에 두었지"/ "어째서 굴뚝 속에다 두었소."
> "그런 것이 아니라 신묘년 조대비(趙大妃) 국상(國喪)시에 백립(白笠) 갓양이 단단하다 해서 끄름에 끄슬려 쓰려고 굴뚝 속에다 두었지."
> "내 도포(道袍) 좀 내오오". "도포는 어디다 두었소."/ "장안에 들었지."
> "아니 여보, 우리 집에 무슨 장이 있단 말이요."
> "허허 이 사람아 닭구장은 장이 아닌가"[41] 「흥보가」(박녹주 창본)

외출을 해야 하는데 변변히 입을 옷도 없고 갖추어 쓸 갓도 없다. 이런 상황에서 흥보는 나름대로 꾀를 내어 방법을 마련해 놓는다. 갓(검은 색)을 마련하기 위해 백립(白笠)을 미리 굴뚝 속에 넣어 검게 만드는 것이 그것이다. 또 옷장 하나 없는 살림살이에 옷장 대신 닭장을 이용하는 기발한 발상도 보여준다. 예의를 갖출 수 없을 정도의 남루한 차림이지만 상황에 절망하거나 환경을 탓하지 않고 나름의 방편을 마련하는 흥보의 모습은 주어진 현실을 '웃음'으로 승화하고자 하는 낙천적 사고의 발현이라 할 수 있다.

언어유희의 '웃음'은 절망적인 상황에서 더 빛을 발한다. 그것은 절망적인 상황을 그대로 인식하는 것이 아니라 한바탕 웃음을 통해 긍정적인 상

---

41) 구인환 외, 『고등학교 문학(하)』, (주)교학사, 2003, 164면 ; 박갑수 외, 『고등학교 문학(하)』, 지학사, 2004, 121면 ; 한철우 외, 『고등학교 문학(하)』, (주)문원각, 2003, 125면.

황으로 전환하기 때문이다. '웃음'은 현대인의 우울증을 치료하는 데 훌륭한 약이다. 언어유희가 가진 웃음의 미학과 상황을 낙천적으로 보는 긍정적 사고는 과도한 학습 부담과 입시 경쟁에 시달리는 학생들의 마음을 달래주고 스트레스를 해소해 주는 명약으로서의 역할을 충분히 해 낼 수 있을 것이다. 이것이 언어유희를 교육에 적극적으로 활용해야 하는 또 다른 이유이다.

4. 맺음말

본고에서는 다양한 기능이 있음에도 불구하고 수업 현장에서 단순히 하나의 표현법으로만 다루어지고 있는 판소리계 소설 속 '언어유희'의 묘미를 찾고 이를 교육적으로 활용할 수 있는 방안을 연구해 보고자 하였다.

이를 위해 먼저 언어유희의 개념을 살펴보았다. 언어유희의 개념은 연구자에 따라 범위 설정에 대한 의견차를 보였으며 또 유머나 재담과도 유사한 성격을 지니고 있음을 확인했다. 이에 본고에서는 언어유희를 보다 넓은 범위로 설정하여 '우리가 일상적으로 사용하는 언어 가운데 재치 있게 웃음을 유발할 수 있는 말'로 규정하였다.

고등학교 문학교과서에 수록된 판소리계 소설(판소리 사설 포함)은 「춘향가」, 「흥보가」, 「심청가」, 「수궁가」, 「적벽가」, 「장끼전」으로 총 6편이다. 각 작품 속에 표현된 언어유희를 유형별로 살펴 본 결과 형식에 의한 분류로는 발음의 유사성을 활용한 언어유희, 유사 음운의 반복을 활용한 언어유희, 단어의 도치를 활용한 언어유희, 비상식적 대화를 활용한 언어유희로 나눌 수 있었다. 또 언어유희를 사용한 목적에 따라 분류해 본 결과 해학을 위한 언어유희, 풍자나 조롱을 위한 언어유희, 의미 강조를 위한 언어유희로 나눌 수 있었다.

언어유희는 판소리계 소설이 지닌 큰 묘미 가운데 하나이다. 그럼에도 불구하고 학교 현장에서는 단순히 하나의 표현법으로만 언급된다. 그러나 언어유희는 교육적으로 다양하게 활용할 수 있는 기능이 있다. 먼저 언어유희의 '해학성'을 효과적으로 활용했을 때 지루하다고 인식되는 고전 작품이 충분히 재미있는 텍스트임을 인식시킬 수 있고 이것은 수업에 활력소가 될 수 있다. 또 작품이 창작되고 향유되던 시대상을 이해하고 당대인들의 가치관을 이해하는 자료로도 활용할 수 있다. 물론 언어유희가 사용된 특정 구절 하나만을 통해 시대상과 당대인들의 가치관을 모두 읽어내는 것은 무리가 있다. 작품의 내용은 전체적으로 연결되어 있기 때문이다. 그러나 언어유희가 사용된 부분에서 출발하여 전체적인 내용을 찾아가는 것도 적극적인 독자가 되는 효과적인 방법이라 생각한다.

언어유희는 의사소통 능력을 향상시키는 자료로도 활용 가치가 높다. 경직되지 않고 부드럽게 대화를 시작할 수 있는 발판을 마련해주기 때문이다. 또 창작 능력을 향상시키는 자료로 활용할 수도 있다. 언어유희에는 다양한 표현법이 사용되고 있는데 이를 모방 또는 패러디하여 작품을 창작하게 한다면 훨씬 더 풍부한 표현을 만들어낼 수 있기 때문이다. 마지막으로 언어유희에 내재된 웃음과 긍정적 사고는 과도한 학습 부담과 입시 경쟁에 시달리는 학생들의 마음을 달래주고 스트레스를 해소해 주는 심리치료의 역할도 충분히 할 수 있다.

본 연구는 자칫 간과해 버릴 수 있는 언어유희의 다양한 기능을 찾아 교육적으로 활용할 수 있는 방안을 제시했다는 점에서 의의가 있다고 본다.

그러나 '언어유희'라는 제재의 범위가 너무 좁았고 또 일부분에 대해서는 '유머' 또는 '해학'의 측면으로 범위를 넓혀 그 일원으로 내용에 접근하는 것이 좀 더 설득력 있는 방법이었을 텐데 범위를 확장하지 못하고 언어유희에 국한시켜 연구한 것이 아쉬움으로 남는다. 이는 능력 부족으로 너무 큰 범주를 다루는 것이 무리였고 또 작은 범주의 것을 주제로 택해 좀 더 자세히 분석하고 비판을 가하는 것이 내실 있는 접근이라 생각했기 때문이다. 보다 넓은 범주에서 고전 작품 속에 담긴 해학이나 유머를 교육적으로 활용할 수 있는 방안을 모색하는 것은 앞으로 더 연구해야 할 과제이다.

　마지막으로 언어유희를 교육적으로 다양하게 활용하기 위해서는 좀 더 많은 자료가 필요할 것으로 본다. 현재 18종 문학교과서에 수록되어 있는 언어유희의 예는 극히 한정되어 있다. 대부분 「흥보가」에 많이 치우쳐 있으며 수록된 대목도 거의 유사하기 때문에 교과서를 통해 다양한 언어유희를 찾아보는 것에는 한계가 있다. 좀 더 다양하고 새로운 대목을 많이 수록하여, 교육적으로 유의미한 언어유희를 좀 더 적극적으로 활용한다면 보다 큰 효과를 거둘 수 있을 것이다. 이와 함께 교사들 역시 기존의 수업 방식에서 탈피하여 표현법이 가지고 있는 다양한 가치를 찾아 낼 수 있는 수업 방안을 연구한다면 교사와 학생 모두 진정한 문학의 즐거움을 경험할 수 있을 것이다.

‖ 참고 문헌

기본자료

강황구 외, 『고등학교 문학(상)』, 상문연구사, 2003.

강황구 외, 『고등학교 문학(하)』, 상문연구사, 2003.

권영민, 『고등학교 문학(상)』, (주)지학사, 2004.

권영민, 『고등학교 문학(하)』, (주)지학사, 2004.

구인환 외, 『고등학교 문학(상)』, (주)교학사, 2003.

구인환 외, 『고등학교 문학(하)』, (주)교학사, 2003.

김대행 외, 『고등학교 문학(상)』, (주)교학사, 2004.

김대행 외, 『고등학교 문학(하)』, (주)교학사, 2004.

김병국 외, 『고등학교 문학(상)』, (주)포넷, 2003.

김병국 외, 『고등학교 문학(하)』, (주)포넷, 2003.

김상태 외, 『고등학교 문학(상)』, 도서출판 태성, 2004.

김상태 외, 『고등학교 문학(하)』, 도서출판 태성, 2004.

김윤식 외, 『고등학교 문학(상)』, (주)도서출판 디딤돌, 2003.

김윤식 외, 『고등학교 문학(하)』, (주)도서출판 디딤돌, 2003.

김창원 외, 『고등학교 문학(상)』, 민중서림, 2003.

김창원 외, 『고등학교 문학(하)』, 민중서림, 2003.

노명완 외, 『고등학교 국어생활』, (주)두산, 2003.

박갑수 외, 『고등학교 문학(상)』, 지학사, 2004.

박갑수 외, 『고등학교 문학(하)』, 지학사, 2004.

박경신 외, 『고등학교 문학(상)』, (주)금성출판사, 2003.

박경신 외, 『고등학교 문학(하)』, (주)금성출판사, 2003.

박호영·한승주, 『고등학교 문학(상)』, 형설출판사, 2004.

박호영·한승주, 『고등학교 문학(하)』, 형설출판사, 2004.

오세영 외, 『고등학교 문학(상)』, (주)미래엔컬처그룹, 2004.

오세영 외, 『고등학교 문학(하)』, (주)미래엔컬처그룹, 2004.

우한용 외, 『고등학교 문학(상)』, (주)두산동아, 2003.

우한용 외, 『고등학교 문학(하)』, (주)두산동아, 2003.

이삼형 외, 『고등학교 국어생활』, (주)중앙교육진흥연구소, 2002.

이삼형 외, 『고등학교 국어생활 교사용지도서』, (주)중앙교육진흥연구소, 2002.
정재정 외, 『고등학교 한국사』, (주)지학사, 2011.
조남현 외, 『고등학교 문학(상)』, (주)중앙교육진흥연구소, 2003.
조남현 외, 『고등학교 문학(하)』, (주)중앙교육진흥연구소, 2003.
최웅 외, 『고등학교 문학(상)』, 청문각, 2004.
최웅 외, 『고등학교 문학(하)』, 청문각, 2004.
한계전 외, 『고등학교 문학(상)』, (주)블랙박스, 2003.
한계전 외, 『고등학교 문학(하)』, (주)블랙박스, 2003.
한철우 외, 『고등학교 문학(상)』, (주)문원각, 2003.
한철우 외, 『고등학교 문학(하)』, (주)문원각, 2003.
홍신선 외, 『고등학교 문학(상)』, (주)천재교육, 2003.
홍신선 외, 『고등학교 문학(하)』, (주)천재교육, 2003.

단행본
『고등학교 교육과정 해설, 국어』, 교육과학기술부, 2008.
『고등학교 교육과정 해설, 국어』, 교육인적자원부, 2001.
김소월, 「진달래꽃」, 『한국대표시인 100인선집 1』, 미래사, 1991.
김유정탄생100주년기념사업추진위원회, 『한국의 웃음문화』, 소명출판, 2008.
신병주·노대환, 『고전소설 속 역사 여행』, 돌베개, 2002.
이민희 역, 『여용국전·어득강전·조충의전』, 지만지출판사, 2010.
이상익 외, 『고전문학 어떻게 가르칠 것인가』, 집문당, 1994.
이정환, 『재치 있는 말 한마디가 인생을 바꾼다』, 시아출판사, 2005.
『중학교 교육과정 해설, 국어』, 교육과학기술부, 2008.

논문
권순희, 「매체 환경에 따른 유머의 표현 기제」, 『국어교육연구』 10집, 서울대학교 국어
      교육연구소, 2002.
구현정, 「유머 담화의 구조와 생성 기제」, 『한글』 248호, 한글학회, 2000.
류수열, 「판소리 사설의 언어유희와 그 구연적 성격」, 『국어교육』 102집, 한국어교육학
      회, 2000.
성호주, 「韓國語의 言語遊戱-異音同義語의 말놀이(pun)를 중심으로」, 『한국학논집』 10집,
      계명대 한국학연구소, 1983.
손세모돌, 「유머 형성의 원리와 방법」, 『한양어문』 17집, 한양어문학회, 1999.
오석희, 「판소리계 소설의 언어유희 연구」, 안동대학교 석사학위논문, 2003.
육영주, 「언어유희에 관한 연구 - 개그콘서트를 중심으로」, 한양대학교 석사학위논문,

2003.

윤천탁, 「국어교육에서 유머 텍스트 활용 방안」, 『청람어문교육』 35집, 청람어문교육학
　　회, 2007.

이민희, 「고소설 삽입 '놀이'의 서사적 역할과 의미 연구－옥루몽을 중심으로」, 『고소
　　설연구』 25집, 2008.

이민희, 「심리 치료의 측면에서 본 <閔翁傳> 小考」, 『고전문학연구』 31집, 한국고전문
　　학회, 2007.

주경희, 「언어의 유희적 기능에 대한 국어교육적 고찰」, 『국어교육학연구』 33집, 2008.

최광석, 「<민옹전> 소재 재담의 발상과 재담 교육 텍스트로서의 가치」, 『어문학』 102
　　집, 한국어문학회, 2008.

한성일, 「유머 텍스트의 구조와 원리」, 『화법연구』 7집, 한국화법학회, 2001.

고전소설 교육 소고(小考)

홍정원

1. 들어가며

2007개정 국어과 교육과정의 7학년 국어 교과서에 나타난 문학 영역 성취 기준은 4개이다. 이 중 고전문학의 성취기준과 가장 가까운 것은 '역사적 상황이 문학 작품에 어떻게 나타나는지 이해한다.'로서, 고전소설이 주로 역사적 상황과 관련된 성취기준 및 내용요소와 관련되어 수용되는 모습을 보였다. 8학년에서는 고전문학과 관련된 성취 기준이 두드러지게 나타나지는 않았으며, 2007개정 국어과 교육과정 성취기준에서 고전문학과 본격적으로 관련된 것은 9학년의 '한국문학의 대표적인 고전 작품을 찾아 읽고 그 가치와 중요성을 이해한다.'는 항목이다. 이에 따른 내용 요소의 예로는 '고전 작품 읽기의 가치와 중요성 이해하기', '고전 작품에 대한 자신의 견해 정리하기', '고전 작품에 대한 의미 있는 경험 표현하기'를 찾아볼 수 있다. 고전문학의 입지가 점점 줄어들고 있는 이 때, 2012년부터 적용되는 2007개정 9학년 국어 교과서에는 고전문학이 어떤 모습으로 자리하고 있을지 눈여겨봐야 할 것이다.

현재 중학교 3학년 국어 교과서는 7차 교육과정에 의한 것으로서, 7차 교육과정에서는 7학년의 '문학' 내용으로 '작품 속에 드러난 역사적 현실 상황을 이해한다.'와 '작품의 사회적, 문화적, 역사적 상황에 나타난 그 시대의 가치를 이해하려는 태도를 지닌다.'를 들고 있고, 8학년에서는 '작품에 드러난 우리 민족의 전통이나 사상을 비판적으로 수용하는 태도를 지닌다.'를 내용으로 삼고 있으며, 9학년에서 고전문학과 관련된 내용은 '한국 문학의 개념과 특질을 안다.'로 나타나 있다. 7학년과 8학년의 내용에서는 고전문학 작품 자체를 감상하도록 하기보다는 역사적 상황이나 민족의 전통과 사상과 관련된 내용을 다루고 있고, 9학년에서는 고전 문학을 통해서 한국 문학의 개념을 이해하고 특질을 찾아내도록 하고 있다.

현재 적용되고 있는 2007개정 교육과정과 7차 교육과정에서의 고전문학 교육을 살펴보기 위해 우리 학생들이 고전문학에 대해서 어떻게 생각하고 있는지를 우선 알아보았다. 이를 위해 고전소설 교육과 관련된 논문[1]에 첨부된 학생용 설문지를 본교 3학년 학생들에게 적용시켜 보기로 하였다. 본교는 화천군 사내면에 위치하고 있으며, 설문 대상이 된 3학년은 남학생 26명, 여학생 27명, 총 53명으로 구성되어 있다. 총 15개의 문항 중에서 고전소설에 대한 흥미도와 읽은 고전소설 작품 수, 받아왔던 수업 방법 등에 관해 의미 있는 문항 결과 몇 가지를 아래에 적어 보았다.[2]

---

1) 김진영, 「고전소설 교육의 문제점 및 개선방안 연구 : 제 7차 고등학교 국어교과서 수록 작품을 중심으로」, 성균관대학교 석사학위논문, 2008.
2) 이 글에서는 고전문학의 여러 갈래 중 고전소설로 범위를 한정시켜 논하였다.

〈1. 고전소설에 대한 흥미도〉

문 항	반응 수	비율(%)
① 매우 흥미가 있다.	4	8%
② 흥미가 있는 편이다.	12	24%
③ 보통이다.	18	36%
④ 흥미 없는 편이다.	5	10%
⑤ 전혀 흥미가 없다.	11	22%
계	50	100%

〈2. 학교에서 배운 작품 외에 읽은 고전소설 작품 수〉

문 항	반응 수	비율(%)
① 1-2권	13	28%
② 3-4권	10	21%
③ 5-6권	7	15%
④ 7권 이상	7	15%
⑤ 읽은 적 없다	10	21%
계	47	100%

〈3. 현대소설과 비교해 보았을 때의 고전소설의 난이도〉

문 항	반응 수	비율(%)
① 매우 쉽다	0	0%
② 쉬운 편이다	5	10%
③ 비슷하다	22	44%
④ 어렵다	18	36%
⑤ 매우 어렵다	5	10%
계	50	100%

〈4. 학교에서 진행되었던 고전소설 수업의 형태〉

문 항	반응 수	비율(%)
① 선생님의 강의식 수업	36	68%
② 학생의 발표를 중심으로 하는 발표수업	4	8%
③ 모둠 편성 등을 통한 토론수업	1	2%
④ 과제 제시 등을 통한 탐구수업	3	6%
⑤ 멀티미디어(비디오, 슬라이드, PPT)를 활용한 매체수업	9	16%
계	53(반복 응답)	100%

〈5. 고전소설을 학습할 때 가장 효과적인 수업 방식〉

문 항	반응 수	비율(%)
① 선생님의 강의식 수업	24	48%
② 학생의 발표를 중심으로 하는 발표수업	2	4%
③ 모둠 편성 등을 통한 토론수업	7	14%
④ 과제 제시 등을 통한 탐구수업	4	8%
⑤ 멀티미디어(비디오, 슬라이드, PPT)를 활용한 매체수업	13	26%
계	50	100%

〈6. 고전소설 학습 후 흥미가 생겼는지의 여부〉

문 항	반응 수	비율(%)
① 매우 그렇다	4	8%
② 그렇다	19	38%
③ 아니다	17	34%
④ 전혀 아니다	10	20%
⑤ 기타	0	0%
계	50	100%

〈7. 고전소설 학습 후 생긴 변화〉

문 항	반응 수	비율(%)
① 고전소설에 대해서 흥미가 생겼다	6	12%
② 소설이 쓰인 당대의 사회, 문화 등에 관심이 생겼다	9	18%
③ 작품을 읽고 가치관에 변화가 생겼다	6	12%
④ 고전소설에 흥미를 잃고 지루하게 생각되었다	5	10%
⑤ 아무 변화 없다	24	48%
계	50	100%

이상은 우리 학교 3학년 학생 53명 중 50명의 설문조사 결과로서, 설문 결과를 통해 학생들이 그 동안 고전소설 수업에 대해 가지고 있던 여러 가지 생각들을 알 수 있었다. 고전소설에 대한 흥미도를 살펴보았을 때, 흥미가 있는 학생이 32%, 보통인 학생이 36%로서 '비교적' 긍정적으로 생각하는 학생의 비율이 68%정도가 됨을 알 수 있었고, 학교에서 배운 작품 외에 읽은 고전소설 작품 수에 대해서는 5권 이상이라 답한 학생이 30%, 그 이

하인 학생이 49%였으며, 전혀 읽은 적이 없다는 학생도 21%나 되었다. 또한 현대소설과 비교해 보았을 때 고전소설의 난이도가 어렵다고 생각하는 학생이 46%로서 절반 정도가 되었고, 학교에서 진행된 고전소설 수업의 형태는 선생님의 강의식 수업이 68%로 절대 다수를 차지하였다.

이와 관련되어 고전소설을 학습할 때 가장 효과적인 수업 방식으로 선생님의 강의식 수업이라 답한 학생이 48%로서 절반 정도의 비중을 차지하였고, 고전소설 학습 후 흥미가 생겼는지의 여부에 대한 질문에서는 그렇지 않다고 부정적으로 답한 학생이 54%였으며, 고전소설 학습 후 생긴 변화에 대해서는 흥미를 잃고 지루하게 생각되었다거나 아무 변화 없었다는 학생이 58%로 절반 이상이 부정적으로 대답하였다.

간단하게 학생들의 생각을 알아보려는 의도에서 실시한 설문 조사이기 때문에 결과에 크게 의미를 둘 수는 없다고 생각되지만 직접 가르치는 학생들의 고전소설 수업에 대한 생각을 조금이나마 알 수 있던 기회가 되었다. 고전소설에 대해 흥미를 가지고 있는 학생들의 수가 생각보다 많았으나, 흥미도에 비해 직접 찾아 읽거나 접할 기회가 많지 않았던 학생의 수도 많았고, 중학교 국어 교과서에 실린 고전소설의 난이도가 그리 높지 않음에도 불구하고 고전소설이 현대소설에 비해 어렵다고 생각하는 학생들이 많았다. 다음은 중학교 2학년 국어 교과서에 실린 '토끼전'의 일부이다. 대부분 현대어로 옮겨져 읽고 이해하는 데 큰 어려움이 없다.

> 토끼는 별주부와 함께 물가로 내려와 별주부의 등에 올라앉았다. 그러고는 두 눈을 꼭 감았다. 잠시 후, 몸이 두둥실 뜨는가 싶더니만 어느 새 바닷속으로 빠져들었다. 눈을 떠 보니 오색구름이 찬란하게 궁궐을 휘감고 있었는데, 문 위에는 '북해 용궁'이란 현판이 걸려 있었다. 용궁 문 앞에는 많은 졸개들이 삼엄하게 늘어서 있었다.
> 　별주부가 토끼에게 이르기를,
> 　"내 잠깐 들어갔다 올 것이니 여기서 잠시만 기다리게."

> 하고는 용왕 앞에 나아가 토끼 잡아온 사연을 아뢰었다.
>   수궁 신하들은 만세를 부르고, 병든 용왕은 크게 기뻐하며 토끼를 바삐 잡
> 아들이라 분부하였다. 금부도사(禁府都事)가 나졸을 거느리고 나가 보니, 토
> 끼는 홀로 앉아 별주부 돌아오기만을 기다리고 있었다. 뜻밖에 금부도사가
> 나타나 어명을 전하고, 나졸들은 좌우로 달려들어 토끼를 옴짝달싹 못 하게
> 묶었다. 그러고는 바람같이 급히 몰아 용왕 앞에 무릎을 꿇렸다. 토끼가 겨우
> 정신을 차려 고개를 들어 보니, 앞에는 우뚝한 관을 쓰고 비단옷을 걸친 용
> 왕이 앉아 있고, 좌우에는 온갖 신하들이 빽빽하게 지키고 서 있었다.

이것은 고전소설 자체의 어려움이라기보다는 고전소설을 학습할 때 같이 배우는 고전소설의 특징－운문체, 문어체, 전형적 인물 등의 용어－이나 현재와는 다른 몇몇 어휘, 그리고 고전소설에 대한 선입관 때문에 학생들이 어렵다고 생각하는 듯 하였다.

학교에서 진행된 고전소설 수업의 형태는 선생님의 강의식 수업이 68%로 대부분을 차지하고 있었으며, 또한 효과적인 수업 방식으로도 48%의 학생들이 강의식 수업이라 대답하였다. 이에 대해서는 고전소설 뿐 아니라 국어 수업 자체가 아직은 교사의 강의식 수업에 대부분 의존하고 있으며, 그 중에서도 고전소설이 생소한 어휘 등의 특성으로 좀 더 교사의 강의식 수업에 치중하고 있어서라 생각된다.

마지막으로 고전소설 학습 후에 생긴 학생들의 변화에서는 고전소설 학습 후 흥미가 생겼다는 학생도 46%였지만, 부정적인 반응을 보인 학생도 54%나 되었다. 또한 고전소설에 대해 긍정적인 마음을 가지게 되었다는 학생도 42%였으나, 오히려 흥미를 잃고 지루하게 생각되었다는 학생이나 아무 변화 없었다는 학생도 58%나 되어 고전소설 교육 전반에 대해 진지하게 생각을 해 볼 필요성을 느끼게 되었다.

위 설문조사는 위에서도 밝혔듯이 고전소설 교육에 대한 글을 쓰기 전에 지금 가르치고 있는 우리 학교 학생들이 고전소설에 대해 어떻게 생각하고

있는지를 알아보기 위하여 실시한 간단한 설문조사였다. 그러나 간단한 설문조사였음에도 불구하고 학생들을 가르치는 데 필요한 여러 가지 의미 있는 사실을 알게 되었고, 고전소설을 어떤 방법으로 가르쳐야 하는지에 대해 다시 한 번 생각해 보는 계기가 되었다. 중학교 3학년 국어과 교사용 지도서 '4단원. 고전 문학의 감상' 대단원 개관에 다음과 같은 내용이 있다.

> 고전 문학 작품을 읽으면 작품 속에 반영된 우리 민족의 삶과 현실 대응 방식을 이해하게 됨으로써 오늘의 현실을 살아가는 지혜를 얻을 수 있을 것이다. 또, 역사의 흐름에 따라 이어져 내려온 우리 민족 문학의 뿌리를 알게 됨으로써 우리 문학에 대한 교양과 한국 문화에 대한 애정을 갖게 될 것이다.

위의 내용을 살펴보면 고전문학 단원 설정 이유가 고전소설을 읽음으로써 문학에 좀 더 가까워지고 한국 문화에 대해 애정을 갖도록 하는 것임에도 불구하고, 고전소설을 배움으로써 오히려 흥미를 잃게 되었다거나 아무 변화가 없었다는 학생이 이렇게도 많았다는 사실에 대해 고전소설 교육이 어떻게 이루어져야 하는지를 진지하게 탐구해보아야 하지 않을까 하는 생각을 하게 되었다.

이에 대해 우선 고전소설 교육을 전반적으로 살펴볼 필요성이 있다는 생각으로, 7차 교육과정 중학교 국어 교과서에 나타난 고전소설과 2007개정 교육과정 1, 2학년 중학교 국어 교과서에 나타난 고전소설, 그리고 중학교 3학년 국어 교과서의 '고전 문학의 감상' 단원을 살펴 본 후 고전소설을 어떻게 가르칠 것인가에 대한 나름의 생각을 정리해 보려 한다.

2. 고전소설 교육의 현장

2.1. 7차 교육과정 중학교 국어 교과서에 나타난 고전소설

다음은 7차 교육과정 중학교 국어 교과서에 실린 작품 목록이다.

※ 7차 교육과정 중학교 국어 교과서에 실린 작품들

〈시 · 시조〉 −27편

학년	작품	작가	작품	작가
1학년	새봄	김지하	호수	정지용
	바다가 보이는 교실	정일근	어떤 마을	도종환
	봉선화	김상옥	가을소녀들	양정자
	돌담에 속삭이는 햇발	김영랑		
2학년	모든 순간이 꽃봉오리인 것을	정현종	귀뚜라미	황동규
	가정	박목월	바라건대는	김소월
	나룻배와 행인	한용운	그날이 오면	심훈
	어머니	김초혜		
3학년	내가 사랑하는 사람	정호승	배추의 마음	나희덕
	낙화	이형기	둑방길	유재영
	바다와 나비	김기림	논개	변영로
	청포도	이육사	가는 길	김소월
	깃발	유치환	껍데기는 가라	신동엽
	성탄제	김종길	동해바다	신경림
	자화상	윤동주		

〈국내 현대 소설〉 −14편

학년	작품	작가	작품	작가
1학년	강아지똥	권정생	소설 동의보감	이은성
	옥상의 민들레꽃	박완선	소나기	황순원
	요람기	오영수	흰 종이 수염	하근찬
	숨쉬는 영정	구인환		
2학년	소음 공해	오정희	기억 속의 들꽃	윤흥길

3학년	난쟁이가 쏘아올린 작은 공	조세희	원미동 사람들	양귀자
	아홉 살 인생	위기철	우상의 눈물	전상국
	오발탄	이범선		

〈외국현대 소설〉－5편

학년	작품	작가	작품	작가
1학년	이해의 선물	풀 빌라드	어린왕자	생텍쥐페리
	나비	헤르만 헤세		
2학년	책상은 책상이다	페터빅셀		
3학년	자전거를 못 타는 아이	장자크 상페		

〈국내 근대 소설〉－7편

학년	작품	작가	작품	작가
1학년	벙어리 삼룡이	나도향		
2학년	사랑방 손님과 어머니	주요섭	동백꽃	김유정
	상록수	김훈		
3학년	혈의 누	이인직	무정	이광수
	운수 좋은 날	현진건		

〈외국 근대 소설〉－1편

학년	작품	작가	작품	작가
3학년	올리버 트위스트	찰스 디킨스		

〈국내 고전 소설〉－4편

학년	작품	작가	작품	작가
1학년	● 홍길동전	허균		
2학년	● 토끼전			
3학년	● 박씨전, 운영전			

〈수필·설명문·논설문〉－28편

학년	작품	작가	작품	작가
1학년	어린 날의 초상	문혜영	현이의 연극	이경희
	내나무	이규태	30년 전 그날	강원룡

1학년	안네의 일기	안네 프랑크	먹어서 죽는다	법정
	섬진강 기행	김훈	우리 꽃 산책	이유미
	도편수의 긍지	이범선		
2학년	누에와 천재	유달영	개미와 말한다	최재천
	축복받은 성격	이시형	민들레의 연가	이해인
	창우와 다희야 내일도 학교에 오너라	김용택	나의 슬픈 반생기	한하운
	우리 숲은 한민족의 자존심	전영우	딸에게 온 연애편지	오탁번
3학년	역사를 어떻게 볼 것인가	강만길	한국인들은 모두 가수	홍세화
	폭포수와 분수	이어령	일레인 이야기	김영곤
	무궁화	유달영	텔레비전	김기태
	골목길 가게 아저씨	박동규	청춘예찬	민태원
	일야구도하기	박지원	보리	한흑구
	어리석은 자의 우직함이 세상을 조금씩 바꿔갑니다			신용복

위의 작품 목록에서 7차 교육과정 국어 교과서에 실린 다른 작품들은 제외하고 소설 부문에서의 작품 수를 비교해 보면, 국내 현대소설 14편, 외국 현대소설 5편임에 비해 국내 고전소설은 4편으로 상대적으로 그 수가 적었으며, 실린 작품은 학년별로 <홍길동전>, <토끼전>, <박씨전>이었고, 3학년 2학기 국어 교과서에 <운영전> 중에서 운영과 김진사의 만남 부분과, 둘의 안타까운 사랑을 유영에게 이야기해 주는 부분이 교과서 본문이 아닌 보충·심화의 지문으로 들어가 있다.

2.2. 2007개정 교육과정 1, 2학년 중학교 국어 교과서에 나타난 고전소설

다음은 2007개정 교육과정 중학교 1학년 국어 교과서에 실린 작품 목록이다.

※ 2007개정 교육과정 23종 중학교 1학년 국어 교과서 수록 작품 목록표 (소설)

작가	작품	수록 교과서
고은명	미술 시간에 생긴일	교학사
권정생	몽실언니	교학사/천재
김부식	왕자호동	디딤돌
김소연	명혜	금성/천재
김원일	오마니별	비상
김유정	동백꽃	대교/비상/지학사
김율희	책도령은 왜 지옥에 갔을까?	비상
마리 루이즈 피츠패트릭	인디언의 선물	대교
박경리	토지	해냄
김상률	봄바람	새롬
박영준	모범 경작생	지학사
박완서	그 많던 싱아는 누가 다 먹었을까	디딤돌/천재
박완서	옥상의 민들레꽃	교학사
박완서	자전거 도둑	교학사/대교/박영사/유웨이/좋은책/천재
박지원	●민 영감 이야기(민옹전)	디딤돌
성석제	약방 할매	대교
심훈	상록수	대교
알퐁스 도데	소년 스파이	지학사
오 헨리	20년 후	디딤돌
오승희	할머니를 따라간 메주	디딤돌
오영수	후조	두산
오정희	소음공해	디딤돌/미래엔
위기철	아홉살 인생	교학사
윤흥길	기억 속의 들꽃	대교
이금이	너도 하늘말나리야	디딤돌
이동하	전쟁과 다람쥐	웅진
이미륵	압록강은 흐른다	대교/미래엔
이영일	외갓집은 언제나 부잣집	비상
이청준	선생님의 밥그릇	두산

이청준	이야기 서리꾼	미래엔
이현주	육촌 형	해냄
이효석	사냥	천재
전성태	소를 줍다	지학사
정호승	항아리	웅진
존앤 K롤링	해리포터와 마법사의 돌	대교
채만식	이상한 선생님	유웨이
최나미	턱수염	천재
하근찬	수난 이대	디딤돌/미래엔/박영사/좋은책/창비
학생작품	한여름밤의 꿈	비상
허균	●홍길동전	교학사/금성/대교/디딤돌/미래엔/박영사/비상/웅진/유웨이/좋은책/천재
헤르만 헤세	공작 나방	유웨이
현덕	나비를 잡는 아버지	교학사/미래엔/웅진/창비
현덕	하늘은 맑건만	미래엔/지학사
황순원	소나기	교학사/대교/디딤돌/박영사/천재
황순원	학	새롬/유웨이/지학사
지은이 모름	복을 찾아 떠난 여행	대교
지은이 모름	아기 장수 우투리	박영사
지은이 모름	우정의 길	지학사
지은이 모름	●춘향전	미래엔
지은이 모름	●토끼전	미래엔
지은이 모름	하늘에선 빌려 온 복	두산
지은이 모름	호동 왕자와 낙랑 공주	미래엔
지은이 모름	흥부가	디딤돌
지은이 모름	●흥부전	지학사

위의 작품 목록에서 살펴보았듯이 2007개정 중학교 1학년 국어 교과서에 실린 소설 작품은 총 54편으로서, 이 중에 고전소설은 <민 영감 이야기

(민웅전)>, <홍길동전>, <춘향전>, <토끼전>, <흥부전> 등의 5편이 수록되어 있다. 그 외 국내 현대 장·단편이 37편, 설화류의 작품이 7편, 그리고 외국소설이 5편 수록되어 있었다.

다음은 2007개정 교육과정 중학교 2학년 국어 교과서에 수록된 작품 목록이다.

※ 2007개정 교육과정 15종 중학교 2학년 국어 교과서 수록 작품 목록표 (소설)

작가	작품	수록 교과서
강소천	꿈을 찍는 사진관	비상/지학사
고수산나	50년만의 졸업식	지학사
공선옥	일가	천재
구로야나기 테츠코	창가의 토토	미래엔
권정생	강아지 똥	대교/새롬
김만중	●사씨남정기	새롬
김소연	명혜	대교
김옥	야, 춘기야	대교
김용익	꽃신	천재
김유정	동백꽃	교학사/금성/디딤돌/미래엔/새롬
김은국	잃어버린 이름	교학사
김중미	괭이부리말 아이들	금성
김학철	종횡만리―장사 보위전	디딤돌
노양근	열세동무	창비
니이미 난키치	꽃나무 마을과 도둑들	새롬
랄프 이자우	비밀의 도서관	미래엔
톨스토이	두 형제	미래엔
포리스트 카터	자연의 이치	해냄
폴 빌라드	안내를 부탁합니다	신사고
하근찬	흰 종이 수염	미래엔
하근찬	수난이대	대교/신사고/지학사/해냄
하이타니 겐지로	나쁜녀석	디딤돌
하이타니 겐지로	나는 선생님이 좋아요	미래엔/지학사

허균	● 홍길동전	금성/대교/디딤돌/미래엔
현기영	똥깅이	지학사
현덕	살구꽃	비상
현덕	나비를 잡는 아버지	금성
현진건	운수 좋은날	대교
호이신이치	우호사절	창비
황석영	아우를 위하여	금성/대교/미래엔
황석영	꼼배다리	해냄
황석영	지붕위의 전투	새롬
황선미	마당을 나온 암탉	금성
황순원	소나기	대교/미래엔/신사고/창비
황순원	학	금성
황정은	초코 맨의 사회	창비
루쉰	고향	지학사
마트 트웨인	어느 개 이야기	지학사
마크 트웨인	톰 소여의 모험	지학사
모파상	목걸이	디딤돌
오헨리	크리스마스 선물	미래엔
오헨리	약속	새롬
오승희	할머니를 따라간 메주	교학사/비상/지학사
오영수	고무신	해냄
오정희	중국인거리	미래엔
오영희	색동저고리	해냄
오영희	소음 공해	신사고
위기철	아홉살 인생	교학사
위기철	숲의 새 주인	금성
윤흥길	땔감	창비
윤흥길	기억 속의 들꽃	신사고/새롬/천지
이금이	주머니 속의 고래	천재
이금이	생레미에서, 희수	미래엔
이문열	우리들의 일그러진 영웅	미래엔
이범선	표구된 휴지	디딤돌

이선	티타임을 위하여	미래엔
이우성	수달피	디딤돌
이윤기	뿌리 너무 깊은 나무	미래엔
이청준	선생님의 밥그릇	천재
이태준	돌다리	교학사/비상/해냄
이태준	어린 수문장	미래엔
이현주	알게 뭐야	창비
이효석	메밀 꽃 필 무렵	대교
작자 미상	●박씨 부인전	대교/창비
작자 미상	●흥부전	창비
작자 미상	●운영전	미래엔
작자 미상	●장흥보전	미래엔
작자 미상	떡보이야기	지학사
작자 미상	●토끼전	교학사/지학사
작자 미상	●장끼전	천재
전광용	꺼삐딴 리	디딤돌/새롬
정호승	항아리	대교/비상
조너선 스위프트	걸리버 여행기	새롬/지학사
조성기	오늘은 시험 잘 봤니?	미래엔
주요섭	사랑손님과 어머니	교학사/금성/대교/미래엔/비상 새롬/신사고/지학사/창비
채만식	미스터 방	창비
채만식	치숙	신사고
채만식	이상한 선생님	해냄
채만식	태평천하	대교/새롬/지학사
체제공	●만덕전	디딤돌
최시한	허생전을 배우는 시간	금성/미래엔/신사고
최일남	노새 두마리	미래엔
최일남	흐르는 북	해냄
미셀 투르니에	그리에 관한 전설	대교
박경리	토지	대교/미래엔
박기범	어진이	천재

박상률	생일선물	해냄
박완서	시인의 꿈	지학사
박지원	● 양반전	교학사/비상/신사고/천재/해냄
박태원	영수증	미래엔
배유안	초정리 편지	새롬
벤 마이켈슨	스피릿 베어	천재
생텍쥐페리	어린왕자	금성/해냄
성석제	샥족 발견	천재
송기숙	개는 왜 짖는가	미래엔
수지 모건스턴	환경을 생각하는 개똥 클럽	창비
신여랑	몽구스 크루	미래엔
심훈	상록수	금성
아지즈 네신	더 이상 견딜 수 없어	미래엔
아지스 네신	위대한 똥파리	비상
안국선	금수회의록	금성/미래엔/새롬
안도현	연어	신사고
안톤 체호프	카멜레온	금성
알퐁스 도데	별	디딤돌
알퐁스 도데	코르니유 영감의 비밀	대교
양귀자	원미동 사람들	대교/디딤돌/신사고

이상의 작품 목록을 살펴보면, 2007개정 중학교 2학년 국어 교과서에는 총 106편의 소설이 실려 있었는데 이 중에서 고전소설은 <양반전>, <박씨부인전>, <흥부전>, <토끼전>, <장흥보전>, <사씨남정기>, <운영전>, <장끼전>, <만덕전>, <홍길동전> 등의 10편이었고, 국내 현대 장·단편은 70편, 설화류는 1편, 그리고 외국소설이 25편 실려 있었다. 이상의 작품 목록을 작품별, 출판사별로 정리한 내용은 다음과 같다.

※ 2007 개정 교육과정 1, 2학년 국어교과서 작품별 정리

작품	1학년	2학년
민영감이야기(민옹전)	디딤돌	·
홍길동전	교학사, 금성, 대교, 디딤돌, 미래엔, 박영사, 비상, 웅진, 유웨이, 신사고, 천재	금성, 대교, 디딤돌, 미래엔
춘향전	미래엔	·
토끼전	미래엔	교학사,지학사
흥부전/장흥보전	지학사	창비,미래엔
사씨남정기	·	새롬
양반전	·	교학사, 비상, 신사고, 천재, 해냄
박씨부인전	·	대교,창비
운영전	·	미래엔
장끼전	·	천재
만덕전	·	디딤돌

* 진한 글씨는 7차 교육과정에 실렸던 고전소설임.

※ 2007 개정 교육과정 1, 2학년 국어교과서 출판사별 정리

출판사	작품(학년)
디딤돌	홍길동전(1)(2), 민옹전(1), 만덕전(2)
교학사	홍길동전(1), 양반전(2), 토끼전(1)
미래엔	홍길동전(1)(2), 춘향전(1), 토끼전(1), 장흥보전(2), 운영전(2)
금성	홍길동전(1)(2)
대교	홍길동전(1)(2), 박씨부인전(2)
박영사	홍길동전(1)
비상	홍길동전(1), 양반전(2)
유웨이	홍길동전(1)
신사고	홍길동전(1), 양반전(2)
천재	홍길동전(1), 양반전(2), 장끼전(2)
지학사	흥부전(1), 토끼전(2)
창비	흥부전(1), 박씨부인전(2)
새롬	사씨남정기(2)
해냄	양반전(2)

지금까지의 자료에서 생각해볼 수 있는 문제는 우선 교과서에 수록된 다른 작품들에 비해서 고전소설의 수가 적다는 것이었다. 2007개정 교육과정의 중학교 1, 2학년 국어 교과서에 실린 소설의 수를 표로 나타내면 다음과 같다.

	국내 현대장·단편	외국소설	고전소설	설화류	계
중학교 1학년	37	5	5	7	54
중학교 2학년	70	25	10	1	106
계	107	30	15	8	160
비율	67%	19%	9%	5%	100%

위의 표에서 볼 수 있듯이 중학교 1, 2학년 국어 교과서에 실린 소설의 대부분인 67%가 국내 현대 장·단편소설에 치중되어 있음을 알 수 있었고, 고전소설은 9%에 지나지 않았다. 외국소설이 19%를 차지하는 것을 생각해 본다면, 우리 고전소설을 학생들이 접할 기회가 학교 현장에서 상대적으로 적음을 알 수 있다.

그리고 출판사별로 정리된 표에서 알 수 있는 두 번째 문제점은 고전소설 작품이 다양하지 않다는 것이다. 이것은 첫 번째 문제점인 고전소설의 수가 적다는 것과 연결되는 내용으로서, 10개 출판사에서 <홍길동전>을 선택함으로써 대부분의 학교에서 1학년 국어 시간에 <홍길동전>을 배울 것이라는 추측을 해 볼 수 있었고, 그 외에 고전소설 작품 수가 적다 보니 <토끼전>, <양반전>, <흥부전> 등의 작품을 학교에서 배울 수 있는 정도이고, 다양한 고전소설을 학생들이 접할 수 있는 환경이 마련되지 않았음을 알 수 있었다. <민옹전>, <춘향전>, <사씨남정기>, <운영전>, <장끼전>, <만덕전> 등은 각각 단 한 출판사에만 실려 있어 해당 교과서를 선택하지 않은 학교에서는 그나마 위의 작품을 접할 수 없다는 것도 문제점이라 할 수 있을 것이다.

또한 같은 맥락으로, 학년별로 하나 이상의 고전소설을 수록한 출판사도 있었으나, 1, 2학년 통틀어 단 하나의 고전소설을 실어 놓은 교과서도 있었다. 미래엔은 1, 2학년 교과서를 합해 5편의 고전소설을 수록하였고, 그 외 디딤돌이나 교학사, 천재에는 3편의 고전소설이 있었지만, 박영사, 유웨이에는 1학년에 <홍길동전>만을, 새롬에서는 2학년에 <사씨남정기>만을, 해냄에는 2학년에 <양반전>만을 수록함으로써 고전소설의 수가 절대적으로 부족함을 느끼게 하였다.

2.3. 교과서에 나타난 고전소설
(중학교 3학년 국어 교과서 '4단원'을 중심으로)

7차 교육과정 3학년 중학교 국어 교과서에는 고전소설로 <박씨전>이 실려 있다. 1학기 교과서에는 고전소설이나 고전소설과 관련된 내용이 없이 6단원에서 '한국 현대 문학의 이해'를 통해 개화기 이후에서 70년대까지의 시와 소설의 흐름에 대해 공부하고, 3학년 2학기 4단원 '고전 문학의 감상'의 소단원(1)에서 '한국 문학의 개념과 특질'을 공부하고, 이러한 특질이 나타난 고전문학 작품으로 <가시리>, <시조 두 편>, <박씨전>이 수록되어 있어 이 작품들을 통해 한국 문학의 특질을 알아보는 것이 단원의 목표로 설정되어 있다.

3-2 국어 4단원의 소단원(1) '한국 문학의 개념과 특질'과 소단원(4) <박씨전>은 다음과 같은 내용으로 수업하게 된다.

(1) 한국 문학의 개념과 특질
1. 국문학 : 우리 민족이 주체가 되어 우리 민족의 사상과 감정을 우리말로 표현한 예술이다.
2. 기존의 국문학의 특질 : 은근과 끈기, 가냘픔과 애처로움, 두어라와 노세, 멋, 한풀이와 신명풀이, 풍자와 해학
3. 국문학의 또 다른 특질(중심 내용) : 여유로운 시 형식, 양식의 다양성, 현실 중심의 문학, 인간 중심의 문학, 자연 친화의 문학, 웃음으로 눈물 닦기
4. 위의 특질에서 소설과 관련된 '현실 중심의 문학'은 우리 문학이 현실 세계에 중심을 두었음을 의미하는 것이다. 비현실적 공간을 배경으로 한 '심청전'이나 '구운몽'의 궁극적인 관심도 현실 속에서 어떤 삶을 살아가느냐에 있는 것이다.
   (-고전소설의 비현실적 공간이나 사건 : '현실 중심의 문학'이라는 특질을 드러내는 것)
5. '인간 중심의 문학'은 고전소설의 내용은 어떤 것이 인간답게 사는 길인가를 모색하는 쪽으로 전개되고 수많은 고난을 극복하고 인간다운 삶에 이르기 위하여 노력하는 과정으로 이야기가 전개된다는 것이다.
6. '웃음으로 눈물 닦기'는 위급하거나 절박한 상황에서 웃음을 자아내는 것이 삶의 지혜이고, 이런 지혜가 우리 문학 작품에 나타나 있다는 것이다.

(4) 박씨전
1. 고전소설의 의미 : 설화를 바탕으로 중국 소설의 영향을 받아 생겨난 산문문학의 한 종류. 갑오개혁 이전까지의 소설.
2. 특징 : 주제-권선징악, 일대기적 구성, 전지적 작가 시점, 평면적·전형적 인물, 운문체·문어체, 비현실적·우연적 사건, 작자 미상, 행복한 결말
3. 종류 : 고전소설, 역사소설, 군담소설, 국문소설. 배경-병자호란. 주제-박씨부인의 영웅적 기상과 민족적 자존심의 회복
4. 한국 문학의 특질
   -뜰에 내려 두어 걸음 걷다가 몸을 날려 구름에 올라, 잠깐만에 금강산 비취동에 다다라 부모께 재배하고 문안을 드리니 : 현실 중심의 문학 (전기적 요소는 현실의 문제를 해결하기 위한 것)

－"금년은 너의 액운이 다하였도다."

하고, 진언을 외며 소매를 들어 소저의 얼굴을 가리키니, 그 흉하던 얼굴의 허물이 일시에 벗어지고 옥같이 고운 얼굴이 드러나거늘 : 인간 중심의 문학(착한 사람은 복을 받음, 행복한 삶 추구)

5. 학습 활동

－박씨전의 주요 사건을 기사문 형식으로 정리해 보자.

－박씨전의 인물, 사건, 배경 등을 생각하면서 이 작품에 드러난 한국 문학의 특질을 설명해 보자.

① 현실 중심 : 비현실적 요소, 병자호란이라는 역사적 사실을 배경으로 사건을 전개함.

② 인간 중심 : 인간으로서의 도리를 지키며 살아 감, 고난을 극복하고 행복한 삶을 살게 됨.

고전소설을 수업할 때 늘 그렇듯이 고전소설의 특징을 학생들에게 알려 주고, 교과서의 내용을 읽은 다음 새로운 단어나 구절을 정리하고, 종류나 시점, 배경, 주제 등을 정리한 다음 학습활동으로 마무리하는 것이 일반적인 수업 내용이다. 그러나 '여유로운 시 형식', '양식의 다양성', '인간 중심의 문학', '현실 중심의 문학' 등의 내용이 과연 한국 문학의 특질로서 학생들에게 가르칠만한 내용인가에 대해 확신이 들지 않았다. 또한 고전소설 작품 전체를 읽고 감상하는 것이 중요함에도 불구하고 교과서에서 중심적으로 다루는 내용은, <박씨전> 작품을 읽고 감상하는 것 보다는 소단원(1)에서 배웠던 한국 문학의 특질을 적용하여 어느 부분에서 어떤 특질이 드러나는가를 학생들에게 강조하도록 되어 있다. 이것은 작품 감상과는 거리가 있는, 평가 우선의 교육 현장의 모습이 그대로 드러난 수업 형태인 것이다.

이러한 평가 중심의 교육 방법으로 인해 학생들은 고전소설을 학교에서 배운 뒤에도 흥미가 생기지 않았다거나 오히려 지루해 졌다는 답을 하고 있다. 학생들이 고전소설을 접하고 흥미가 생기도록 하는 것이 고전문학 단원 설정의 목표인데, 학생들은 학교 현장에서 오히려 고전소설과 멀어지고 있는 것이다.

3. 맺음말

중학교 3-1 국어 교과서에 홍세화씨의 '한국인은 모두 가수'(<센 강은 좌우를 나누고 한강은 남북을 가른다> 중에서)라는 글이 실려 있다.

> 그런데 우리는 춘향가, 심청가, 흥보가를 제쳐두고, '라 보엠'이나 '나비 부인'부터 듣도록 교육을 받았다. <u>우리 것을 대하는 눈은 우리 자신을 보는 눈과 같다.</u> 곧, 우리 자신을 소홀히 해 왔다는 얘기가 된다. 그리하여 판소리를 훌륭한 창극으로 발전시키지 못한 것은 실로 안타까운 일 중의 하나이다. 우리 모두 신데렐라의 이야기를 알고 있는데, 그렇다면 반대로 세계의 모든 사람들이 춘향가와 심청가의 이야기를 알도록 노력해야 되는 게 아닐까? 그리하여 세계 방방곡곡에서 우리의 판소리에 넋을 잃고 "좋다!", "얼쑤!"하는 추임새 소리가 들리도록 해야 하는 게 아닐까? 그런 노력이 올바른 세계화의 길일 것이다.

위의 글에 있듯이 우리 것을 대하는 눈은 우리 자신을 보는 눈과 같은데, 그 동안 우리는 정체성을 잃고 우리의 것인 고전소설을 소홀히 해 온 것이 아닌가 하는 반성을 해 본다. 교과서가 절대적인 것은 아니지만 학생들에게 큰 영향을 미치고 있는 것을 부정할 수 없는 현실에서, 국어 교과서에 실린 고전소설 작품의 수가 적고 작품이 다양하지 않다는 것은 분명 학생들에게 고전소설에 대한 인식을 확실하게 심어주지 못하는 이유가 되기도 할 것이다. 그리고 작품 자체를 감상하기보다는 평가를 대비하는 단어 풀이와 구절

정리, 학습활동 위주의 고전소설 수업으로는 학생들이 고전소설을 가까이 하고 싶다는 생각을 하도록 이끌기 어려울 것이다. 고전소설이 교과서에 나오면 고전소설의 특징이나 단어 뜻에 치중해서 가르치는 것이 고전소설 교육의 현실이라 할 수 있는데, 이런 현실을 당연한 것으로 받아들이고 현재에 머무르기만 한다면 다른 변화를 기대할 수 없다.

이런 상황에서 우리가 할 수 있는 일은, 특별한 교수 이론을 만들어 내거나 방법을 제시하는 것도 의미가 있겠지만 몸담고 있는 교육 현장에서 조금씩이나마 학생들의 생각을 바꾸어 주는 일일 것이다. 일단 고전소설의 올바른 교육을 위한 가장 큰 틀로 제시할 수 있는 것은 학생들이 고전소설에 흥미를 가지고 많이 접하며 읽을 수 있도록 해 주는 것이 우선되어야 한다는 것이다. 고전소설이 교과서에 등장했을 때 도서관에서 고전소설을 찾아 읽게 한다거나 고전소설에 대한 내용을 어느 정도 알려 주고 학생들이 스스로 찾아 읽도록 이끌어 주는 것이 분명 학생들에게 도움이 될 것이다. 권장도서 목록에도 고전소설의 비율을 일정량 정해서 읽게 하는 것도 필요하다. 처음에는 끌려오듯이 읽다가도 고전소설에 흥미를 가지고 읽는 학생이 그런 과정에서 생겨날 것이기 때문이다.

2007개정 교육과정 국어과의 9학년 '문학' 영역 학년별 내용에 다음과 같은 고전 작품과 관련된 내용이 있다. 이것은 위에서도 밝혔듯이 2007개정 교육과정에서 가장 두드러지게 고전문학과 관련된 성취기준이라 할 수 있다.

성취 기준	내용 요소의 예
(1) 한국 문학의 대표적인 고전 작품을 찾아 읽고, 그 가치와 중요성을 이해한다.	○고전 작품 읽기의 가치와 중요성 이해하기 ○고전 작품에 대한 자신의 견해 정리하기 ○고전 작품에 대한 의미 있는 경험 표현하기

고전 문학에는 고전소설이 포함된 다양한 작품들이 있을 것이다. 2007개정 교육과정에 의한 7, 8학년 교과서에 부족하다고 느꼈던 고전소설이 9학년 교과서에는 좀 더 많이, 그리고 다양하게 나오지 않을까 기대해 본다. 고전소설을 공부함으로써 좋은 점수를 받는 것도 중요하다고 생각하겠지만, 멀리 내다보았을 때 학생들에게 정말 필요한 것은 '국어 활동과 국어와 문학의 본질을 총체적으로 이해하고, 국어 활동의 맥락을 고려하면서 국어를 정확하고 효과적으로 사용하며, 국어 문화를 바르게 이해하고, 국어의 발전과 민족의 국어 문화 창조에 이바지할 수 있는 능력과 태도를 기른다.'는 2007개정 국어과의 목표를 이루기 위해서라도 학생들이 고전소설을 많이 접하고 읽을 수 있도록 도와주는 것이다. 교육 현장에서 고전소설과 학생들의 사이를 이어 주는 연결 고리는 교사이며, 어떻게 고전소설을 가르치고 학생들과 함께 읽어 나갈 것인가는 앞으로도 계속 고민하고 생각해봐야 할 문제일 것이다.

‖ 참고 문헌

「7차 국어과 교육과정, 교육부」, 1997.

「2007개정 국어과 교육과정」, 교육인적자원부, 2007.

「2011개정 국어과 교육과정」, 교육과학기술부, 2011.

「중학교 국어·생활국어 교사용 지도서 2-1」, 천재교육(노), 2011.

「중학교 국어·생활국어 교사용 지도서 2-2」, 천재교육(노), 2011.

「중학교 국어과 교사용 지도서 3-1」, 교육과학기술부, 2011.

「중학교 국어과 교사용 지도서 3-2」, 교육과학기술부, 2011.

「중학교 국어 교과서 2-1」, 천재교육(노), 2011.

「중학교 국어 교과서 2-2」, 천재교육(노), 2011.

「중학교 국어 교과서 3-1」, 교육과학기술부, 2011.

「중학교 국어 교과서 3-2」, 교육과학기술부, 2011.

김진영, 「고전소설 교육의 문제점 및 개선방안 연구 : 제7차 고등학교 국어교과서 수록
　　　작품을 중심으로」, 성균관대학교 석사학위논문, 2008.

여성결혼이민자 대상 한국어교육을 위한
초등국어 저학년 교과서 활용 방안 연구

김정숙

1. 들어가며

현재 다문화가정의 현황을 살펴보면 민족 구성비가 어떻게 달라지고 있는지 알 수 있다. 특히 국내에 거주하고 있는 외국인과 여성결혼이민자의 수가 늘어남에 따라 예전과는 다르게 다문화가정의 2세 자녀들 수도 크게 증가하고 있다. 그 중에서도 재학 중인 다문화가정 자녀의 통계를 살펴보면, 2010년 현재 다문화가정 자녀는 총 30,040명으로 2009년 대비 21.4% 증가했으며, 학교 급별 비율도 초등학교는 78.6%, 중학교 16.0%, 고등학교 5.4%로 초등학교 재학생 비율이 월등히 높은 것으로 나타났다. 지역별 비율은 경기도가 22.3%로 가장 높았고, 부모 국적별 비율은 일본이 36.4%로 다른 나라에 비해 높게 나타났다. 또한 그 중에서도 어머니가 외국인인 경우가 89.9%(27,001명)로 대부분을 차지하는 것으로 나타났다.[1]

[표 1] 2010년 초·중·고 다문화가정 자녀 현황

구분	초등학교		중학교		고등학교		합계	
	인원	증감(%)	인원	증감(%)	인원	증감(%)	인원	증감(%)
2006	6,795		924		279		7,998	
2007	11,444	68.4	1,588	71.9	413	48.0	13,445	68.1
2008	15,804	38.1	2,213	38.9	761	84.0	18,778	39.6
2009	20,632	30.5	2,987	35.0	1,126	48.0	24,745	31.8
2010	23,602	14.4	4,814	61.2	1,624	44.2	30,040	21.4

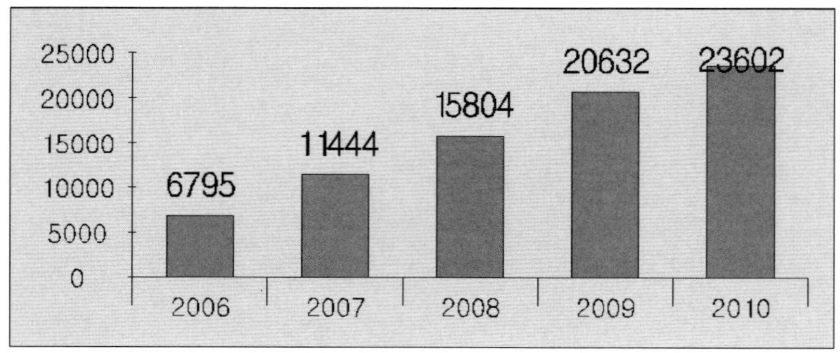

이는 2010년 현재 전체 초등학교 학생 3,299,094명 중 다문화가정 자녀의 초등학교 재학생이 23,602명으로 0.7%를 차지하고 있는데, 점점 그 비율은 늘어날 예정이다. 즉, 이러한 인종적, 민족적, 문화적 다양성은 학교에도 점차 반영되고 있어, 미래를 책임질 미래 인재에 대한 관심으로 인해 더욱 다문화가정에 대한 교육의 필요성이 강조되고 있는 실정이다.

그런데 본 논의에서 다문화가정의 교육 중에서도 그 대상을 여성결혼이민자로 삼은 이유는 다문화가정 자녀들의 교육을 학교와 연결하여 학습을 지원하는 대상이 바로 여성결혼이민자들이기 때문이다.

여성결혼이민자들은 몇 년 동안 한국에서 생활하면서 점점 한국 사람이

---

1) 교육과학기술부 교육복지정책과, 다문화가정 학생 현황, 자료다운일자 : 2010.12.11
   http://www.mest.go.kr/web/1111/ko/board/view.do?bbsId=150&boardSeq=14710

되어 문법적인 사항을 몰라도 대화에는 아무런 지장을 느끼지 못한다. 생활을 하면서 이미 인지하지 못하는 사이에 대화를 하면서 한국어를 익혀 버린 것이다. 물론 초급단계의 학습자에게 이런 모습은 찾아볼 수 없다. 하지만 여성결혼이민자들 중 한국에 온 지 꽤 시간이 흐른 중급 이상의 학습자를 살펴보면 일상적인 회화는 능통하나, 전문적인 용어2)-예를 들어, 학교, 공공기관 이용, 병원, 도로 및 길 찾기 등-에는 익숙하지 않은 상황을 자주 접할 수 있다.

그런데 점차 시간이 경과하여 전문적인 용어에 '학교'라는 기관과 내 아이와의 연관성이 커지는 초등학교 입학시기가 가까워질수록 어머니들의 불안과 걱정이 커질 수밖에 없다.

> A : 한국말? 일단은 여기 말이니까 한국의 생활을 익힐 수 있기 때문에… 또…어떤 때는 제일 중요한 거…우리 애기 때문…애기한테 교육을 잘 가르쳐줄 수 있기 때문에 그래서 열심히 배워야 되죠…어…제가 지금 한국에 온 지 2년 됐는데…근데 아직도 뭐…1 이거 뭔데.(더하기)…이거 뭔데(=)도 모르는데…엄마도 우리 국어 말로 잘하는데, 한국말 모르면서 어떻게 가르쳐줘요…그래서 이거 전문…말이 필요한 거 같은 거 아니에요. 꼭 필요해요.3)

여성결혼이민자들은 단순히 일상적인 회화만을 익혀서는 안 된다. 잠시 관광차 온 것도 아니고, 몇 년 살다가 한국을 떠날 사람들도 아니다. 그들은 자신의 아이를 이 한국에서 키워야 하고, 어머니로서 역할을 다해야 하

---

2) 본 논문에서 학부모 교육이 일반적인 목적의 한국어교육임에도 불구하고, 전문적인 상황이라 칭한 이유는 일반 목적의 한국어교육이라는 용어로 논의를 전개해 나가면 실제적으로 의사소통을 위한 교육이라 자칫 오판하여, 학부모로서 익혀야 하는 한국어의 내용을 쉽게 간과해 버릴 것을 염려해서 였음을 미리 밝혀둔다.
3) 손○○, 34세, 중국 출신, 자녀 1명(2세) / 아이가 점점 커짐에 따라 한국어를 많이 배워서 자녀 교육을 하고, 또한 자신도 역시 중국어 교사가 되고 싶다는 자신의 꿈을 당당하게 이야기한 여성결혼이민자이다. 자신의 의견 제시가 뚜렷하고, 한국어 교육에 대한 목표가 확실하다. (집단면담 : 2010.11.5)

는 특수한 입장의 학습자들인 것이다.

지금까지 이루어진 연구들은 대체적으로 여성결혼이민자들을 대상으로 한 한국어교육의 목적을 한국으로 시집 온 아내·며느리·사회적인 이웃으로서 의사소통이 가능한 기초적인 회화 향상을 목적으로 하였다. 하지만 이러한 연구사에서 간과되어 왔던 것은 일상적인 회화가 가능한 중·고급 이상의 여성결혼이민자들이 학부모가 되어 가는 과정에서 필요한 특수한 목적의 한국어교육을 염두에 두지 않았다는 것이다.[4]

본 연구는 이러한 연구사를 바탕으로 하여 여성결혼이민자들에게 필요한 어머니·학부모로서의 역할수행에 필요한 한국어교육방법을 국어교과서의 내용 안에서 찾아보고, 마지막에는 효과적인 지도방안을 제시하고자 한다. 즉, 여성결혼이민자의 원활한 학부모 역할을 위한 어휘 선정뿐만이 아닌, 진정한 학부모 역할을 위한 교육에는 어떤 것들이 있는지를 살펴보기 위해, 초등학교 국어교과서 내용 안에서 새로운 방안을 찾아보고자 한다. 또한 방안 찾기에서 그치지 않고 더불어 그 방법들을 동원하여 시행할 수 있는 지도방안을 제시한다.

2. 사례를 통해 본 학부모 역할

여성결혼이민자 본인들이 학부모 역할을 하기 위한 교육을 원하는지, 원한다면 어떤 형태의 교육을 원하는지를 알아보는 것이 먼저 해야 하는 작업이다. 이러한 요구 분석을 위해서 여성결혼이민자들을 직접 찾아가 면담

---

4) 김정숙, 『여성결혼이민자대상 한국어교육을 위한 초등국어 저학년 교과서 활용 방안 연구』, 강원대학교 교육대학원, 2011, 7~10면 ; 김윤주, 「여성결혼이민자 대상 한국어교재 비교 분석 : 의사소통상황 및 문화를 중심으로」, 『우리어문연구』제39집, 우리어문학회, 2011, 356면.

을 실시했으며, 개인 면담을 한 경우도 있고 집단 면담을 통해 함께 이야기를 나누기도 했다.5)

① 한국어 영역 중에서 가장 어려운 영역은 무엇입니까?

8명 모두 쓰기에 대답을 해서 쓰기 영역에 대해 가장 어려워하면서도, 가장 배우고 싶어 하는 부분이라는 것을 알 수 있다. 이러한 조사로 인하여 여성결혼이민자들을 위한 한국어 수업에서 가장 어려워하고, 못하기 때문에 쓰기 부분을 생략하고, 일반회화 즉 말하기를 위주로 수업을 하는 경우가 있는데, 이는 잘못된 수업 방식임을 알 수 있다.

[표 2] 한국어 영역 중 가장 어려운 영역

한국어 영역	말하기	듣기	쓰기	읽기
비율	0%	0%	100%	0%

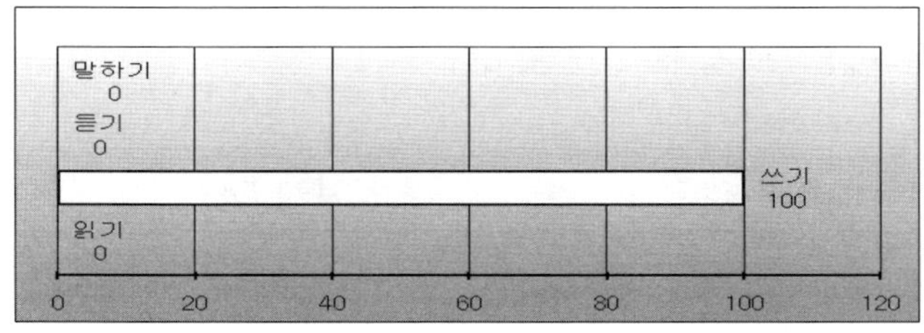

---

5) 다음 표는 면담에 참여한 면담자들의 개인 상세기록이다.

성명	연령	출신국	체류기간	자녀 수, 나이	면담방법
아○○○	34세	필리핀	8년	2名(8세, 6세)	개인면담
힌○○	20세	캄보디아	1년	없음	집단면담
롯○○	32세	태국	5년 2월	2名(4세,12월)	개인면담
우○○	34세	태국	2년 6월	1명(2세)	집단면담
이○○	29세	중국	1년 11월	없음	집단면담
손○○	34세	중국	2년 9월	1명(2세)	집단면담
조○○	30세	중국	2년	1명(1세)	집단면담
릴○○	35세	중국	2년 2월	1명(11월)	개인면담

실제로 여성결혼이민자들에게 쓰기 교육을 시킨다는 것은 어려운 일 중의 하나이다. 정해진 시간 안에 말하기·듣기·읽기·쓰기를 모두 진행하는 것도 벅찬 일이다. 그런데 이러한 오류가 자주 일어나는 쓰기를 하나하나 확인하고, 문법을 가르친다면 한국어수업 1시간 이상을 모두 쓰기 수업에 할애해도 부족한 것이 사실이다. 그런데도 불구하고 여성결혼이민자들이 가장 어려워하면서도 배우고 싶어 하는 분야가 바로 쓰기라는 것을 감안할 때, 쓰기에 대한 교육은 꼭 필요한 과정임에는 틀림없다. 참고로 현재 쓰기 교육의 형태는 수업 중 교과서에 쓰기 활동과 쓰기 과제로 부과하는 경우, 또는 받아쓰기 등의 활동을 함께 하는 것으로 드러났다.6)

이는 쓰기 교육 방식이나 과제의 대부분이 자신의 생각을 창조적으로 생성하여 작성하는 것이 아닌 받아쓰기, 베껴 쓰기 등의 조작적 방법만을 사용하고 있어 여성결혼이민자들의 요구에서 한참 벗어난 쓰기 교육이 진행되고 있음을 확인할 수 있다. 그래서 여성결혼이민자들에게 있어 쓰기는 항상 어려운 대상으로 남아 있는 것이다.

② 한국어 말하기 중 가장 어려운 분야는 무엇입니까?

일상회화로 답한 여성결혼이민자는 1명이며, 나머지 7명은 모두 전문적인 용어를 선택했다. 이는 이 논문 앞에서 제시한 전문적인 상황(학교, 공공기관 이용, 병원, 도로 및 길 찾기 등)에 접하게 된 여성결혼이민자들이 이제는 일상회화가 아닌 전문적인 용어를 학습하여 아이에게 필요한 말하기를 할 수 있어야 한다는 생각을 표출한 것이다. 면담자들 중 일상회화로 대답한 여성결혼이민자는 단순한 회화가 아닌, 사회생활·직업 등을 위한 회화를 의미한다고 밝혔다.

---

6) 박지애, 『여성결혼이민자를 위한 쓰기 교육 방안』, 부산외국어대학교 대학원, 2010, 9~12면.

[표 3] 말하기 중 가장 어려운 분야

한국어 말하기	일상회화	전문적인 용어
비율	22%	88%

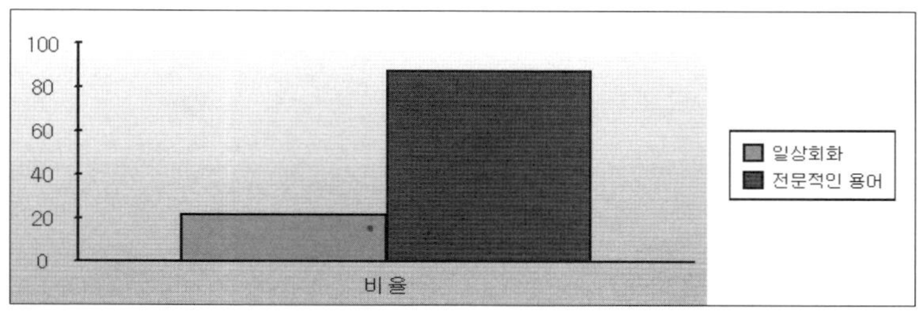

이러한 자료를 통해 알 수 있는 것은 처음 한국에 들어와서 필요했던 한국생활 영위 목적의 한국어 회화에 대한 교육 이외의 다른 교육이 필요하다는 것을 피력하는 자료이다. 즉, 자녀의 전문적인 상황에의 접근은 여성결혼이민자들에게 다른 교육에의 필요성이 대두되는 계기로서 작용한다는 것을 알 수 있다. 또한 이러한 필요성과 함께 여러 가지 전문적인 상황 중에서도 자녀의 학교 입학과 함께 등장하는 어휘에 대한 교육[7]은 물론, 학교 상황에 대한 학부모 역할 교육이 필요하다는 것을 알 수 있다.

③ 전문적인 용어 중에서 가장 알고 싶은 내용은 무엇입니까?

병원용어 1명, 은행 및 우체국 용어 1명, 학교 용어에 6명이 선택을 했다. 이는 전문적인 용어에서도 어떤 분야를 공부하고 싶은지에 대한 질문이었는데, 다른 어떤 상황보다도 아이가 학교라는 좀 더 전문적인 상황이 되었을 때 어머니로서, 학부모로서 아이에게 부끄럽지 않은 엄마가 되기 위해 꼭 필요한 용어라는 점을 학습자들은 강조하고 있다.

---

7) 공지연·심혜령, 「여성결혼이민자의 원활한 학부모 역할을 위한 어휘 선정 연구」, 『청람어문교육』 제40권, 청람어문교육학회, 2009. 학부모 역할을 위한 어휘 선정에 관한 자세한 연구는 이 논문을 참고할 것.

[표 4] 전문 용어 중 학습하고 싶은 용어

용어의 종류	비율
길 찾기 용어	0%
병원 용어	13%
은행 및 우체국 용어	13%
학교 용어	63%

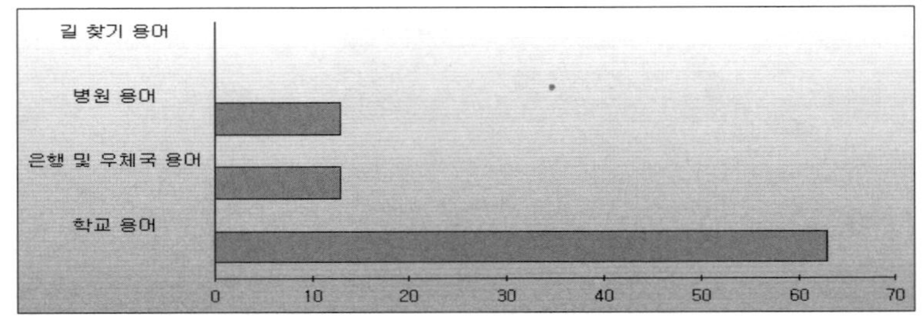

④ 한국어 쓰기 중 학습하고 싶은 내용은 무엇입니까?

8명의 학습자가 모두 '자녀의 초등학교 수업에 필요한 쓰기'에 체크를 할 때 논자가 중복으로 선택을 해도 괜찮다는 조항을 제시하자, 여성결혼이민자들은 학습하고 싶은 쓰기 분야에 '가족에게 편지쓰기'와 '문학적인 글쓰기'를 더 추가했다. 면담에 참여한 여성결혼이민자들 중 대부분은 아이가 초등학교에 들어가기 전에 꼭 자녀의 초등학교 수업에 필요한 쓰기가 필요하다는 것을 인지하고 있음을 알 수 있다.

[표 5] 한국어 쓰기 중 학습하고 싶은 분야

용어의 종류	비율
가족에게 편지쓰기	13%
일상회화 중심의 쓰기	0%
문학적인 글쓰기 (시, 소설, 수필 등)	13%
자녀의 초등학교 수업에 필요한 쓰기	75%

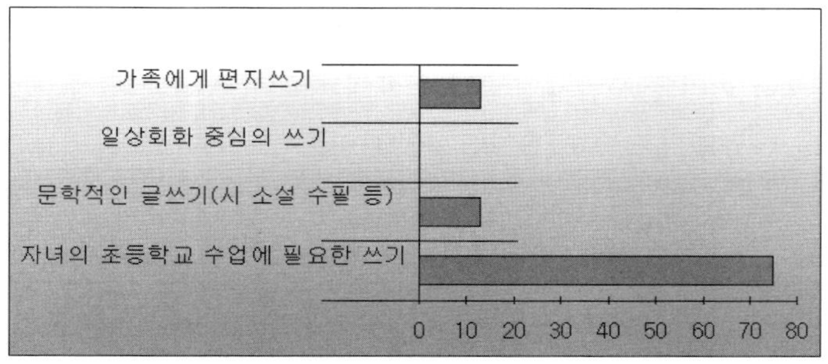

보통 한국어교육에서 실시하는 쓰기 교육의 대부분이 가족에게 편지쓰기나 초대하는 글쓰기, 일상회화 중심(시장에서 구매할 물건 목록화하기, 가계부 쓰기, 예약하는 글쓰기 등)의 쓰기임을 감안한다면, 실제적으로 여성결혼이민자들에게 필요한 쓰기 교육은 이루어지지 않았음을 알 수 있다. 이러한 글쓰기 교육은 여성결혼이민자들이 자녀의 초등학교 수업에 필요한 쓰기를 도와줄 수 없을 뿐더러, 이러한 쓰기 수업의 부재로 인해 학부모 역할을 다할 수 없다는 의견이 대다수를 이루고 있다.

⑤ 한국어 수업에서 초등학교 저학년 국어 수업과 초등학교에서 사용하는 용어를 학습할 수 있는 수업이 있다면 학습할 의향이 있습니까?

[표 6] 초등 국어 수업 및 초등용어 수업의 의향

수업 의향	예	아니요
비율	100%	0%

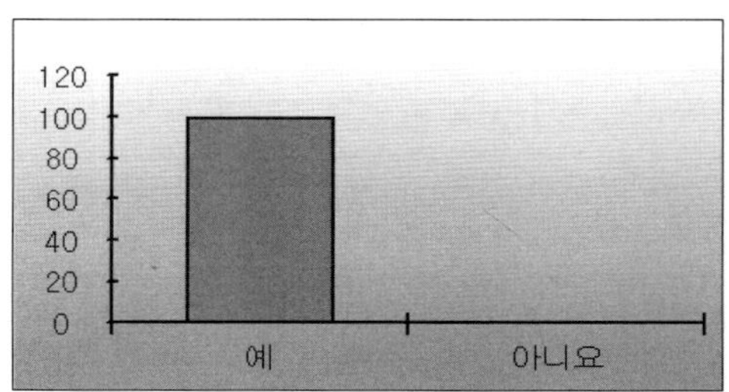

위의 그래프처럼 모두가 예라고 대답한 가운데, 문제 6, 문제 7에 해당하는 문제로서 이러한 수업이 필요한 이유에 대해서 쓰라는 말에 여성결혼이민자들은 다음과 같은 대답을 써 넣었다.

> −자녀 교육을 위해서
> −한국어 많이 배워서 선생님(중국어)이 되고 싶어서[8]
> −한국어를 배우고 싶어서
> −쓰기가 잘 되지 않기 때문에
> −자녀에게 많이 가르쳐 주고 싶어서

즉, 면담자의 대다수가 자녀 교육을 하는 데 있어서 이러한 수업이 꼭 필요하다는 것을 강조하는 대답이다.

면담자 중의 한 명이던 필리핀에서 온 아○○○ 씨는 시간이 없어서 한국어 수업은 못 들었지만, 지금 한국어센터 등지에서 진행되는 한국어 수업은 자신에게 도움이 되지 않는다고 강경하게 대답했다. 이 면담자는 한국어 사용이 미숙하였음에도 불구하고, 한국에서 10여 년을 살았기 때문에 이러한 센터에서 진행하는 한국어수업이 불필요한 것이다. 물론, 처음 한국에 들어왔을 때에는 한국어에 익숙하지 않아서 대화를 할 때 힘들기도 했지만, 현재의 이 여성결혼이민자에게는 한국어센터에서 진행하는 한국어회화 시간의 '인사하기', '시장에서 물건사기' 등의 일상회화나 문화수업에서 진행하는 '국·찌개 만들기' 등의 수업에서 교육적 효과는 찾아보기 힘들다. 즉, 초등학생을 자녀로 둔 여성결혼이민자들에게 일상적인 회화 수업은 시간 낭비로 생각될 정도로 불필요한 수업이 된 것이다.

---

8) 현재 일선 초등학교에서는 방과후학교 프로그램에서 학생들의 외국어 능력 신장을 위하여 영어, 중국어, 일본어 등을 교육하고 있는데, 이때 필요한 강사들을 여성결혼이민자들 중에서 충원하는 학교들도 다수 존재한다. 그래서 여성결혼이민자의 대답에 선생님이 되고 싶다는 것이 존재하는 것이다.

⑥ 자녀 교육 담당자가 누구입니까?

보통은 여성결혼이민자 자신이지만, 내용이 어려운 부분이나 말하기 즉 발음에 있어서는 남편과 조부모라는 대답을 상당수 했다. 자녀의 교육에 있어서 당당한 위치를 확립할 수 없는 여성결혼이민자들의 위치를 알 수 있는 대목이다.[9] 물론 자녀의 교육에 있어서 여성결혼이민자들만이 그 책임을 져야 한다는 것은 아니다. 남편이나 조부모가 자녀의 교육을 담당할 수도 있다. 하지만 여기서 문제가 되는 것은 자녀를 교육할 때 한국어를 10여 년을 공부했으나 여성결혼이민자들이 접하지 못했던 학교 용어나 기타 전문상황의 용어를 몰라 다른 사람을 찾아야 할 때 느끼는 자존감 하락에 대한 것이 문제가 되는 것이다. 또한 자녀의 한국어 발음을 위해 여성결혼이민자들의 모국어를 강압적으로 제지하는 것 또한 문제가 된다.

[표 7] 자녀교육 담당자

자녀 교육 담당자	남편	결혼 이민자 본인	조부모	친척
비율	50%	40%	10%	0%

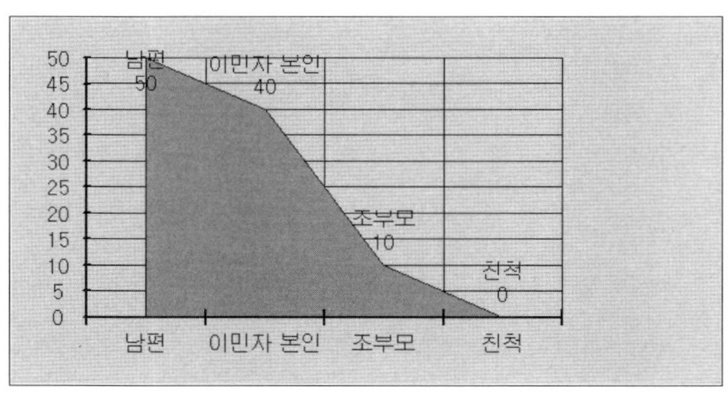

지금까지 살펴 본 내용으로 보아 여성결혼이민자들은 자녀의 학교라는 전

---

9) 이에 대한 자세한 사항은 필자의 논문 22~23면을 참조하거나, 앞에서 언급한 박동성의 저서를 참고할 것.
  김정숙, 『여성결혼이민자대상 한국어교육을 위한 초등국어 저학년 교과서 활용 방안 연구』, 강원대학교 교육대학원, 2011, 22~23면.

문적인 상황이 근접함에 따라 전문적인 용어의 교육이 필요함을 알 수 있었다. 또한 전문적인 용어 중에서도 아이의 학교생활과 관련된 쓰기 및 학부모 역할을 위한 학교관련 교육의 필요성을 절실히 느끼고 있음[10]은 물론이다.

3. 여성결혼이민자를 위한 교재 분석

현재 교육 중인 국가 편찬 교재인 여성결혼이민자를 위한 교재의 한 부분을 가져와서 분석해 봄으로써 그 필요성을 정리하기로 한다.

아래의 내용은 『여성결혼이민자와 함께하는 한국어①』[11]의 한 단원이다. 1, 2권을 모두 살펴본 결과, 여성결혼이민자의 학부모라는 상황과 관련된 단원은 이 11과 밖에 존재하지 않았다.[12] 그래서 본 논문에서 11과에 해당하는 교재의 내용이 여성결혼이민자의 특수한 상황에 알맞게 구성되어 있는지 살펴보고, 문제점이 있다면 어떠한 것들이 있는지 살펴보고자 한다.

---

10) 전홍주·배소영·곽금주, 「결혼이민자 가정에서 이루어지는 자녀 교육지원의 실제와 의미 : 필리핀과 일본 어머니들의 사례를 중심으로」, 『가족과 문화』 제20집 3호, 한국가족학회, 2008, 161~186면.
　　본 논문에서는 여성결혼이민자들을 대상으로 자녀 교육 지원 방법에 대한 설문조사를 하였다. 자녀교육에 대한 실제적 지원으로 자녀들의 한국어 습득을 위해서 가정에서 한국어만 사용하고, 교육적인 환경을 조성하는 등의 지원을 하고 있었으나 숙제를 도와주고 준비물을 챙겨주는 등 직접적으로 자녀를 지원하는데 있어서는 여러 가지 어려움을 겪고 있었다. 결혼이민자 어머니들은 자신들의 한국어 능력의 한계와 그로 인한 심리적 위축으로 인해 자녀들의 교육에 대한 직접적인 지원을 하는데 있어서 스스로 본인의 역할을 축소시키고 있는 것으로 나타났다.
11) 국립국어원, 『여성결혼이민자와 함께하는 한국어①』, 국립국어원, 2009, pp81~88.
　　본 교재를 선택한 이유는 현재 여성결혼이민자를 위한 한국어교육에서 가장 널리 사용되고 있는 한국어 교재이기 때문이다.
12) 『여성결혼이민자와 함께하는 한국어』 1권에서는 여성결혼이민자의 학부모 역할과 연결되는 단원은 11과이며, 2권에서는 19과 "엄마가 학교에 가져오실래요?"단원에서 문구류 관련 어휘로 '공책, 일기장, 종이, 스케치북, 연필, 사인펜, 만년필, 샤프펜슬, 색연필, 크레용, 그림물감, 붓, 풀, 자, 가위, 지우개'가 나온다. 이 단원에서는 단순히 문구류 어휘만 나와 있어 학부모 역할과 직접적인 연결은 되지 못한다.

[표 8] 『여성결혼이민자와 함께하는 한국어』 제1권 제11과 내용

11과 주말에 운동회에 갈 거예요.		
본문	닛차난 : 수잔 언니, 주말에 뭐 할 거예요? 수　잔 : 이번 주말에 진수가 운동회를 해. 그래서 가족들하고 진수 학교에 가. 닛차난 : 아, 그래요? 홍매는? 홍　매 : 고향 친구들이 집에 와. 그래서 조금 바빠. 닛차난 언니는 뭐 할 거야? 닛차난 : 글쎄…….	
어휘	쓰다-듣다　가르치다-배우다　열다-닫다　　들어가다-나오다 앉다-서다　끄다-켜다　　　운전(을) 하다　구경(을) 하다 놀다	
문법	-(으)ㄹ 거예요 (미래표현)	·주말, 영화를 보다 → 주말에 영화를 볼 거예요.
	-아/어 (반말 표현)	가 : 언니, 슈퍼마켓에 가요? 나 : 아니, 시장에 가.
	'으'탈락	가 : 이 시계 어때요? (예쁘다) 나 : 아주 예뻐요.
읽기 (안내문)	가을 운동회에 초대합니다. 1. 날짜 : 2009년 10월 17일 ( )요일 ( )시 2. 장소 : 장수 초등학교 ( ) ※운동회 날은 도시락과 물을 준비하세요. 2009년 10월 5일 장수초등학교장 심철수	

① 여성결혼이민자의 목적에 부합하는 내용 구성

여성결혼이민자의 목적에 맞게 가정주부·며느리·어머니·사회 구성원으로서의 역할 수행에 필요한 기능 중심·상황 중심내용을 제시하여 목적에 부합하는 내용을 구성하였다.

② 여성결혼이민자의 학습자 수준에 맞게 구성

초급의 각 단원과 연계되어 있지 않았으며, 어휘, 문법 표현의 난이도가 높아 초급 학습자가 학습하기에는 어려움이 있다. 다른 문법들은 차치하고 서라도 '으'탈락의 경우는 학습자의 수준이 초급이라는 점을 감안하면 들

기·말하기·읽기·쓰기를 2~4시간 동안 모두 학습한다는 가정 하에서는 '으'탈락의 학습 및 연습에는 무리가 있다.

③ 기능 중심 교육에 따른 문법·어휘 제시

상황과 기능을 중심으로 구성된 교재에서 각 단원의 기능에 맞는 문법과 어휘가 제시되어 있으나 어휘의 양·수준에 대한 고려가 미흡함이 드러난다.

④ 실생활에서도 유용한 내용으로 구성

일상생활에서의 의사소통에 중점을 두기는 하였으나 체계적으로 연습·활용할 수 있는 교육 내용이 부족하다.

⑤ 학부모 역할을 위한 교육 내용 제시

교재에는 학부모 역할을 위한 내용으로 학교 안내문인 가정통신문을 이용하여 읽기 교육을 제시하였다. 또한 본문 내용에서 '운동회'라는 학교 전문용어를 사용하였으나, 운동회가 무엇인지, 운동회에서 무엇을 하는지에 대해서는 제시되어 있지 않아 여성결혼이민자의 앎의 욕구를 충족시키지는 못한다. 또한 그 내용 역시 극히 일부분만 제시되어 있어 실질적인 측면에서의 도움은 미흡함을 알 수 있다.

그렇다면 실제 교재를 구성하는 데 있어 필요한 부분이 무엇인지에 대한 고민이 있을 수밖에 없다. 위에서 제시한 교재와 같이 여성결혼이민자들의 교재는 해당 상황에 따라 의사소통을 원활히 하기 위한 수업이 대다수를 차지하고 있다.

그러므로 다음에 제시 될 단원에서 여성결혼이민자들의 언어교육을 위해서 필요한 새로운 교육에는 무엇이 있으며, 여성결혼이민자들에게 실제적으로 필요한 교육의 한 방향을 제시해 보고자 한다.

4. 여성결혼이민자들만의 언어교육

4.1. 낱말 수준의 의성어·의태어 교육의 필요성

여성결혼이민자들은 처음 결혼하여 한국에 온 순간부터 한국인과의 일상 대화에서 의성어와 의태어에 노출되어지므로 여성결혼이민자들에게 의성어·의태어 교육은 필요한 교육이다. 이러한 상황은 학습 목적의 유학생보다 그 노출성이 클 수밖에 없는데, 실제 일상대화에서는 의성어·의태어의 사용이 많기 때문이다. 하지만 이러한 상황은 여성결혼이민자의 아이 출현에 의해 더 크게 증가하는데, 이유는 유아기 언어적 특성[13] 때문이다. 예를 들어, 한국에서는 옹알이를 시작하는 아이에게 '잼잼' 등을 시키며 행동 발달과 함께 언어를 익히게 하고, 그 이후에는 한 단어로 된 의성어·의태어를 이용하여 동물이나 사물을 구분하게 하는데 멍멍이, 칙칙폭폭, 빵빵 등이 그 예가 될 수 있겠다. 이러한 상황에서 여성결혼이민자들이 다문화센터 등지에서 배운 한국어 교육으로는 자녀들에게 가르쳐줄 수 있는 말은 없으며, 사용할 수 있다 하더라도 낯선 것들이 대부분이다. 그러므로 여성결혼이민자들에게 실제적으로 필요한 교육은 일상대화에서의 회화교육은 물론이거니와 그 중간중간 의성어·의태어 교육의 필요성이 대두된다.

  예① 단어를 의성어로 표현 : 야옹이, 멍멍이, 어흥
  예② 행동의 의태어 사용 : 곤지곤지·잼잼(유아기), 영차영차(단체행동 시

---

13) 이상금, 「유아기아동의 특성 및 기능에 관한 연구」, 『한국문화연구원논총』 제22집, 이화여자대학교, 1973. 345~373면. 유아의 언어적 특성은 3~4개월 옹알이, 만1세 한 단어 시기, 만2세 두 세 단어 시기, 만3세 문장기로 정리된다. 자세한 사항은 논문 참조.

사용)

예③) 동요의 의태어 사용 : 송알송알 싸리 잎에 은구슬/조롱조롱 거미줄에
옥구슬14)

여성결혼이민자들은 위에서 예를 든 것처럼 자녀가 학교에 들어가기 이전부터 의성어·의태어에 노출되어 있다. 아직 가나다라를 읽고 쓸 줄 모르는 여성결혼이민자들도 아기에게 '곤지곤지'를 말하며, 아기에게 그 행동을 하라고 권유한다. 또한 아이가 아직 한두 살이었을 때 고양이를 야옹이로, 개를 멍멍이로 표현하여 설명한다. 이미 의성어·의태어가 생활 속 깊게 자리 잡고 있는 것이다.

4.2. 문장 안에서의 접속부사 교육의 필요성

선행문장과 후행문장의 성격을 구분해 주는 것은 바로 접속부사이다. 이러한 접속부사의 교육은 여성결혼이민자들이 초급 단계에서 학습한 단문장을 복문장으로 연결시키기 위한 중요한 과정이다. 이러한 학습은 단문장을 복문장으로 연결하여, 문장의 성격을 가늠하며, 문단으로 또 하나의 글로 이어나가기 위한 중요한 단계가 되는 것이다. 이러한 기본적인 교육은 문장 안의 선후관계나 내용 파악에 있어 필요한 교육이며, 이러한 교육을 기초로 하여 전체 내용을 이해하는 데 도움을 주고자 하는 것이다.

다음의 예문은 『여성결혼이민자와 함께하는 한국어②』15)에 나오는 문장이다. 접속부사를 교육한 학생과 교육하지 않은 학생간의 문장구성력의 차

---

14) 한국교원대학교 국정도서국어편찬위원회, 『초등학교 국어 읽기1-1』, 교육과학기술부, 2009. 60~61면.
　　초등국어 교과서 읽기1-1에 <구슬비-권오순>과, <오는 길-피천득>의 시가 함께 함께 실려 있다. 두 시 모두 의성어·의태어가 들어가 있다. 이 단원의 학습목표는 "반복되는 말의 재미를 살려 시를 읽어 봅시다."이며, 단원은 "4, 아, 재미있구나!"이다.
15) 국립국어원, 『여성결혼이민자와 함께하는 한국어②』, 국립국어원, 2009, 34면.

이는 그 교육의 필요성에 당위성을 부여한다.

[표 9] 『여성결혼이민자와 함께하는 한국어』 제2권 제3과 내용

문법	-(으)ㄹ 줄 알다/모르다
예문	① 가 : 자전거 잘 타요? 　　 나 : 아니요, 한 번도 배우지 않았어요. **그래서** 자전거를. ② 가 : 피아노와 바이올린을 연주할 줄 알아요? 　　 나 : 피아노는 잘 해요. **그렇지만.**

위의 예문에서 보이듯이 문장 전체에서 접속부사의 역할은 상당히 크다. 접속부사로 인해, ①번의 문장은 '자전거를 배우지 않아서' 자전거를 못타는 이유의 상황이 되고, ②번의 문장은 "피아노는 잘 치지만, 바이올린은 못한다."라고 하여 앞과는 반대의 상황이 뒷문장에 들어가 있다. 이 두 문장에는 '어서/아서', '지만' 등의 초급의 단계에서 배운 문법을 사용하지 않고, 접속부사를 사용하여 문장을 구성하게끔 연습 문제를 만들어 놓았다. 즉, 접속부사의 교육 없이는 위의 문법을 완전히 학습할 수 없음을 알 수 있다. 즉, ①번의 '그래서'를 '하지만'으로 바꾼다면, 처음의 답과는 반대되는 답이 나올 수밖에 없다.

4.3. 초등국어 교과서 속에서의 전래동화 교육의 필요성

일반 여타의 한국어 교육에서도 '외국인 학습자의 학습 목표가 다양화되면서 일상생활의 의사소통 능력을 키우는 것을 넘어서 한국학이나 한국문학 학습과 같은 고급 단계의 교육적 필요성[16]'이 재기되고 있음은 물론이

---

16) 양민정, 「고전소설을 활용한 한국어교육 방법」, 『국제지역연구』 제7권 제2호, 한국외국어대학교 외국어종합연구센터, 2003.

다. 이러한 과정은 일반 외국인 학습자들보다도 중급 이상의 여성결혼이민자의 경우 보다 높은 언어적 문식성을 향상시키기 위해서, 한국어교육을 할 때 문화상의 상이함으로 인해 서로 다르게 이해되는 상황 맥락이나 문화적 측면도 함께 고려하는 교육 방법론이 요구되어진다. 왜냐하면 현재 중급 이상의 여성결혼이민자 학습자들이 겪는 의사소통상의 문제점은 단순히 생활상의 대화를 어려워해서 생기는 의사소통 결렬이 아니라 문화적 차이로 생기는 의사소통 결렬이기 때문이다. 그러므로 그 문제를 해결하기 위하여 본 장에서는 초등학교 국어교과서에 나오는 전래동화를 가지고 기본적인 문화적 공통성을 회복하고자 한다.

다음의 예시들을 통하여 그 문제성을 살펴보면 다음과 같다. 예시①은 효녀 <심청전>의 내용을 기반으로 한 패러디 광고이며, 예시②는 의적 <홍길동전>의 소설 내용을 바탕으로 한 애니메이션과 드라마이다. 한국 사람들이라면 이러한 이야기를 대충이나마 알고 있어, 그 광고나 드라마를 볼 때 흥미를 가지고 볼 수 있다. 또한 그 안에서 기존의 이야기와 다른 구성이나 내용 전개를 보고, 박장대소를 하며 웃을 수 있는 문화적 공통성을 가지고 있다. 하지만 여성결혼이민자들은 문화적 공통성이 부족하여, 그 광고와 드라마가 왜 웃기고, 왜 슬픈지 알지 못한다.

예를 들어, 여성결혼이민자들이 초등학교 자녀의 과제를 봐 주다가, 다음과 같은 과제 안내문을 받았다고 하자. 여성결혼이민자들 중에서 일상대화 의사소통능력 향상을 위한 한국어교육을 고급까지 모두 이수한 학습자라는 가정에서 자녀의 숙제를 도와줄 수 있는 사람이 있을까?

[표 10] 학교 활동지 예시

〈활동지〉

예시❶ CF 〈심청전〉
생활 속에 깊숙이 자리한 <u>효문학</u>로서의 〈심청전〉을 패러디한 광고

*CF : "심청, 인당수에 빠질까 말까, 빠질까 말까! 아이고~ 아버지!
　　　풍덩"

예시❷ 소설, 애니메이션, 드라마 〈홍길동전〉
홍길동이라는 <u>영웅</u>을 주인공으로 하여 양반가정의 모순과 서얼차별의 불합리를
내용으로 함.

★ (엄마, 엄마 도와주세요!) 위의 두 예시문을 보고, 엄마와 함께 생각해 봅시다.

1. 두 이야기의 짧은 줄거리를 써 보고, 주인공에 대한 자신의 생각을 더 써 넣으세요.
 ① 〈심청전〉 :

 ② 〈홍길동전〉 :

2. 〈심청전〉의 주인공이 만약 〈홍길동전〉의 홍길동과 같은 성격이었다면, 아버지를 위해
　 어떤 다른 방법을 선택했을지 상상해서 써 봅시다.

　여성결혼이민자들에게 초등학교 국어 교과서의 내용들 중 전체적인 분위기 파악을 위하여, 전래동화를 선택한 이유는 다음과 같다. 여러 가지 텍스트 중에서도 읽기를, 많은 읽기 자료들 중에서도 고전문학을, 그 가운데에서도 전래동화를 택한 이유는 이 논의의 요지가 학부모로서의 역할 확립이라는 1차적인 조건 아래, 초등학교 국어 교과서에 등장하는 전래동화들이 한국인의 기본적인 문화적 토대를 이루기 때문이다. 즉, '어린 시절 초등

교과서에 수록된 전래동화를 다른 종류의 글보다도 더 선호하게 되고 자주 읽게 됨으로써 그 작품 속에 용해되어 있는 우리 사회의 가치와 규범을 무의식중에 내면화[17]'하고 있기 때문이며, '전래동화는 민족의 생활, 문화, 풍속, 사상, 신앙과 정신이 담긴 보고이다. 그것은 오랜 시간적 흐름과 공간적 전파성에 의해 민중이 집단합작한 가공된 예술품[18]'이기 때문이다.

그런데 여기서 문제가 되는 것은 전래동화의 교육범위이다. 여성결혼이민자들에게 모든 전래동화를 교육할 수 없는 것은 당연한 이치이므로, 그 교육범위를 한정하는 일은 매우 중요한 일이다. 그러므로 다문화교육 속 한 국어교육의 전래동화 교육범위를 공통교육과정[19] 기초에 해당하는 초등학교 국어 교과서 안의 전래동화로 한정했다. 공통교육과정은 대한민국 국민으로서 살기 위해서 기초적 지식은 함양해야 한다는 취지이므로, 대한민국 국민인 여성결혼이민자들에게도 같은 내용을 교육할 수 있다면 바람직한 방법이 될 것이다. 하지만 형편상 모든 내용의 교육은 불가능한 일이므로 기초 분야에 해당하는 초등학교 1~3학년까지의 국어교과서 상의 전래동화를 그 교육범위로 선정한다.

[표 11] 교과서별 전래동화 수록 상황

	말하기 · 듣기	읽기	쓰기	계	
1-1	·	·	·	·	5
1-2	2	3	·	5	
2-1	3	3	·	6	15
2-2	3	6	·	9	

---

17) 정순주, 『초등 국어교과서의 전래동화 연구-제7차 교육과정을 중심으로』, 대구가톨릭대학교 교육대학원, 2003.

18) 정진헌, 「초등 교과서에 수록된 전래동화의 유형과 양상-교수 요목기를 중심으로」, 『동화와 번역』 제10권, 건국대학교 동화와번역연구소, 2005.

19) NCIC 국가교육과정 정보센터
http://ncic.kice.re.kr/nation.dwn.ogf.inventoryList.do;jsessionid=1EA258DCB5D892F7566295B1D28430EF#

3-1	6	4	3	13		22
3-2	3	3	3	9		
계	편수	17	19	6	42편	
	비율(%)	40.5%	45.2%	14.3%	100%	

4.4. 초등국어 교과서를 활용한 문화요소 교육의 필요성

여성결혼이민자들은 결혼과 함께 한국에서 정착해서 살아가는 상황의 학습자라는 것을 앞에서부터 강조했다. 이는 단순한 언어연수, 직업연수 등의 다른 학습자들과는 차별화된 학습자들인데, 이런 차별화 때문에 문화교육이라는 것을 중요시해야 하는 이유가 된다.

전국적으로 가장 일반적인 한국문화교육은 효도나 장유유서 중심의 한국 전통 예절 익히기, 밥, 국, 찌개, 김치 담그기 중심의 한국 전통 음식 만들기, 한복 입어보기, 한국식 절하기 등의 한국 예절 배우기 등 주로 가내역할수행 위주의 전통문화교육이 주를 이루고 있다. 이러한 교육은 여성결혼이민자들에게 '한국으로 시집 왔으면 당연히 한국 사람이 되어야지'라는 한국적 가치관에 따른 일방적인 한국화 교육[20]이 되고 있다. 하지만 진정으로 여성결혼이민자들에게 필요한 문화교육은 통합의 목적으로의 문화교육이 아닌, 새로운 방식의 문화요소교육이다.

이에 본 논의에서는 새로운 문화교육의 방식으로 초등국어 교과서에 나오는 문화요소교육을 중심으로 학습자 본인도 한국적인 문화를 익힐 수 있고, 여성결혼이민자 자녀에게도 가르칠 수 있는 학부모로서 필요한 문화요소를 알기 쉽고, 흥미롭게 교육할 수 있는 방법을 제시하고자 한다.

---

20) 장미영, 「여성결혼이민자의 자기정체성 형성을 위한 한국문화교육 방안」, 『한국언어문학』 제64호, 한국언어문학회, 2008, 363면.

음식[21]

1학년 1반 박미영

　나와 내 동생은 음식 먹는 습관이 서로 다릅니다. 나는 음식을 골고루 먹습니다. 그러나 내 동생은 고기만 좋아합니다.
　음식을 골고루 먹어야 몸이 튼튼해집니다. 내 동생처럼 자기가 좋아하는 음식만 골라 먹으면 건강에 나쁩니다. 나는 음식을 골고루 먹어야 한다고 생각합니다.

★ 〈음식〉을 읽고, 글쓴이가 하고 싶은 말을 찾는 방법을 알아봅시다.

(1) '나'와 '내 동생'의 음식 먹는 습관은 어떻게 다른가요?

나	—	음식을 골고루 먹는다.
동생	—	좋아하는 음식만 먹는다.

(2) 여러분의 자녀가 음식을 편식합니다. 여러분의 자녀에게 해 주고 싶은 말을 써 봅시다.

　앞의 활동지를 보면, 한국어교육에서 읽기에 해당하는 주제 찾기의 활동과 함께, 여성결혼이민자들이 자녀에게 해줄 수 있는 문화요소교육의 하나인 '편식'에 대한 내용이 들어가 있다. 위의 방법은 간단한 활동지의 한 예

---

21) 한국교원대학교 국정도서국어편찬위원회, 『초등학교 국어 읽기1-1』, 교육과학기술부, 2009, 82~83면.

이다. 하지만 이러한 교육 방법을 제시하는 이유는 이러한 교육을 통해 여성결혼이민자들에게 언어교육을 시킴과 동시에 문화요소교육이 되는 일석이조의 학업이 될 수 있기 때문이다.

5. 효율적인 지도 방안

이제 마지막으로 하는 작업은 초등국어 교과서를 활용하여 여성결혼이민자를 대상으로 하는 한국어 교재를 직접 구성하는 것이다. 이 단계는 여성결혼이민자가 어머니로서 학부모로서 필요한 자질을 갖추기 위한 교재 구성의 실제적인 작업이다. 또한 이 작업을 위해 사회복지법인 <함께사는 강원세상>에서 나온 『교과서로 배우는 한국어』의 내용을 참고하되, 논의 앞부분에서 이야기한 것처럼 '의성어·의태어 교육', '문장 연결의 접속부사 교육', '전래동화 교육', '문화요소교육'이 함께 들어가 있는 단원을 구성했다.

교재			『여성결혼이민자를 위한 초등국어 교과서 속 한국어』 4과 아, 재미있구나!
대상			중급 이상자의 여성결혼이민자
수업 방법			·본 교재를 이용하여 1주일의 2회 수업 진행. ·2시간 모둠수업 (2시간 동안 듣기·말하기·읽기·쓰기 연결하여 진행) ·교재를 이용하여 전체 4차시 진행
	1차시	도입	알고 있는 한국의 동화 이야기 해보기
		전개	·〈읽기〉 본문 읽기 ·〈듣가·말하기〉 본문 입체낭독하기 (짝활동) 입체낭독으로 짝을 지어 낭독하기 (연습) 단어 확인 ·〈문법〉 ① '-는구나', '-거든요' 학습 및 활용 연습 ② **접속부사 교육** : 두 문장 연결해보기

세부 사항	1차시	정리	여성결혼이민자가가 직접 앞에서 배운 문법을 활용하여 토끼와 거북이 이야기 해보기 (3명 정도 발표해보기)
	2차시	도입	고향의 전래동화 이야기 해보기
		전개	·〈쓰기〉 오늘 배운 문법을 활용하여 여성결혼이민자 고향의 전래동화 내용 짧게 쓰기 (단어 오류, 문장 오류, 연결어 오류 확인)
		정리	고향의 전래동화 발표하기 (※주의 : 여성결혼이민자의 출신국 고려하여 2명 선발)
	3 차시	도입	알고 있는 의성어·의태어 말해보기
		전개	·〈읽기〉 "주먹밥이 데굴데굴(일본 전래동화)" ·〈듣기·말하기〉 의성어·의태어를 몸이나 입으로 흉내 내면서 입체낭독하기 ·〈쓰기〉 의성어·의태어 학습 및 활용연습
		정리	노래 배우기 〈구슬비〉 의성어·의태어가 들어있는 노래를 배워, 배운 의성어·의태어 복습하기
	4 차시	도입	나의 버릇 이야기하기
		전개	·〈읽기〉 "음식" ·〈듣기·말하기〉 편식에 대해서 말해 보기, 잘 듣기 ·〈쓰기〉 자녀에게 줄 편식에 대한 글쓰기 (※편지지 이용, 실제로 자녀에게 줄 내용의 편지쓰기, 말하듯이 전차시에 배운 문법을 사용하여 쓰기)
		정리	활동지 풀어보기
주의사항			－고향의 전래동화를 이야기할 때 여성결혼이민자들의 출신 국가를 고려하여 한 국가 별로 2개 이상의 동화가 발표되지 않도록 한다. －고향의 전래동화를 이야기할 때 다른 나라의 여성결혼이민자들의 나쁜 평가 발언에 대해 교사가 조절할 수 있어야 한다. －고향의 전래동화를 낭독할 때, 실제 자녀에게 이야기하는 것처럼 재미있게 표현하여 낭독하도록 지도한다. －문화요소교육을 실시할 때 여성결혼이민자들이 자녀들의 현장학습 교육 역시 지도할 수 있도록 전설이 포함되어 있는 지역 문화유산을 함께 학습하여 사용할 수 있도록 한다.

6. 나가기

현재 여성결혼이민자들에 대한 한국어교육은 각 지역의 다문화가족지원센터[22])의 성격에 맞추어 한국어 첫걸음반, 초급반, 중급반, 고급반 중 2반에서 5반 정도를 운영하고 있다. 이 중에는 한국어 회화가 능통한 여성결혼이민자들을 위해 한국어능력시험을 보기 위한 반을 따로 개설하는 등의 새로운 시도도 진행되고 있다. 하지만 현재 여성결혼이민자들에게 행해지고 있는 한국어교육은 말 그대로 한국어를 배우는 수업이다. 한국어를 익혀서 일상생활에서 바로 사용 가능한 일상회화 향상을 목적으로 수업을 진행하고 있다. 이러한 수업 방식은 생활 영위 목적의 여성결혼이민자들에게는 초기 몇 년간만 필요한 단기적인 교육일 뿐이며, 장차 한국의 학부모가 될 여성결혼이민자들에게는 한참 모자란 수업인 것이다. 이러한 수업의 형태는 학부모가 된 여성결혼이민자들이 자녀의 학업 보조에 필요한 전문적인 어휘 즉 학교와 관련된 용어 및 제반 사항을 알지 못해 배제 또는 멘토 역할을 수행할 수 없기 때문에 그 문제가 심각해진다. 그러므로 여성결혼이민자들의 역할 확립이나 자존감 확립을 위해 현재 진행하고 있는 한국어교육의 수준을 높일 필요가 있다.

이는 논의 앞부분에 제시한 설문과 면담의 내용에서도 알 수 있듯이 여성결혼이민자들이 단순히 관광이나 몇 년 간의 연수를 하기 위해 한국에 머무르는 대상이 아니라, 한국에서 살면서 결혼하여 자녀를 기르면서 살 학

---

22) 전국다문화가족지원사업단 http://liveinkorea.mogef.go.kr
   2010년 11월 현재 다문화가족지원센터의 현황은 다음과 같다.
   <다문화가족지원센터 현황>

전체	서울	부산	대구	인천	광주	대전	울산	경기
159 개소	19	7	6	7	3	2	3	24
	강원	충북	충남	전북	전남	경북	경남	제주
	12	9	10	11	15	15	14	2

부모가 될 대상들이라는 것을 인지하는 것이 가장 중요한 전제가 되어야 한다. 또한 이러한 전제를 기준으로 여성결혼이민자들이 입학 적령기를 맞은 자녀들에게 진정한 가족의 일원이 되고, 떳떳한 학부모가 되기 위해서는 어떤 교육이 가장 필요한 지 그 필요성을 인식해야 할 것이다. 그래서 "이러한 교육이 필요한 것 같은 것이 아니라, 꼭 필요한 수업"이 되어, 여성결혼이민자들의 요구 수요에 맞는 수업 방안이 마련되어야 할 것이다. 그러므로 본 논의에서 주장하는 바와 같이 여성결혼이민자들에게 필요한 교육은 학부모 역할에 필요한 필수 어휘의 학습과 함께 초등국어 교과서를 활용한 한국어수업은 물론, 문화수업까지 진행해야 하는 것이다. 이를 정리해보면 다음과 같다.

> 첫째, 학부모에 역할에 필요한 필수 어휘에 대한 교육이 있어야 한다.
> 둘째, 초등국어 교과서를 활용한 여러 가지 교육이 마련되어야 하는데 방법은 다음과 같다.
>   −의성어·의태어 교육이 이루어져야 한다.
>   −접속부사 교육이 이루어져야 한다.
>   −한국의 전래동화 교육이 이루어져야 한다.
>   −인위적인 통합교육 목적의 문화교육보다는 자연스러운 문화요소 교육이 이루어져야 한다.

지금까지의 논의의 의의를 찾는다면, 면담을 통한 여성결혼이민자의 요구 조사를 실시한 후, 실제 여성결혼이민자를 위한 수업에서 활용할 수 있는 자료를 구성했다는 것에 의의를 마련할 수 있겠다.

하지만 현재 다문화가정 자녀의 대다수가 초등학교에 재학 중이라는 것에 중점을 두고 본고를 구성했다고 하나, 초등을 넘어 중등까지 구성해야 함이 마땅하다. 그러므로 본고의 한계는 여성결혼이민자를 위한 교육 방법에 초등국어 교과서만을 대상으로 수업지도안과 교재를 구성했다는 것이

단점으로 지적될 수 있겠다. 이에 다음에 논의 될 연구에서는 여성결혼이민자를 위한 한국어교육에서 초등국어 교과서를 활용한 교육방법에서 더 나아가 중등 교육·대학·일반 사회까지도 아우를 수 있는 교육 방안이 마련되어야 할 것이다.

‖ 참고문헌

국립국어원, 『여성결혼이민자와 함께하는 한국어①』, 국립국어원, 2009.

국립국어원, 『여성결혼이민자와 함께하는 한국어②』, 국립국어원, 2009.

한국교원대학교 국정도서국어편찬위원회, 『초등학교 국어 읽기1-1』, 교육과학기술부, 2009.

유재춘·김호연·한성주, 『교과서 속 다문화』, 함께 사는 강원세상, (주)교육과세상, 2010.

최홍렬·정성미, 『교과서로 배우는 한국어』, 함께 사는 강원세상, (주)교육과세상, 2010.

박동성, 『혼혈에서 다문화로』, 일지사, 2008.

정순주, 『초등 국어교과서의 전래동화 연구-제7차 교육과정을 중심으로』, 대구가톨릭 대학교 교육대학원, 2003.

이귀염, 『중상급 수준 여성 결혼이민자 대상 읽기·쓰기 교재 개발을 위한 문식성 과 제 단위 요구분석』, 이화여자대학교 교육대학원, 2010.

춘천시다문화가족지원센터, 『지구촌 엄마들의 storytelling』1, 2, 춘천시다문화가족지원 센터, 2009.

박지애, 『여성결혼이민자를 위한 쓰기 교육 방안』, 부산외국어대학교 대학원, 2010.

공지연·심혜령, 「여성결혼이민자의 원활한 학부모 역할을 위한 어휘 선정 연구」, 『청 람어문교육』 제40권, 청람어문교육학회, 2009.

서종남, 「결혼이민자 가정의 문제점과 해결방안 연구」, 『시민교육연구』 제42권 1호, 한 국사회과교육학회, 2010.

김중섭, 「한국어 학습자를 위한 의성어·의태어 교육 방법 연구」, 『한국의 민속과 문화4』, 경희대학교 민속학 연구소, 2001.

양민정, 「고전소설을 활용한 한국어교육 방법」, 『국제지역연구』 제7권 제2호, 한국외국 어대학교 외국어종합연구센터, 2003.

정진헌, 「초등 교과서에 수록된 전래동화의 유형과 양상(교수 요목기를 중심으로)」, 『동 화와번역』 제10권, 건국대학교 동화와번역연구소, 2005.

김종록, 「국어 접속어미 지도를 통한 사고력 향상 방안」, 『국어교육연구』 제23호, 경북 대학교. 1991.

전홍주·배소영·곽금주, 「결혼이민자 가정에서 이루어지는 자녀 교육지원의 실제와

의미 : 필리핀과 일본 어머니들의 사례를 중심으로」, 『가족과 문화』 제20집 3
　　호, 한국가족학회, 2008.
장미영, 「여성결혼이민자의 자기정체성 형성을 위한 한국문화교육 방안」, 『한국언어문
　　학』 제64호, 한국언어문학회, 2008.
이상금, 「유아기아동의 특성 및 기능에 관한 연구」, 『한국문화연구원논총』 제22집, 이
　　화여자대학교, 1973.

춘향복식을 중심으로 읽어본 「춘향전」

윤 현 이

1. 문제제기

「춘향전」은 우리 고전 작품 중 끊임없이 사랑받는 작품이다. 소설뿐 아니라 판소리로 구연되었으며 현대에 이르러 연극·창극·영화 등의 다양한 형태로 공연·상영되기도 한다. 그럴 때마다 등장하는 춘향의 모습은 귀밑 머리를 곱게 땋아서 댕기를 드리고, 녹색 저고리 또는 노랑 저고리에 붉은 치마를 입은 모습으로 등장한다.

남원에 있는 춘향의 영정[1]을 살펴보면, 녹색저고리에 자주 끝동을 단 삼회장 저고리에 붉은 치마를 입고 있으며, 머리는 땋아 내린 모습을 하고 있다. 이 영정은 많은 사람들의 인식 속에 춘향의 모습으로 정형화되어 자리 잡고 있다. 춘향하면 바로 이 영정의 모습을 떠올리게 된다. 그런데 남원에

---

1) 남원의 춘향사당에 있는 춘향영정은 이당 김은호 화백이 여러 전문가들의 의견을 바탕으로 1939년 5월에 완성하였다. 녹의홍상(綠衣紅裳)을 한 16세의 처녀모습을 그린 것인데 당시 모델이 된 기생이 있었다고 한다.

있는 춘향영정은 과연 춘향전 텍스트에 나오는 춘향의 모습과 얼마나 유사한 것일까?

본고에서는 「춘향전」 작품 속에 나타난 춘향의 복식묘사부분을 주안점을 두고 살펴보면서 몇 가지 의문을 풀어보려 한다. 춘향영정의 모습은 과연 텍스트 속 춘향의 모습을 재현해 놓은 것인가? 텍스트 속에 나타난 춘향의 모습은 과연 어떤 모습이었을까? 춘향복식에서 찾아낼 수 있는 의미는 무엇일까? 작품 전체의 내용과 결부지어 춘향의 복식에서 어떤 의미를 이끌어 낼 수 있을까? 춘향의 복식을 살펴보는 것이 작품 「춘향전」을 이해하는 데 의미 있는 요소가 될 수 있을까? 하는 것들을 생각해 보려 한다.

이 문제에 접근하기 위해서는 먼저 텍스트를 선정해야 하는데 「춘향전」은 많은 이본이 존재한다. 「춘향전」 자체가 여러 설화들을 바탕으로 하였고, 판소리라는 구비적인 연희물로 구연되었기에 유동적인 성향을 띠고 있었다. 그러던 것이 소설로 정착되는 과정에서 개작자·필사자의 의도에 따라 다양한 이본이 나오게 되었다. 그리하여 「춘향전」의 이본은 100종 정도 된다.[2]

「춘향전」을 이본군을 기생계와 비기생계 둘로 구분해 볼 수 있다. 전자는 춘향의 애초 신분이 기생으로 설정되어 있는 계통을, 후자는 그것이 양반 서녀로 되어 있는 계통을 지칭한다. 기생계에는 현전 최고본 만화본 「춘향전」을 비롯하여 경판 16장본, 경판 30장본, 경판 35장본, 안성판 20장본, 완판30장본, 완판33장본, 고대본, 「남원고사」, 이고본 등 대다수의 이본이 이에 해당된다. 비기생계에는 신재효본 남창 「춘향가」, 완판 84장본, 박기홍조 「춘향전」 등 극히 소수의 이본만이 해당된다. 다수본인 기생계 이본은 기본적으로 전대본의 면모를 유지하고 있고, 소수본인 비기생계 이본은 대원군 집정기와 고종연간에 이르러 판소리가 양반적 취향에 의해 속화되는

---

2) 설설경, 「춘향전의 유형화와 개성화」, 『춘향전의 통시적 연구』, 서광학술자료사, 177면.

분위기 속에서 생산된 후대본이라 판단된다.3)

본고에서는 다수의 기생계 이본에서 둘, 비기생계에서 하나를 선정했다. 분량으로 볼 때, 이본 중 최대의 압축본이라 할 수 있는 경판 16장본과 방대한 양의 「남원고사」를 선정했다. 중요한 내용만 압축적으로 나온 경판 16장본과 다양한 삽입가요, 한시, 가사 등이 수록되어 방대하게 길어진 「남원고사」는 서로 분량면에서 차이가 있다. 또, 어떤 장면을 묘사할 때, 경판 16장본에서 압축·생략된 부분이 「남원고사」에서는 자세히 묘사되어 있으리라 생각하여 이 두 이본을 선정하게 되었다. 비기생계에서는 완판 84장본을 선정하였다. 완판84장본은 「열녀춘향수절가」라고도 하는데 현재 「춘향전」하면 바로 이 「열녀춘향수절가」를 떠올릴 정도로 많이 알려져 있기 때문에 이본으로 선정하였다. 그리하여 가장 압축된 경판 16장본과 방대한 「남원고사」에서 춘향의 복식을 어떻게 묘사했는지 비교, 대조해 볼 수 있다. 또한 기생계 이본에서 다룬 춘향의 모습과 비기생계인 완판 84장본에서 다룬 춘향의 복식묘사에는 어떤 유사점과 차이점이 있는지 살펴보고자 한다.

2. 작품 속에 묘사된 춘향의 복식

앞에서 선정한 세 이본에 묘사된 춘향의 그네를 타러가는 모습을 살펴보면 이러하다. (「경판 16장본 춘향전」을 「경16」으로, 「남원고사」를 「남원」으로, 「완판 84장본 열녀춘향수절가」를 「완84」로 부르기로 하겠다.)

이 씨 마참 본읍 기싱 츈향이 츄쳔츠로 의복단장 치례할 시 아릿짜온 고은

---

3) 박희병, 「춘향전의 역사적 성격 분석」, 『춘향전 어떻게 읽을 것인가』, 서광학술자료사, 1993. 76~77면.

양주 팔주청산 츈식으로 반분쎄를 다스리고 호치단슌은 슴식도화 미기봉이
흐로밤 찬 니슬의 반만 퓐 형상이요 흑운갓튼 허른 머리 반달갓튼 화룡쇼로
솰솰 흘니 빗겨 전반갓치 넓게 쌋흐 즈지항나 너른 댱긔 밉시잇게 드럿쑤느
빅겨포 싹기격슴 보라디단 속적우리 물면쥬 고장브지 빅방슈화쥬 너른 브지
광월수 겻마이 늠봉항느 디단치마 잔살 잡아 썰쳐 닙고 디단낭즈 슴승보션 즈
지샹직 슈당혀를 눌 츌즈로 졔법 신고 압히는 민쥭졀 뒤히 금봉츠 손의 옥지
환 귀예 월긔탄이요 노리기 더욱 죠타 이궁전 디방전 인물향 산호쯔지 금슈오
리 옥쟝도를 오식 당슨실 쓴을 쥐여 양국디장 병부츠듯 남북병수 동긔 츠듯
휘드러지게 츠고 만쳡쳥산으로 긔엄 둥실 올느가며 꼿도 쥬루룩 홀터다가 묽
고 묽은 구곡슈의 풍덩 씌워도 보며 두 손으로 시너의 조약돌도 덤셕 쥬여다
가 낭뉴간의 훨훨 더져 꾓쏘리도 날녀보니 근들 아니 경일손냐 흥을 겨워 졈
졈 올라가서 쟝쟝치 긴 그늬줄을 셤셤옥슈로 이리저리 갈느 쥐고 몸을 눌녀
올느 한 번 굴너 압줄이 놉고 두 번 굴너 뒷줄어 놉흐 졈졈 놉흐 공중의 쇼쇼
쳐 빅능보션 두 발길로 작작도화 르러진 가지를 툭툭 츠이 날니느니 남홰로다
뒤의 지른 금봉치가 반셕상의 써러져 졍그렁 졍그렁 흐는 쇼리 그 아니 경일
손야……

「경판 16장본 춘향전」 중에서4)

　별유텬지 그림속의 엇더흔 일 미인이 츈흥을 못 니긔여 빅옥갓튼 고은 양
즈 반분쎄로 다스리고 호치단슌 고은 얼골 삼식도화미기봉이 하로밤 츤 니슬
에 반만 퓐 형용이오 쳥산갓튼 두 눈셥은 팔즈츈산 다스리고 흑운갓튼 허튼
머리 반달갓튼 화룡소로 아조 솰솰 흘니 빗겨 전반갓치 넓게 쌋아 옥뇽잠 금
봉츠로 스양머리 쪽져난디 셕우황 진쥬투심 산호가지 휘얼근 도토락당긔 밉
시잇게 다라시니 쳔틱산 벽오지의 봉황의 쏘리로다 당모시 싹기격삼 초록갑
스 겻막기에 빅문항나 고장바지 분홍갑스 너른 바지 셰류갓튼 가는 허리 쵹나
요디 눌너 씌고 룡문갑스 도홍치마 잔살 줍〇 썰쳐 닙고 몽고삼승 겹보션의
초록우단 슈운혜를 밉시 있게 도도 신고 삼쳔쥬 산호슈 밀화불슈 옥나뷔며 진
쥬월픽 쳥강셕 지계향 비취향 오식당스 씬을 다라 양국디당 병부 츠듯 남북병
수 동긔 츠듯 각읍 통인 셔랍 츠듯 휘느러지게 넌즛 츠고 방화슈류 츠즈 갈
졔 빅만교틱하는고나 셤셤옥슈 홋날녀서 모란꼿도 부르질너 머리에도 쏘즈보
고 쳑쵹화도 부르질너 닙의도 담박 무러보고 녹음슈양 버들닙도 쥬루룩 홀터
다가 맑고 맑은 구곡슈의 풍덩실드리쳐도보며 도화류슈묘연거흐니 졈졈낙화

---

4) 김진영 외 편, 「경판 16장본 춘향전」, 『춘향전 전집4』, 박이정, 1997, 48면.

청계변의 죄약돌도 쥐여다가 양뉴상의 쇠쏘리도 위여 풀풀 날녀보고 청산영
니녹음간의 그리져리 드러가서 댱댱치승 그니쥴을 벽도화 느러진 가지의 휘
휘츤츤 미여문디 져 아희 거동보쇼 밍낭이도 어엿부다 셤셤옥수 드러다가 츄
천쥴을 갈나 쥐고 쇼쇼로쳐 쒸여올나 흔 번 굴너 압히 놉고 두 번 굴너 뒤가
놉하 빅능보션 두 발길노 소슈 굴너 놉히 츠니 뒤의 금봉츠와 압희 지른 민쥭
절은 반석상의 느려져서 잉그렁 딩그렁 흐는 쇼리 이도 쏘한 경이로다

「남원고사」 중에서5)

　　잇써 월미 쌀 춘향이도 쏘한 시셔음율이 능통하니 천중절을 몰을소냐 추천
을 흐랴 흐고 상단이 압세우고 나려올 제 난초갓치 고흔 머리 두 귀를 눌너
곱계 싸아 금봉치를 정졔흐고 나운을 둘운 허리 미양의 간는 버들 심이 업시
듸운 듯 아름답고 고은 티도 아장거려 흔늘거려 가만가만 나올 져그 장임 속
으로 드러가니 녹음방초 우거져 금잔듸 좌르륵 쌀인 고디 황금갓튼 꾓쏘리는
쌍거쌍니 나라들 졔 무성한 버들 빅쳑장고 놉피 미고 추천을 하려 할 졔 슈화
유문 초록장옷 남방사 홋단초미 훨훨 버셔 거러두고 자쥬영초 슈당혀을 셕셕
버셔 던져 두고 빅방사 진솔 속곳 틱미틱 훨신 추고 연슉마 츄천쥴을 셤셤옥
슈 넌짓 드러 양슈의 갈나잡고 빅능보션 두 발길노 셥젹 올나 발구를 졔 셰류
갓튼 고흔 몸을 단정이 논이난디 뒤단장 옥비니 은쥭졀과 압치례 볼작시면 밀
화장도 옥장도며 광원사 접져고리 졔식고름의 틱가 난다 상단아 미러라 한 번
굴너 심을 쥬며 두 번 굴너 심을 쥬니 발미틱 가는 씌걸 바람 좃차 펄펄 압뒤
졈졈 머러가니 머리 우의 나무입은 몸을 싸라 흔를흔를 오고갈 제 살펴보니
녹음 속의 홍상자락이 바람결의 니빗치니 구만장천 빅운간의 번기불리 쐬이
난 듯 천지진젼호현후라 압푸 얼는 하는 양은 가부야운 져 제비가 도화 일졈
쩌러질 졔 차려 흐고 쏫치난 듯 뒤로 번듯하는 양은 광풍의 놀닌호졉 짝을 일
코 가다가 돌치난 듯 무산 션여 구름타고 양티상의 나리난 듯 나무입도 무러
보고 쏫도 질근 썩거 머리에다 실근실근 이 익 상단아 근듸 바람이 독흐기로
전신이 어질한다 근듸쥴 붓들러라 붓들랴고 무슈이 진퇴흐며 한창 이리 논일
젹의 셰니짜 반석상의 옥비니 쩌러져 징징하고 비니비니 흐난 소리 산호치을
드러 옥반을 찌치난 듯 그 틱도 그 형용은 세상 인물 안이로다

「완판 84장본 열녀춘향수절가」 중에서6)

---

5) 김진영 외 편, 「남원고사」, 『춘향전 전집5』, 박이정, 1997, 12~13면.
6) 김진영 외 편, 「완판 84장본 열녀춘향수절가」, 『춘향전 전집4』, 1997, 304~305면.

「경16」과 「남원」에서는 춘향을 기생으로, 「완84」에서는 춘향을 양갓집 규수로 여기며 복색을 묘사하고 있음이 확연히 드러난다. 「경16」에서 '본읍 기싱 춘향이'라고 한 것이나, 「남원」에서 '엇더훈 일 미인이 츈흥을 못 니긔여……' 라든가 '빅만교틱하는고나'라는 표현은 기생에게나 어울리는 표현이다. 반면에 「완84」에서는 '월미 딸 춘향이도 쏘한 시셔음율이 능통하니 쳔즁절을 몰을소냐 추쳔을 ᄒ랴 ᄒ고 샹단이 압셰우고 나려올 졔……'라고 표현하고 있는데 시서음률을 강조하고 향단이를 앞세우고 나온다는 것으로 보아 양갓집 규수로 묘사하고 있음이 극명히 드러난다 하겠다.

이제 춘향의 모습을 하나씩 살펴보기로 하자. 먼저 「경16」과 「남원」에서는 '반분대'라는 단어가 나온다. '분대'가 화장을 한 모습인데, '반분대'는 옅은 화장을 의미한다. 「완84」에는 이런 언급이 나오지 않는다. 조선시대 기생들은 짙은 화장을 하였고, 일반 양갓집 규수들은 아주 옅은 화장을 했다는 기록을 보면, 이 작품에 나온 춘향의 모습은 옅은 화장을 한 것으로 묘사되어 있다. 춘향을 양갓집 규수로 여긴 「완84」에는 이런 언급을 생략해 버린 것으로 보인다.

다음으로 머리 모양을 살펴보면, 「경16」에서는 흑운같은 머리를 화룡소로 빗어서 넓게 땋아 댕기로 맨 후, 민죽절, 뒤에는 금봉차를 꽂은 모습으로 표현했다. 「남원」에서는 흑운같은 머리를 반달같은 화룡소로 빗어 전반같이 넓게 땋아 옥농잠, 금봉차로 사양머리 쪽을 지었다고 나온다. 「완84」에서는 난초같이 고운 머리를 두 귀를 눌러 땋아 금봉차로 정제하는 것으로 나온다. 머리카락을 비유한 단어도 기생계 「경16」과 「남원」에서는 흑운같은 머리라 했고, 비기생계인 「완84」에서는 난초같이 고운 머리라 하여 차이를 보이고 있다. 기생계 이본에서는 머릿결의 아름다움을 자체에 주안점을 두어 흑운에 비유했고, 비기생계 이본인 <완84>에서는 양갓집 규수로 격상시킨 춘향의 기품을 드러내기 위해 사군자의 하나인 난초에 비유한 것으로 사료된다.

그런데 세 이본 모두 춘향이 머리를 땋아 비녀를 꽂았는데 그네를 타는 도중에 비녀가 떨어진다는 내용이 나온다. 그렇다면, 이 모습은 우리가 흔히 보아오던 춘향영정이나 영화나 연극, 창극에서 보아오던 땋아서 댕기를 드린 모습은 아닌 것으로 생각된다. 「남원」의 내용을 보면 이런 의문이 다소 해소가 된다. 즉 머리를 땋은 후에 뭔가 조치를 취하고 비녀를 꽂은 형태로 추정되는데, '사양머리 쪽을 지었다'는 표현이 나온다. 세 이본 모두 '사양머리'를 했을 가능성이 높다. 그렇다면 이제 '사양머리'가 어떤 형태인지 살펴보아야겠다. [그림 1]이 사양머리의 모습이다.

[그림 1] 사양머리[7)]

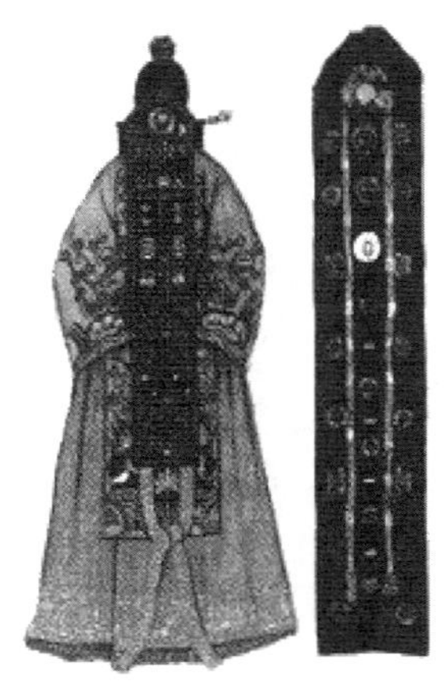

[그림 2] 도투락 댕기[8)]

이러한 머리형태에 금봉차나 옥룡잠을 꽂아 장식을 한 것인데 「남원」에는 이 머리형태에 도투락 댕기까지 달았다는 얘기가 나온다. 이런 모습은 우리가 흔히 보던 춘향영정과 영화나 연극·창극에서 보아오던 춘향의 모습과는 사뭇 다르다.

---

7) 이선재·김경진, 『우리나라 여성의 머리양식사』, 신광출판사, 2003, 89면.
8) 이선재·김경진, 앞의 책, 122면.

[그림 1]에 제시한 사양머리는 머리를 두 갈래로 나누어 땋은 다음, 이것을 다시 17~18㎝ 길이로 구부려 가지런하게 묶고 중간을 댕기로 맨 후 금·은·산호·비취·웅황 등으로 장식한 머리형태이다. 양가 규수가 새해 문안으로 입궐할 때, 혹은 궁중 아기 나인이 하던 수발형태로 일반 서민녀와는 다소 거리가 멀었던 풍속이다.9)

'사양머리'는 '사양계'라고도 하며, '생머리' 외에 '새앙머리'라고도 하였다. 어린 견습 나인들 중 일부를 생각시라고 했는데 이는 그들이 '생머리'를 하고 다니기 때문이다. 생머리는 머리를 반으로 갈라 땋아 내려가서, 다시 밑에서부터 각각 양쪽으로 말아 올려 뒤꼭지에 쌍상투같이 갸름하게 나란히 붙이고, 그 위에 자주색 댕기를 드리는데 그 위에 석웅황을 물리고, 신분이 높은 비빈, 공주의 댕기에는 금박을 찍고 보석장식을 하였다. 하지만 모든 견습 나인들이 생머리를 하는 것은 아니다. 견습나인 중에 4, 5세의 가장 어린 나이에 궁궐에 들어오는 지밀, 침방, 수방의 아기나인들만 생머리를 하였다고 한다.10)

순종황제비인 윤황후도 삼간택시에 생머리에 금박댕기를 맨 내용이 나오고11), 사가의 여아들의 머리모양의 기록과 정조 12년『가체신금사목』에 의하면 낭자 쌍계와 사양계는 혼전에 하는 것이므로 써서는 안 된다는 내용12)으로 보아 사양머리는 혼례 전인 여성에게 가능했던 머리 모양으로 볼 수 있다.

이렇게 본다 해도 '사양머리'는 궁중을 출입하는 양가 규수이거나 궁중 나인의 머리로 보인다. 각 이본에 묘사된 춘향의 머리형태 역시 '사양머리'이다. 각각의 이본에서 춘향의 신분은 기생이거나 기생이 아닌 퇴기의 딸이

---

9) 조효순,『한국복식풍속사 연구』, 일지사, 1988. 424면.
10) 황진영,「조선시대 궁녀복식 연구」, 단국대 전통의상학과 석사, 2009. 76면.
11) 김명길,『낙선재 주변』, 중앙일보사, 1977, 66면 ; 황진영, 앞의 논문에서 재인용.
12)『정조실록』, 12년 10월 3일(신묘) …'代髢之式 娘子雙髻 絲陽髻 係是婚前之制 不可用之', 황진영, 앞의 논문, 76면에서 재인용.

거나, 아버지가 양반인 양갓집 규수처럼 사는 퇴기의 딸이다. 그런 신분인 춘향이 어떻게 사양머리를 할 수 있었겠는가? 춘향이 입궐(入闕)할 정도의 명문대가댁 규수도 아니었고, 궁중의 아기 나인도 아니었는데 어떻게, 왜 그런 모습으로 그네를 뛰었을까? 그렇다면 세 이본에 나온 모습이 모두 과장이란 말인가?

여기서 춘향의 신분 중에서 '기생'이라는 점을 주목해 봐야 한다. 이런 의문을 제기할 수 있다. 기생이라면 사양머리를 하고 다니는 것이 가능했는가? 이 의문의 답을 <東萊府使接倭使圖>(18세기 동래부사가 왜사신을 접대하는 과정을 그린 그림)라는 그림에서 확인할 수 있다.

이 그림은 18세기 동래부사가 왜사신이 왔을 때 맞이하던 것을 그린 것인데, [그림3]에서 보듯 앞에 머리를 늘어뜨리고 말을 타고 가는 두 낭자가 어린 기녀로 추정된다. 이 두 기녀의 머리는 언뜻 보면 길게 내린 머리 같이 보이는데

[그림 3] <東萊府使接倭使圖> 중 기녀행렬부분[13]

자세히 보면, 사양머리에 도투락댕기 같이 긴 댕기를 늘어뜨린 모습이다. 이 두 낭자가 붉은 치마를 입고 있는데, 궁녀들은 붉은 치마를 착용했다는 기록이 없는 것으로 보아 이 낭자들이 궁녀가 아닌 기녀의 모습으로 보인다.[14] 이로써 기녀도 사양머리가 가능했음을 알 수 있다. 그러므로 춘향을 기생으로 여기고 있는 「경16」과 「남원」에서 춘향이 사양머리를 하는 것은 가능한 일이다. 그렇다면 춘향을 양갓집 규수로 격상시킨 「완84」에서는 왜

---

13) 국립중앙박물관 편, 『조선시대 풍속화』, 국립중앙박물관, 2002, 40면.
14) 황진영, 앞의 논문, 76면.

사양머리로 추정되는 모습을 하고 있는 것일까? 사양머리가 원래 양가규수가 궁궐에 새해 인사할 때 하던 머리모양이라는 점을 감안한다면, 춘향을 양갓집 규수로 격상시킨 「완84」에서는 춘향을 한층 더 고귀한 신분으로 미화시키고자 하는 의도에서 그렇게 했으리라 생각해 볼 수 있다. 그렇다면 「완84」에서도 새앙머리를 한 춘향의 모습은 가능한 것이라 할 수 있겠다. 이제 한 가지 더 생각해 봐야 할 것이 있다. '사양머리'를 중심으로 궁녀, 기녀, 양가규수 사이에는 뭔가 패션의 상호작용이 있었으리라는 추측을 해 볼 수 있다.

먼저, 궁녀와 기녀와의 관계를 살펴보면, 기녀는 지방기생과 서울기생으로 나누어지는데, 유득공의 『경도잡기』에 따르면 서울기생에는 내의원(內醫院) 혜민서(惠民署)에 의녀(醫女)가 공조(工曹) 상의원(尚衣院)에 침선비(針線婢)가 있었는데, 이들은 상방기생(尚房妓生) 또는 선상기(選上妓)라고도 불리며 왕과 왕비의 의복을 지어 바치는 일을 하였다. 성종 때까지 의녀의 업무는 기녀들과는 달리 궁중에서 비빈내인들의 진료에만 종사하는 것이었다. 그 후 연산조에 들어서 의녀는 연악(宴樂)과 가무(歌舞)를 배워 일반관기들과 함께 연유(宴遊)에 참석하였으며 간혹 납채(納采) 혼수품(婚需品)을 검찰(檢察)하기도 했다. 한편 의녀들의 복식은 서울 기생과 같게 하여 금하지 않는다고 한 기록을 보면 성종 16년까지는 의녀복식이 있다가 성종말부터 기녀와 동일하게 되었다고 한다.[15]

이를 통해 본다면 궁녀와 기녀는 매우 밀접하게 접촉할 수 있었으며, 특히 옷을 만드는 기녀의 경우는 궁중의 화려한 옷을 보고 따라서 만들어 입었을 가능성이 높다. 의녀와 침선비가 궁에 있으면서 기생의 신분이었던 것을 보면 기생과 궁녀의 복식에 상호작용이 있었음은 짐작하고도 남음이다. 궁궐 나인들 중에서 내의원에 근무하던 의녀들은 '약방기생'이라고도 하였

---

15) 조효순, 「조선시대 기녀복식의 사치와 그 영향」, 『명지대 논문집』 15, 1984, 568~569면.

는데 신분이 기생에 가까웠다고 한다. 궁 안에 의례적인 행사에 출연하는 무희나 악공들도 기녀에 속했다고 한다. 그렇다면 궁녀와 기녀는 그리 멀리 있는 존재들이 아니었음을 알 수 있다. 패션의 코드를 주고 받을 수 있을 만큼 접촉을 할 수 있었음을 알 수 있다. 기녀들은 '사치 노예'라 불릴 정도로 그 복식이 화려했으며, 국가에서 하는 복식규제에서도 예외의 대상이었다. 민가에서는 이렇듯 화려한 기생의 복식을 받아들이기도 하는 사례가 많았다고 한다.

즉 기녀들은 가무에 능하고 식견이 높으며 화려한 복식으로 자신의 수려한 자태를 뽐내며 당당하게 남성 양반사회에 뿌리박고 있었으니 서민녀의 입장에서는 혼례 때나 가능한 복식사치를 기녀는 한평생 누릴 수 있었다는 점에서, 또 양반녀의 입장에서는 유폐된 안방에서 모든 자유가 거부된 상태이고 보니 자유분방이라는 면에서 기녀를 각각 선망의 눈으로 바라보았을 것이다. 시대의 변천에 관계없이 자신이 그리는 선망의 대상을 모방하려는 인간의 심리는 동일한 것이고 보면 일반부녀들이 기녀의 모습을 닮아보려는 심리는 당연한 것이었고, 기녀들과 직접 대면할 기회가 없었던 부녀자들이고 보면 기녀들의 사치한 복식은 자연히 규방의 깊숙한 곳에까지 침투되어 조정에서 논란의 대상이 되기에 이르렀다.

실지로 조선왕조실록 세조 3년 6월조에는 양가의 부녀자가 기생의 복식을 따라 하다가 욕을 당하는 내용이 수록되어 있다. 예조정랑 우계번이 술을 마시고 돌아오다가 영접도감사(迎接都監使) 조숙생의 부인이 말군(襪裙, 말을 탈 때 부녀자들이 입었던 통이 넓은 바지 형태의 옷)을 입지 않고 말을 타고 가는 것을 기녀로 오인하여 기녀 주제에 관리에게 예를 보이지 않는다고 하여 꾸짖은 후 머리채를 잡아 매질을 했다고 한다.16)

이를 통해 궁녀와 기녀, 양갓집 여성들의 패션의 상호작용을 짐작할 수

---

16) 조효순, 앞의 논문, 584면.

있다. 궁 안에 약방기생이라는 의녀들을 통해 기녀들에게도 궁궐의 패션이 전래되었을 것이고, 이렇게 기녀에게 전래된 궁궐의 패션이 다시 양갓집 여성들에게 전래되었을 것으로 보인다.

이제 춘향의 복식을 살펴보겠다. 「경16」에서는 하얀 모시적삼에 보라색 비단 속저고리에 물명주 고장바지 백방수화주 너른바지 광월사 곁마기 남색 봉황무늬 비단 치마를 입고 자줏빛 당혜를 신고 머리엔 민죽절과 금봉차를 꽂고 손에는 옥지환 귀에는 귀걸이를 하고 노리개를 달고, 작은 장도를 차고 있는 모습이다.

「남원」에서는 모시 깨끼 적삼에 초록갑사 곁마기에 백문항나 고장바지 분홍갑사 너른바지에 붉은 치마 입고 겹버선신고 초록우단 수운혜를 신고 여러 가지 장식을 단 노리개를 차고 있는 모습이다.

「완84」에서는 초록색 장옷에 남방사 홑치마를 벗어두고 자주당혜를 벗어두고 백방사 진솔 속곳에 광원사 겹저고리를 입고 붉은 치마를 입은 모습이다.

이것을 표로 간략히 살펴보면 이러하다.

[표 1] 춘향의 복식 비교

	「경판16장본 춘향전」	「남원고사」	「완판84장본 열녀춘향수절가」
상의	흰 모시적삼, 보라색 비단 속저고리	모시깨끼적삼, 초록갑사곁마기	광원사 겹저고리
속바지	물명주 고장바지, 백방수화주 너른바지	백문항나 고장바지, 분홍갑사 너른바지	백방사 진솔속곳
치마	남색 봉황무늬 비단치마	용문갑사 도홍치마	남방사 홑치마, 붉은 치마
신발	자주 당혜	초록우단 수운혜	자주 당혜
겉옷			초록 장옷
비녀	민죽절, 금봉차	금봉차, 도투락댕기	옥비녀, 금봉차
장신구	옥지환, 월계탄, 옥장도	노리개	밀화장도, 옥장도

세 이본 모두 복식의 묘사가 요란하다. 당시 최고 명품으로 두른 듯한 인상을 준다. 춘향이 입은 옷들이며 장신구들은 간략히 생각해 보면 비단옷에 화려한 장신구를 두른 그 당시 여성들이 선망하는 것들이라 할 수 있다. 이러한 근거로 문학작품에서 ≪십이잡가≫ 중 <방물가>를 들 수 있다.

<방물가>에는 이별을 거부하는 여인에게 여러 가지 방물을 주어 타이르는 노래이다. 떠나려는 한양낭군에게 데려가지 않으면 죽겠다고 발악하는 여인네와, 이를 여러 가지 방물을 사주겠다고 달래고 만류하는 사내가 나온다. 여기서 사내가 사주겠다고 하는 방물은 연지분·면경·석경·옥지환·금봉차·판머리·화관주·칠보족도리 등의 장신구를 비롯하여, 집치레·의복·노리개 등 온갖 잡화가 다 등장한다. 당시 화류계에서 즐겨 사용하던 방물의 모습을 이를 통해 살펴볼 수 있다. 이러한 노래에는 물건보다 사랑이 더 소중하다는 하소연과 동시에 이러한 하소연을 기대하는 남성의 심리도 얼마간 곁들어져 있어 흥미를 끈다.[17)

방물가의 내용을 한번 살펴보면 이렇다.

서방님 정(情) 떼고 정(正) 이별한데도 날 버리고 못 가리라 금일 송군(送君)님 가는데 백년소첩 나도 가요 날 다려 날 다려 날 다려가오 한양랑군님 날 다려가오 나는 죽네 나는 죽네 임자로 하여 나는 죽네 네 무엇을 달라고 하느냐 네 소원을 다 일러라 제일명당 터를 닦어 고대광실 높은 집에 내외분합 물림퇴며 고불도리 선자추녀 형덩 그렇게 지어나 주랴 네 무엇을 달라고 하느냐 네 소원을 다 일러라 연지분 주랴 면경석경 주랴 **옥지환(玉指環) 금봉차 화관주(花冠珠) 딴 머리 칠보 쪽도리** 하여나 주랴 네 무엇을 달라고 하느냐 네 소원을 다 일러라 세간 치례(致禮)를 하여나 주랴 용장봉장(龍欌鳳欌) 귓도리 책상이며 자개 함롱(函籠) 반다지 삼층 걱게수리 이층 들미장에 원앙금침 잣베개 샛별 같은 쌍용강을 발치발치 던저나 주랴 네 무엇을 달라고 하느냐 네 소원을 다 일러라 의복치례를 하여나 주랴 **보라 항릉 속저고리 도리볼수 겉저고리 남문대단 잔솔치마 백방수화주 고장바지 물면주 단속곳에 고양 나이 속버선에 몽고삼승 겉버**

---

17) 한국민족문화대백과, 2009, http://terms.naver.com/entry.nhn?docId=556641

선에 자지장직 수당혜를 명례궁 안에 맞추어 주랴 네 무엇을 달라고 하느냐 네
소원을 다일러라 노리게 치례를 하여나 주랴 은(銀)조로롱 금(金)조로롱 산호가지 밀
화불수(蜜花佛手) 밀화장도(蜜花粧刀) 곁칼이며 삼천주 바둑실을 넘산더미만큼 하여
나 주랴 네 무엇을 달라고 하느냐 네 소원을 다 일러라 나는 싫소 나는 싫소
아무것도 나는 싫소 고대광실도 나는 싫고 금의옥식도(金衣玉食) 나는 싫소
원앙층층 걷는 말에 마부담(馬負擔)하여 난 다려가오.

〈방물가〉[18]

이 작품에 열거된 옥지환, 금봉차, 보라 항릉 속저고리, 남문대단 진솔치
마, 백방수화주 고장바지, 물면주 단속고, 몽고삼승 겉버선, 수당혜, 노리개,
산호가지 밀화불수 밀화장도 등이 「춘향전」에도 나오는 것들이다. 〈방물
가〉는 이별을 거부하는 여인과 당시 최고 명품을 사 줄 테니 이별하자는
남성의 대화를 담은 노래이다. 당시 사람들이 가지고 싶어하는 값비싼 물건
들을 최대한 나열해 놓은 것으로 보인다. 이런 것으로 볼 때, 「춘향전」 각
이본에 제시된 춘향복식도 극도의 호화롭고 사치스런 복식임을 알 수 있다.

세 이본 모두 화려함의 극치를 제시하고 있는데 기생계와 비기생계에 미
묘한 차이가 드러난다. 「경16」에서는 장신구로 '월긔탄'이 나온다. '월긔탄'
은 일종의 귀걸이이다. 원래 귀걸이는 귀고리의 형태로 고려시대에 들어와
서 귀에 구멍을 뚫어 작은 환을 다는 풍습이 크게 유행하였으나 조선시대
에 들어와서는 여자만이 아니라 남자도 사용하여 조선조 전반까지 성행하
였다. 그러나 귀고리 착용에 대한 금지령이 자주 내려지고 만주인의 풍속이
라 하여 일반민가에서는 달기를 주저하고 싫어하는 경향이 있었다. 또한 신
체에 구멍을 뚫는 행위는 효(孝)에 어긋난다는 유교사상에 의해 선조 때까지
남녀를 막론하고 사용되다가 선조의 훈계가 있은 후에 일반 양반층 부녀자
들보다도 서민층 부녀자들과 기녀들이 즐겨 달았으며, 여인들의 이식은 형
태를 달리하였다. 귀고리가 귀걸이로 바뀌면서 평상시 귀에 고리를 다는 습

---

18) 이은주 창, 〈방물가〉, 『십이잡가』CD2, 서울음반, 2000.

속이 자취를 감추게 되었고 남자의 귀고리는 볼 수 없게 되었다.[19] 선조이후 귀걸이는 양반층 부녀자들보다는 서민층의 부녀자들과 기녀들이 즐겨 달았다는 내용으로 보아 「경16장」에 나오는 월긔탄이라는 장신구를 통해 춘향의 신분을 기생임을 확인할 수 있는 섬세한 장치로 볼 수 있다.

한편 「완84」에서는 초록색 장옷을 입고 다니다가 벗어두었다는 내용이 나온다. 「경16」과 「남원」에는 나오지 않는 내용이다. 장옷을 머리와 얼굴을 가지고 몸종 향단을 데리고 다니는 춘향의 모습을 상상할 수 있는데 이는 춘향을 양갓집 규수로 묘사하고 있음이 두드러지게 나타나는 부분이라 할 수 있다. 실지로 조선시태에는 쓰개의 형태로 장옷과 치마의 형태고, 입모(笠帽)로 된 전모(氈帽)가 있었다. 『조선여속고』에 따르면 양반의 처는 장옷으로 머리와 낯을 감추었는데, 이것의 길이는 종아리까지 내려가는 것이었다고 하였다. 또한 기녀는 천의(薦衣)를 썼는데, 소매가 달려있지 않으며 다홍색에다 연두안에 솜을 둔 네모진 것으로 그 길이가 장옷보다 짧은 것이었다고 한다. 그 길이에서 일반부녀와 기녀와의 차등이 있었다고 한다.[20] 이렇게 본다면 '장옷'이라는 의상을 통해 춘향이 기생이 아닌 양갓집 규수라는 점을 부각시키고 있다.

이는 속옷에서도 차이가 난다. 「경16」과 「남원」에는 공통적으로 '고장바지'와 '너른바지'가 나온다. '고장바지'는 '고쟁이'라고도 하며, 속바지 정도로 생각하면 되는데, 속옷으로 세 번째 겹쳐 입는 옷이다. '너른바지'는 주로 상류층이 예장할 때 밑받침 옷으로 단속곳 위에 입어 하체를 풍성하게 보이게 한 속바지의 일종으로 서민계층에서는 사용하지 못하였다.[21] 「완84」에는 '너른바지'가 아니라 '진솔속곳' 하나만 나온다. 이렇게 본다면, 앞의 두 이본에서는 복식제약에서 자유로운 기생이므로 상류층의 속옷을 입을 수

---

19) 안명숙, 『우리옷 이야기』, 예학사, 2007, 180면.
20) 조효순, 앞의 논문, 578면.
21) 안명숙, 앞의 책, 153면.

있었으리라 생각할 수 있다. 그에 비해 「완84」에서는 오히려 양갓집 규수의 이미지에 맞춰 오히려 생략한 것을 보인다. 속옷을 여러 번 겹쳐 입어 하후상박(下厚上薄)한 미인도의 모습을 떠올릴 수 있다.

이제 춘향의 복식을 정리해 보면 이렇다. 사양머리에 댕기를 드리워 길게 장식하고 금비녀, 옥비녀 등을 꽂은 모습이다. 「경16」에서는 남색치마에 분홍색 속저고리를 입은 것으로 겉저고리는 직접적으로 제시하지 않고 있지만, 기녀들의 복식을 청색치마에는 대체로 황색저고리나 녹색저고리를 입고 있는 것으로 보아 황색이나 녹색으로 추정된다. 「남원」과 「완84」에서는 녹색저고리에 붉은 치마로 추정된다. 게다가 노리개, 은장도, 옥반지, 귀걸이 등으로 장식한 모습을 떠올릴 수 있다.

그렇다면 이제 '춘향영정'과의 관계를 생각해 봐야겠다. '춘향영정'의 모습은 '녹의홍상'에 자주색 고름, 곁마기, 끝동을 한 삼회장 저고리를 입고 있다. 녹색저고리에 붉은 치마를 입고 치마를 왼쪽으로 여미고 있어서 기생 춘향보다는 양갓집 규수를 그려 놓은 쪽에 가깝다. 그렇게 본다면 「완84」의 춘향의 모습과 유사하다. 그러나 머리 모양은 아니다. 그림에는 댕기를 드린 것으로 추정된다. 그러므로 텍스트에 충실한 재현이라고 볼 수는 없다. 다음으로 그네를 타러 가는 춘향의 복식이 왜 이리도 호사스러울까? 지금까지 살펴본 춘향의 복식은 그네를 타기에는 다소 거추장스러운 모습이며, 지나치게 호사스럽다는 생각이 든다. 왜일까? 그네를 타러 가면서 왜 하필 금비녀, 옥비녀 같이 값비싼 비녀를 떨어질 줄 알면서도 꽂았던 것일까? 춘향에게 특별한 의도가 있었던 것일까? 이 점에 대해 생각해 보겠다.

3. 작품 속에 묘사된 춘향 복식의 의미

　앞서 세 가지 판본의 「춘향전」에 묘사된 춘향의 추천(鞦韆)복식을 살펴보았다. 새앙머리에 비녀를 꽂고 댕기로 장식하고, 녹의홍상(綠衣紅裳) 또는 황의청상(黃衣靑裳)을 하고 온갖 노리개, 장신구로 치장을 하고 춘향은 그네를 타러 갔다. 춘향은 왜 그랬을까? 그네뛰기와 관련된 한시들을 읽어보면 그 의미 있는 정보를 읽어낼 수 있다. 다음의 두 작품은 모두 그네뛰기를 소재로 한 작품으로 「춘향전」에서 춘향이 그네 타는 모습과 매우 유사하다. 그런데 이 시를 읽으면 왜 그렇게 화려하게 치장을 하고 금비녀를 꽂고 그네를 타러 갔는지 짐작할 수 있다.

추천곡(鞦韆曲)[22]

임제

1

白苧衣裳茜裙帶	백모시 치마 적삼 잇꽃 물든 진분홍 허리띠
相携女伴競鞦韆	처자들 손에 손잡고 그네타기 겨루네.
堤邊白馬誰家子	백마 탄 저 총각 어느 댁 도령인고?
橫住金鞭故不前	금채찍 비껴 들고 뚝가에 서성이네.

2

粉汗微生雙臉紅	두 뺨은 발그레서 땀이 송글송글
數聲嬌笑落煙空	아양스런 웃음소리 반공중에서 떨어지고.
指柔易著鴛鴦索	나긋나긋 고운 손길 원앙줄 사뿐 잡아
腰細不堪楊柳風	날씬한 가는 허리 한들바람 못이길 듯.

3

誤落雲鬟金鳳釵	아차! 구름결 머리에서 금비녀 떨어지네.
遊郎拾取笑相誇	저 총각 주워들고 싱글벙글 뽐낸다네.
含羞暗問郎居住	그 처자 수줍어 가만히 묻는 말 "도련님 어디 사시나요?"
綠柳珠簾第幾家	"수양버들 늘어진 몇번째 집이라오."

---

22) 임제 저, 신호열·임형택 공역, 『백호전집(상)』, 창작과 비평사, 1997, 307~308면.

추천사(鞦韆詞)23)

허난설헌

1

隣家女伴競鞦韆　　이웃집 벗들과 내기 그네 뛰었지요.
結帶蟠巾學半仙　　띠를 매고 수건 쓰니 신선놀음 같았어요.
風送綵繩天上去　　바람 차며 오색 그네줄 하늘로 굴러 오르자
佩聲時落綠楊煙　　댕그랑 노리개 소리가 나며 버들에 먼지가 일었어요.

2

蹴罷鞦韆整綉鞋　　그네 뛰기 마치고는 꽃신을 신었지요.
下來無語立瑤階　　숨가빠 말도 못하고 층계에 섰어요.
蟬衫細濕輕輕汗　　매미날개 같은 적삼에 땀이 촉촉이 배어
忘却敎人拾墮釵　　떨어진 비녀 주어 달라고 말도 못했어요.

임제의 <추천사>는 모두 세 편의 연작시로 첫 번째 시는 그네를 타러가
는 광경인데 처자들이 그네를 서로 타려고 하고 백마 탄 도령을 보며 관심
을 보이고 있다. 두 번째 시에서는 그네를 타는 처자의 아름다운 모습이 묘
사되었고, 세 번째 시에서는 처자의 금비녀가 떨어지자 처자가 관심을 보였
던 바로 그 도령이 비녀를 주워 들고, 처자에게 전해 주자 처자가 부끄러운
듯 도령의 집을 물어본다는 내용이다. 부끄러워하는 듯하지만 처자의 적극
적인 구애(求愛)의 모습이 인상적이다.

허난설헌의 <추천사>는 이에 비하면 조금 소극적인 모습이 드러난다.
여러 처자들이 그네뛰기 경쟁을 하는데, 여기에도 보면 '노리개 소리 나고'
라는 부분을 통해 멋지게 꾸민 처자들의 모습이 연상되고, 마지막에 '떨어
진 비녀 주어달라고도 못 했네'라는 부분을 통해 역시 비녀를 꽂고 그네를
탔음을 알 수 있다. 이 작품에서는 그네를 타며 멋진 상대를 마음속에 두고
있었는데 떨어진 비녀를 주워달라고도 못하고 만다. 결국 멋진 도령과의 만
남이 성공적이지 못한 내용으로 보인다.

------

23) 허경진 역, 『허난설헌 시집』, 평민사, 2008, 104면.

결국의 두 작품을 통해 그네를 타는 행위는 재미있는 놀이이기도 하겠지만, 멋진 이상형의 짝을 희구하는 행동이라 볼 수 있다. 그래서 처자들이 서로 경쟁하며 예쁘게 꾸미고 그네를 타게 된다. 비녀를 꽂는 것은 의도적인 행위임을 읽을 수 있다. 비녀가 떨어지면 보고 있던 도령들 중에서 그네 타는 처자에게 관심이 있는 도령이 비녀를 주워 주는 것으로 보인다. 비녀를 주워주는 것을 통해 서로에게 관심을 표현하며 가까워지는 것으로 보인다.

요즘으로 말하자면, 작업을 거는 행위라 하겠다. 멋진 남자를 꼬시기 위해 한껏 치장을 하고 그네를 탄다. 그네에 오르는 그 순간이 바로 주목받는 순간이다. 부디 멋진 남자가 자신을 알아보고 떨어진 자신의 비녀를 주워서 오기를 기대하는 마음이었을 것이다.

오월 단오에 그네를 타는 행위는 아마도 이런 의미가 깃들여 있을 것으로 보인다. 이팔청춘(二八靑春)의 선남선녀(善男善女)들이 단오에 그네를 타는 걸 계기로 이렇게 서로 합법적인 미팅을 했던 것으로 생각된다. 모든 것은 각본에 짜여진 대로이다. 처자들은 남성들의 시선을 사로잡기 위해 최대한 멋지게 단장을 하는데 반드시 비녀를 꽂았다. 이 비녀는 떨어지라고 꽂은 것이다. 그네 타는 모습을 지켜보던 남성들은 그네를 타는 처자를 보며 마음에 드는 여인을 점찍어 두었다가 그녀가 비녀를 떨어뜨리면 바로 주웠다가 그 처자에게 비녀를 건네주며 마음을 전하는 것이다. 임제의 시에서는 젊은 남녀가 멋진 짝을 찾은 경우이고, 허난설헌의 시에서는 안타깝게도 낭자에 마음에 든 도령이 비녀를 주워 주지 못한 것으로 보인다.

「춘향전」의 그네 타는 장면도 이와 유사하다. 춘향이도 위의 시에 나오는 처자들처럼 멋진 도령과 만나길 기대하며 멋을 부리고 그네를 탄 것으로 보인다. 본고에서 다룬 「춘향전」 세 이본에는 모두 춘향이 비녀를 꽂고, 그네를 타다가 비녀가 떨어진다는 내용이 나온다. 비녀를 꽂고 그네를 타다가 떨어뜨린다는 의미는 위의 두 시와 결부지어 볼 때 짝을 찾는다는 의미로 생각할 수 있다. 그렇다면 「춘향전」에서 춘향이 그토록 화려한 복식으로 그네를 타러 나간 것도 결국 같은 의미로 볼 수 있다. 멋진 남자를 꼬시기 위한 일종의 전략이었다고 할 수 있다.

화려한 복식이 춘향의 아름다움을 배가시켜 이도령과 가연(佳緣)을 맺게 하는 장치로서 역할을 했다고 할 수 있다. 그렇게 본다면 춘향의 복식은 다분히 속물적인 경향을 띤다고 볼 수 있다. 그러나 이런 속물적인 방법으로는 사랑이 이루어지지 않는다는 데 「춘향전」의 묘미가 드러난다. 작품의 중반으로 가면서 이 '복식'이라는 장치가 새로운 면모로 작동하게 된다. 화려한 복식과 아름다운 모습은 이도령과 춘향의 미래를 보장해 주지 않는다. 꿈같은 그들의 만남은 꿈같이 끝나고 만다. 그들이 가연(佳緣)을 맺는데서 화려한 복식의 기능은 끝나고 만다. 그들의 화려한 만남은 현실적인 제약 앞에서 한계에 부딪히게 되고, 불확실한 미래를 약속하면서, 이별이라는 쓰디쓴 고통을 맛보며, 일순간 끝나고 만다. 춘향과 이도령의 사랑을 공고히 하기 위해서는 화려한 복식을 넘어선 정신적인 성숙의 과정이 필요한 것이었다.

처음에 춘향과 이도령은 화려한 복식으로 치장하고 만나게 되지만, 정신적으로는 미성숙한 단계이다. 사랑이 성숙하지 않은 단계이다. 이들이 헤어지고 춘향이 변학도에게 온갖 고통과 유혹 속에서도 강인한 정신력으로 흔들리지 않고 고통을 이겨내고, 이도령과의 사랑을 지켜내면서 차츰 성숙한 인간으로 변모해 간다. 멋진 도령을 꼬셔 보려고 온갖 화려한 의상으로 꾸미고 치장하는 춘향이 아니라, 자신의 사랑을 끝까지 지켜 나가려는 불굴의 모습을 보인다. 춘향이 변사또의 수청 들기를 거부하다가 관가에 끌려갈 때의 모습은 강인한 의지를 보여주고 있다.

> 츈향이 허릴업셔 머리를 쏘미고 헌 져고리 몽당치마 두루치고 울며 관문의 이르니 신관이 뇌셩갓치 소릭 질너 잡아드리라 흐거눌 계하의 셧든 나쥴 츈향의 머리를 동당쳐 잡아드리니
>
> 「경판 16장본 춘향전」24)

> 져 츈향의 거동보쇼 허튼 머리 집어 솟고 쩌무든 헌 젹고리 다 쩌러진 도
> 랑초마 허리 우희 눌너미고 집신짝을 감발하고 바람마즌 병인쳐로 죽으라 가
> 눈 양의 거름으로 원포셕양냥냥비의 쪽 일흔 원앙이오 일난츈풍화초간의 쏫
> 일흔 나뷔로다 십오야 붉은 달이 흑운간의 쓰혀는 듯 금분의 고은 쏫치 모진
> 광풍의 쓸녓는 듯 슈심이 첩첩ᄒ고 이뤄 만안하여 정신업시 도라올 졔……
>
> 「남원고사」[25)]

> 사쏘 더희하며 춘향다러 분부하되 오날부텀 몸단장 정히 ᄒ고 수청으로 거
> 힝하라 사쏘 분부 황송하나 일부종사 바리온이 분부시힝 못하것소
>
> 「완판 84장본 열녀춘향수절가」[26)]

이 부분에서는 화려한 복식이 필요없게 된다. 원하지 않는 사람을 거부
하고 자신의 사랑을 지키기 위해서는 강렬한 저항이 필요하다. 화려한 복식
을 하고 이도령과 같은 멋진 젊은이를 꼬셔 보려던 춘향의 속물적인 모습
이 이제는 바뀌게 된다. 자신이 생각하는 이도령과의 사랑을 지키려는 강렬
한 의지를 엿볼 수 있다. 정신적인 가치를 지키기 위해서 속물적인 껍데기
에 해당하는 화려한 옷이 이제는 의미가 없어지고 만다. 그러기에 그네를
타러 갈 때의 화려한 모습과는 대조적으로 몽당치마에 헌 저고리 짚신짝을
끌고 가게 된다.

변사또의 수청을 거부하며 온갖 고통을 이겨 낸 춘향은 이도령이 어사
출두 후 자신의 수청을 들라는 시험에서도 강렬히 저항하며 자신의 의지를
관철한다. 여기서 춘향의 성숙된 의지를 찾아낼 수 있다. 단순히 멋진 사람
을 꼬셔 보겠다는 속물적인 모습에서 벗어나, 이도령과의 성숙한 사랑을 지
키려는 강인한 의지를 찾아낼 수 있다. 작품 후반부에 어사 출두 후 이도령
이 자신의 모습을 드러내며 춘향과 상봉할 때 화려한 의상은 더 이상 의미
가 없게 된다. 온갖 고난을 이겨내고 정신적인 성숙을 통해 사랑을 이루게

---

24) 김진영 외 편, 앞의 책, 184면.
25) 김진영 외 편, 앞의 책, 82면.
26) 김진영 외 편, 앞의 책, 347면.

되었을 때 그들에게는 화려한 복식이 중요한 것이 아니었다. 춘향이 옥중생활로 누더기를 걸치고 온갖 고초를 겪어 험한 모습을 하고 있었지만 성숙한 인간으로 성장하게 되었고, 신분을 초월한 성숙한 사랑이라는 정신적 가치를 실현했다고 볼 수 있다.

이제 춘향전 전체에서 춘향 복식의 의미를 정리해 보겠다. 처음에 춘향과 이도령이 만날 때의 화려한 복식은 멋진 상대를 얻고자 하는 춘향의 다소 속물적이고 미성숙한 상태에서 이도령과 가연(佳緣)을 맺도록 도와주는 역할을 하는 장치였다고 볼 수 있다. 초반부의 화려한 복식이 속물적이고, 미성숙한 인간의 욕구를 채워주며 그들 간의 만남을 도와주는 장치로 작용했다면 중반과 후반에서는 그러한 화려함 대신 누추하고 망가진 복식을 하고 방해요인들에 대해 강렬히 저항하고 인고의 시간을 통해 그들의 사랑을 성숙하게 이끌고 정신적 가치의 중요성을 깨닫게 하는 장치로 작용했다고 할 수 있다. 화려한 껍데기에서 벗어나 인고(忍苦)의 시간을 보내고 난 후, 성숙한 그들의 사랑은 그제서야 성취된다. 앞서 <방물가>처럼 화려한 복식보다 정신적인 사랑, 정신적 가치의 중요성이 강조되고 있다. 그런 의미에서 복식은 그들에게 미성숙한 사랑에서 성숙한 사랑으로 이끄는 매개물이라고 할 수 있겠다.

4. 글을 마치며

지금까지 「경16」, 「남원」, 「완84」에 나타난 춘향의 복식묘사와 그 의미에 대해 살펴보았다. 춘향을 기생으로 보는 계열과 양갓집 규수로 격상시켜 보는 계열로 나누어서 춘향을 묘사한 것을 살펴보았는데 역시 기생으로 여긴 「경16」과 「남원」에서는 기생의 복식으로 묘사하였고, 양갓집 규수로 여긴

「완84」에서는 양갓집 규수의 아름다움에 주안점을 두고 묘사하고 있었다.

춘향의 복식묘사에서 특이한 점은 머리 모양이 '사양머리'라는 점이었다. '사양머리'를 살펴보면서 기생, 궁녀, 일반 처자들 간의 패션의 상호작용이 있었으리라는 점도 생각해 보았다. 복식치레에서 춘향을 기생으로 본 「경16」과 「남원」과 양갓집 규수로 격상시킨 「완84」간에 미묘한 차이를 발견할 수 있었다.

세 이본 그네를 타러가는 춘향의 모습에서 나타난 복식치레가 과도하게 화려하다고 생각되었다. 그네를 뛰기에는 지나칠 정도로 사치스럽고, 거추장스러울 정도로 장식품이 많다. 왜 이렇게 묘사해 놓은 것일까? 그것은 화려한 복식으로 그네를 타면서 멋진 상대를 만나 가연을 맺고 싶은 춘향의 소박하고 세속적인 욕망이 작용했다고 볼 수 있다. 춘향의 복식치레의 화려함은 당시 사람들이 갖고 싶어하던 최상의 복식으로 생각된다. 잡가 <방물가>에도 춘향의 복식치레와 같이 화려한 복식이 나열되고 있음을 통해 확인할 수 있었다. 「춘향전」외에 임제의 <추천곡(鞦韆曲)>과 허난설헌의 <추천사>에서도 아름다운 복식을 하고 그네를 타는 처자의 모습이 묘사되어 있으며, 처자들이 그네를 타다가 금비녀를 떨어뜨리는 장면이 나온다. 이는 「춘향전」에서 춘향이 그네 타는 장면과 거의 일치한다고 볼 수 있이 임제와 허난설헌의 한시에 묘사된 추천장면에서 「춘향전」만 읽어서는 해결할 수 없는 문제의 답을 찾을 수 있었다. 그것은 춘향이 그네를 타다가 왜 금비녀를 떨어뜨리는지에 대한 의문이었다. 임제와 허난설헌의 한시를 보면, 처자들이 그네를 타면 도령들이 지켜보고 있다가 마음에 둔 처자가 비녀를 떨어뜨리면 그것을 주워 건네주며 자신의 마음을 표현하는 것이다. 그네를 타다가 비녀를 떨어뜨리고 주워 주는 행위는 일종의 구애의 행위라 볼 수 있었다. 이러한 맥락에서 볼 때, 「춘향전」에서 그네를 타다가 비녀를 떨어뜨리는 행위 역시 우연한 것이라기보다는 구애(求愛)를 위한 다소 의도적인 모습이라 생각해 볼 수 있었다.

「춘향전」에서 결국 춘향은 온갖 화려하고 사치스런 복식으로 치장을 하고 그네를 타다가 이도령에 눈에 들게 되고, 가연을 맺게 된다. 그러나 그렇게 시작된 사랑이 지속되기 위해서는 복식이라는 화려함을 넘어 그들에게 닥친 어려움을 극복해 나가는 인고(忍苦)의 기간이 필요하다. 화려한 복식이 무력해지는 단계에 접어들은 것이다. 변사또의 수청을 들라는 명을 듣고, 관가로 끌려갈 때 춘향은 더 이상 화려한 복식의 춘향이 아니었다. 변사또의 수청을 강렬하게 거부하며 몽당치마에 헌 저고리를 입고 짚신을 신고 관청에 든다. 변사또로부터 온갖 고초를 겪고, 어사가 된 이도령이 춘향에게 수청들라는 시험적인 말을 하였을 때도 죽음을 각오하고 강렬히 저항하면서 자신의 의지를 밝힌 후에야 이도령과의 사랑이 이루어지게 된다.

작품 초반부에 춘향의 화려한 복식이 다소 속물적인 형태로 이도령과의 가연을 도와주는 차원에서 기능했다면, 후반부에 옥중에서 누더기 복식으로 강렬하게 항거하는 춘향의 모습은 춘향의 사랑이 속물적 차원에서 머문 것이 아니라 정신적 차원으로 승화시키는 장치라고도 볼 수 있다. 초기에 화려한 복식으로 장식하여 멋진 도령을 꼬셔보려는 춘향의 다소 속물적인 모습으로 시작된 미성숙한 사랑이 고난의 과정을 거치며, 온갖 장식과 허식을 벗어던진 누더기 차림에서 인고(忍苦)시간 속에서 성숙한 사랑으로 승화되는 과정을 보여주고 있었다.

본고는 「춘향전」을 춘향의 복식에 주안점을 두고 읽어 보았다. 춘향영정과 관련지어 작품에 드러난 춘향모습과 얼마나 관련이 있는지 생각해 보았고, 각 이본에 나타난 춘향의 모습을 통해 기녀, 궁녀, 양갓집 규수 간의 패션의 상호작용 가능성에 대해서도 살펴보았다. 춘향의 복식이 작품을 읽어내는데 어떻게 기능하는지를 살펴보려고 춘향이 그네를 타러 갈 때의 복식 치레와 변사또에게 끌려갈 때의 복식의 차이를 통해 여러 가지 의미들을 생각해 볼 수 있었다.

‖ 참고 문헌

기초자료

김진영·김현주 역주, 『춘향전 전집 4』, 박이정, 1997.

김진영·김현주 역주, 『춘향전 전집 5』, 박이정, 1997.

국립중앙박물관 편, 『조선시대 풍속화』, 국립박물관, 2002.

이은주 창, <방물가>, 『십이잡가』CD2, 서울음반, 2000.

임제 저, 신호열·임형택 공역, 『백호전집(상)』, 창작과 비평사, 1997.

허난설헌, 허경진 역, 『허난설헌 시집』, 평민사, 2008.

저서

김병국 외, 『춘향전을 어떻게 읽을 것인가』, 서광학술자료사, 1993.

김영자, 『한국 복식미의 연구』, 한국연구원, 1987.

문화관광부·한국복식문화 2000년 조직위원회, 『우리 옷 이천년』, 미술문화, 2000.

박경자, 『한국 복식론고』, 신구문화사, 1983.

백영자, 최해율, 『한국의 복식문화』, 경춘사, 2000.

설성경 편, 『춘향전 연구의 과제와 방향』, 국학자료원, 2003.

설성경, 『춘향전의 통시적 연구』, 서광학술자료사, 1994.

설성경, 『춘향전의 형성과 계통』, 정음사, 1986.

안명숙, 『우리 옷 이야기』, 예학사, 2007.

유희경, 『한국 복식사 연구』, 이화여자대학교 출판부, 1986.

이선재, 김경진, 『우리나라 여성의 머리양식사』, 신광출판사, 2003.

조효순, 『한국 복식풍속사 연구』, 일지사, 1988.

논문

강지현, 「조선시대 기녀복식의 특징과 그 의미」, 고려대 문화재학과 석사, 2009.

금기숙, 「복식에 표현된 미의식에 관한 연구춘향전을 중심으로」, 이화여대 석사학위논문, 1982.

김석배, 「남원고사계 <춘향전> 이본 연구」, 『금오공과대학 논문집』 12, 1991.

김승자, 「조선시대 기녀복식이 여자복식에 미친 영향」, 명지대 교육대학원 가정교육전공 석사학위논문, 1999.

박 현, 「무대의상에 대하여―춘향전을 중심으로」, 『청예논집』 10, 1996.
신혜숙, 「조선시대 기녀제도와 기녀복에 관한 일고찰」, 대구대대학원 사학과 석사학위
　　　논문, 1988.
윤지연, 「영화 <춘향전>의 복식 분석」, 이화여대 석사, 2006.
전혜숙·유혜경, 「<춘향전>각 이본에 표현된 춘향의 외양묘사 비교 연구」, 『동아대
　　　생활과학 연구 논문집』 10, 2002.
조정희, 「기녀복식고」, 『동덕여대 논총』 8, 동덕여자대학교, 1978.
조효순, 「조선시대 기녀복식의 사치와 그 영향」, 『명지대 논문집』 15, 1984.
황진영, 「조선시대 궁녀복식 연구」, 단국대 전통의상학과 석사학위논문, 2009.